广东省"十四五"职业教育规划教材
文化和旅游部"万名旅游英才计划"项目
广东省高职院校高水平专业群"旅游管理专业群"建设项目
高等职业教育教学改革融合创新型教材·旅游类

U0656707

（第三版）

服务礼仪与形体训练

Fuwu Liyi yu Xingti Xunlian

伍新蕾　编著

活页式教材

以礼载德育人　内容生动灵活
校企双元开发　配套资源丰富

东北财经大学出版社
Dongbei University of Finance & Economics Press

国家一级出版社
全国百佳图书出版单位

广东省"十四五"职业教育规划教材
文化和旅游部"万名旅游英才计划"项目
广东省高职院校高水平专业群"旅游管理专业群"建设项目
高等职业教育教学改革融合创新型教材·旅游类

（第三版）

Fuwu Liyi yu Xingti Xunlian

服务礼仪与形体训练

伍新蕾　编著

东北财经大学出版社　大连
Dongbei University of Finance & Economics Press

图书在版编目（CIP）数据

服务礼仪与形体训练 / 伍新蕾编著. —3版. —大连：东北财经大学
出版社，2023.3（2025.1重印）

（高等职业教育教学改革融合创新型教材·旅游类）
ISBN 978-7-5654-4796-9

Ⅰ. 服… Ⅱ. 伍… Ⅲ. ①服务业-礼仪-高等职业教育-教材 ②形体-健
身运动-高等职业教育-教材 Ⅳ. ①F719 ②G831.32

中国国家版本馆CIP数据核字（2023）第032518号

东北财经大学出版社出版

（大连市黑石礁尖山街217号　邮政编码　116025）

网　　址：http://www.dufep.cn

读者信箱：dufep@dufe.edu.cn

大连图腾彩色印刷有限公司印刷　　东北财经大学出版社发行

幅面尺寸：185mm×260mm　　字数：422千字　　印张：19.25

2023年3月第3版　　　　　　　　　2025年1月第3次印刷

责任编辑：魏　巍　　　　　　　　责任校对：何　群

封面设计：原　皓　　　　　　　　版式设计：原　皓

定价：49.00元

第三版前言

亲爱的朋友们，您心中的"礼仪"是什么？在教材编写前，编者做了一系列的调查，发现大家会从不同的角度来理解礼仪。有人说，礼仪不仅反映了一个人的素质修养，而且体现了一个国家的文明程度；有人说，礼仪是人际交往的方法，是沟通的桥梁；还有人说，礼仪能让我们变得内外兼修、身心皆美……其实，无论从哪个角度来理解礼仪，礼仪的核心永远不变，那就是"尊重"，而这个核心也正是《服务礼仪与形体训练》这本教材编写的宗旨。

时光荏苒，岁月如梭。当教材进行第二次修订时，恰逢党的二十大隆重召开。全国人民在党的二十大精神的洗礼下，深入学习、实践落地、坚定扎根！高举中国特色社会主义伟大旗帜，全面贯彻习近平新时代中国特色社会主义思想，弘扬伟大建党精神，自信自强、守正创新、踔厉奋发、勇毅前行，为全面建设社会主义现代化国家、全面推进中华民族伟大复兴而团结奋斗。践行党的二十大精神，弘扬文明时代新风，和谐社会，礼仪先行。礼仪无疑是社会善治、风气净化、修身养性的重要抓手，助力社会主义精神文明建设的不断推进。围绕"坚持以人民为中心的发展思想"，中国的服务行业强调"以客户为中心"的服务理念，关注人民的幸福服务体验，服务礼仪的作用日益凸显。

《服务礼仪与形体训练》（第三版）是在课程思政浸润下，顺应新时代数智型混合式信息化教学改革模式的实践趋势，在深入思考教学实践成果、尊重专家宝贵意见、尊重企业真实需要与岗位需求、尊重学生兴趣爱好与认知规律的基础上整合而成的。

本次修订力求体现以下独特之处：

1.立德树人浸润始终

《礼记·礼运》中云："大道之行也，天下为公。"社会主义核心价值观强调的"文明、和谐、平等、公正、诚信、友善"正是中华礼仪文化的精髓。本教材坚持立德树人，满溢文化自信，通过"育德润心小课堂"栏目展示德育素材、凝练德育基因、抒发德育感悟，让学生的家国情怀、文化自信、敬业精神得到提升，职业素养、健康审美、工匠精神得以修炼，做具备现代社会责任心的大国公民、钻研服务艺术的行业工匠。

2.产教融合深度践行

教材编写深度践行产教融合理念，精准对接现代服务业岗位需求，依据"行业标准引领、企业场景嵌入、能力梯度递进"的原则，将企业真实服务场景中的典型案例、岗位能力模型与行业最新规范融入教材内容。教材内容丰富多样，既包括基础礼仪知识与服饰、仪容、仪态、语言等形象塑造礼仪常识，又涵盖了服务岗位所需的社交礼仪，还介绍了详细的形体训练要领，将许多服务礼仪规范产生的原因、各种岗位服务礼仪实操的技术淋漓尽致地呈现出来，引导学生从"是什么、为什么、怎么做"等多种层次去探寻与掌握服务礼仪的规范、形体训练的方法，从而使学生达到"知礼、懂礼、习礼、用礼"的最终学习目标，实现"知行合一、内外兼修"的礼仪修炼境界，使礼仪规范内化为职业习惯。

3.内容方法交相辉映

本教材的"动感小课堂"栏目在编写设计时融入种类繁多的教学方法，如任务驱动法、角色扮演法、案例分析法、小组讨论法、视频教学法、情景演练法、游戏竞赛法、头脑风暴法、故事触动法、互动讲授法等，这些基于行动导向与定制化理念设计的教学方法充分体现了职业教育"教学做一体化"的原则，极具互动性和启发性。通过多年的课程教学与社会培训实践，这些教学方法得到了学生、企业的一致好评。同时，通过"知识广角镜""趣味超链接"等栏目提供了大量教学素材、阅读资料，使用了众多精美、直观、形象的原创图片与表格，选用了符合行业前沿动态、反映当下社会现象的典型案例，增强了教材内容的开放性、可读性与时效性。

4.活页设计新颖灵活

本教材以综合职业素养提升为目标，以学生为中心，以典型的服务工作场景为载体，按照"课前自学"→"课中研学"→"课后提升"的三维循环教学环节，设计了一系列模块化的学习任务。活页式装订使得教材各项目可灵活组成礼仪知识手册、礼仪实训手册、礼仪培训手册等实用型、个性化学习手册，既方便教师的教学安排，也利于学生的自主学习，有效满足了职业岗位需求。

5.校企双元开发资源

本教材配套资源由校企双元开发，内容丰富，既包括日常教学所需的教学大纲、电子课件、课程教案等，还包括"知礼·习礼"系列礼仪微课及"知识广角镜"数字阅读材料，并采用数字人技术赋能资源升级，师生扫描二维码即可观看。

作为2015年文化和旅游部（原国家旅游局）"万名旅游英才计划"之双师型教师培养项目（项目编号：WMYC20154-1139）、广东省高职院校高水平专业群"旅游管理专业群"建设项目（项目编号：GSPZYQ2020142）的子任务、广东省普通高校创新团队项目（人文社科）数智文旅应用与标准化研究协同创新团队（项目编号：2023WCXTD040）、广东省教育科学规划课题（高等教育专项）（项目编号：2023GXJK925、2024GXJK840）、广东省高职教育教学改革研究与实践项目（项目编号：GDJG2015215、2023JG435）与河源职业技术学院课程思政教改项目（项目编号：HZJG202111）的研究成果之一，本教材既适用于高校教学，也可用于社会培训。

教材的顺利出版离不开学校的大力支持，以及学科专家、教师、企业人员的热情帮助。中南财经政法大学舒伯阳教授在旅游学术研究、教学改革方面德高望重，在教材撰写中给出了建设性指引和宏观性指导；资深礼仪培训专家吕艳芝老师为教材涉及的中华传统礼仪、礼仪实操标准化等部分进行了针对性、权威性的指导；舞星艺术总监韩博莹老师参与了模块四的形体训练拍摄任务；河源职业技术学院张颖教授负责教材德育素材的收集与整理、酒店管理与数字化运营专业谭健萍老师协助校企对接和拍摄统筹、信息中心巫雄鹏老师对教材微课进行基础拍摄与剪辑；长隆欢乐世界（世界级民族文化旅游品牌）、万绿湖风景区（国家5A级旅游景区）、河源翔丰国际酒店

（五星级酒店）、客天下国际旅游度假区（省级旅游度假区、国家4A级旅游景区）、广东紫金御临门温泉度假村（国家4A级旅游景区）、广东碧桂园物业管理有限公司河源分公司等合作企业为教材编写提供了行业案例素材、微课与照片实拍场地。

此外，无论是课程调研、资料收集、台词打磨，还是照片拍摄、图片美化、微课录制，都蕴含着河源职业技术学院旅游管理专业学生们的辛勤努力。其中，郑少群、陈紫君、余柳蓉、廖小玲、蓝清媚、姚少丽、王卫凤、黄蔓雪、黄家仪等同学参与了资料收集工作，黄洋、侯远飘、钟柳柳、傅灵文、徐雨佳、李志豪、黄佳佳、陈炜龙、陈媛、杨家健等同学在书中出镜，郑熙璇、陈静筠、黄娟等同学担当微课拍摄模特，张慧娟、刘文安等同学负责照片拍摄，杨彩虹同学担任照片美工。同学们虽已走上工作岗位，但大家齐心合力加班奋斗的日子，至今仍历历在目，感谢大家的协助与陪伴。

本教材在编写过程中大量吸收、借鉴了国内外专家学者的相关研究成果，也得到了合作服务企业及行业人士提供的丰富的一手资料，在此向各位深表谢意，是大家为我们提供了极为宝贵的原始素材与经验！此外，教材编写过程中难免存在疏漏之处，真诚希望使用本书的师生朋友们提出批评与改进意见，我们将不胜感激。

编　者

2025年1月

目　录

模块一　知识准备

模块三　服务社交礼仪

模块四　美丽体态的塑造

数字资源目录

续表

模块一

知识准备

> 不学礼，无以立。
> 《论语·季氏》

学习目标

◎ 认知现代礼仪的起源、发展与本质；

◎ 掌握礼仪的概念、服务的含义、服务礼仪的内涵；

◎ 能从多维视角解读服务行业运用礼仪的重要性；

◎ 了解服务礼仪实践与培养的基本途径；

◎ 清楚服务礼仪与形体训练的相互关系。

育德润心

◎ 礼仪是宣示价值观、教化人民的有效方式。传承发展中华优秀传统礼仪文化，建立和规范礼仪制度，既可以彰显礼仪文化的时代价值，也可以增强民众的认同感和归属感。

◎ 中国传统服务业在提供服务产品的过程中，讲仁爱、重诚信，对消费者的人文关怀厚重。提供中国式的文化服务，既可以形成中国服务业的文化特色，也是传承中华优秀传统文化的重要方式。

◎ 习近平总书记指出："全民健身是全体人民增强体魄、健康生活的基础和保障，人民身体健康是全面建成小康社会的重要内涵，是每一个人成长和实现幸福生活的重要基础。"

礼仪故事汇

随着中国国力的强盛，国民生活水平的日益提高，我国民众出国旅游已成为寻常事。

无论您准备跟团前往哪一个国家，在出国之前，一定会接受有关该国礼仪习俗禁忌的培训。因为每一位前往海外旅游的中国公民都代表着中国的形象，文明出游才能增进我们同各国人民的友好往来。

　　如今，大部分人已经基本做到文明旅游，可还是有一些人"不拘小节"，这就需要随行的导游加以引导和规劝。所谓"游客无礼，导游有责"，导游不仅要以身作则，更要敢于婉言劝导游客。2015年，《导游领队引导文明旅游规范》（LB/T 039—2015）正式发布，全国各地均开展了评选"最美导游"的活动，并同步拍摄了"最美导游带你文明出行"等宣传片。自2018年1月1日起施行的《导游管理办法》中也明确规定，导游应"引导旅游者健康、文明旅游，劝阻旅游者违反法律法规、社会公德、文明礼仪规范的行为"。2022年10月，《旅游景区文明引导工作指南》发布，旨在指导旅游景区及从业人员落细落实文明旅游工作，提升旅游者文明意识，引导和促进文明旅游行为，共同营造文明和谐、安全有序的旅游环境。这些都在提醒大家，"旅游美时美刻，文明随时随地"。只有文明游天下，才能快乐你我他。

模块一

思维导图

课前自学

自学点一　礼仪从何而来？

关于礼仪的起源，有许多种说法，请同学们自学"知礼·习礼系列礼仪微课1-1-1"，总结礼仪起源的不同说法，了解礼仪的发展历程，并思考礼仪的多种起源说共同说明了什么核心思想。

其实无论哪一种说法，都有其相传已久的历史和故事。当礼从神事扩展到人事时，礼的本质就脱离了原始朴素的敬天、敬神的内涵，而具有维护人与人之间的社会等级、社会分工的作用。在现代社会，礼已摒弃了维护等级制度的本质，成为协调人际关系的润滑剂。礼为人们灵活处理各种复杂的人际关系、减少冲突、化解矛盾提供了有效的方法；同时，礼也为人们提供了展现个人价值和树立自身良好形象的最直接的方式。

自学点二　礼仪的特性有哪些？

请同学们扫码学习"知识广角镜1-1-1　多元视角看礼仪"。无论从哪个视角来看待礼仪，礼仪都呈现出以下特性：

1.礼仪的约定俗成性

这是礼仪最基本的特性。它说明礼仪规范的产生与形成不是以个人意志为转移的，而是各种社会因素交互作用的结果，其根源在于社会心理的趋向。这种约定俗成性通过交际行为表现出来，并被这一文化背景下的人们所理解和接受；同时又表现为某种精神的约束力，牵涉着每个交际者，将他们的行为纳入一定的轨道，使其符合整体利益的需要。

2.礼仪的绝对性和稳定性

礼仪的绝对性是指礼仪规范一旦形成，即为特定的社会群体或社会所接受，并且所有人都要遵守，若有人违反了这一规范，则会遭到群体或全社会的抛弃。礼仪的稳定性是指礼仪作为道德范畴的行为规范，它形成后会在较长时期内为群体成员或社会全体成员所接受，如服饰习惯、日常的礼貌礼节、某种形式的典礼仪式等。

3.礼仪的相对性

在一定范围和一定时期内具有绝对性和稳定性的礼仪规范，也有其相对性的一面。这一方面体现了礼仪会随着时代的变化而变化，稳定之中含有相对的变迁，如中国古代人们见面会行拱手礼，而现在人们会用握手来代替；另一方面体现了个体的差异性，不同性别、不同年龄、不同身份的人遵循的礼仪规范不同。

4.礼仪的文化内涵性

礼仪是文化理论在形式上的外在显现，这是中外文化学者的共识。不同的历史文化、生活习俗等造就了不同的礼仪行为规范体系。礼仪中所蕴含的文化，实际上就是一个民族或一个群体的历史文化、生活习俗，也是其精神的一种象征。

自学点三 服务是什么？

几乎每个人对"服务"一词都不会陌生，但如果要回答"服务什么是"，并能将其透彻诠释却不容易。"服务"与"管理"一样，很多学者都给它下过定义，但由于它的无形性以及应用的广泛性，因此很难用简单的语言进行概括。我们可以从多个角度对服务进行解读，如图1-1-1所示。

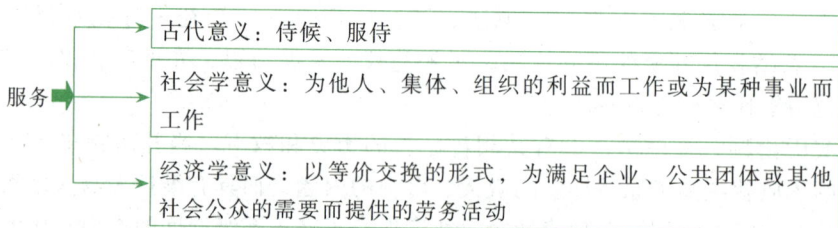

图 1-1-1 服务的多角度解读

"服务"在古代是"侍候、服侍"的意思，随着时代的发展，"服务"被不断赋予新的含义，如今"服务"已成为整个社会不可或缺的人际关系的基础。社会学意义的服务，是指为他人、集体、组织的利益而工作或为某种事业而工作，如张先生在中国邮政服务了15年。经济学意义的服务，是指以等价交换的形式，为满足企业、公共团体或其他社会公众的需要而提供的劳务活动，它通常与有形的产品联系在一起。因此，有学者总结说，服务是指为他人做事，并使他人从中受益的一种有偿或无偿的活动，不以或很少以实物形式，而是以活劳动的形式提供某种特殊使用价值，从而满足他人的某种特殊需要。

课中研学

研学点一 礼仪的内涵

一、礼仪的沿革

动感小课堂1-1-1　　　　　说文解字

图1-1-2是"礼"字的不同写法，请同学们结合图片讨论下列问题：

图1-1-2 各种"礼"字书写图

①结合中国文字的发展历史，说出上述字体的名称。
②这些字体从形态上看有什么共同之处？

通过课前自学以及上述课堂活动,我们得出一个结论:"礼"与古代祭祀有关。的确,远古时期,由于社会生产力水平低下,人类认识自然的能力不足,无法解释变幻莫测的自然现象,认为自己无法驾驭的自然背后一定有一种神秘的力量在操纵,因此敬畏感油然而生。在祭祀活动中,人们把内心对神、对祖先的敬仰、崇拜、赞颂加以外在化、客观化和具体化,如向这些"神"或"祖"打躬跪拜,这样原始的"礼"便产生了。

知识广角镜 1-1-2
鞠躬礼的来历

礼仪孕育于商,成于周,发扬于孔子,并一直延续到今天。礼仪在其传承沿袭的过程中不断发生着变革。从历史发展的角度来看,其演变过程可以分为起源、形成、变革、强化四个阶段。

中华人民共和国成立后,逐渐确立了以平等相处、友好往来、相互帮助、团结友爱为主要原则的新型社会关系和人际关系。

改革开放以来,随着中国与世界各国的交往日趋频繁,西方一些先进的礼仪、礼节陆续传入我国,同我国的传统礼仪一道融入社会生活的各个方面,构成了社会主义礼仪的基本框架。大量的礼仪书籍相继出版,各行各业的礼仪规范纷纷出台,人们学习礼仪知识的热情空前高涨,讲文明、讲礼貌蔚然成风,礼仪进入了全新的发展时期。随着社会的进步、科技的发展和国际交往的增多,中华礼仪不断传承与发展。

育德润心小课堂1-1-1

习近平总书记指出:"礼仪是宣示价值观、教化人民的有效方式,要有计划地建立和规范一些礼仪制度,如升国旗仪式、成人仪式、入党入团入队仪式等,利用重大纪念日、民族传统节日等契机,组织开展形式多样的纪念庆典活动,传播主流价值,增强人们的认同感和归属感。"礼仪关乎人格,关乎国格。中华民族自古就以"礼仪之邦"著称于世,注重树立礼仪之邦的良好形象。我们党历来高度重视对国家重要礼仪的教育与宣传,尤其注重通过礼仪制度褒奖先进,彰显礼仪文化的时代价值。

党的十八大以来,以习近平同志为核心的党中央积极开展形式多样的纪念庆典活动,不断建立和规范礼仪制度。比如,在2019年中华人民共和国国家勋章和国家荣誉称号颁授中,前所未有的规格、格外隆重的仪式,既是崇高礼赞又是庄严宣示,号召人们敬仰英雄、学习英雄,用实际行动为实现中华民族伟大复兴的中国梦贡献力量。

资料来源 郝琴,卫建国.用礼仪制度增强认同感和归属感[N].人民日报,2020-06-09(9).

德育基因:文化传承 文化自信 制度自信

心有所悟:实践证明,建立和规范礼仪制度,对于规范人们的言行举止、激发人们干事创业的精气神具有重要意义。新时代,我们要传承和发展中华优秀传统礼仪文化,建立和规范礼仪制度,不断增强人们的认同感和归属感。

二、礼仪的定义

动感小课堂1-1-2   **头脑风暴**

请同学们结合课前自学的相关知识，用自己的语言来阐述对礼仪的理解。

礼仪是什么？

_____

_____

礼仪包括"礼"和"仪"两部分。"礼"，即礼貌、礼节；"仪"即仪表、仪态、仪容、仪式。"礼仪"是对礼节、仪式的统称。

礼仪是人们在社会交往中，为了相互尊重，在仪表、仪态、仪容、仪式、言谈举止等方面约定俗成的、共同认可的规范和程序。"礼"是"仪"的灵魂，"仪"是"礼"的外壳，二者互为依存，缺一不可。

从广义的角度来看，礼仪泛指人们在社会交往中的行为规范和交际艺术。从狭义的角度来看，礼仪通常是指在较大或隆重的正式场合，为表示敬意、尊重、重视等而举行的合乎社交规范和道德规范的仪式。

研学点二　服务的内涵

一、服务经济时代的"service"

动感小课堂1-1-3   **案例分析**

著名企业家、"塑胶大王"王永庆16岁时开始经营一家米店。人们经常在要煮饭时才发现没米了，那时电话还未普及，买米要上街，因此非常不方便。米店则是坐等顾客上门才有生意做，也很被动。如果你是王永庆，你会如何做？

在服务经济时代，服务已经不仅仅是酒店、餐饮、旅游、商场等服务行业的事情，更是每个企业和组织都必须重视的事情。随着科学技术的进步，生产技术的普及速度加快，产品同质化现象越来越严重。企业为了取得竞争优势，必须把产品整体概念中的附加产品层次——服务作为非价格竞争的一个单独要素予以重点考虑。在同等价格、同等品质的前提下，服务已经成为企业实施差别战略、获取比较竞争优势的一个重要砝码。每个企业，不管在今天的定义中是否为服务型企业，都不得不学会适应新形势下的服务竞争。

动感小课堂1-1-4   **情景模拟**

请同学们根据以下案例进行情景模拟，并思考两个问题：

①服务有品质区别吗？

②品质不同的服务会给企业带来什么样的价值差异？

案例如下：

一个周末的黄昏，一对老年夫妇拎着沉重的行李来到某酒店的前台，询问是否有空房间。我们假设出现以下四种情况：

第一种情况：服务员详细检查了房态表，确定已全部入住后，告诉客人没有空房间。

第二种情况：服务员说："您先把名字说一下，我确认一下您是否预订过房间。您没有预订过房间吗？抱歉，没有空房间了。"

第三种情况：服务员说："真抱歉，今天是周末，没有空房间了，如果您提前预订就好了。您可以先出去逛一逛，我看看有没有不来的客人，让您候补。"

第四种情况：服务员说："真抱歉，没有空房间了，今天是周末，如果您提前预订就好了。不过，这附近还有一些不错的酒店，要不要我帮您查查有没有空房间？"接着，服务员拿出两张免费的咖啡券，请夫妇到大堂旁边的咖啡厅坐一会儿，等候查询结果。在查询到附近一家酒店还有空房间后，服务员立刻告知夫妇。在征得夫妇同意后，请该酒店派车迎接。

通过刚才的情景模拟，我们可以发现，服务具有品质的区别。正如酒店有星级的不同，服务的品质也有等级的差异。显然，高品质的服务会令顾客对企业产生更佳的印象，进而成为企业的忠实顾客，为企业创造更多的价值。很多企业家对此已经有了深刻的认识，并且做出了一系列计划和行动。还有一些企业虽然天天在讲服务，但是服务品质就是得不到提高，一个根本原因就是员工的服务意识不足。因此，要提高服务的品质，首先要让每个员工认识到服务在企业经营中的重要性。没有优质的服务，企业就无法赢得市场；没有市场，企业就无法生存，个人就无法就业。

服务经济时代不但要求企业家要有服务意识，而且要求每个人，不管做任何工作，不管在什么地方，心中都要有服务意识。正如上文提到的王永庆先生，他将被动交易变为主动服务，碰到顾客上门买米就提出一个建议："您要的米我送到您家里好不好？"顾客说："好啊！"有人愿意送米到家当然是求之不得的事。王永庆将米送到顾客家里，把米倒入缸中，掏出笔记本，记下这家人的米缸容量，然后对顾客说："您下次不用到我们店里来买米了。"顾客十分疑惑。王永庆接着说："我们会将米送到您家里来。"顾客满口答应。王永庆还向顾客询问家里有几个大人和几个小孩儿、每顿饭大人和小孩儿各吃多少等问题，并在送米时将新米放在下面，旧米放在上面，这些额外服务完全免费。王永庆的这种做法深受顾客欢迎，一传十，十传百，米店的生意越做越红火。有时，服务不一定会立刻产生明显的收益，因此我们需要用长远的眼光看待服务带来的经济效益与社会效益，不断提高服务的品质，不断进行服务的创新，这样才能实现企业的永续成长。

最佳服务是企业的生命，是创造利润的法宝，也是竞争的雄厚资本，而这一切主要来自科学管理和员工的努力。
——邹金宏

知识广角镜 1-1-3

服务人员眼中的"service"

二、服务的特性

相对于有形产品，服务的特性到20世纪70年代才受到重视。服务营销学者斯坦顿指出："服务是一种特殊的无形活动，它向客户或工业用户提供所需的满足感，它与其他产品销售和其他服务并没有必然联系。"因此，服务具有无形性，其中蕴含着微妙的心理感知和情绪体验，能够给客户带来某种利益或满足感，如需求探寻、客户维系等。与此同时，服务是一种外在的表现形式，它是发生在服务人员与客户之间的交往活动，所以服务也是有形的，因为它可以通过具体的服务行为来体现，如客房送餐、产品咨询等。

服务有时也被称为产品，如金融公司推出的理财项目、旅游企业开发的旅游项目等。清楚地知道服务与有形产品的区别（见表1-1-1）对企业来说至关重要。

表1-1-1   服务与有形产品的区别

项目	服务	有形产品
性质	一种行为或过程	一种物品
形式	形式相异	同类产品具有相似的形状
生产	生产、销售与消费同时发生	生产、销售与消费不同时发生
价值	核心价值在买卖双方接触的过程中产生或体现	核心价值在工厂里被创造出来
顾客参与	顾客需要参与生产过程	顾客一般不参与生产过程
存储	不可以储存	可以储存
所有权	无所有权转让	所有权可以转让

事实上，由于服务和有形产品最终都是为了满足人的需求，只是在满足的过程中有的是纯粹的行为，有的必须伴随着有形物品。或者反过来说，有的是提供有形物品，有的必须伴随着相关服务。

服务和有形产品相比，也有许多相同的地方：

1.最终目标一致

服务和有形产品都是以满足人的需求为首要目的而开发设计和生产的。服务能够直接满足人的需求；有形产品大多需要自己的劳动或其他辅助功能才能满足人的需求，如洗衣机需要自己操作、汽车需要自己驾驶、电视机需要有电视台的节目传送、手机需要有无线通信服务提供商等。

2.具有使用价值和交换价值

使用价值体现了商品所具有的功能。无论是有形产品还是服务，都具有一定的功能。对有形产品而言，它的使用价值是很明显的，如汽车能载人、载货，完成将人或物从一个地方转送至另一个地方的任务；服务也是一样的，如公共交通服务同样能将人或物从一个地方转送至另一个地方。

交换价值是指商品可以在市场上自由交易。服务和有形产品都是商品，都可以在市场上进行买卖。对有形产品而言，人们购买的是产品本身；对服务而言，人们购买的则是结果。

3.遵循一般的市场规律

在产品的设计、开发和营销，以及市场垄断和竞争等方面，服务和有形产品都遵循一般的市场规律。

通过对服务与有形产品的分析，我们可以总结出服务的特性，见表1-1-2。

表1-1-2 服务的特性

特性	描述
无形性	服务多为一种行为、过程，不可触摸； 服务不易展示和沟通； 服务不涉及物品所有权的转移； 服务难以定价与申请专利
异质性	服务的生产与顾客的满意度和员工的行动有关； 服务的生产难以按计划进行； 服务难以大规模生产； 服务的质量受许多不可控因素的影响
不可分离性	顾客参与并影响交易； 员工影响服务结果； 顾客之间相互影响
不可储存性	无法在消费之前生产与储存； 供应与需求矛盾较大； 通常不能退货或转售

课后提升

知识掌握

◎核心概念：礼仪；服务

◎核心观点：

1.礼仪的核心就是尊重。

2."礼"是"仪"的灵魂，"仪"是"礼"的外壳，二者互为依存，缺一不可。

3.我们需要用长远的眼光看待服务带来的经济效益与社会效益，不断提高服务的品质，不断进行服务的创新，这样才能实现企业的永续成长。

知识应用

1.周代的"三礼"，即《周礼》、《仪礼》和（　　　），是我国非常重要的礼仪论著。

A.《礼经》　　　　B.《礼仪》　　　　C.《礼记》

2.通过对服务与有形产品的分析，总结服务的特点。

知识提升

四川火锅闻名全国，许多餐饮企业都做得红红火火，其中有一家餐饮企业因其特色服务而闻名遐迩。无论是餐前等候服务、餐中贴心服务、餐后惊喜服务，都令食客赞不绝口。为什么这家餐饮企业如此重视服务的创新呢？这里有个有趣的小故事和大家分享一下。

　　在创业初期，这家火锅店因为没有什么噱头，所以一直没有客人光顾。有一天晚上，店里终于来了客人，老板非常高兴，赶紧忙前忙后，食材能多给就多给，服务更是细致周到，希望可以留下回头客。客人点了很多食物，最后也剩下不少。结账时，老板问大家："各位吃得好吗？味道还满意吗？"大家都点点头说："不错，不错。"这毕竟是老板的第一单生意，于是等客人离开后，老板亲自尝了下自己调制的锅底。可是当他把东西涮熟后刚放嘴里就吐了出来，因为没有经验，底料放得太多，锅底苦得难以下咽。但因为老板的服务很好，所以客人并没有埋怨。就这样，这家企业把"服务"作为第一宗旨开始经营起来。现在很多客人一提到去这家火锅店，就会说："走，去享受上帝般的服务吧。"

　　资料来源　根据网络资料整理。

　　思考：请结合本案例，分析企业重视服务的意义何在。

课前自学

自学点一　服务礼仪是什么?

　　服务礼仪是服务人员必备的素质。服务人员可以通过强化自身的仪容礼仪、仪表礼仪、仪态礼仪、语言艺术与操作规范等来提高自己的服务水平,将无形的服务有形化、规范化、系统化、优质化。服务礼仪的概念总结如图1-2-1所示。

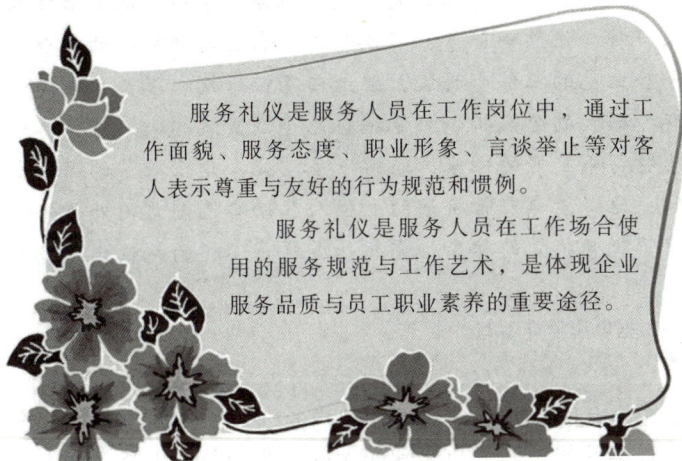

> 服务礼仪是服务人员在工作岗位中,通过工作面貌、服务态度、职业形象、言谈举止等对客人表示尊重与友好的行为规范和惯例。
>
> 服务礼仪是服务人员在工作场合使用的服务规范与工作艺术,是体现企业服务品质与员工职业素养的重要途径。

图1-2-1　服务礼仪的概念总结

自学点二　如何从个人视角解读服务礼仪的作用?

　　礼仪作为人类历史发展过程中逐渐形成并积淀下来的一种文化,始终以一种精神的约束力支配着每个人的行为,并成为人类活动的准则。礼仪是一个人"修身养性、持家立业、治国平天下"的基础,它不仅体现了施礼者的个人道德修养和文明程度,而且体现了施礼者对他人的尊重程度。礼仪是人与人之间和谐、平等、友好相处并形成良好社会关系的重要手段。

　　服务礼仪是服务行业的从业人员给予服务对象的一种心灵互动体验,是员工个人素质、修养的具体反映。就个人而言,学习服务礼仪的作用可以总结为以下三个方面:

1.学习服务礼仪有助于展示并提高个人修养

　　中国作为一个礼仪之邦,自古以来就有无数典籍或圣人名言说明了礼仪对提高个人修养的重要性,并将其归结为人的五种行为规则(即仁、义、礼、智、信)之一。在现代社会,我们提倡通过言行举止展现个人的气质风度、道德风尚、精神风貌,就是运用

凡人之所以为人者,礼义也。
——《礼记》

服务礼仪的过程。同时，服务礼仪的反复展示会进一步将自身素养提升到新的境界。

2.学习服务礼仪有助于塑造并美化个人形象

中国人常说："爱美之心，人皆有之。"这充分说明对美好事物的热爱与追求是人类的本能。到超市挑选商品，包装精美、摆放整齐的货品更容易吸引人们的目光；在工作中，穿戴得体、举止大方的员工更容易得到上司的器重与客户的认可；在人与人的交往中，为了给对方留下美好的第一印象，就算再不修边幅的人也会尽可能地修饰自己。因此，我们每个人都可以通过仪容、仪表、仪态、语言等外在美表达自己内在的真善美，在学习并运用服务礼仪的过程中，塑造美的形象，陶冶美的心灵，追求美的生活，创造美的未来。

趣味超链接1-2-1　　　　　　　　　《窃窕绅士》

《窃窕绅士》是一部与礼仪有关的电影，由著名演员孙红雷与林熙蕾领衔主演，看过的人在欢声笑语中都会对礼仪有进一步的认识。孙红雷饰演的男主角是一位成功的农民企业家，纯朴但大大咧咧的他爱上了一位颇有名气的女模特。为了结识这位女模特，他煞费苦心，不仅制造了自己与她相遇的机会，而且精心修饰了自己。一套白色的三件套西装，配上白色鸭舌帽、墨镜、粗大的金项链、层层叠叠的手环、硕大的金戒指……他把自己全副武装起来。可是，这样的行头非但没有给女模特留下良好的印象，还留下了"此人是土豪"的深刻认知。为了成功牵手女模特，他邀请林熙蕾扮演的女强人帮助自己制订内外兼修的礼仪训练计划，最终他有了脱胎换骨的转变。您想知道这是怎样的礼仪训练吗？请观看《窃窕绅士》吧。

资料来源　根据电影简介编写。

3.学习服务礼仪有助于协调并促进互动沟通

我们生活的社会就像一张无边无际的大网，我们每个人只是网上十分渺小的一个点。生活在这样交织相连的网里，我们这些独立的点只有互相接触、沟通，并较好地连接起来，才会令这张网生机勃勃，我们也会因为良好、默契、和谐的关系而心情愉悦。美国著名人际关系学家卡耐基认为：一个人事业的成功，只有15%要靠他的专业技术，另外85%则要靠人际关系和处世技巧。这种人际关系与处世技巧包括个人的品质、生活的态度与原则、社交技巧与沟通能力等，而不是所谓的庸俗关系。

有时候，一个才能平庸的人如果深谙礼仪的妙用，并且展现出人格魅力，他就能够吸引人才为己所用，进而取得事业上的成功，典型的例证就是三国时期的刘备。刘备是一个才能平庸的人，但他却是一位被寄予厚望的君主，其中一个很重要的原因就是刘备很得人心，刘备不仅吸引了非常有个性的关羽、张飞，就连诸葛亮这样的绝世英才也对他忠心耿耿。刘备讲究礼仪，注重沟通，是一个社交高手。

在现代生活和工作中，礼仪能够调节人际关系。人们在交往时按礼仪规范去做，有助于建立友好合作的关系，缓和矛盾，避免不必要的冲突。一般来说，人们受到尊重、礼遇就会产生吸引心理；反之，就会产生敌对、抵触、反感，甚至憎恶的心理。因此，礼仪还具有很强的情感凝聚作用。

知识广角镜
1-2-1

浅谈沟通

自学点三　服务礼仪的实践原则有哪些?

服务礼仪实践的第一原则就是尊重,即要求服务人员在服务过程中,将对客人的重视、恭敬、友好放在第一位。此外,服务礼仪的实践原则还有很多,请同学们在课前自学"知礼·习礼系列礼仪微课 1-2-1",理解自律、从俗、适度、真诚、平等、宽容等原则的内涵与运用实例。

知礼·习礼
系列礼仪
微课 1-2-1

服务礼仪的
实践原则

课中研学

研学点一　服务礼仪的内涵

动感小课堂 1-2-1　　　　　　出谋划策

大二学生小婷来到某知名物业管理公司实习。一天,小婷作为物业管理中心的回访人员来到 C 栋 701 室。站在大门前,她忐忑不安,按门铃的手抬起来又放下。因为在来访之前,她就听公司前辈们说,住在这里的王太太特别挑剔,不会轻易让物业管理人员进入她家。为了顺利完成这次回访工作,如果你是小婷,你会怎样做?

通过讨论我们发现,服务礼仪就是在所有服务中都要注重自身的仪容、仪表、仪态、语言、操作规范等,向客人提供热情、主动、周到的服务,这样既能够展示我们的气质、风度、修养与素质,也能够与客人建立起和谐的服务关系。这个过程不仅会使客人感到自己非常受尊重,无形中还会影响客人的行为与表达,使双方均得到愉快的心理感受,甚至建立起友谊。这就是服务礼仪的魅力所在。

礼者,敬
人也。
——《荀子·
礼论》

研学点二　服务礼仪的作用

动感小课堂 1-2-2　　　　　　情景模拟

请同学们以小组为单位进行情景模拟,情景设定的内容是两位食客分别在五星级酒店与风味小吃店购买一碗牛肉面。显然,在不同的场所用餐,环境、服务各不相同,因此两碗牛肉面的价格相差甚远。通过情景模拟,大家思考礼仪在提升一碗牛肉面所创造的价值方面可以发挥什么作用。

作为群居动物的人类无法脱离社会这个大家庭而独立存在,总是隶属于一个部门、一家机构、一个民族乃至一个国家。因此,社会化的个人代表了自己所处组织的形象与利益。假设你的职业是银行服务人员,你的职业就决定了你的待人接物必须注重组织规定的服务礼仪要求。在个人交往中,你若不喜欢交往的对象,就可以不必与之交往;但在工作中,你必须通过规范、系统的服务礼仪,树立起服务人员与企业的良好形象,与客户顺畅沟通,在与客户的交往中赢得客户的理解、好感与信任,进而提高企业的竞争力。

1.注重服务礼仪有助于营造良好的企业内外部环境

服务礼仪在行为美学方面指导我们不断充实与完善自己,潜移默化地熏陶着我们的心灵,使我们的谈吐越来越文明,举止仪态越来越优雅,装饰打扮更符合大众的审

知识广角镜
1-2-2

服务蓝图

美原则，更体现时代的特色与精神风貌。

图1-2-2 "真正的老板"

服务型企业中直接面对客人的是一线员工，如果员工受到企业的尊重（如图1-2-2所示），拥有较高的满意度，他在工作中的表现就会更加积极，从而能够以饱满的精神状态为客人提供服务。因此，服务型企业中流行这样一句话："没有满意的员工，就没有满意的客户。"服务礼仪的践行有助于企业创造一个和谐进取、文明健康、团结奋进的内部人文环境。

服务礼仪是企业文化的外化表现，反映了员工的观念、修养，展示了企业的管理风格、道德水准、文明程度。服务的过程既是商品与货币交换的过程，也是人的情感交流的过程。一句亲切的问候，一次理解的微笑，犹如春风吹暖客人的心，缩短了服务人员与客人的距离。可以说，规范、优质的服务，能够最大限度地满足客人在服务中的精神需求。服务礼仪更是服务关系和谐发展的润滑剂，注重服务礼仪能够使服务人员与客人之间更好地交流与沟通，缓和服务中的矛盾冲突，进而建立起和谐的服务关系，形成正面积极的口碑效应，创造良好的企业外部环境。

2.注重服务礼仪有助于提高企业的服务质量与价值

对服务型企业来说，高素质的员工提供的高品质服务有助于提高企业的经济效益与社会效益，有利于提升企业的文化内涵和品牌效应。因此，员工的礼仪修养良好对企业来说十分重要。如果每一个员工都能够做到着装得体、举止文明、谈吐高雅，企业就会赢得社会的信赖、理解与支持；反之，如果员工衣冠不整、举止失当、言语粗鲁，企业就会失去客人、失去市场，从而在竞争中处于不利的地位。因为人的认知中存在"以偏概全"的心理定式，所以人们往往从某一个员工或者某一个细节来评价一个企业的服务质量和管理水平。这也就是所谓的"细节决定成败"。

现代服务行业激烈的市场竞争，实质上体现的是服务质量的竞争。一个服务型企业的生存与发展、市场与客源，靠的是向客人提供全方位的优质服务。研究表明：在硬件设施相同的条件下，影响企业服务质量的主要因素是服务意识与态度。"宾客至上"的服务意识与热情友好、真诚和蔼的服务态度，可以使客人在感官上、精神上产生被尊重感、亲切感。因此，遵循服务礼仪规范是提高服务质量的关键。

如今，电子商务的发展给人们的生活带来了很多便利，许多消费者选择在网络商店购买自己所需要的商品。面对五光十色的商品图片，很多消费者担心图片与货物不一致，因此反复询问在所难免。许多网络商家一方面保障商品质量，另一方面强化对客服的礼仪培训，在客服礼貌、耐心、细致的回答中，使消费者对商品产生信任感。此外，商家为了留住消费者也费尽了心思，有的赠送小礼物，有的附上精美的提示卡片，还有的附上一页手写的真诚问候话语，这些都令冷冰冰的网络购物充满了温暖的人文关怀。每个消费者都期待体验到惊喜的网络购物过程，服务礼仪能够帮助商家实现消费者的期望，这也是服务礼仪提高企业服务价值的体现。

3.注重服务礼仪有助于改善组织形象与社会风气

服务礼仪不仅可以强化企业的道德要求，而且可以树立良好的企业形象。虽然服务是无形的，但是服务可以体现在服务人员的一举一动、一言一笑中。因此，服务礼仪是企业无形的广告。

现代交通工具的便利化与高速化使人们的全球移动力增强，人们在闲暇时可以去体验不同地区、不同民族、不同国家的风土人情。假设我们在旅游目的地受到了旅游服务人员的热情接待，那么我们自然会对当地产生美好的印象；而旅游者尊重旅游目的地的风俗，融入旅游目的地的文化，也会受到当地居民的欢迎。从这个角度来讲，旅游者与当地居民分别代表了各自地方的形象与文化。如果有一方表现欠佳，这种和谐的文化互动交流就会受到影响。

企业的
活力＝商品
力+服务力

育德润心小课堂1-2-1

服务是人们交往中的一种互助行为，人们在相互服务的过程中得到理解、关爱和建立联系。所以，服务本质上是一种体现人文关怀的文化活动。

随着社会分工的发展，服务提供者日益专业化，成为专业的服务劳动者，服务劳动的结果成为服务产品。在商品货币关系的作用下，一部分服务产品进入市场转化为服务商品，人类社会产生了服务业，形成服务经济。服务产品同实物产品（工农业产品）的区别，不在于有形或无形，而在于文化内涵。在服务业中，文化产业以文化产品满足人们的文化生活需要，文化服务是产品内涵的全部。一些行业（如信息、医疗、卫生、咨询、旅游等）虽然不称为文化产业，但以科学技术知识为基础，传递各种文化信息，是另一种形式的文化服务。

服务文化表现在服务业的经营理念中。服务业生产服务产品，满足消费者的需要，是互助行为，是义；满足生产者自身补偿劳动耗费的需要，获得价值，是利。因此服务企业应当践行正确的义利观，践行社会主义核心价值观，以人民为主体、为人民服务。

资料来源　白仲尧. 大力发展中国特色社会主义服务业［N］. 中国社会科学报，2016-05-11（963）.

德育基因： 正确的义利观　社会主义核心价值观

心有所悟： 中国传统服务业在提供服务产品的过程中，讲仁爱、重诚信，对消费者的人文关怀厚重。提供中国式的文化服务，既可以形成中国服务业的文化特色，也是传承中华优秀传统文化的重要方式。服务礼仪是社会文明的重要组成部分，中外有识之士无不重视服务礼仪教育。在当代中国，服务礼仪教育已成为社会主义精神文明建设的重要内容。当然，在服务业快速发展的今天，仍然有一些人对服务行业存在偏见。服务人员应怀着一颗为他人服务的真诚心，用服务礼仪赢得正面积极的反馈，传递出服务行业的正能量，引导大众正确认识服务行业。

研学点三　服务礼仪的实践方法

动感小课堂1-2-3　　　　　　　　小游戏

请同学们两人为一组，用双手搭建"人"字，老师现场拍摄出不同的"人"字组合。分析哪种是真正的"人"字，并思考做这个游戏有什么深层意义。

服务礼仪本身是一门实践艺术，因此学习服务礼仪务必要坚持知行合一、学以致用。

1.循序渐进

学习服务礼仪不可贪多求全，可以从与自己的生活紧密相关的环节开始，也可以从自己工作岗位的服务礼仪做起，这样可以起到事半功倍的效果。学习服务礼仪是一个循序渐进的过程，有些礼仪规范必须经过反复运用和体验，才能真正掌握其精髓。

2.自我检查

古人强调"吾日三省吾身"，说明要提高个人的修养必须注意反躬自省。同样，学习服务礼仪也应时时处处注意自我检查，这样有助于发现缺点，不断总结技巧，从而实现自我提升。

3.反复实践

学习服务礼仪的关键在实践，离开实践，学习就会成为无源之水、无本之木。在践行服务礼仪时，我们要坚持理论联系实际，以主动积极的态度，将自己学到的服务礼仪知识应用于工作和生活的各个方面，自觉从大处着眼、小处着手，用礼仪的准则来规范自己的言谈举止。不要怕出洋相、丢面子，只有克服自己的心理障碍，才能不断得到提升。

4.把握重点

缺乏文化熏陶的完美只是半成品的完美。

学习服务礼仪还应当有主有次，抓住重点，即抓住那些对服务活动具有普遍指导意义的主要原则。例如，以右为尊原则在国际交往中具有普遍适用性，在正式场合必须遵守的着装TPOR原则实际上在礼仪学习的很多方面都具有指导意义。因此，有关服务礼仪的主要原则，我们应尽可能地加以掌握，这样才能举一反三、以点带面。

5.内外兼修

礼仪是心灵的写照。若想从根本上提高自身的修养，还必须有意识地广泛涉猎科学文化知识。一般而言，有修养的人思考问题周密透彻，处理问题得当，欣赏力强。正如苏轼所言，"腹有诗书气自华"。因此，我们应积极学习各方面知识，重视精神熏陶，努力使自己成为一个德才兼备的人。

课后提升

知识掌握

◎核心概念：服务礼仪；服务礼仪的实践原则；服务礼仪的实践方法

◎核心观点：

1.从个人角度来看，学习服务礼仪有助于展示并提高个人修养，有助于塑造并美化个人形象，有助于协调并促进互动沟通。

2.从社会角度来看，注重服务礼仪有助于营造良好的企业内外部环境，有助于提高企业的服务质量与价值，有助于改善组织形象与社会风气。

3.服务礼仪本身是一门实践艺术，因此学习服务礼仪务必要坚持知行合一、学以致用。

知识应用

1.请结合自身情况，用案例来解释服务礼仪的作用。

2.如何理解"企业活力=商品力+服务力"？

3.请根据自身情况，编制一份服务礼仪实践计划书。

知识提升

　　厦门风光秀丽，气候宜人，是一个风景旅游城市，每年都会接待众多来自世界各地的游客。作为厦门的交通枢纽——火车站，每天都承担着繁重的营运任务。来这里坐过火车的乘客都会对火车站志愿服务队记忆深刻，志愿服务队有一个美丽且具有代表性的名字——"小白鹭"。身着铁路部门工作制服的"小白鹭"在火车站四处巡视，看见需要帮助的乘客会立刻上前询问，提供热情的服务。

　　阳光明媚的一天，一位坐着轮椅的老人吃力地滚动车轮在候车大厅行进。一名"小白鹭"看见了，立刻来到老人身边："老人家，您好！我是火车站的志愿服务者，您需要帮助吗？"老人家抬起手，指向洗手间的方向说："我想到洗手间门口等我的女儿。""小白鹭"立刻说："那我推您过去好吗？"老人家欣喜地点点头。等来了老人的女儿后，老人和她的女儿纷纷向"小白鹭"致谢。这时，"小白鹭"又问："两位是要乘坐火车吗？""对！我们要回昆明，正准备去排队候车，过一会儿就检票了。"女儿回答道。"小白鹭"继续说："两位这样的情况，上下电梯很费劲，我联系一下值班员，提前送两位进站台吧。麻烦您把车次告诉我吧。"老人的女儿惊喜地说："太感谢了！我们从来没有遇到过这么好的事！上次坐火车，进站还真是费了好大力气。"接着，"小白鹭"联系了值班员，值班员验票合格后，"小白鹭"将母女俩从绿色通道送进了站台，并安全地送到了车厢里。看着汗流浃背的"小白鹭"，母女俩不停地道谢："铁路工作人员的服务态度好，有礼貌，服务更是贴心呀，真让我们感动！"

　　资料来源　根据笔者真实经历整理。

　　思考：请结合本案例，分析服务礼仪的意义何在。

项目三
服务礼仪与形体训练的关系

自学点　形体训练是什么?

在弄清楚形体训练之前，我们先看看什么是形体。形体是指人在先天遗传和后天获得的基础上表现出的身体形态上的相对稳定的特征，是人体结构的外在表现，是人体美的一种艺术表现形式。通过形体训练，我们可以改变和纠正不正确的身体姿态，从而提高对身体姿态的控制能力，使形体向匀称、和谐、挺拔、健美的方向发展，进而形成优雅、洒脱的气质与风度。在服务行业，服务人员的工作特点就是直接面对客户，服务人员的言行举止都在客户的关注之下，因此服务人员的形体就显得格外重要。

如今，人们对形体的要求已经上升到了对姿态美的向往和追求，而这些要求只有通过科学的形体训练以及适当的营养摄取和休息才能达到。那么，什么是形体训练呢?

形体训练（如图1-3-1所示）是一个外来语，它起源于芭蕾等舞蹈以及体操的基本功训练，现在还没有一个权威的定义。目前比较常用的定义有两种，即狭义的形体训练和广义的形体训练。

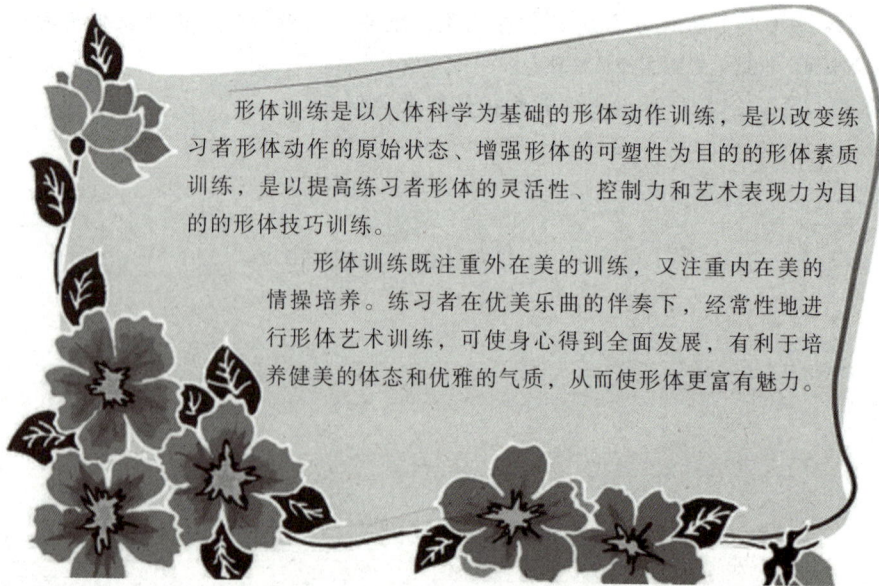

形体训练是以人体科学为基础的形体动作训练，是以改变练习者形体动作的原始状态、增强形体的可塑性为目的的形体素质训练，是以提高练习者形体的灵活性、控制力和艺术表现力为目的的形体技巧训练。

形体训练既注重外在美的训练，又注重内在美的情操培养。练习者在优美乐曲的伴奏下，经常性地进行形体艺术训练，可使身心得到全面发展，有利于培养健美的体态和优雅的气质，从而使形体更富有魅力。

图1-3-1　形体训练的概念总结图

狭义的形体训练是指形体美的训练。

广义的形体训练认为，只要是有形体动作的训练，都可以称为形体训练。在这一定义下，各式各样的动作训练都可以称为形体训练，甚至服务行业程式化动作（如迎宾、递送钱物等仪态姿势）的训练，也可以称为形体训练。

本书认为，用形体美的训练来定义形体训练比较确切，这也符合大多数形体训练者的意愿。大家花费大量的时间、金钱和体力进行训练，绝不仅仅是为了活动一下身体，娱乐和游戏更在其次，对自身形体美的塑造才是最终目的。

课中研学

研学点一　形体训练的作用

动感小课堂1-3-1　　　　　　　　**图片反思**

图1-3-2是人摆出不同姿势后的骨骼样貌，请同学们结合图片讨论下列问题：

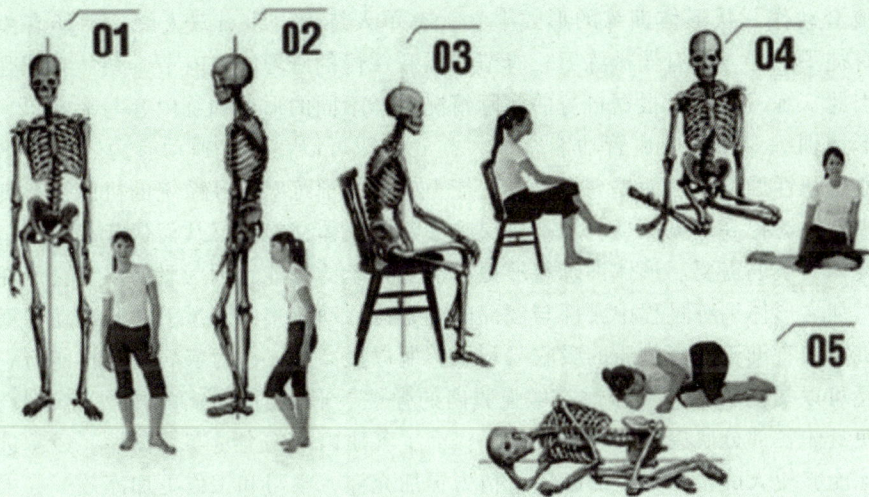

图1-3-2　错误姿态骨骼样貌组图

①人体骨骼疾病与不良姿势有什么关系？

②我们可以通过什么途径改善或预防骨骼疾病？

随着现代科学技术的飞速发展及人民生活水平的日益提高，人们的健康意识不断得到强化，越来越多的人开始追求高质量的健康生活方式。健身和健美活动日趋普及，形体健美更是受到了越来越多人的青睐。从社会对人的综合素质的要求来看，无论从事何种职业，要想在激烈的竞争中立足，得到同行以及他人的重视，除了要具备专业的知识与技能外，还要拥有健康美丽的体态、高贵优雅的气质与良好的身体素质。形体训练正是达到这一目标的有效途径。

形体训练的过程是综合能力培养与素质提升的过程。形体训练以人体科学为基础，可以改善形体动作的状态，提高肢体的灵活性与协调性，增强形体的表现性与可塑性，从而培养优雅的仪态与气质。坚持进行形体训练，可以矫正生活中不正确的姿态与身体发育过程中形成的某些畸形，形成良好的站、立、行、走等姿态，进而提高

> 形体之美要胜于颜色之美，而优雅行为之美又胜于形体之美。最高的美是画家无法表现的，因为它是难以直观的。
> ——培根

身体素质。

1.改善形体，美化体态

俗话说："站如松，坐如钟，行如风。"如果长时间保持不良体态，就可能影响身体骨骼的正常生长与发育。例如，长期将盆景植物用金属丝或棕丝扎缚枝干弯曲成一定形状，一段时间后盆景植物就会长成被束缚的形状。同样道理，如果一个人长时间扭曲身体的肌肉骨骼，慢慢肌肉骨骼就会变形，出现如驼背等状况。形体训练可以对身体比例的均衡产生积极的影响，使身体各部位的脂肪均匀分布，保持骨骼的正确位置，从而塑造令自己满意的体态。

2.增强体质，增进健康

"生命在于运动"，但是不同体质的人适合的运动项目不同。形体训练是在人体解剖学、运动心理学、运动训练学、运动生理学、美学等科学理论指导下进行的，可根据不同的年龄与性别、不同的体型与体质、不同的训练目的与个体水平选择不同的训练方法。

从形体训练的内容上看，有用于身体局部练习的单个动作，也有用于整体形象塑造的成套动作。从形体训练的形式上看，有单人练习，也有双人练习，还有集体练习；有徒手练习，也有器械练习；有节奏柔和缓慢的练习，也有节奏快、动感强的练习。因此，练习者可以根据自身的实际情况选择不同的形体训练内容与形式。

形体训练对增强心血管功能有很大益处，即可以使心脏搏动有力、心输出量增加、血管弹性增强，从而提高全身供氧能力。形体训练对呼吸系统的机能也有良好的影响，即能够提高呼吸深度，增加每次呼吸时的气体交换量，从而保证在激烈运动时满足气体交换的需要。形体训练能够提高消化系统的机能，因为肌肉活动会消耗大量能量，加之形体训练过程中腰部与髋部的全方位活动较多，刺激了胃肠蠕动，增强了消化机能，有助于营养物质的吸收与利用，所以提高了人体对疾病的抵抗能力。形体训练还可以提高关节的灵活性，增强肌肉的弹性。形体训练的动作自然而有节奏感，能够使身体各部分肌肉得到均衡发展，提高了各肌肉群的力量与柔韧性。经常进行形体训练能够使人的生命力更加旺盛，精力更加充沛，学习和工作更加高效。

> 活动有方，五脏自和。
> ——范仲淹

育德润心小课堂 1-3-1

没有全民健康，就没有全面小康。习近平总书记指出："全民健身是全体人民增强体魄、健康生活的基础和保障，人民身体健康是全面建成小康社会的重要内涵，是每一个人成长和实现幸福生活的重要基础。"

从确定每年8月8日为"全民健身日"，到全民健身上升为国家战略，再到北京冬奥会"带动三亿人参与冰雪运动"，我国全民健身活动蓬勃发展，群众体育发展迈上新台阶，运动健身已经成为人们的生活方式。

2022年的"全民健身日"主题活动深入基层，以"社区运动会"等方式组织开展群众身边的赛事，通过科学健身指导、全民健身志愿服务、国民体质监测、国家体育锻炼标准达标测试等活动，满足群众多元化的健身需求。体育部门和各地还组织开展了全民健身系列活动，通过构建更高水平的全民健身公共服务体系，满足人民群众多元化的需求。

资料来源　刘硕阳，陶相安，孙龙飞，等. 发展体育运动　增强人民体质 [N]. 人民日报，2022-08-08 (13). 实践杂志社. 文明其精神　野蛮其体魄 [EB/OL]. [2020-09-27]. http://www.nmgsjw.cn/nmgsjzzsapp/llsj/202009/t20200927_7973.html.

德育基因：体育精神　正确的体育运动观

心有所悟：1917年，毛泽东同志在《新青年》上发表的文章——《体育之研究》中写道："欲文明其精神，先自野蛮其体魄；苟野蛮其体魄矣，则文明之精神随之。"想要让人们的精神变得文明，应该先使他们的身体更强健；只有身体经受了磨炼，才能增强意志力、提升精气神。党的二十大报告提出："推进健康中国建设。人民健康是民族昌盛和国家强盛的重要标志。把保障人民健康放在优先发展的战略位置，完善人民健康促进政策。"

少年强则中国强。青少年的健康发展不仅关乎个人成长和家庭幸福，而且关乎国家未来和民族的希望。增强青少年体质健康水平是当务之急，必须引起全社会的高度重视。强健的体魄离不开体育，体育不仅能增强学生的体质，而且能够让青少年在健全人格、锤炼意志的过程中享受到运动的乐趣，感受永不放弃的体育精神，让体魄强健成为青少年的标配。使青少年养成良好的运动习惯，健全各层次的校园体测制度，培养出体魄强健、人格健全、品学兼优、充满朝气的新时代接班人，需要全社会一起参与、共同努力。

3.放松精神，身心和谐

形体锻炼除了具有"健美""健身"功能外，还具有"健心"功能。紧张的体力或者脑力劳动过后，身体必然会产生疲劳的感觉；同时，现代生活的紧张节奏会使人产生压抑感或其他一些不良的情绪。形体训练是与音乐、舞蹈相结合的一项综合性运动。在音乐的伴奏下，练习者的身心得到彻底放松，进而抛弃一切烦恼，进入无限美好的情境之中。形体练习可以把形体美、艺术美、精神美完美地结合起来，使人容光焕发，身心得到健康和谐的发展。

> 理想的人是品德、健康才能三位一体的人。
> ——高尔基

研学点二　服务礼仪与形体训练的关联

动感小课堂1-3-2　　　　　　头脑风暴

请同学们思考一下，许多美容院规定，美容师每天工作前都需要一起完成一段优美的舞蹈或者形体操，这是为什么呢？

我们的思考成果：
_____
_____

一、服务人员仪态要求的特殊性

服务人员的工作性质要求其必须时时刻刻在客户面前表现出良好的精神面貌和优雅的气质特征，从而使客户产生愉悦感和被尊重感。因此，服务人员无论是在工作岗位上还是在社交场合中，仪态美都显得十分重要。

一般来说，一个人的举止包括姿态与风度两个方面。姿态是指一个人的身体显现出来的样子，如站立、行走、躬身、就座、手势、面部表情等。风度则是一个人内在气质的外在表现。人的内在气质包括许多内容，如道德品质、学识修养、社会阅历、专业素养与才干、专长等，这些都会通过人的言谈举止、动作表情及服饰装扮等方面体现出来。

二、服务人员仪态要求的重要性

1.良好的仪态是服务人员最基本的形象

服务人员除了外貌与身材的自然美外，还应具有优雅的姿态和形体动作。服务人员的美往往会通过各种动作来表现，优雅的仪态能够使服务人员神采飞扬，从而在心理上产生一种自豪感与满足感。人的自信心除了来自外界的肯定、赞扬与积极评价，更重要的是来自良好的自我感觉。良好的仪态会给服务人员带来一份好的心情，工作起来自然信心倍增、充满活力。进行系统的形体训练，对塑造服务人员的良好仪态具有非常重要的意义。

2.良好的仪态能给宾客留下良好的印象

服务人员的一句话、一个手势或一身着装，都将直接影响宾客对服务人员的印象，进而影响企业的整体形象。因此，服务人员在任何场合都要保持良好的精神状态，做到举止谦恭友善、沉稳大方，态度彬彬有礼、不卑不亢，从而体现服务人员高尚的人格和良好的风度。

3.良好的仪态可以反映企业的管理水平和服务水平

服务人员的仪态不仅是个人魅力的全面展示，而且在一定程度上反映了企业的管理水平和服务水平。作风严谨、管理严格的企业都会要求自己的员工注意仪容仪表，从而给宾客留下良好、深刻的印象，这样既有利于提高服务质量，对企业也能起到积极的宣传作用。对服务型企业来说，仅有一流的硬件是远远不够的，员工良好的仪态也是提高企业竞争力的重要手段。

4.良好的仪态是服务人员尊重宾客的体现

服务人员良好的仪态本身就是一种礼仪，它可以缩短服务人员与宾客之间的心理距离，使宾客求尊敬、求重视的心理得到满足。

三、形体训练是提高身体素质和培养良好仪态的重要手段

高强度的服务工作要求服务人员具备良好的身体素质。形体训练能够提高服务人员的体能，增强身体各个部分的协调运作能力，减轻长时间工作带来的身心疲惫，避免各种可能的身体损伤，使服务人员始终保持充沛的体力和良好的精神风貌，从而更好地为宾客服务。

良好的身体状况是拥有良好心情的前提条件，很难想象一个人在身体不适或极度疲劳的情况下还能拥有愉悦的心情。研究表明，一个人的心理状态与其身体素质密切相关，在通过形体训练提高身体素质的同时也能改善其心理状态。因此，适当的形体训练能够使人体耐受恶劣环境和抗疲劳的能力大幅增强，从而为良好的心情提供保障。

良好仪态的养成，需要有一个不断强化、不断规范并辅以严格训练的过程。不断强化主要是指在日常工作和生活中应经常、反复地加以强调，使服务人员从思想上高度重视个人仪态在工作中的重要性。不断规范是指应严格按照服务人员的仪态要求进行训练，以改变因个人生活习惯而养成的不良仪态。形体训练包括许多内容，如站

姿、坐姿、走姿等，只有经过系统的、长期的、有针对性的训练，才能全面塑造服务人员良好的仪态。例如，站姿训练看似简单，实际上非常辛苦，每次必须坚持一定的时间才能收到较好的效果。刚开始训练时需要有一段适应期，两次训练的间隔时间可稍短些；当有了一定的基础后，两次训练的间隔时间可逐渐延长。经过长期规范而系统的训练，规范的站姿便成了一种习惯，而习惯一经形成，身体的姿态美就可以展示出来了。

课后提升

知识掌握

◎核心概念：形体；形体训练

◎核心观点：

1.形体训练的过程是综合能力培养与素质提升的过程。形体训练以人体科学为基础，可以改善形体动作的状态，提高肢体的灵活性与协调性，增强形体的表现性与可塑性，从而培养优雅的仪态与气质。

2.形体训练是在人体解剖学、运动心理学、运动训练学、运动生理学、美学等科学理论指导下进行的，可根据不同的年龄与性别、不同的体型与体质、不同的训练目的与个体水平，选择不同的训练方法。

3.良好仪态的养成，需要有一个不断强化、不断规范并辅以严格训练的过程。

知识应用

1.请结合实际案例介绍形体训练的作用。

2.请结合实际案例介绍服务礼仪与形体训练的关联。

知识提升

清华大学非常重视体育，其将体育看作造就完整人格的一部分。建校当年，清华大学就着手成立了体育协会和各种以西式体育训练为主的体育代表队，如足球队、篮球队、棒球队、田径队、网球队等。曾任清华大学校长的周诒春说："我清华历来之宗旨，凡可以造就一完全人格之教育，未尝不悉心尽力。今日之学生，宜着重德智体三育固矣。"周诒春是"强迫运动"的发起者，即每周的星期一到星期五下午4时到5时，图书馆、宿舍、教室一律关门，全校每一个学生都必须穿短衣到操场锻炼。1916年，周诒春提出动工兴建清华大学"四大建筑"：大礼堂、图书馆、科学馆和体育馆。三年后，体育馆落成，馆内有篮球场、手球场、悬空跑道、游泳池，这是当时中国最现代化的体育馆，即使在美国也属一流。数学家陈省身曾回忆："学生中有一个说法，北大有胡适之，清华有体育馆。"

1916年的《清华周刊》也记载了清华人对体育的重视。其中，《学校体育之真精神》一文的开篇这样说：国弱者何，民不强也。民胡为而不强，体育之未普……

体育馆建成后，清华大学取消了"强迫运动"，开始实施正规体育课教学。学校规定，体育不及格者不能毕业。著名学者吴宓、梁实秋分别因跳远、游泳不及格，经补考通过才得以毕业。"把体育课列为必修课"使清华大学成为中国最早设立正规西式体育的学校。当时，将体育列为全程教育内容的学校在全国可谓凤毛麟角。

除了校方组织，学生也自发组织体育社团。例如，1913年由高级班学生薛桂轮、郑重、乔万选、张宏祥等发起的"武德会"，以"研究中国武术、强健身体"为目的；1916年由中等科低年级学生发起的"三育研究会"，以"联络感情、练习口才、锻炼身体"为宗旨。

1920年，马约翰任清华大学体育部主任。在他的推动下，清华大学的体育氛围更加浓郁。20世纪二三十年代，外界评价清华大学有"三好"：校舍好、英文好、体育好。

1926年，清华大学设立17个学系，体育学系为其中之一，学校的体育目标也相应调整，即使学生获得健康的同时，对学生进行品德教育。例如，奋斗到底不退缩；为社会做贡献或牺牲；合作和帮助他人；永葆清华荣誉等。

中华人民共和国成立后，清华大学组织第一届校运会，开创了开展高等学校学生竞技体育运动的先河，校运会也成为清华大学每年例行举办的一项传统体育赛事。

1957年，蒋南翔在清华大学体育干部会上提出了"为祖国健康工作五十年"的口号，这句口号在全国产生了巨大影响。

20世纪五六十年代，清华园里常见的景象是：下午4点半，学校的大喇叭响起来："同学们，现在是课外锻炼时间，走出宿舍，走出教室，去参加体育锻炼，争取至少为祖国健康工作五十年。"很快，操场上、校园的路上，到处可见跑步的人群，蔚为壮观。1952级清华校友张益回忆说："那时，体育生活已经成为学校生活的重要组成部分，很多同学都说：'如果把体育从我的生活中夺走，简直是不可想象的。'"

从"为祖国健康工作五十年"到"强健学生体魄"，再到"培养世界冠军"，体育已经渗入清华大学的血脉。

资料来源　张卓．深入百年清华血脉的体育精神［EB/OL］．［2011-04-15］. http://www.edu.cn/edu/gao_deng/zhuan_ti/Tsinghua100/tsinghua_sports/201104/t20110415_601716.shtml.

思考：结合本案例，请大家思考在服务行业推行形体训练的意义何在。

模块二
职业形象的塑造

人有礼则安，无礼则危。
——《礼记·曲礼》

学习目标

◎ 认知首因效应理论、服装搭配的 TPOR 原则与整体协调原则；

◎ 掌握多种场合自我服饰搭配的技巧；

◎ 掌握仪容修饰的技巧；

◎ 掌握多种场合体姿展示与表情沟通的方法；

◎ 掌握客我语言沟通的倾听与述说之道。

育德润心

◎ 中国素享"礼仪之邦，衣冠上国"的美誉，服饰作为一种文化形态，贯穿整个中国的历史。服饰的变化直接反映了人民生活水平的提高，说明人们的获得感和幸福指数都在提升。

◎ 中华优秀传统文化是景区最深厚的软实力，继承和发扬中华优秀传统文化，是文化自信的首要条件。

◎ 一枚小小的党员徽章，分量却是沉甸甸的，戴在距离心脏最近的地方，是党员身份的标志，是党员形象的展示，是党员责任的提醒。

◎ 中国妆，即符合中国文化特色、美化中国人形象的妆容，是建立在中国文化基础上，符合现代中国大众审美，并适应全球流行趋势的妆容形式或艺术创作。中国妆已不仅仅是妆容，更是中国文化的一种表达，也是时代精神的文化形态。

◎ 东方美学，不仅是对民族文化的传承与坚守，更是坐拥世界舞台一席之地的大国自信。

◎ 一个拾国旗的细节，带来的是满溢的感动。今天，每一个中国人都高高举起中国的国旗，展现着中国人的责任，让世界看到了中国的国家尊严和荣誉，看到了我们强大的民族凝聚力。

◎ 中国是传统的礼仪之邦，无论是国家政治，还是日常生活，处处存在着礼俗的限制。

◎为学立志、干事创业，正是需要这种锲而不舍的精神。

◎《礼记·少仪》中云："言语之美，穆穆皇皇。"中华用语不光讲究谦恭，也讲究婉雅。在与客户交谈时，尤其是正式交谈时，用语要力求谦恭、恭敬、高雅、脱俗。

◎习近平总书记指出："一种价值观要真正发挥作用，必须融入社会生活，让人们在实践中感知它、领悟它。要注意把我们所提倡的与人们的日常生活紧密联系起来，在落细、落小、落实上下功夫。"

礼仪故事汇

敬爱的周恩来总理以身作则、严于律己是众所周知的，这与他从小就养成良好的生活作风和思想修养是分不开的。青年时代的周总理在南开中学读书，南开中学教学楼的镜子上印着《镜铭》，这段话虽然通俗易懂，但内涵深刻，周总理就以这段话作为"镜子"，陪伴了他的一生。

镜　铭

面必净，发必理，衣必整，纽必结。
头容正，肩容平，胸容宽，背容直。
气象：勿傲，勿暴，勿怠。
颜色：宜和，宜静，宜庄。

作为我国著名的外交家，周总理堪称仪容、仪表、仪态美的典范。正是因为他一生按照《镜铭》来严格要求自己，才能形成具有"周恩来风格的体态语"，可谓"举手投足皆潇洒，一笑一颦尽感人"，给人以不可抗拒的吸引力。

模块二
思维导图

课前自学

自学点一　服装搭配的基本原则是什么？

TPOR 原则是服装搭配的基本原则，其中"TPOR"是 time（时间）、place（地点）、occasion（场合）与 role（角色）四个英文单词首字母的缩写。在社会交往中，随着时间、地点、场合、角色的不断变化，人们必须灵活更换不同的服装，使服装产生自然得体的"现场美感"。这一原则也是佩戴饰物与化妆修饰时需要遵守的。

1.服装搭配的时间原则

服装的搭配应与时间相适应，这里"时间"的含义有四层：第一层，一天之中的清晨、白昼与夜晚；第二层，一年之中的春、夏、秋、冬四季；第三层，人一生之中不同的年龄阶段；第四层，历史发展过程中的不同时代。

清晨时分，无论您是居家还是在户外晨练，着装都应以轻便、舒适的款式为主，色彩柔和或适度鲜艳的服装，可以起到放松身心、舒缓情绪的作用；白昼时段，人们基本处于工作状态，着装应考虑工作的特点与性质，以符合工作要求为原则，展示庄重大方的美感；夜晚时间，如果我们参加宴会、舞会、音乐会等社交活动，典雅端庄、潇洒时髦的晚礼服是首选。

伴随一年四季的变化，服装搭配也随之更替，春秋两季应选择厚薄适中、轻便灵巧的服装，夏季应选择凉爽、轻柔、简洁的服装，冬季应选择兼顾保暖与轻便的服装。如果同时结合季节色彩的特点进行巧妙搭配，就更会带来视觉与心理上的好感。

人的外貌会随着年龄的增长而发生变化。同时，每个年龄段的人都有自己的性格特点，幼年可爱，少年阳光，青年潇洒，中年沉稳，老年慈祥。因此，服装也应符合不同年龄段人的外貌与性格特点。

人类历史持续发展，不同的时代特色鲜明，而服装正是一个时代人民物质与精神生活的外化体现之一。唐代世风开化，壁画之中的女性服装尽显婀娜娇媚；宋代崇文敬儒，简洁素净、典雅大方的服装备受推崇。身处新时代的独立女性对服装的选择更加多样化，可以尽显自我独特之美。

育德润心小课堂 2-1-1

为庆祝新中国成立70周年，贵阳市南明区委宣传部选取家、通信、风潮、饮食、城市建设五个方面制作"时光南明·致敬70年"系列微电影，透过南明时光故事，"小服装连着大时代"，追寻南明人砥砺前行、艰苦奋斗70年的光辉足迹，讴歌南明区70年光辉巨变。

　　无独有偶，2019年国庆节前夕，重庆市北碚区举办了一场秋冬服装秀。模特儿们身着耀眼服饰，用五彩华服的变迁展示了中华人民共和国成立70周年来取得的伟大成就。

　　资料来源　佚名. 时光南明·致敬70周年系列微电影之《时光弄潮》[EB/OL]. [2019-08-23]. https://baijiahao.baidu.com/s?id=1642640930476493112&wfr=spider&for=pc；佚名. 小小时装秀　见证时代大变迁 [EB/OL]. [2019-10-09]. https://www.cqcb.com/county/beibeiqu/beibeiquxinwen/2019-10-09/1901121_pc.html.

　　德育基因：家国情怀　时代进步　审美自信

　　心有所悟：《周易·系辞下》中言："黄帝、尧、舜垂衣裳而天下治，盖取诸乾坤。"中国素享"礼仪之邦，衣冠上国"的美誉，服饰作为一种文化形态，贯穿整个中国的历史。从服饰的演变中，我们可以看到历史的变迁、经济的发展和审美意识的嬗变，可谓"小服装连着大时代"。

　　过去，人们的服装样式比较单一，功能主要是遮体、御寒。但如今，人们的穿衣打扮正向着多样化、个性化趋势发展，既注重舒适感也追求美感，这样的变化直接反映了人民生活水平的提高，说明人们的获得感和幸福指数都在提升。

2.服装搭配的地点原则

　　服装的搭配应与地点相适宜，置身室内或室外，驻足闹市或乡村，停留国内或国外，身处单位或家中，随着地点的变化，服装的款式理当不同。例如，在单位工作时，穿职业套装会显得专业；在自己家里接待客人时，则可以穿着舒适整洁的休闲服。再如，我国维吾尔族同胞忌穿短小的衣服，上衣一般要过膝，裤腿要达脚面。总之，不同国家、不同民族因文化背景、地理环境、风土人情的不同，在服装上也体现出了不同的格调与特色。

3.服装搭配的场合原则

　　作为社会人而存在的我们必须在遵循社会生存规则的前提下展示自我个性，所以我们的服装也必须符合场合的需要，场合原则是最重要的服装搭配原则。服装的属性受到面料、色彩、款式三个要素的影响，同时服装也通过这三个要素传递相应的信息。在严肃的工作场合，我们常用黑色、藏蓝色等深色挺括的正装传达正统严谨的印象；在日常的工作时刻，舒适、合身的白色或灰蓝色套装可以表达我们简洁、知性的情怀；在轻松的休闲时分，轻透、柔软的棉麻质感且色泽淡雅的服装可以使我们的身心松懈下来；在隆重的社交宴会，华美的修身礼服可以使我们成为全场的焦点。根据场合进行穿着可以充分体现个人丰富而具有情调的生活状态，表达个人的修养与社会层次。

4.服装搭配的角色原则

　　每个社会人的角色都是多样化的。面对客人，我们的角色是服务人员，我们必须穿着单位制服或者工作服装；面对知己，我们的角色是好友，两个人的穿着打扮肯定有趣味相投之处；面对父母，我们的角色是子女，尊重父母的审美也是孝道的一种体现。把握角色原则，就是要求我们在一定的时间、地点与场合下，选择适合自己角色的服装。有的时候，我们是主角，自然可以好好装扮一下；但有的时候我们只是配角，如参加他人的婚礼，如果我们特意精心打扮，娇美帅气超过婚礼主角，就是不分主次。

自学点二 西装的基本常识有哪些?

　　西装之所以成为一种国际服装,首先在于其造型设计的科学性,各部位的结构均符合人的身材特征及活动要求;其次在于线条简洁流畅,形态立体感强,能够给人以刚柔并济的感受。西装吸收了宫廷服饰、民间服饰、军装等不同种类服饰的风格,可谓集众家之长。正因为如此,西装具备了外观挺括、穿着舒适、高贵典雅、潇洒大方的特点,是绅士风度的外在表现。

　　一套完整的西装通常包括外套、衬衫、马甲、西裤、领带、腰带、袜子和皮鞋。西装既有上下身色彩的统一美,又能利用衬衣、领带、领结进行装饰点缀,在统一中寻求变化。市面上的西装各式各样,我们可以结合西装的面料、色彩、款式等要素,同时结合自己的身材、地位等因素进行挑选。有关西装的基本知识详见"知礼·习礼系列礼仪微课2-1-1"。

知礼·习礼
系列礼仪
微课 2-1-1

西装的基本
知识

自学点三 女士正装的基本常识有哪些?

　　女士在服务工作场合的正式服装由西装套裙或者西装长裤组成,它们都是由男士西装演变而来的。女士西装长裤能够给人以精明且富有权威的感觉,显得比较严肃,更适合成熟的女士穿着,西装套裙则是从事服务工作的女士普遍适用的服装。女士套裙既能体现着装者柔美、婉约的风韵,又能体现着装者干练、敬业的职业特点。女士套裙可分为两种基本类型,即随意型与成套型。随意型是指上衣同裙子进行自由搭配与组合;成套型是指西装上衣与裙子为成套设计、制作而成。在服务工作场合,女士选择成套型套裙最佳。

一、女士套裙选择的要素

1.面料的选择

　　女士套裙一般选择平整、柔软、悬垂、挺括的面料,如人字呢、女士呢、啥味呢,以及高档丝绸、亚麻、府绸等。西装套裙面料的选择也可以依据季节来定,如夏季用丝绸华贵柔美,春秋季用各类毛料考究挺括,冬季用羊绒或毛呢织物高贵典雅。

2.色彩的选择

　　为了更好地体现女性的典雅、端庄与稳重,套裙在色彩的选择上多以冷色调为主,如土黄色、茶褐色、紫红色、烟灰色、雪青色、藏青色等。西装套裙上下一色显得端庄、成熟;西装套裙上深下浅或上浅下深,富有活力与动感。此外,西装套裙的色彩还应与着装者的肤色、身材、年龄、性格以及从事服务工作的具体环境协调一致。

3.图案的选择

　　在服务工作场合穿的套裙,讲究朴素、简洁,可以不带任何图案。此外,也可以选择有条纹、格纹、点状等几何图案的西装套裙,但应避免选择以花卉、人物、文字、符号等为主体图案的西装套裙。西装套裙整体的点缀宜少不宜多,宜精不宜糙,宜简不宜繁,可以选择装饰扣、包边、蕾丝等点缀之物,避免用贴布、绣花、花边、金线、彩条、扣链、亮片、珍珠、皮革等加以装饰。

4. 尺寸的选择

一套做工精良的优质西装套裙，必须大小相宜、长短合适、宽窄恰当。选购西装套裙时应注意：向上抬起双肘，看看腋下是否紧绷；向前环抱双肘，看看后背是否活动自如；胸部的凸出与侧腰部位的收腰是否剪裁得恰到好处；坐下时腰腹部会不会产生许多褶皱。

5. 造型的选择

女士套裙的造型根据人的体型可分为H型、X型、A型、T型四种。

H型：上衣为宽松式，下裙为筒式。直上直下，浑然一体，显得优雅、含蓄，还可以使丰满的人显得比较秀气。

X型：上衣为紧身式，下裙为喇叭式。突出着装者腰部的纤细，展示美好的曲线，看上去婀娜多姿、魅力无穷。

A型：上衣为紧身式，下裙为宽松式。这是一种上紧下松的造型，既能体现出上身的身材优势，又能恰当地遮掩下身的身材劣势。造型上松弛有致，富于变化和动感。

T型：上衣比较宽松，下裙为紧身式。这是一种上松下紧的造型，既可以遮掩上半身的短处，又可以体现出下半身的长处，从而给人以亭亭玉立、端庄大方的感觉。

女士套裙的造型变化还体现在衣领款式、衣扣设计、裙子样式上。衣领有枪驳领、一字领、V字领、U字领、圆领、青果领、燕子领、束带领等；衣扣有双排扣、单排扣、明扣、暗扣等；裙子有一步裙、筒式裙、西服裙、旗袍裙、百褶裙、开衩裙等。

二、完整的套裙组合

完整的套裙除了要注重外套与裙子的选择外，对衬衫、内衣、鞋袜等也有一定的要求。

1. 衬衫的选择

衬衫应选择轻薄且柔软的面料，如真丝、麻纱、府绸、涤棉等。为了突出着装者的雅致端庄且不失女人味，在颜色方面宜选择单色，并且要与套裙的颜色相协调，注意内外配搭，可以内深外浅，也可以内浅外深。在服务工作场合，没有图案的白色衬衫是经典之选，其次可以选择有条纹、方格、圆点、暗花等图案的衬衫。

2. 内衣的选择

内衣最好与衬衫同色。此外，还要注意内衣不要外露。为了避免身着套裙而显得过于严肃、呆板，内衣可选择具有塑形效果且合身舒适的款式，从而展示出玲珑有致的身体线条。

3. 鞋子的选择

被称为"足上风光"的鞋子应选择最正统的黑色船鞋。避免选择鲜红、艳绿、明黄等颜色的鞋子，也不要穿漆皮鞋、系带皮鞋、皮靴、皮凉鞋等。为了使足部保持舒适，小牛皮与羊皮材质的皮鞋均是较好的选择。在服务工作场合，5厘米左右的中跟皮鞋最适合，既舒适又能拉伸腿部线条。

4.袜子的选择

被称为"腿部景致"的袜子有肉色、黑色、灰色、棕色等，服务人员可根据套裙、鞋子的色彩和谐搭配，其中肉色丝袜是百搭品。忌讳穿有网眼、镂空、流苏的丝袜，这样会给人以浅薄的感觉。要选择连裤的袜子，以免袜口滑脱。长期站立服务的女士可选择具有预防静脉曲张功能的丝袜以保护自己，腰腹部与腿部有赘肉的女士则可以选择具有收腹、提臀、紧腿效果的丝袜以改善身体曲线。

趣味超链接2-1-1　　　　丝袜的纤度单位"D"

女士在购买丝袜时，常常会见到丝袜包装上写着"××D"，这个"D"是袜子纤维的纤度单位，每9 000米纤维重多少克就称多少D。目前，市面上的丝袜可分为三大类：50D以下是适合夏季穿着的超薄丝袜，50D至150D是适合春秋季节穿着的中等厚度丝袜，150D以上是适合冬季穿着的特厚保暖丝袜。从材质上看，包芯丝材质的丝袜属于薄型，透明感好但非常容易脱丝；天鹅绒材质的丝袜较为保暖，防脱丝性能好。20D、50D、80D、120D黑色丝袜穿着效果如图2-1-1所示。

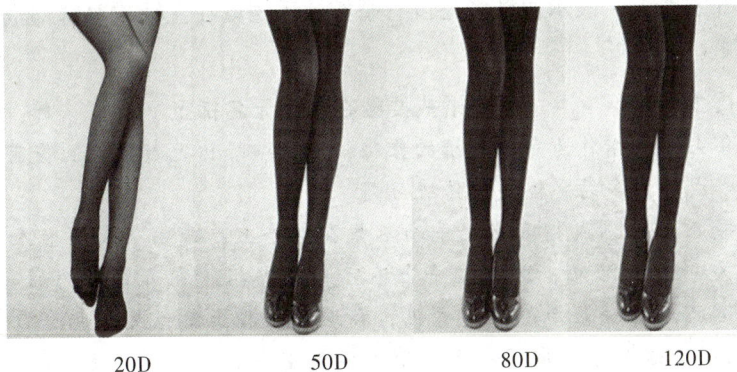

图2-1-1　20D、50D、80D、120D黑色丝袜穿着效果图

自学点四　配饰的使用原则有哪些？

配饰不仅可以美化自身，更是一种无声的语言；不仅可以表达佩戴者的知识、阅历、教养和审美，而且是一种有趣的暗示，可以体现佩戴者的地位、身份、财富和婚恋现状。这些充满生活情趣的物件在使用上也有许多原则需要遵循。

1.数量原则

佩戴饰品的数量原则是以少为佳。在服务工作场合，应避免佩戴单纯装饰性的夸张饰品，如脚链、长耳环、长项链等，可佩戴少于三种且简洁雅致的配饰，以实现简洁、大方、适度的装饰效果。

2.色彩原则

佩戴饰品的色彩原则是力求同色。如果佩戴两件以上饰品，则应使其色彩一致。佩戴镶嵌首饰的时候，应使其主色调保持一致。饰品的色彩还要与服装相协调，艳丽的服装应与淡雅的首饰相配或不配首饰，以起到平衡色彩的作用；色彩单纯的服装应与色彩明亮、精巧的首饰相配，以起到增添活泼与生气的作用。例如，红色连衣裙搭配一条铂金、白银或白色珍珠的项链，就会产生超凡脱俗之感，白色服装搭配孔雀蓝色的项链则会显得活泼而又不失文静。

3.质地原则

佩戴饰品的质地原则是争取同质。如果同时佩戴两件及两件以上的饰品，应力求质地一致。例如，金项链配金耳环，目的就是使整体协调。

4.款式原则

佩戴饰品的款式应一致，否则会很不和谐。此外，饰品的款式还要与服装的款式相协调，如一字领的上衣应与长项链搭配，旗袍应配珍珠项链。

5.相貌原则

配饰应与相貌等因素相协调，从而使饰品的佩戴为自己扬长避短。例如，脖颈短的人可以选择稍长的项链以拉长线条，手指纤长的人可以佩戴个性独特的戒指，年龄较大的女士宜选择比较精致的饰品。

6.习俗原则

饰品的佩戴一定要符合社会习俗。例如，结婚戒指要戴在左手的无名指上。再如，手镯戴在右臂上，表示佩戴者还没有婚嫁；手镯戴在左臂或双臂都戴，则表示佩戴者已经结婚。

趣味超链接2-1-2　　　为何婚戒要戴在左手无名指上

千百年来，戒指作为一种爱情的象征，不仅演绎出无数动人的美丽传说与故事，而且形成了许多约定俗成的传统习惯。

在一般人看来，戒指戴在左手而不戴在右手上，是由于大多数人的右手比较灵活，左手较少活动，戴在左手上不容易被磨损。在古希腊的妇女们看来，左手的无名指上有一条血管直通心脏，在这个手指上戴结婚戒指寓意"心心相通"。人们还给这个手指取了一个富有诗意的名字，即"爱情之脉"。在古罗马的妇女们看来，将结婚戒指戴在左手上，象征着温柔的妻子对刚强的丈夫的无限依恋。

尽管说法不一，但将结婚戒指戴在左手无名指上的习俗一直流传至今。如今，佩戴戒指已不再局限于无名指，而且戴在不同的手指上具有不同的意义。戒指戴在食指上，表示想寻找恋爱朋友；戴在中指上，表示已有恋人，正在热恋之中；戴在无名指上，表示已订婚或结婚；戴在小指上，表示独身主义。需要说明的是，戒指一般不戴在大拇指上，如果戴在大拇指上，则是权势与地位的象征。

资料来源　根据网络资料整理。

7.环境原则

饰品的佩戴必须考虑季节、工作环境等因素。例如，夏季可佩戴色彩鲜艳的工艺仿制品，以体现夏日的浪漫；冬季可选择宝石、金银等饰品，以显得高贵和典雅；工作场合宜选择淡雅简朴的首饰；参加晚宴时宜选用华贵璀璨的饰物。

课中研学

研学点一　从"首因效应"看服饰礼仪

动感小课堂 2-1-1　　　　　　角色扮演与主题讨论

现代生活的快节奏，催生了许多婚恋交友节目。当男嘉宾出现在舞台上时，在短暂的时间内，女嘉宾是通过什么来判断自己是否该为男嘉宾留灯呢？请同学们进行角色扮演，然后思考以下三个问题：

①女嘉宾留灯与灭灯的依据是什么？

②让女嘉宾做出这种判断的时间大概有多长？

③这种判断会给客我交往带来何种影响？

通过角色扮演与主题讨论，我们发现女嘉宾会根据第一眼的感觉来决定自己是否为男嘉宾留灯。这种"第一眼的感觉"就是"第一印象"，它来自女嘉宾对男嘉宾的服饰、仪容、仪态、语言等方面的印象。在心理学中，"第一印象"是一种重要的心理定式，也被称为"首因效应"。

"首因效应"即当人们第一次与某物或某人接触时，会对某物或某人产生深刻的印象，并且这种印象会在人们的头脑中占据主导地位。心理学研究发现，与一个人初次会面，45秒内就能产生第一印象，而对于有些人，形成第一印象只需要3秒。这种印象会先入为主，在今后的一切活动中，人们会不自觉地将当前印象与第一印象相联系，就像戴上了"有色眼镜"。因此，在初次接触客户的时候，我们一定要给对方留下良好的第一印象，这会对客我交往起到积极的作用，从而给后续工作的开展带来事半功倍的效果。

人的整体形象由显性与隐性两大因素组成，即人的外在与内在。外在指的是容貌、身材、服饰、神态、举止等信息；内在指的是气质、修养、生活方式等信息。有的人十分爱美，外表看起来光鲜靓丽，接触后却发现其实表里不一，他们只追求"显性"的美，然而不管外表包装得多么精美，依旧装扮不出高雅的气质。有的人文化底蕴深厚，可是偏偏外表不修边幅，内在与外在同样落差很大。从哲学角度来看，内在与外在越趋于平衡，就越符合事物发展的客观规律。同样道理，一个人的外在美与内在美越接近，他的价值就越能得到充分体现。形象提升是一个内外兼修的过程，既不能让形式背叛内容，也不能让内容游离于形式。

受遗传因素的影响，每个人的外貌特征都不同。又由于成长背景各异，因此每个人的性格、喜好也各有特点。我们每个人都有自己独一无二的专属美，我们必须了解自己。许多人对自己的形象都缺乏一个准确的认知，平时仅仅凭借自己的喜好去装扮自己，所以才会出现不合适的情况。形象提升是依据人体的"色"特征与"型"特征进行科学分析，结合年龄、职业、身份等因素，得出符合每个人的社会地位、职业特征、个人修养、角色定位、场合与心理的服饰、妆发等外在形象的塑造方法。

没有人有义务必须透过连你自己都毫不在意的邋遢外表去发现你优秀的内在。

知识广角镜
2-1-1

"73855"
定律

　　身处在快节奏且高速发展的社会中，每个人的表现时间都越来越短，如何一出场就抓住众人的目光，争取更多的机会来表现自己，是一个非常现实的问题，因为很少有人愿意花更多的时间去了解、证实一个留给他不美好第一印象的人。同样道理，服务场景中的客我交往时间也是短暂且有限的，服务人员要力争在与客户最初接触的时间里，凭借恰如其分的专业外形将内在的信号传递出来。在这一教学项目，我们会重点学习如何通过狭义的外在仪表——服饰来展示自我。

研学点二　成功出色的服装搭配

育德润心小课堂 2-1-2

　　我国有许多出色的女外交官，她们业务能力超强，并从多年对各种外交场合的观察和思考中，逐渐找到专属的着装风格与方式，每次出场穿搭更是得体又高贵。每逢外事活动，她们仔细阅读和理解请柬上明确的着装要求与标准，展现出了大国外交的形象软实力。

　　在外交活动中，着装规范的提示有时以"着装要求"的形式出现于邀请函中，后面会标注不同的要求，如白领结礼服、黑领结礼服、民族服装或成套西装等。"一日三餐"的女装搭配遵循的原则是就餐时间越晚，着装越正式。早餐着装要求较宽松，干净整洁、简单清爽的日装即可，夏天可穿一件有设计感的衬衣，搭一条色彩明快的 A 字裙；冬天可选择"小香款"上衣，搭一条铅笔裙；舒适的连衣裙在任何季节都是恰当的。午宴可着长度过膝的西装套裙或连衣裙搭西装外套，采用中式盘扣、经典立领的"新中式"创新套装更彰显中国风范，让穿搭更有古韵。女士出席酒会的衣着虽然不需要像晚宴那么正式，但要明显高于商务服饰，及膝裙装比较适宜，最保险的当然是一条经典的小黑裙。

　　资料来源　佚名. 书摘 |《大使衣橱：外交礼仪之旅》[EB/OL].［2021—11—30］. https://article. xuexi.cn/articles/index.html?art_id=16526681405472860360.

　　德育基因：文化自信　文明互鉴

　　心有所悟：服装反映了一个国家和社会的物质文明、民族特色，也体现了每个人的素养和性格。外交服饰是外交工作中微观又至关重要的组成部分，具有身份辨识、自我表达、认同构建等社会功能。外交官的衣着不仅是个人形象、品位的体现，而且是一个国家的国际化程度、审美格调、民族传统与文化内涵的形象代表，在国际舞台上传递着重要的文化和政治信息。

　　党的二十大报告提出："深化文明交流互鉴，推动中华文化更好走向世界。"中国外交服饰既体现了时代气息，又彰显了民族文化特色，表现出的不是对其他文化的亦步亦趋或拒绝排斥，也不是对自身文化的孤芳自赏或妄自菲薄，而是海纳百川、拥抱世界的中国气魄，体现的是一个 5 000 年文明古国的风范和气度。这既是对"各美其美、美人之美、美美与共、天下大同"观点的践行，也是中国在以实际行动努力促进人类文明的交流互鉴与多元共存。

　　服饰是对人们的衣着及相关装饰品的一种统称。所谓"人靠衣装"，现代社会的服饰功能已由原始的遮丑保暖升华为美化自我形象与塑造个人品牌，整洁、大方、美观的服饰会为我们增添魅力。但无论从哪个角度来诠释，服装都应围绕人们的需要而服务。在日常穿着时，我们讲究服饰搭配的美感，既要注意颜色、款式与材质的搭配，还要与自己的职业、身份、年龄、性别等相称，与周围环境及特定场合相协调，从而达到和谐的整体效果。

动感小课堂2-1-2   **填空并纠错**

请同学们对以下场景进行分类，并填写在表2-1-1中，同时找出表2-1-1中表述有误的地方。

表2-1-1   **生活场景服装搭配表**

场合	对应场景	基本要求	服装类型	服装禁忌
公务场合		庄重、保守	西服、套装、制服	牛仔服、运动服、家居服等
社交场合		舒适、自然、方便	时装、个性化服装	制服、运动服、家居服等
休闲场合		时尚、个性	便装	正装、时装等

场景：①谈判厅；②宴会；③商务午餐；④产品发布会；⑤开业庆典；⑥写字间；⑦公园散步；⑧公司例会；⑨签字仪式；⑩部门会议；⑪出差旅途；⑫运动场；⑬音乐会；⑭舞会；⑮婚礼。

同学们通过"动感小课堂2-1-2"的填空并纠错，巩固了课前自学的"服装搭配的TPOR原则"的具体运用。如果说TPOR原则是服装搭配的基本原则，那么服装搭配的整体协调原则就是充分展示人体与服装的全面和谐美的必要原则。也就是说，一个人的服装搭配除了要遵循基本原则，还要考虑服装与肤色、身材、性格、年龄等因素的和谐度。

一、服装色彩搭配的原则

服装色彩是服装感观的第一印象，人们经常根据配色的优劣来评价穿着者的文化艺术修养，所以服装配色是衣着美的重要一环。想巧妙地利用服装色彩神奇的魔力，得体地打扮自己，就要掌握服装色彩搭配技巧。其实，服装色彩搭配的效果无外乎两种：柔和雅致与鲜明强烈。柔和雅致要求"趋同"，要和大家一样，不要出错；鲜明强烈体现"求异"，要独树一帜、脱颖而出。在上班的时候，我们要"趋同"，应挑选具有柔和雅致效果的服饰；而参加庆典或派对、拍写真的时候，我们要"求异"，应选择具有鲜明强烈效果的服饰。

1.确定服装搭配的主题

服装搭配必须首先确定主题，进而确定主要单品的颜色，最好确保靠近脸部的颜色能衬托出脸部的好气色。初学者可以采用主色搭配法，即以一种色彩为主色，同时配合相应的辅助色与点缀色，形成交相辉映的和谐效果。主色是占全身色彩面积最大的颜色，主要通过套装、大衣、裤子、裙子等来体现；辅助色是与主色搭配的颜色，主要通过单件的衬衫、背心等来体现；点缀色是占全身色彩面积最小的颜色，通常以丝巾、鞋、包、饰品等配件的形式出现，能够起到画龙点睛的作用。通过这样的服装搭配，一个动态的立体画面就形成了。

2.灵活使用常备色彩

一谈起经典色彩，大家的第一反应必定是黑色与白色。有人说"女人衣橱里必备的衣服必定是一款剪裁得当的小黑裙"，还有人说"白色是追求完美女性的颜色"，这无不说明了黑色与白色是永不过时的经典色。在追求简单、抛弃繁复的社会潮流中，无论男女，在工作场合中展示优雅时除了可以借鉴黑色与白色，还可以借鉴灰色与米色，再点缀以蓝色、粉色，则会产生简约又耐人寻味的感受。基础色搭配法见表2-1-2。

表2-1-2   基础色搭配法

颜色分类	颜色名称	拥有原因	搭配技巧	必备单品
基础色彩	黑	• 黑色是永恒的流行色，给人高贵、优雅、神秘、性感的感觉 • 黑色是安全的色彩，适合大多数人，可以和任何色彩自如搭配	• 避免长衣长裤全身黑色 • 社交场合可取飘逸面料，侧开口，以增强动感 • 硬黑面料需强调线条简单，柔软、垂感好的面料应做宽松、舒展、飘逸的款式 • 选用明亮花色、鲜艳复杂的围巾或丝巾装点黑色	• 黑色西装 • 黑色西裤 • 黑色大衣 • 黑色针织衫
	白	• 白色是服装的调味剂，可为暗色提"亮"，为鲜艳色提"文" • 白色作为基本色，可与一切深沉、杂乱、狂野、凌乱的颜色相配，体现清、亮、静、雅的气质	• 白色服装的设计和款式需要注重精致感，使用褶皱、荷叶边、精致的扣子等增加质感，营造温婉迷人的气质 • 冬季可取暖色相配，以平衡白色带来的寒意 • 白色裙或裤不适合与黑色皮鞋相配，否则视觉反差太大	• 白皮鞋 • 白色手包 • 白色休闲裤 • 白色西服 • 白色毛衣 • 白色大衣 • 白色长袖与短袖衬衫
中性色彩	米	• 米色属于典型的中性色，可以展现高雅，比白色多了暖意与典雅，比黑色多了纯洁与柔和，不会过于夸张与凝重 • 米色以其纯净典雅的气息与严谨的现代职场氛围相吻合	• 米色品质感明显，可以与同一色系的棕色、驼色等做经典搭配 • 珊瑚粉的装饰物最适合与米色搭配 • 米色与黑、白色搭配也游刃有余。米色上衣与黑色西裤搭配，加上黑色尖头中跟鞋，能够展示职场严谨的味道。米色与白色搭配，最能体现温婉质感	• 米色针织衫 • 米色风衣 • 米色手袋
	灰	• 灰色是释放优雅与适度的理性的颜色 • 灰色含蓄而优雅，明朗却不耀眼，简约并富于知性美，虽然有呆板、单调之嫌，却能透出沉稳与内敛	• 中度灰色到明亮灰色最佳，与其他灰色、白色、黑色都能自如搭配 • 低调的灰色搭配玫瑰粉，可以展现雅致柔美 • 避免全身深灰色搭配 • 低调的灰色很容易被其他颜色的光彩所掩盖，所以应避免选择艳丽的色彩与之搭配	• 灰色西装 • 灰色西裤 • 灰色连衣裙 • 灰色针织衫

3.常用服装搭配技巧

（1）呼应搭配法

呼应搭配法即使衣服、围巾、鞋子的颜色相互呼应。例如，蓝白条纹衬衣搭配蓝色裤子或者白色裤子，紫色上衣配白底紫花裙子，都能产生和谐美好的感觉。

（2）陪衬搭配法

陪衬搭配法即将上衣的门襟、衣领、镶边、裙摆等，选用不同的色彩进行搭配，从而较好地表现灵动的色彩变化美。

（3）对比法

对比法即将上衣的某一部位与上衣整体，或者将裙子与上衣用不同的色彩进行搭配，从而形成较大反差的搭配方法。例如，左侧白色与右侧黄色组成的双色衬衣，橙色上衣配蓝色裤子，都能产生明快的视觉感受。

（4）点缀法

点缀法即在同一色调的服装上，点缀不同色彩的镶边、纽扣、领针、胸针等。例如，在浅黄色的西服领上别一枚祖母绿色的胸针，在白色的西服领上镶嵌浅蓝色的领针，这样的配色雅致大方。

（5）统一法

服装与配饰选择相同色彩的搭配方法称为统一法。例如，黑色套裙配黑色鞋子，白色套裙配白色鞋子，这种配色方法能够产生和谐的效果。

（6）上下和谐法

服装上深色下浅色，能够产生端庄、大方、恬静、严肃的感觉；服装上浅色下深色，能够产生明快、活泼、开朗、自信的感觉；上衣有横向或纵向花纹时，裤装应避免竖条纹或格子；上衣有夸张的花纹时，裤子应尽量选择纯色。全身服装色彩搭配的面积比例应避免出现1：1，尤其是穿着对比色时，一般以3：2或5：3为宜，这样才能突出服装色彩的主题。

动感小课堂 2-1-3　　　　　　**服装辨识**

请同学们观察图2-1-2中的服装图片（可扫二维码观察），并判断其色彩是否和谐。如果和谐，采用了何种搭配方法；如果不和谐，请给出更好的方案。

（紫色衣服+粉紫色裙子+紫色包+粉紫色鞋）　（黑色衣服+黄色裤子+咖啡色包+黑色鞋）　（红色衣服+黑色裤子+红色包+黑色鞋）　（米色衣服+白色连衣裙+绿色包+黑色鞋）　（深蓝色衣服+浅蓝色裤子+湖蓝色包+黑色鞋）

图2-1-2　女性服装搭配组图

女性服装搭配组图

二、不同体型修饰的技巧

无论男性还是女性，标准身材都是达到平均身高、匀称适中。男性的胸围比臀围略宽，身体呈现倒三角形的视觉效果；女性的身体则呈现出沙漏般的视觉效果。在现实生活中，男性与女性的体型有不同的分类。

男性的体型可分为倒三角形、长方形与椭圆形，细分下来还有梨形、番茄形、雪人形、四季豆形、黄瓜形、板砖形、三角薯片形七种类型（见表 2-1-3）。其中，需要控制身材的体型有梨形、番茄形、雪人形，需要强健身体的体型有四季豆形、黄瓜形、板砖形，三角薯片形属于相对健美的体型。

表 2-1-3　　　　　　　　　　　　　男性体型特征表

体型	倒三角形	长方形	椭圆形
特征	肩宽腰窄，胸背、腹部及手臂肌肉强健，整体轮廓偏直，是理想的男性体型	肩宽与腰围尺寸相差不大，上下一般粗，腰身线条不明显，整体轮廓偏直	腹部及臀部丰满，重心显著下沉
相关细分体型	三角薯片形	板砖形、黄瓜形、四季豆形	梨形、番茄形、雪人形
实例图	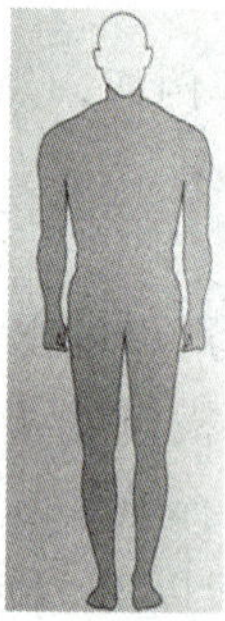	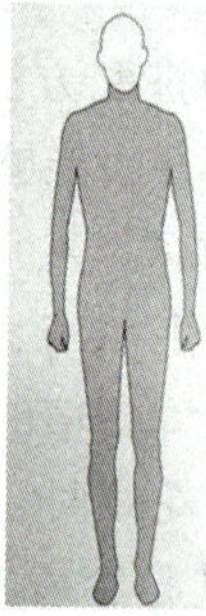	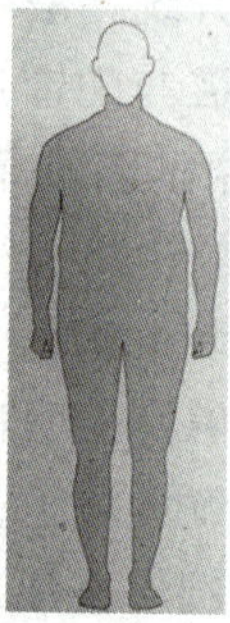

女性的体型受骨骼影响可分为 H 型、T 型、X 型、A 型、O 型，见表 2-1-4。

表 2-1-4　　　　　　　　　　　　　女性体型特征表

体型	H 型	T 型	X 型	A 型	O 型
特征	肩、腰、臀的尺寸宽窄类似，呈筒状	肩膀比臀部宽，身姿挺拔	具有丰满的女性特征和纤细的腰	典型的窄肩、宽臀的比例	身体圆润，胸、腰、臀呈现出饱满的弧度
骨骼清晰度	骨骼清晰	骨骼清晰	骨感弱	骨感弱	容易凸显身体的圆润感
实例图					

1.不同体型修饰的基本方法

我们可以通过服饰的色彩、款式分割线、面料、图案等因素对体型进行修正。例如，通过对服装分割线条的应用延长视线，使窄肩在视觉上变宽。一般情况下，纯度高的、明度高的颜色能够带给人膨胀的感觉；纯度低的、明度低的颜色能够带给人收缩的感觉。在适合一个人的色彩群中，既有膨胀色，也有收缩色，因此我们可以利用自己色彩群中具有涨缩感的色彩来调节身体在视觉上的胖瘦。下面我们对几种典型的男性与女性体型的服装搭配规律进行分析，见表2-1-5和表2-1-6。

表2-1-5　　　　　　　　　　　**男性体型特征与服装修饰方法**

男性常见体型	特征	服装修饰方法	注意事项
倒三角形	• 肩宽于臀 • 健壮	• 上身色彩简单或使用自己色彩群里有收缩效果的色彩 • 脖子周围可用艳色 • 腰部以下服饰丰富	• 上身色彩不宜过强 • 避免采用宽翻领或船形领
窄小	• 肩、腰、臀宽度相似 • 个子不高 • 肩过窄	• 使用自己色彩群里有收缩效果的色彩 • 做对比搭配 • 稍宽松的上装，有质感的面料	• 避免穿深色服装 • 避免穿紧身服装
肥胖	• 肩、腰、臀部较圆、厚 • 整体有敦实感	• 身体部分颜色偏深 • 用自己色彩群里有收缩效果的色彩 • 脖子周围可用艳色 • 做同一搭配或渐变搭配 • V字领或竖式的配饰	• 避免上身色彩过强、过亮 • 避免选择与肩部相对应的横线或腰部宽松样式
三角形	• 肩小于臀 • 个子不高 • 属矮胖身材	• 上身色彩强烈，淡化下身颜色 • 面料平整，或垂直线形纹样	• 避免上下身色彩对比过强 • 避免选择柔软而有垂感的面料

2.重视整体感的调整方法

有些人特别在意自己身体的某一个部位不够美好，如手臂赘肉、小腹凸起等，觉得单独修饰在意的部位就能显瘦。其实，只有我们自己才会格外注意这些所谓的小瑕疵，他人在欣赏我们时注意的往往是形象的整体感。因此，在修饰身体某个部位以前，弄清楚如何展示整体形象才是关键。整体形象可以分为扁平与筒形两种，如图2-1-3与图2-1-4所示。

表2-1-6　　　　　　　　　　　　　　女性体型特征与服装修饰方法

女性常见体型	特征	服装修饰方法	注意事项
X型	• 优势：具有丰满的女性特征和纤细的腰 • 劣势：年纪渐长，会有显胖的趋势	• 可穿略紧身、凸显腰身的服装，脖子周围可用艳色 • 上装要尽量简洁 • 社交场合通过束紧腰部夸大肩部与下摆，塑造X型轮廓 • 多用挺括的面料	• 工作场合避免穿上半身柔软贴身材质的服装 • 避免穿极其紧身的服装
A型	• 优势：上身较瘦，有纤细的感受，同等体重下比其他体型的人显苗条 • 劣势：臀部偏宽，大腿部显粗	• 可选择稍宽松的上装，有质感的面料 • 装饰亮点尽量放在上半身，垫肩、泡泡袖等夸张肩部装饰的服装都适合，下半身应简洁 • 一字领、船形领均可运用 • 将视觉焦点转移到最苗条的部位 • 上半身用膨胀色，下半身用收缩色	• 避免穿下半身较夸张的服装，如蓬蓬裙等 • 下半身避免用膨胀色
T型	• 优势：下身较瘦，给人健康、运动的感觉 • 劣势：肩部偏宽，手臂显粗，上身健壮，同等体重下比其他体型的人显魁梧	• 多搭配竖式的配饰 • 可选择V字领服装 • 将视觉焦点转移到最苗条的部位 • 如果只是臀部窄而显得肩宽，则可以采用收腰放摆服装款式，如蓬蓬裙、百褶裙等	• 避免采用一字领 • 避免使用垫肩和夸张的肩部装饰
H型	• 优势：身材匀称，属于模特身材 • 劣势：直线身材略欠缺女人味	• 适合露出肩部锁骨，增加女人味 • 可以采用收腰放摆服装款式 • 内外衣物利用材质与颜色可以形成内柔外刚的对比 • 配饰可兼有直线设计与曲线风韵	• 避免穿深色服装 • 避免穿紧身服装
O型	• 优势：四肢纤细 • 劣势：身体明显偏丰满	• 增加直线流畅线条 • 选择挺括的面料 • 上下身的色彩应统一	• 避免选择柔软面料 • 避免使用夸张的腰带

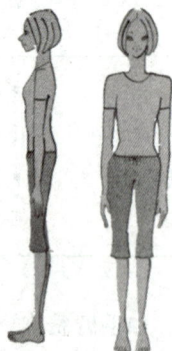

从侧面看身形瘦薄；从正面看有宽度，显结实。肩部与髋部显得突出，一般不会太胖

图2-1-3　扁平身材的人

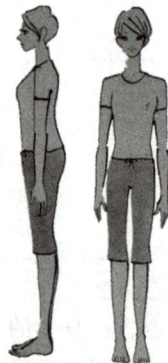

从正面看身材正常，但因为身体有厚度，从侧面看时就会显胖。肩部与髋部不突出，整体形象比较圆润、丰满

图2-1-4　筒形身材的人

扁平身材的人适合穿着毛衫、针织衫、休闲衫等柔软、贴身的服装，这类服装会使身体线条更迷人；相反，厚重材质或者过度轻薄材质的服装容易突出骨骼宽度，应尽量避免。筒形身材的人应选择能够适度修饰圆润有厚度的身形的服装，如褶皱设计的服饰更有立体感，不紧绷且挺括的面料不会突出肩部与腰部的丰腴，应避免穿着柔软的毛衫、针织衫等强调身体线条的服装。

趣味超链接 2-1-3　　　　怎样穿衣可以显高显瘦？

图 2-1-5 是一幅非常有趣的组合图画，你觉得两个中心圆哪个比较大？可能大多数人都会选择右边的中心圆，但实际上两个中心圆是一样大的。由于周围圆的大小不同，因此对比使我们看到的中心圆的大小产生了差别，这就是神奇的视错觉。视错觉可以分为形视错、色视错与质视错三种类型，视错觉能够帮助我们实现穿衣显高显瘦的目的。

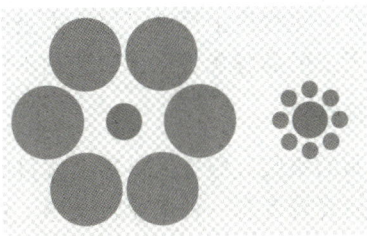

图 2-1-5　视错觉对比图

穿横条纹要越细越多才显瘦，穿竖线条越少越显瘦，穿短款的上衣可以拉长腿部线条，实现显高的穿着效果，这些都是形视错的运用；深色长款风衣搭配浅色打底裙，比通身内外全部深色的搭配更显高挑瘦长，这是色视错的运用；穿着精致、细密面料的服装比穿着粗糙、蓬松或厚重面料的服装显瘦，这是质视错的运用。

每个人都是一块璞玉，都深藏着美丽。每个人都可以通过有效的形象修饰达到"平衡"的和谐，从而塑造一个美丽的形象，服装三属性（即面料、色彩、款式）的协调就是这个"平衡"的来源之一。总之，进行服装搭配时应考虑以下三点：

第一，面料的轻与重、薄与厚、挺括与下垂、僵硬与柔软。

第二，色彩的深与浅、纯与杂、明与暗，图案的简单与复杂、规则与凌乱。

第三，款式的松散与紧凑、现代与经典、复杂与简洁、清纯与老练、阴与阳。

知识广角镜
2-1-2

关注局部的
身材弥补
技巧

动感小课堂 2-1-4　　　　服装搭配展示

请同学们以小组为单位，完成"我的造型，我做主"的服装展示活动，具体操作流程如下：

第一步：选择两位同学作为服装展示模特；

第二步：确定两位同学适合的色彩与风格；

第三步：根据诊断结果，为两位同学搭配出工作、社交、休闲三大场合的服装；

第四步：可采用幻灯片汇报与模特现场走秀相结合的方式进行展示。

研学点三 衣冠楚楚的职业正装

动感小课堂2-1-5　　　　　　　　　案例讨论

请同学们以小组为单位，完成下面的案例讨论并展示讨论成果：

临近春节，窗外寒风凛冽，室内却春意盎然，某银行的营业大厅里张灯结彩，洋溢着喜庆的节日气氛。窗口员工们更是穿上唐装，用传统的中国节庆服装美化着自我形象。请同学们思考，在节庆时有针对性地穿着工作服装有何意义。

服饰是从狭义角度理解的仪表，是对人们的衣着及装饰品的一种统称。整洁、大方、美观的服饰有一种无形的魅力。服饰美讲究与自己的职业、身份、年龄、性别、身材相称，与周围环境场合相协调，讲究和谐的整体效果。服务人员的服饰礼仪是在服务交往过程中为了表示对客人的尊重与友好，达到和谐交往的目的而体现在服饰上的一种行为规范。工作制服在一定程度上反映了服务人员的审美，体现了服务企业的外在形象，是服务企业独一无二的品牌优势，无时无刻不在进行信息的传递。

一、工作制服的作用与穿着规范

工作制服是为工作而定制的服装。服务人员穿上醒目的制服，不仅是对客户的尊重，而且便于客户辨认，也使穿着者有一种职业自豪感、责任感与可信度，是敬业乐业在服饰上的具体表现。

1.工作制服的作用

（1）标识作用

工作制服具有本行业、本单位的醒目的、独一无二的标志，可以使着装者与其他行业、其他单位的服务人员区分开来。例如，酒店制服的标识作用，通常是通过其独特的式样、色彩、图案以及配套的帽子、徽章等具体表现出来的。

（2）激励作用

身着统一制服，可以进一步强化职业特点，使服务人员在内心形成与职业紧密相连的特殊使命感、责任感和荣誉感。身着制服的同时佩戴标明姓名、职称、部门的标牌，可以使服务人员严格约束自己，更加积极、主动地服务客户。许多制服配套的徽章都有非常重要的内涵，能够使着装者受到潜移默化的影响。另外，制服也保证了全体员工着装的整齐化，增强了其归属感、向心力和凝聚力。

为了培养不同专业学生的职业气质与素养，许多职业院校提倡学生在学校学习期间就穿着本专业的工作制服。例如，文秘专业的学生穿着西服正装上课，模具专业的学生穿着防护服在车间实训。特别值得一提的是中国台湾高雄餐旅大学，作为全亚洲旅游类院校中的佼佼者，该校在培养学生的职业素养方面也是从穿着制服开始的。该校每位学生在校期间无论春夏秋冬均会身着学校制服，并佩戴三枚徽章，这三枚徽章分别象征着学校、学院与专业，时刻提醒着学生自己的身份与角色。

（3）保护作用

服务人员在工作中身着制服，还具有一定的保护作用。这种保护作用体现在以下两个方面：一是可以保护身体，许多制服都具备身体防护的功能，在工作中按规定穿着，可以减少身体受伤的概率；二是可以维护尊严，服务人员身着制服上岗，既有助于维护自尊，又易于受人尊敬。

（4）宣传作用

服务人员所穿的制服具有视觉上的宣传作用。身着整齐而美观的制服的服务人员，都会自觉或不自觉地宣传自己所在的企业，使企业受到社会的关注。许多企业根据地方特色、民族风俗制作了具有文化象征意义的制服，这也在一定程度上对中华优秀传统文化、当地特色文化的宣传起到了有益的作用。

育德润心小课堂 2-1-3

每年 11 月 22 日是全国汉服出行日。2020 年 11 月 22 日，扬州瘦西湖导游服务部的讲解员们穿上衣袂飘飘的汉服，为广大游客提供志愿讲解、免费讲解等服务。细雨朦胧中，游客们跟随着身穿汉服的讲解员，穿梭于二十四桥、白塔晴云，聆听瘦西湖的五亭风月、四桥烟雨，体验瘦西湖的春花、夏雨、秋月、冬雪，品味一段瘦西湖的历史与传奇。

当天，还有众多汉服爱好者走进瘦西湖，展示中华传统服饰之美。汉服爱好者们走进匠心艺术馆，体验宫灯制作；走进美食街坊内的非遗体验馆，在雕版老师的指导下，亲手印制出雕版印刷作品；一同制作荠菜汤圆，体验传统文化的魅力。

汉服爱好者高雅说："我喜欢汉服两年多了，汉服让我对历史文化有了更多、更深刻的了解。"数十位着汉服者行走在瘦西湖畔，给人以穿越之感，吸引了众多游客拍照留念。不少游客表示："中国的传统服饰真是漂亮，出现在美丽的景区，更是一道风景！"

资料来源　邵帅. 穿汉服赏美景，汉服爱好者穿越扬州瘦西湖 [EB/OL]. [2020-11-24]. https://new.qq.com/rain/a/20201124A0C8RW00.

德育基因：文化自信　文旅融合　文化传承

心有所悟：党的二十大报告指出："发展社会主义先进文化，弘扬革命文化，传承中华优秀传统文化，满足人民日益增长的精神文化需求，巩固全党全国各族人民团结奋斗的共同思想基础，不断提升国家文化软实力和中华文化影响力。"中华优秀传统文化是景区最深厚的软实力，继承和发扬中华优秀传统文化，是文化自信的首要条件。瘦西湖景区一直致力于传统历史文化的宣传与推介，促进景区文旅融合的综合发展。汉服出行日与景区文化传播契合，更好地传承了瘦西湖的文化内涵，带给了游客更多体验和感受。

2. 工作制服的穿着规范

每天，服务人员在上岗前，都必须在全身镜前整理制服（如图 2-1-6 所示），以免出现四个方面的问题，同时要达到四个穿着标准。

（1）四个穿着问题

工作制服穿着的基础是文明着装，避免过分裸露、过分透薄、过分紧身与过分短小。这样才能不落俗套、不失身份，并显示出自身典雅的气质。其中，胸部、腹部、腋下、大腿是公认的身着正装时不准外露的区域。

（2）四个穿着标准

工作制服必须达到整齐、清洁、挺括、美观四个标准。整齐是指制服必须合身，注意四长（袖至手腕、衣至虎口、

图 2-1-6　工作前整理制服

裤至脚面、裙至膝盖）、四围（领围以插入一指大小为宜，上衣的胸围、腰围及裤裙的臀围以能够穿一套羊毛衣裤的松紧为宜），内衣避免外露，不挽袖卷裤，不漏扣，不掉扣，领带、领结、飘带应与衬衫领口吻合并且不能系歪，工号或标志牌要佩戴在左胸的正上方；清洁是指衣裤无污垢、油渍、异味，领口与袖口要保持干净；挺括是指制服笔挺不起皱，穿前熨平，穿后挂好，做到上衣平整、裤线笔直；美观则要求制服的款式应简单、高雅，线条亦应自然流畅，以便于员工从事服务接待工作。

二、男士西装的穿着规范

动感小课堂2-1-6　　　　表格填写

请同学们将表2-1-7中关于西装纽扣的系法补充完整。

表2-1-7　　　　　　　　　　西装纽扣系法

西装名称		日常的纽扣系法	严肃场合的纽扣系法	就座时的纽扣系法
单排扣西装	单排两粒扣西装			
	单排三粒扣西装			
双排扣西装				

1.西装的穿着要领

西装的穿着是很有讲究的。一般来说，西装的穿着有三大原则可以遵循，还有许多小细节需要注意。

（1）西装穿着三大原则

◎三一定律

三一定律是指男士穿着西装时，身上有三个要件的颜色必须协调统一，这三个要件分别是鞋子、腰带与公文包。保证三者颜色统一最理想的方案是鞋子、腰带、公文包皆为黑色。

◎三色原则

三色原则是指正式场合穿西装时，全身的颜色不宜超过三个色系，包括外套、西裤、衬衫、领带、鞋和袜子。

◎三大禁忌

三大禁忌是指在正式场合穿着西装时，不能出现以下三个错误：第一，袖口上的商标未拆。这个商标等同于价签牌，应在购买后第一时间拆除。第二，在重要的涉外商务交往场合穿着夹克打领带。夹克属于休闲装，与领带搭配并不协调，但在某些情况下也是允许的：一种是穿制服式夹克时为了表达正规与统一，如公交师傅的夹克制服；另一种是领导在参加内部活动的时候为了显得平易近人。第三，男士在正式场合穿着西装时，黑西装配白袜子或者尼龙丝袜。袜子与西裤、皮鞋的色彩应协调，这在前面已经提及。此外，尼龙丝袜由于不吸湿、不透气，容易产生异味，因此不适合在服务工作场合穿着，以免影响客我交往。

（2）西装穿着细节

男士西装穿着的细节较多，如图2-1-7所示。

1.领带质地、色彩讲究
2.结饰与衬衫领和谐
3.领带长及皮带扣顶端

1.翻开外套的口袋盖
2.此处口袋避免放杂物，以保持板型

1.西裤边口袋可放少量零钱、手帕等
2.西裤后口袋可放一个小钱包
3.西装口袋放物品的前提是保持板型不变

1.皮鞋光亮、无灰尘
2.黑色皮鞋配深色袜子

1.衬衫领口洁净硬挺
2.纽扣全部系好

1.西装质地精良，熨烫平整挺括，线条笔直
2.成套穿着，颜色一致

1.衬衫下摆要塞进西裤
2.两粒扣西装只系第一颗纽扣
3.三粒扣西装只系前两颗或中间那颗纽扣
4.最下方的纽扣散开是为了防止腰腹部的线条变形

1.裤型整齐且裤缝笔直
2.内搭贴身秋裤时，必须保持西裤整体线条美观

裤脚不卷不挽

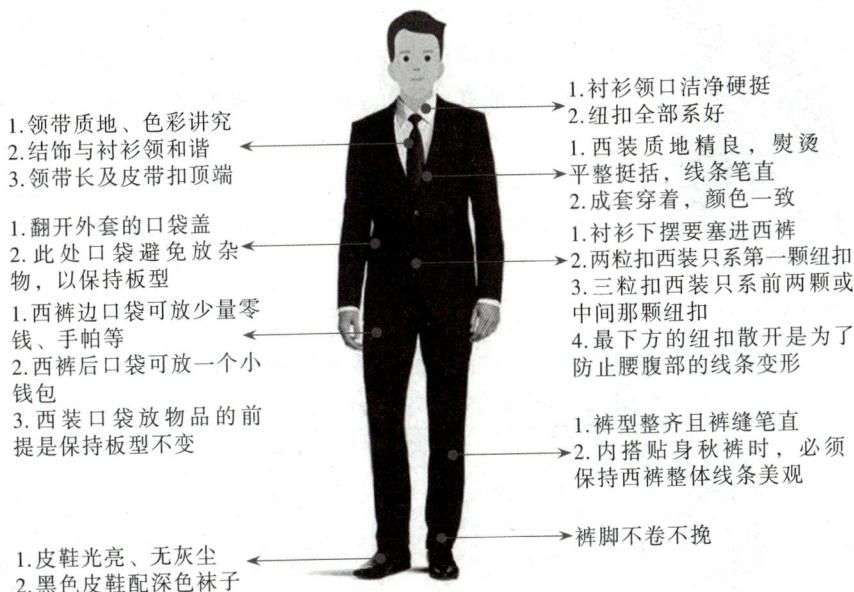

图2-1-7　男士西装穿着细节图

　　男士西装穿着的细节之中最容易出现疏漏的就是西装的各种口袋。通过图2-1-7我们知道，无论是外套还是西裤的外口袋，都应尽量避免装物品，如果必须放也应以轻薄且不易觉察为标准，目的就是保持西装整体板型不受影响。西装外套的内侧口袋则可以存放名片、小钱包、证件等物品。如果是三件套西装，则马甲的口袋可以存放珍贵的小物件，马甲左胸口袋可用于插放钢笔。

3.西装的装饰文化

　　西装的装饰元素丰富，文化内涵深厚。下面我们重点介绍"俏皮眼"、口袋巾以及领带。

　　（1）西装"俏皮眼"

　　细心的您应该会发现，在某些西装的左侧驳领上会有一个扣眼，而右侧驳领上并没有与之相匹配的纽扣。也许您认为，这个扣眼毫无用途，只是一个摆设。实际上，这个貌似多余的摆设是西装上绝佳的装饰位置。它还有许多风雅的名字——花眼、插花纽等，其中最生动的名字当属"俏皮眼"（如图2-1-8所示）。绝大多数"俏皮眼"只是简单地缝一条1厘米长的粗明线，用来点缀鲜花或者徽章之类的饰物，这个貌似扣眼的粗明线是无须划开的。当然也有真正挖纽扣洞的，这时右侧驳领上会相应配上一颗暗纽扣，必要时可以扣起，从而起到防风沙和保暖的作用。

图2-1-8　雅致的"俏皮眼"

知识广角镜
2-1-3

"俏皮眼"
与口袋巾的
由来

　　在传统着装中，"俏皮眼"所装饰的必须是鲜花，其中康乃馨为首选。白色康乃馨是传统之选，适合婚礼、丧礼及正式场合，其他场合可佩戴红色康乃馨，有时也可以适当选择黄色或粉色康乃馨。此外，蓝色矢车菊也是上选。除此之外的鲜花要小心选用，太过艳丽的鲜花还是属于女士的。随着时代的发展，诸多着装禁忌一再被打破，有关"俏皮眼"的条条框框也经历革新。如今的时尚男士，不断尝试着各种鲜花，如小朵的

图2-1-9　口袋巾与"俏皮眼"

白玫瑰、白色山茶花、细小的马蹄莲，甚至还有人造胸花。一些商务或政界男士更喜欢在"俏皮眼"中佩戴胸针或者小徽章，从而起到一种非常低调的装饰效果。

（2）西装口袋巾

西装上衣口袋装手帕作为美化物已风靡全球，各种拟花式样的手帕常使人仪态生辉，有画龙点睛之妙（如图2-1-9所示）。

动感小课堂2-1-7　　　　　　练习折叠口袋巾

请同学们根据表2-1-8展示的三种口袋巾折叠方法进行课堂练习。

表2-1-8　　　　　　　　　　**口袋巾折叠方法示例**

折叠方法	操作步骤与使用原则
一字形折法	 1.对折　　2.再对折　　3.再对折　　4.依旧对折 这是最简易的口袋巾折法，对折成适合口袋宽度的方形，将边缘朝里塞入口袋，以露出口袋水平直视1厘米左右为宜。美国服装设计师Thom Browne常用这种折法装饰前胸口袋，所以目前最流行的叫法是"Browne"。这种折法以容易折叠的棉布质地为好，且经典的白色为最佳。这种口袋巾装饰适合在稍微正式的场合使用，非常自然亲切，不会给人留下故作姿态的印象
三角形折法	1.将方巾对折两次成方形，再将一角的4层依次拉开一点距离形成4个角； 2.用一只手固定住4个角，另外一只手将一边向中心折叠； 3.将另外一边也向中心折叠； 4.将方巾下面未折叠的部分向后折叠以方便放入口袋中，完成后将4个角都露在口袋外 常见的折法是将手帕对角折叠后错开角尖平整地塞入口袋，关键是要保证其外观的平整伏贴、整洁稳重。汤姆·福特（Tom Ford）是这种口袋巾折法的拥护者，所以热门叫法为"Ford"。这种口袋巾装饰适用于严肃的正式场合，散发着高雅的气息，与晚礼服很相称。方巾样式以简单的条纹、波点为佳，不宜太花哨
蓬松折叠法	1.用右手大拇指与食指捏住口袋巾的中心点，使它自然下垂； 2.用左手顺开口方向轻轻一撸，折出自然的三重褶皱； 3.把右手大拇指与食指捏住的口袋巾中心向上对折； 4.将口袋巾中心与三重褶皱整理好即可 这种折叠方法最为华丽，特别适合丝绸料子的手帕，再配合口袋巾的花纹图案，装饰效果浪漫风雅，是社交场合中非常受推崇的折叠方法。为了体现蓬松效果，要注意折叠时褶皱的保持与手帕塞进胸袋后的调整手法，口袋巾只插入口袋1/3处，要保证手帕的四个角都能被人看见

（3）西装领带

如果说口袋巾是西装的精彩伴侣，那么领带就是西装的灵魂所在。领带作为西装的必备品，起着修饰、点缀、美化西装的重要作用。

趣味超链接 2-1-4　　　　　领带的起源

有关领带起源的传说很多，根据侧重点的不同，主要可以归纳为以下三种：

一是领带保护说。这种说法有两种传说：一种传说认为领带起源于古代居住在深山老林里的日耳曼人，他们披着兽皮取暖御寒，为了不让兽皮掉下来，就将草绳扎在脖子上，绑住兽皮，这样风就不能从颈间吹进去了，既保暖又防风；另一种传说认为领带起源于海边的渔民，渔民出海捕鱼，由于海上风大并且寒冷，因此渔民就在脖子上系了一条带子，防风保暖。保护身体以适应当时的地理环境和气候条件，是领带产生的一个客观因素，这种草绳或带子便是最原始的领带了。

二是领带功用说。这种说法认为领带起源于人们的生活需要。工业革命以前，英国也是一个落后的国家，吃肉用手抓，然后大块大块地捧到嘴边去啃。当时，成年男子流行络腮胡子，吃肉的时候很容易把胡子弄脏，男人们就用袖子去擦。为了对付男人们这种不爱干净的行为，妇女们便在男人的衣领下挂了一块布专供他们擦嘴。久而久之，衣领下的这块布就成了英国男式上衣传统的附属物。工业革命以后，英国发展成为一个发达的资本主义国家，人们对衣、食、住、行都很讲究，挂在衣领下的布就成了领带。

三是领带装饰说。这种说法认为领带起源于人类对美的追求。17世纪中叶，法国军队中的一支骑兵胜利回到巴黎。他们身着威武的制服，脖领上系着一条围巾，围巾的颜色各式各样，非常好看。巴黎一些爱赶时髦的纨绔子弟看了，竞相仿效，也在自己的衣领上系了一条围巾。第二天，有位大臣上朝，在脖领上系了一条白色围巾，还在前面打了一个漂亮的领结，路易十四国王见了大加赞赏，当众宣布将领结视为高贵的标志，并下令上流人士都要如此打扮，久而久之就演变成了今天的领带。

领带是人类社会的物质和文化发展到一定阶段的产物。马克思曾说："社会的进步就是人类对美的追求的结晶。"在现实生活中，人类为了美化自身，使自身更完美，更富魅力，便产生了用自然界提供的或用人造的物品来装饰自己的欲望，领带的起源充分说明了这一点。

资料来源　根据网络资料整理。

要选购一条理想的领带，应从面料、花色、款式、质量等方面来考虑。在服务工作场合，领带以真丝材质面料为佳，斜条纹图案较正规美观，款式最好是传统的箭头领带。领带的搭配是一门学问，只有懂得在不同的场合采用不同的搭配方法，充分利用色彩、线条之间的组合碰撞，才能体现出搭配的精髓，塑造出个人的整体风格。

◎ 领带的色彩

从色彩上讲，领带有单色与多色之分。单色领带适合公务活动、服务场合或隆重的社交场合，并以蓝色、灰色、黑色、棕色、白色、紫红色最受欢迎。多色领带一般不应超过三种色彩。色彩过于艳丽的领带用途不广泛，只有非正式的社交、休闲场合适用。不同颜色西装与衬衫、领带的搭配建议见表2-1-9。

表2-1-9　　　　　　　　　不同颜色西装与衬衫、领带的搭配建议

西装颜色	搭配建议
黑色	穿以白色为主的衬衫和浅色衬衫，配灰色、蓝色、绿色等与衬衫色彩协调的领带
灰色	穿以白色为主的淡色衬衫，配灰色、绿色、黄色和砖色领带
藏蓝色	穿白色和明亮蓝色的衬衫，配蓝色、胭脂色和橙黄色领带
蓝色	穿粉红色、乳黄色、银灰色和明亮蓝色的衬衫，配暗蓝色、灰色、胭脂色、黄色和砖色领带
褐色	穿白色、灰色、银色和明亮的褐色衬衫，配暗褐色、灰色、绿色和黄色领带
绿色	穿明亮的银灰色、蓝色、褐色衬衫，配黄色、褐色和砖色领带

◎ 领带的图案

在正式场合佩戴的领带，其图案应该规则、传统，常见的有斜纹、方格、竖条、横条、波纹线、圆点以及规则的碎花。这些图案都有一定的寓意，如斜纹代表勇敢，方格代表热情，竖条代表安逸，横条代表平稳，波纹线代表活泼、跳跃，圆点代表饱满成熟，碎花代表体贴。不同类型领带的特点见表2-1-10。

表2-1-10　　　　　　　　　　不同类型领带的特点

领带类型	特点
行政系列	专为上班一族而设计，图案以永恒的圆点、斜纹、格子为主，以优雅大方见长
晚装系列	特别注重领带上的荧光效果，深沉的底色上，经纬交错的线条或星宿般分布的亮点熠熠生辉，明星味儿十足
休闲系列	突出轻松、随意的装饰效果，所以卡通公仔、花草、人物等图案也可以运用
新潮系列	夸张的色彩、怪诞的图案，处处显露出该系列领带的新潮，是前卫人士追逐的宠物，专为特立独行、佩戴饰物的男士而备

◎ 领带的款式

就领带的款式来说，一般有宽窄之分。在选择时，领带的宽度最好与自己身体的宽度相协调，不要反差过大。此外，领带还有箭头与平头之分，前者下端为倒三角形，比较传统，适用于各种场合；后者下端为平头，比较时髦，多用于非正式场合。

动感小课堂2-1-8　　　　　　练习系领带

请同学们根据表2-1-11展示的六种系领带的方法进行练习。

表2-1-11　　　　　　　　　系领带方法示例

领带系法	说明
平结系法	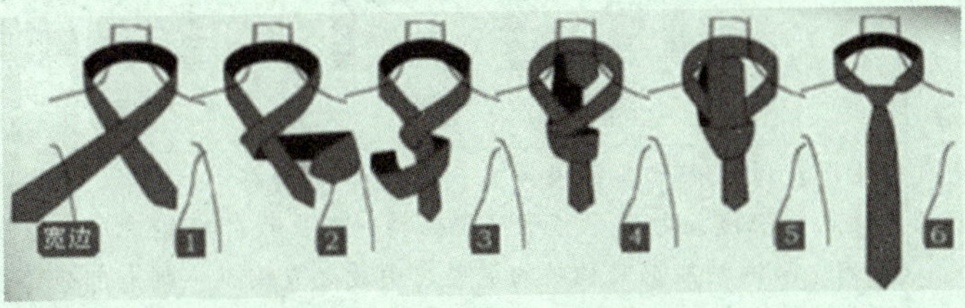 【适用】这是最常用的系法之一，适用于各种材质的领带，适合搭配窄领衬衫 【特点】完成后，领结呈斜三角形 【要诀】宽边在左、右均可。在选择"男人的酒窝"（形成凹凸状）的情况下，尽量让两边均匀且对称
温莎结系法	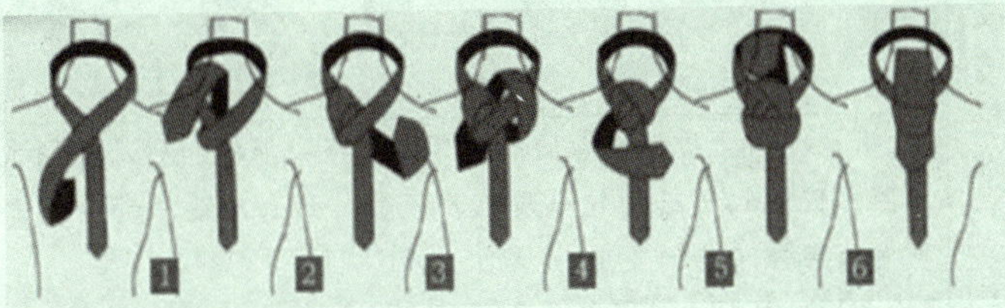 【适用】这种系法是最正统的领带系法，适用于浪漫细致的丝质领带，适合搭配宽领衬衫，用于出席正式场合 【特点】温莎结是因温莎公爵而得名的领带结，打出的结为正三角形，饱满有力 【要诀】领结应多往横向发展，勿用材质过厚的领带，领结也勿打得过大。宽边先预留较大的空间，绕带时的松紧会影响领带结的大小
半温莎结系法	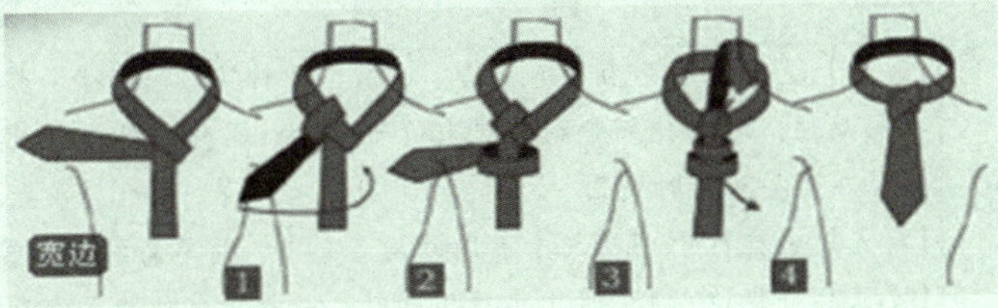 【适用】适用于细款领带，适合搭配浪漫的尖领及标准式领口系列衬衫，适用于任何场合 【特点】它是温莎结的改良版，较温莎结更为便捷，造型清爽优雅，更显庄重。休闲娱乐之时，即便使用材质粗厚的领带，半温莎结也能显露出一股随意与不羁的味道 【要诀】使用细款领带较容易上手，系好后的领结通常位置很正

领带系法	说明
浪漫结系法	 【适用】适合搭配各种浪漫系列的领口及衬衫 【特点】浪漫结打破了领带必须保持一条直线的规矩，窄端出现在宽端边，充满了戏剧色彩。浪漫结能够靠褶皱的调整自由放大或缩小，剩余部分的长度也能根据实际需要任意掌控。领结形状匀称，领带线条顺直优美，容易给人留下整洁、严谨的良好印象 【要诀】完成后，将领结下方的宽边压以皱褶，可缩小领结
亚伯特王子结系法	 【适用】适用于质料柔软的细款领带，搭配浪漫扣领及尖领系列衬衫最佳。由于要绕三圈，因此切莫选择较厚质地的领带。配上此结，贵族气质油然而生，很适合意气风发的年轻精英们使用 【特点】亚伯特王子结体积小且形状灵巧，"男人的酒窝"两边略微翘起 【要诀】宽边先预留较大的空间，在绕第二圈时尽量伏贴一些，这样领结才会美观
简式结系法	 【适用】这种结也称为马车夫结，适用于质料较厚的领带，搭配标准式及扣式领口的衬衫最佳，不会使领带结看起来过于臃肿、累赘。外出整装时方便快捷，因此非常适合在商务旅行时使用 【特点】它流行于18世纪末英国的马车夫中，简单易打且非常紧 【要诀】将宽边以180度由上往下翻转，并将折叠处隐藏在后方，待完成后再调整领带长度

◎领带的保养方法

为了延长领带的使用寿命，每次使用领带后，请立刻解开领结，避免用力拉扯表布及衬里，以免纤维断裂造成永久性褶皱。解开领结后，请先将领带放置于潮湿的地方或喷少许水，待褶皱处恢复原状后，再收至干燥处平放或吊立，并留意放置处是否平滑，以免刮伤领带。同一条领带戴完一次后，请隔几天再戴。领带沾染污垢后，应立即干洗。如果领带上沾染了酱汁或饮料之类的东西，必须马上用吸水纸巾盖在上面，吸干液体污渍，注意不要用力擦。

三、女士正装的穿着规范

在涉外服务工作场合，女士应切记勿穿皮质套裙，因为皮裙在某些国家具有不雅的特殊象征意义。女士套裙穿着细节如图2-1-10所示。女士穿着套裙时，应搭配相应的配饰，以起到画龙点睛的美化作用，我们将在下一个研学点中进行具体介绍。

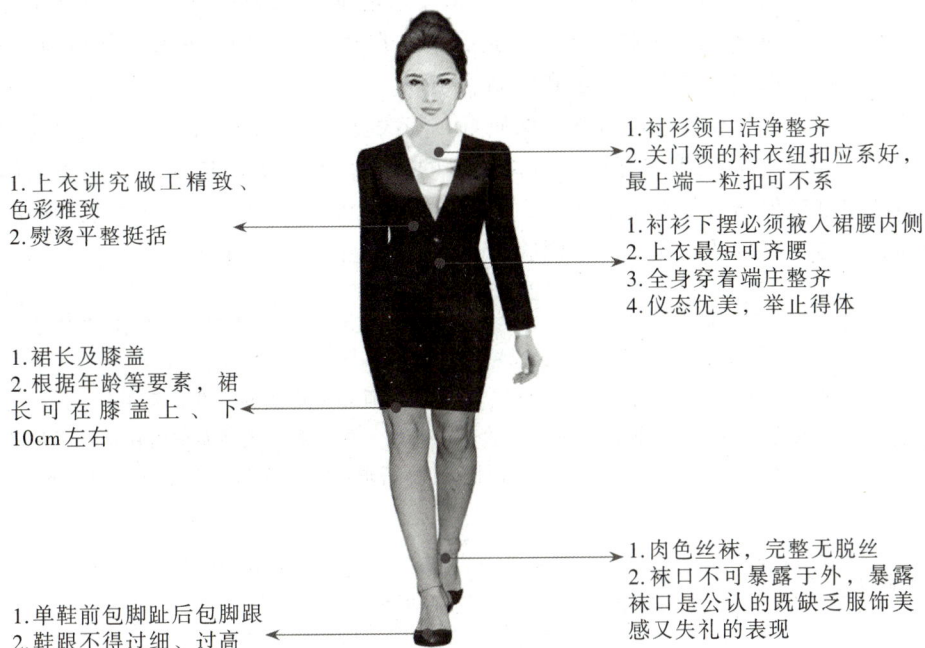

1.上衣讲究做工精致、色彩雅致
2.熨烫平整挺括

1.裙长及膝盖
2.根据年龄等要素，裙长可在膝盖上、下10cm左右

1.单鞋前包脚趾后包脚跟
2.鞋跟不得过细、过高

1.衬衫领口洁净整齐
2.关门领的衬衣纽扣应系好，最上端一粒扣可不系

1.衬衫下摆必须掖入裙腰内侧
2.上衣最短可齐腰
3.全身穿着端庄整齐
4.仪态优美，举止得体

1.肉色丝袜，完整无脱丝
2.袜口不可暴露于外，暴露袜口是公认的既缺乏服饰美感又失礼的表现

图2-1-10 女士套裙穿着细节图

研学点四 画龙点睛的配饰选择

动感小课堂2-1-9　　　　　　　　出谋划策

请同学们根据下面的问题给出相应的解决方法：

①如果你是一位职业女性，白天需要参加严肃的工作会议，晚上需要出席重要的宴会，如何在日间着装的基础上进行调整以适应晚宴服装的需要呢？

②单位制服是纯黑色的，稍显老气沉闷，在遵守制服穿着规范的前提下，如何进行美化修饰呢？

服装饰物主要有首饰、丝巾、腰带、手表、帽子、包袋、眼镜、钢笔等，其中最重要的当属首饰，其次是手表、包袋等。服装饰物有男女之别，每种饰物在挑选与使用方面均有不同的要求。

一、首饰的挑选与使用

首饰，顾名思义是指人们用于头部的装饰品。《汉书·王莽传》中有"珠珥在耳，首饰犹存"之句，其中"首饰"二字指的就是头上的饰物。东汉末年，刘熙在《释名·释首饰》中虽然对首饰含义的范围有了扩展，但仍局限于头部和面部的装饰物。在古代，有一个与现代意义上的首饰含义相近的词语，即"头面"。这大概是人们认为首饰如同脸面一样，能给人的外貌增添光彩的缘故。到了现代，"首饰"已成为全身各部位所佩戴的各种饰品的总称，包括项链、耳环、戒指、胸针等。

1.项链的选用

项链作为戴于颈部的环形首饰，男女均可使用，但男士所戴的项链一般不应外露。从长度上看，项链可分为四种：40厘米以下为短项链，适合搭配低领上装；40厘米至50厘米为中长项链，搭配较广泛；50厘米至60厘米为长项链，适合女士在社交场合使用；70厘米以上为特长项链，适合女士在隆重社交场合佩戴。从质地来看，项链有金、银、珠宝、铜、骨、木和仿制品之分。

选购项链，首先要注意项链本身的质量，其次要看项链的装饰效果，能够与脸的形状、脖子粗细、衣领等因素产生协调美感的项链才是正确的选择。在服务工作场合，佩戴项链应根据工作套装的特点，注意点、线、面的结合，善于用圆点和圆线作为装饰，以增添套装的韵律美。不同脸型项链搭配建议见表2-1-12。

表2-1-12　　　　　　　　不同脸型项链搭配建议

脸型	搭配建议
圆形脸	适宜佩戴长项链或带坠子的项链，利用项链垂挂所形成的V字形角度来增强脸与脖子的连贯性，利用视觉错觉，使脸部显得长一些。避免戴项圈或者由圆珠串成的项链，否则会使脸部看起来更加圆润。选择塔形的、珍珠从大到小逐渐向上的项链，可以造成一种细长的视觉效果
长形脸	适宜佩戴短粗的项链或者套式项链、项圈等，避免佩戴长项链或带坠子的项链，否则项链下垂后形成长弧状，会使脸部显得更长
方形脸	适宜佩戴色泽艳丽的长项链或带坠子的项链，将人的视线转移到脖子下面，从而缓和脸部方正的线条。如果佩戴串珠项链，应避免使用菱形或方形的珠子，否则会使脸部显得更方
瓜子脸	瓜子脸适宜佩戴的项链可选择范围较广。需要注意的是，如果下巴过尖过小，则应尽量避免佩戴带有尖形挂件的项链
梨形脸	适宜佩戴长项链或带坠子的项链，以改变下颌宽大的视觉效果

2.耳饰的选用

耳饰是最能体现女性魅力的饰品之一。我国关于佩戴耳饰的记载，最早见于《庄子》。但是，耳饰最初的功能并不是装饰和美化。起初，耳饰是民族地区约束女子行为的一种工具，中原地区的妇女看到少数民族女子戴着耳环或耳坠，走起路来随身摇荡，并伴有悦耳的声音，很有一番风味，于是纷纷效仿。

关于耳环的由来，还有一种说法认为与保健有关。耳郭是露在头部两侧表面的贝壳状隆起，上2/3是软骨组织，下1/3是内含结缔组织和脂肪的耳垂。耳垂中央有一个重要穴位，医学证实，这个穴位对于保护视力，预防睑腺炎、急性结膜炎及老年性白内障等眼病均有疗效。所以，在此处戴耳饰可以起到保健作用。

耳饰的种类很多，如耳环、耳链、耳钉、耳坠等。在服务工作场合，女士最好佩戴小巧且含蓄的耳钉，并且讲究成对儿使用（每只耳朵戴一个耳饰），不宜在一只耳朵上同时戴多个耳饰。耳饰从样式上可以分为纽扣式和悬垂式两种，从形状上可以分为方形、圆形、三角形等。不同脸型耳环搭配建议见表2-1-13。

表2-1-13　　　　　　　　　　　　　不同脸型耳环搭配建议

	圆形脸	方形脸	长形脸	瓜子脸	梨形脸	椭圆脸	菱形脸
脸型							
搭配建议						大多数款式的耳环都适合	

3.戒指的选用

一直以来，人们都将环形戒指视为爱情的信物，因其既没有开始，也没有结束，象征了爱情的美好、永恒、纯洁。秦汉时期，我国妇女就已经普遍佩戴戒指。东汉时期，民间已将戒指作为定情之物，青年男女会通过赠送指环来表达爱慕之情。到了唐代，将戒指作为定情信物的习俗更加盛行，并一直延续到今天。在西方，作为爱情的象征，戒指同样备受人们的青睐，相恋、订婚、结婚都离不开戒指。

戒指是男女都可佩戴的装饰品，戒指的材质可以是金属、宝石、塑料、木或骨头。戒指的佩戴对人的整体形象的影响很大，我们可以根据个人爱好、工作的方便程度以及习惯来选用。佩戴戒指时还要考虑手的肤色和形状，并掌握佩戴方法。在服务工作场合，适宜佩戴款式简洁的戒指，避免款式夸张、数量过多，否则会给人浅薄、低俗的感觉。戴薄纱手套时，戒指应戴在手套里面，但新娘可以将戒指戴在薄纱手套外。在考虑以上因素的前提下，我们还要注意在不同的手指上佩戴戒指寓意不同，具体可参考"趣味超链接2-1-2"的内容。

4.胸针的选用

胸针又称胸花，是一种别在胸前或领子上的饰品。远古时代，原始人将兽皮或简陋的织物披在身上的时候，需要用锐利的兽骨或鱼刺以及其他可以插入兽皮或织物的东西来固定，这些用于固定的工具大概就是胸针最早的形态。所以，胸针不仅是一种装饰品，也兼有固定衣服（如长袍、披风、围巾等）的功能。此外，我国古代官员胸前也常佩戴类似的装饰物来象征自身地位，并表示逢凶化吉。

胸针多为女性使用，多佩戴于西服的驳领上，或饰于羊毛衫、衬衣上。一身得体的服饰，再配上一枚色彩、造型与服饰相称的胸针，更能显现出女性婀娜多姿的魅力。男性则多在西装驳领处佩戴一种形似别针的装饰，称为"插针"，插针也常插在领结上。实际上，广义的胸针还应包括领带夹。

选购胸针，因个人的眼光、兴趣和经济条件而异，除此之外，还应考虑个人的年龄、身材，以及胸针的造型、质地与寓意。不同材质胸针的寓意见表2-1-14。瘦小的女士可以选择小巧且光彩夺目的胸针；身材高大的女士宜选择花式较复杂的大型胸针，如镂空雕花样式的胸针；圆形脸的女士宜选择有直线条的胸针，形成上下伸展的感觉，同时宜夹在脸下正中位置，这样有拉长面部的作用；倒三角形脸的女士可以选择有宽度感的胸针，且胸针不应别在脸下正中的位置，如果将长胸针别在脸下正中间，只会令脸部看起来尖而多角。在服务工作场合，胸针的造型应典雅美观、不落俗套，颜色应与工作制服相配。

表2-1-14 不同材质胸针的寓意

胸针	寓意
翡翠配钻石胸针	高贵、永恒、情深谊长
翡翠胸针	高贵、才华出众、倾慕、坦诚
钻石胸针	高尚、华丽、美丽夺目、生活美满
珍珠胸针	心地善良、纯洁无瑕、崇敬、端庄
琥珀胸针	生活多姿多彩，别有情趣
珊瑚胸针	深沉朴实，有深度和生命力
玛瑙胸针	魅力无穷
宝石胸针	富贵、华丽
链坠款两用胸针	懂得灵活变化

　　胸针一般别在服装的前胸部位，可以在正中，也可以偏于一侧，但人们最喜欢将其别在衣服左侧。据说，在战争期间，当士兵在战场上立功时，得到的勋章要戴在右胸。一次，一名士兵在立功后发现，右侧胸襟已经没有佩戴勋章的位置了，于是随手将勋章戴在了左侧胸襟。幸运的是在一次战斗中，左侧胸襟的勋章挡住了敌人的子弹，保住了这名士兵的性命。所以，人们逐渐形成了将胸针戴在左侧寓意吉祥的认识。此外，穿不带领的衣服时，宜将胸针戴在右侧；发型偏左时，宜将胸针戴在右侧，反之则戴在左侧。如果发型偏左，而穿的衣服又是带领的，则胸针应戴在右侧领子上。胸针的上下位置应在第一粒及第二粒纽扣之间的平行位置上。

动感小课堂2-1-10 　　　　　　　**对比观察**
　　请同学们观察图2-1-11（可扫二维码观察），看看以黑色或白色为底色的服装搭配何种颜色的胸针会更加出彩，装饰效果会更加明显。

图2-1-11　胸针与服装色彩对比图

胸针组图

许多男士喜欢别领带夹，因为领带夹可以使领带保持贴身、下垂，可以体现男士的绅士风采与时尚品位。领带夹应在穿西装时使用，单穿长袖衬衫时没必要使用。穿西装时使用领带夹，应将其别在特定的位置上，即从上往下数，在衬衫的第四粒与第五粒纽扣之间，扣上西装外套的扣子时，一般看不见领带夹。因为领带夹的主要用途是固定领带，稍许外露领带夹也可以，但如果把领带夹别得特别靠上，直逼衬衫领口，就会显得过分张扬。

育德润心小课堂 2-1-4

什么是党员党徽？党员党徽是用于党员个人佩戴，表明共产党员身份的标志。为规范党员佩戴党员徽章，2011年，中共中央组织部办公厅印发了《关于窗口单位和服务行业党员佩戴党员徽章有关事宜的通知》，对党员徽章的制作和佩戴做出明确规定。2017年，中共中央组织部办公厅又印发了《关于规范党员佩戴党员徽章有关事宜的通知》，进一步明确了党员徽章的式样、佩戴要求和适用范围等。

1. 党员徽章的规格样式（如图2-1-12所示）

党员徽章正面上方为中国共产党党旗图案，下方为圆形图案，印有"为人民服务"字样；背面标注××省（区、市）或××部门（系统）党委组织部监制字样。徽章尺寸为24mm×22.5mm×2mm，材质为锌挂镀仿金。

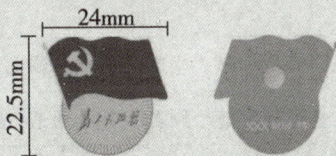

图2-1-12　党员徽章的规格样式

2. 党员徽章的佩戴方式

佩戴党员徽章必须严肃、庄重。党员徽章应佩戴在左胸中间位置，不得使用破损、污损、褪色或不符合制作规定的党员徽章。若与其他徽章同时佩戴，应将党员徽章置于其他徽章之上。

3. 党员徽章的佩戴须知

党员应按照要求规范佩戴党员徽章，主动亮明身份，自觉接受监督；参加党内重大活动和重要会议、过党内政治生活、参加党内培训、党组织开展志愿服务、结对帮扶、党内关爱、经基层党委审定需要佩戴党员徽章的其他活动以及工作期间，比如窗口单位和服务行业党员上岗工作时，均应佩戴党员徽章；严禁在娱乐场所等不适宜的地方佩戴党员徽章；对违规使用党员徽章的，应当给予批评教育并责令改正，情节严重的应予以通报批评，直至按党内有关规定做出组织处置或纪律处分；党员停止党籍或被开除党籍时，应主动上交党员徽章。

资料来源　佚名. 佩戴党员徽章的正确方法与场合，你知道吗？[EB/OL]. [2022-09-15]. https://baijiahao.baidu.com/s?id=1743980225893466463&wfr=spider&for=pc.

德育基因： 爱国爱党　信仰坚定

心有所悟： 一枚小小的党员徽章，分量却是沉甸甸的，戴在距离心脏最近的地方，是党员身份的标志，是党员形象的展示，是党员责任的提醒。做合格党员，应从正确佩戴党员徽章开始。

二、丝巾的挑选与使用

丝巾作为围在脖子上用于搭配服装的修饰物品，可以从古埃及人的缠腰布与流苏长裙、古希腊人的缠布服装上找到雏形。在古代，丝巾并不是时尚单品。在寒冷地区，丝巾起到了保暖御寒的作用；在炎热地带，丝巾被用来擦拭颈部和脸部的汗水。在中国先秦时期以及17世纪的克罗地亚，丝巾则是区分士兵不同军阶的标志，其中丝绸材质的丝巾是高贵阶级的象征。丝巾真正步入时尚圈是在19世纪初期，到20世纪中期，丝巾已经成为必不可少的百搭配饰。

无论在何种场合，飘逸美丽的丝巾都是上佳点缀。丝巾的材质有很多种（见表2-1-15），主要分为两大类：一类是用丝绸和羊毛等天然纤维制成的丝巾；另一类是用化学纤维制成的丝巾。

表2-1-15   不同材质丝巾的特点

材质名称		特点
真丝	斜纹绸	结实且不易变形，面料由厚至薄分为不同等级，许多高档丝巾都是此种面料。缺点是越厚越硬，垂感欠佳，不适合初学者操作
	洋纺	轻薄但不透明，手感顺滑，光泽好，也是丝巾的主要面料。薄与垂的特点适合初学者操作
	雪纺纱	非常轻薄，表面光滑细腻，呈半透明状，飘逸动人
	纱绢	特别薄的纱类丝织品，蓬松硬挺，轻盈通透，格外梦幻
毛质	羊毛	保暖舒适，不易起静电，多被制成披肩和围巾，偶尔也会被制成丝巾
	羊绒	质地柔软轻盈，具有独特的光泽感与滑爽感，因此被称为"纤维中的宝石"
棉麻	棉	棉质不是主流丝巾的面料，但其透气性好，吸汗能力强，适合休闲打扮时佩戴
	麻	凉爽透气，呈现清新的自然气息，但亲肤性差，容易引起皮肤瘙痒，折叠后易起皱
化学纤维		化学纤维并非很好的丝巾面料，但由于化学纤维存在特殊的用途，因此这类丝巾在某些场合也深受人们喜爱。例如，有些化学纤维制成的丝巾吸汗且干得快，特别适合在运动时使用

不同材质的丝巾适合在不同的季节佩戴。在干燥多风的春季，佩戴真丝材质的丝巾可以免去静电的烦恼，并且具有良好的保暖性；在炎热潮湿的夏季，麻质丝巾可以带来清爽的感觉，随性自然的褶皱能够体现出佩戴者浪漫的贵族风情；在凉意渐浓的秋季，棉质丝巾既能抵御瑟瑟秋风，又能带来轻松自在的休闲气息；在天寒地冻的冬季，一条毛质丝巾能让你体会到轻柔保暖，美丽不冻人。挑选丝巾除了要注重质地，还要关注颜色、图案等。一般来说，丝巾的色彩越丰富，印染成本越高，品质越好。在服务工作场合，使用最多的是几何图案的真丝丝巾，50厘米至80厘米规格的中、小型方巾是职场优雅女性的必备品。需要注意的是，佩戴丝巾前一定要剪掉丝巾的标签，如图2-1-13所示。

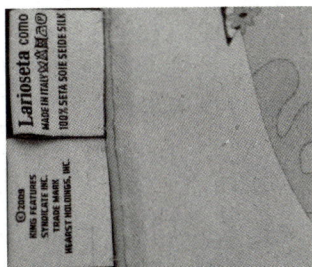

图2-1-13 丝巾的标签

动感小课堂2-1-11　　　　　　百变丝巾

请同学们在掌握平结、蝴蝶结、领带结（见表2-1-16）三种丝巾系法的基础上，进行创意丝巾系法练习。

表2-1-16　　　　　　　　　　　丝巾系法示例

丝巾系法	折叠方法与步骤
平结	 1.将丝巾挂在脖子上，使丝巾两端交叉在一起，把放在上面的一端拉长，然后将长的一端从短的一端下面向上穿过去系成一个结 2.将从下面穿过来的一端绕过较短的一端再系一个结 3.整理一下领结与丝巾两端的形状，根据衣领的样式将领结移到自己喜欢的位置
蝴蝶结	 1.将丝巾挂在脖子上，使丝巾两端交叉在一起，把放在上面的一端拉长，然后将长的一端从短的一端下面向上穿过去系成一个结 2.将丝巾较短的一端向反方向做成一个环形，然后使刚才穿过来的丝巾的另一端绕过这个环，将这一端丝巾的中间部分从上面穿过去，系成一个蝴蝶结 3.整理一下蝴蝶结的形状，将蝴蝶结移到自己喜欢的位置
领带结	 1.将丝巾以左右长度为1:3的比例挂在脖子上，将长的一端先从短的一端上面绕过去，再从下面绕回来 2.将长的一端从短的一端上面绕过去，然后从短的一端挂在脖子上的那部分下面穿上来 3.将长的一端穿过正面的环 4.将短的一端拉好，整理一下领结的形状

通过创意练习，我们发现丝巾不仅仅是颈上风景，而且能制作成为头饰、包饰、腕饰、小拎包等装饰品。此外，丝巾还能与其他饰物（如戒指、项链、胸针等）组合，产生巧妙的装饰效果（如图2-1-14所示）。

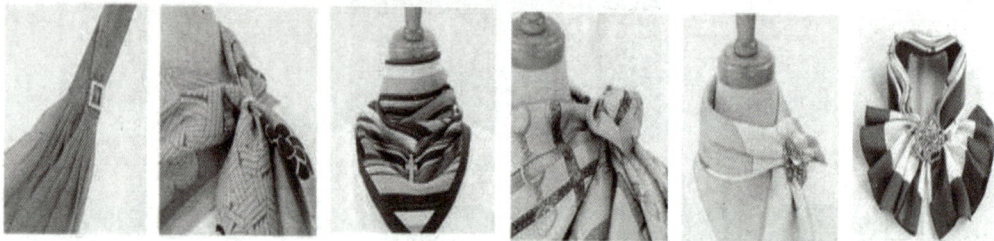

图2-1-14　丝巾与其他饰物的组合

很多企业为了简洁方便，会为女性服务人员配备一条魔术百变丝巾。魔术百变丝巾多为方巾，在方巾的一角伸出长条状束口，将丝巾的另外三角用不同的手法束入其中，调整后就可以得出多种不同的结饰（如图2-1-15所示）。

图2-1-15　魔术百变丝巾

丝巾的佩戴也需要与脸的形状、衣领、服装的颜色等相协调。例如，单色服装搭配花色丝巾比较出彩，关键技巧在于花色丝巾的数种颜色中，应有一种颜色与服装颜色一致或极为相似，如黑色套装搭配黑色、金色、白色相间的丝巾。

1.圆形脸

圆形脸的人要想让脸部轮廓看起来清爽消瘦一些，应将丝巾下垂的部分尽量拉长，强调纵向感，并注意保持从头至脚的纵向线条的完整性。系丝巾的时候，宜选择那些适合个人着装风格的系法，如钻石结、菱形花结、玫瑰花结、心形结、十字结等，避免在颈部重叠围系。

2.长形脸

左右展开的横向系法能弱化脸部较长的感觉，如百合花结、项链结、双头结等。另外，还可将丝巾拧转成略粗的棒状后，系出蝴蝶结，注意不要围得过紧，尽量让丝巾自然下垂，从而渲染出朦胧的感觉。

3.倒三角形脸

从额头到下颌，脸的宽度渐渐变窄的倒三角形脸的人，会给人一种严厉的印象和面部单调的感觉。此时可利用丝巾让颈部充满层次感，来一个华贵的系结款式，如带叶的玫瑰花结、项链结等，会有很好的效果。需要注意的是，应减少丝巾围绕的次数，下垂的三角部分应尽可能自然展开，避免围系得太紧，同时应注重花结的横向层次感。

4.四方形脸

两颊较宽，额头、下颌的宽度和脸的长度基本相同的四方形脸的人，容易给人一种缺乏柔美的感觉。因此，系丝巾时应尽量做到颈部周围干净利索，并在胸前打出层次感强的花结，如九字结、长巾玫瑰花结等，再配以线条简洁的上装，就能够展现出高贵的气质。

只有清洁顺滑的丝巾，才能展示出它最美的一面，因此丝巾的清洗与保养非常重要，护理得当可以使好品质的丝巾保存很多年。洗涤标签提示需要干洗的丝巾最好干洗处理，以防丝巾缩水变小。羊绒材质的丝巾在佩戴后，可用软毛静电刷顺着毛头方向轻轻刷，这样既可以去掉尘土，又可以防止蛀虫潜伏，还可以使毛绒柔顺。丝绸与毛料材质的丝巾在存放时，应选择干燥且无直射光线的地方，以防褪色。

三、其他配饰的挑选与使用

1.手表

手表又称腕表，既是佩戴在手腕上的计时工具，也是一种身份的象征。它与笔、打火机一起被看作西方男子三大配件。在服务工作场合佩戴手表，通常意味着时间观念强、作风严谨，因此应尽量选择造型庄重、保守的机械表。一般来说，正圆形、正方形、椭圆形、长方形与菱形手表都适合在正式场合佩戴。在色彩的选择上，男士选择黑色、银色、金色的单色表即可，女士可选择色彩高雅的单色或双色表。如果佩戴金属表带的手表，那么金属表带的颜色应该与眼镜框、皮带扣的颜色一致；如果佩戴真皮表带的手表，那么真皮表带的颜色应该与鞋子、皮带、公文包的颜色一致。这样才会浑然一体，协调好看。忌讳佩戴三种或三种以上颜色的手表，避免佩戴怀表、珠宝表、卡通表等。

此外，在服务过程中，特别是在与人交谈时，不要有意无意地看表，否则会让对方认为你心不在焉、不耐烦、赶时间，想尽快结束谈话。

2.皮具

皮具是以皮革制作的较高档次的工作与生活用品，如皮包、腰带、皮鞋等。在服务工作场合，应尽量选择颜色低调、制作精良、形状规整的皮具。

（1）皮包

皮包的分类非常清晰，有钱夹、钥匙夹、名片夹、公文包等。在工作场合，皮包面料以真皮为宜，牛皮、羊皮最佳。男士宜选择黑色、棕色的长方形无图案皮包。女士皮包的地位堪比男士的手表，女士可根据服装来选择皮包的款式。一般来说，职业女性常备三种包：一是大方、结实、容量足的公文包；二是中等大小的挎包，可以兼顾休闲与日常工作场合；三是小巧的手包，适合在晚宴场合使用。

皮包的使用也有讲究：一是包内物品要摆放有序，各种物品应分类摆放在包里，以方便拿取；二是皮包不乱放，进入室内后，应将包放在自己座位的附近，或者指定的放包之处，切勿乱放在桌子或椅子上，在公共场所放置皮包时不应妨碍他人。此外，在一些严肃的场合，如升国旗时，所有的包都应放在身边的地上，而不是背在身上。

（2）皮带

皮带又称腰带，是将下装固定在腰间的一种带子。随着现代文明的不断发展，人们更加注重外在形象美，为了突出腰带的装饰性和美观性，便产生了各种各样的腰带饰品。

在服务工作场合，男士皮带的颜色宜为单色，黑色或棕色且无任何图案的光面皮带为首选，同时应符合"三一定律"。皮带的环扣可选择金色或银色的金属扣。此外，男士皮带的宽度保持在3厘米最为合适。

服饰是一个整体。服装与服装、服装与场合、服装与时间、服装与饰物、饰物与饰物等在款式、质地和色彩上的成功搭配是自我美化的基础。服饰基础知识的学习，服饰艺术水平的提高，需要我们在实践中不断体会、不断总结。

课后提升

知识掌握

◎核心概念：服装搭配的TPOR原则；服装搭配的整体协调原则；视错觉；服饰礼仪；工作制服的作用与穿着规范；男士西装的组合；西装的装饰文化；女士正装；配饰使用的原则；配饰的选用方法

◎核心观点：

1.在初次接触客户的时候，我们一定要给对方留下良好的第一印象，这会对客我交往起到积极的作用，给工作带来事半功倍的效果。

2.人的整体形象由显性与隐性两大因素组成，即人的外在与内在。外在指的是容貌、身材、服饰、神态、举止等信息；内在指的是气质、修养、身份、生活方式等信息。

3.形象提升是依据人体的"色"特征与"型"特征进行科学分析，结合年龄、职业、身份等因素，得出符合每个人的社会地位、职业特征、个人修养、角色定位、场合与心理的服饰、妆发等外在形象的塑造方法。

4.作为社会人而存在的我们必须在遵循社会生存规则的前提下展示自我个性，所以我们的服装也必须符合场合的需要，场合原则是最重要的服装搭配原则。

5.我们可以通过服饰的色彩、款式分割线、面料、图案等因素对体型进行修正。

6.工作制服在一定程度上反映了服务人员的审美，体现了服务企业的外在形象，是服务企业独一无二的品牌优势，无时无刻不在进行信息的传递。

7.配饰不仅可以美化自身，更是一种无声的语言；不仅可以表达佩戴者的知识、阅历、教养和审美，而且是一种有趣的暗示，可以体现佩戴者的地位、身份、财富和婚恋现状。

知识应用

1.请依据自身形象测试结果，以场合原则为标准进行衣橱整理，分别搭配出服务工作场合、社交场合、休闲场合的服饰。

2.在工作场合佩戴饰品必须把握好度，下面的方法可以有效帮助你确定佩戴的饰品是否合适。我们给所有的配饰品计"点"，所谓点，是指个人外表服饰中每一处由饰品形成的视觉"聚焦点"，见表2-1-17。请你计算一下，你现在佩戴的饰品点数是多少？是否符合工作场合的要求？

表2-1-17　　　　　　　　　　　　饰品点数计算表

耳环	普通装饰的计1点，夸张的计2点
项链	普通装饰的计1点，夸张的计2点
戒指	婚戒不计，细小的不计，大的计1点
胸针	计1点
腕表	计1点
丝巾结	计1点
手链/手镯	普通装饰的计1点，夸张的计2点
脚链	普通装饰的计1点，夸张的计2点
纽扣	明显引人注目的，每个计1点
眼镜	普通装饰的计1点，夸张的计2点
腰带	有装饰的计1点，宽的、有装饰的计2点
指甲	贴近肉色的不计，素雅的总计1点，彩绘指甲每个计1点

判断标准是：3点以内——少装饰度；3~8点——有装饰感；9~13点——隆重装饰；14点以上——过度装饰。

在日常公务及休闲社交场合，配饰的使用应保持在3~8点；在礼仪性社交场合，如酒会和晚宴，配饰的使用保持在9~13点更适宜；在服务工作场合，配饰的使用应保持在3点以内。

知识提升

旗袍与中山装均是中国特色传统服装，被誉为中国的国服。

◎ 旗袍

有关旗袍的起源，至今仍有诸多争议。有些学者认为，旗袍专指民国时期出现的旗袍；有些专家指出，旗袍包括清代"旗人之袍"或"旗女之袍"；还有些研究人员将旗袍的源头追溯到了先秦两汉时代的深衣。

重温历史，值得肯定的是，旗袍是民国时期最普遍的女子服装。很多学者认为，民国时期旗袍风行的一个重要原因，是女子为寻求思想的独立和女权的解放，效仿男子穿长袍。

从20世纪20年代至40年代末，中国旗袍风行了20多年，款式几经变化，如领子的高低、袖子的长短、开衩的高矮。旗袍改变了中国妇女长期以来束胸裹臂的旧貌，使女性体态的曲线美充分显示了出来，符合当时的风尚。其中，青布旗袍最受当时的女学生喜爱，甚至成为20年代后期中国新女性的典型装扮。值得一提的是，当时的交际名媛、影剧明星等在旗袍式样上的标新立异，也促进了旗袍的发展。自20世纪

30年代起，旗袍几乎成了中国妇女的标准服装，民间妇女、学生、工人，无不穿着，旗袍甚至成为交际场合和外交活动的礼服。后来，旗袍还传至国外，被他国女子效仿穿着。中华人民共和国成立之初，人们对衣着美的追求已经完全转化成了对革命工作的狂热，旗袍所代表的悠闲、舒适的淑女形象在这种氛围里失去了生存空间。20世纪90年代以来，作为最能衬托中国女性身材和气质的时装——旗袍，再一次吸引了人们的目光。在中国举办的历次大型国际会议和体育盛会上，礼仪小姐的服饰大多选择旗袍。

◎中山装

中山装因孙中山先生率先穿用而得名。由于孙中山先生的提倡，以及中山装的简便、实用，自辛亥革命起，中山装便和西服一起开始流行。1929年，中山装被公布为法定制服。20世纪30年代，中山装的形制经过修改后基本稳定下来，并且被赋予了新的含义。

其一，衣服前脸四个口袋各代表礼、义、廉、耻。

其二，门襟五粒纽扣代表立法权、司法权、行政权、考试权、监察权，这就是五权分立。

其三，左右袖口的三粒纽扣分别表示三民主义（民族、民权、民生）和共和的理念（平等、自由、博爱）。

其四，衣领定为翻领封闭式，表示严谨治国的理念。

其五，上衣后背不破缝，表示国家和平统一。

中山装作为中国人一度推崇的常式礼服，它同时承载着一种文化、一种礼仪、一份民族自尊和自豪感。

资料来源　根据网络资料整理。

思考：请结合本案例的内容，以展示讲解的形式介绍旗袍与中山装的文化内涵、使用场合、适宜人群等相关情况。

课前自学

自学点一 仪容美的三个层次是什么?

仪容美包括三个方面的内涵,即仪容自然美、仪容修饰美与仪容内在美。

1.仪容自然美

仪容自然美是指仪容的先天条件好,天生丽质。尽管我们不能以相貌取人,但先天美好的仪容相貌,无疑会令人赏心悦目,感觉愉快。

2.仪容修饰美

仪容修饰美是指依照规范与个人条件,对仪容进行必要的修饰,从而扬长避短,设计、塑造出美好的个人形象。

3.仪容内在美

仪容内在美是指通过努力学习,不断提高个人的文化、艺术素养和思想、道德水准,从而使自己秀外慧中、表里如一,具有高雅的气质与美好的心灵。

在这三者之中,仪容内在美是最高境界,仪容自然美是人们的心愿,仪容修饰美则是仪容礼仪关注的重点。仪容修饰应从面部五官、头发、肌肤等方面着手,美好的仪容能够给人以健康自然、鲜明和谐、富有个性的深刻印象。

育德润心小课堂 2-2-1

在2013年全国两会上,翻译官张京第一次受到广泛关注。她以一身职业装出现在会场上,聚精会神地工作,精确无误地翻译着。这种敬业的态度引起了众多记者的注意,也让人们开始了解到有这样一位优秀的美女翻译官的存在。

2021年中美两国高层战略对话会上,张京再次展现了她的才华。在这场充满敏感性的会议上,杨洁篪作为中方代表的发言需要通过张京准确无误的翻译传递给对方。在16分钟的发言过程中,张京贡献了一次教科书式的表现。大方得体、冷静沉稳,张京将中方的立场清晰、客观、准确地传递给美方。相比之下,美方翻译官则显得不专业,不仅打扮不够得体,翻译水平也不如张京。

张京认为,自己的工作代表的是国家,而并不是个人。张京以宠辱不惊的态度面对外界的关注和媒体的炒作,保持了自己的修养和自律。张京展现出的高贵与大气,让人们无法不敬佩她的表现。

资料来源 佚名. 最美翻译官张京:打扮干练,16分钟口译超越外国,尽显东方之姿〔EB/OL〕.〔2023-09-10〕. https://baijiahao.baidu.com/s?id=1776635895416383561&wfr=spider&for=pc.

德育基因: 家国情怀 职业素养 健康审美

心有所悟: 每个人都有自己独特的美,而最美的是那种铿锵有力的姿态,是那种

让人无法忽视的实力和自信之姿。张京就是这样一位美丽而优秀的女性，她让人们不由自主地仰望，感叹她的实力和才华。在正式的外交场合，张京经常身着严肃的黑色职业装，一头清新的短发大方利落，恰到好处地展现了大国外交官员的干练务实，她的敬业态度、专业能力和自信风采让人们对中国女性的形象有了全新的认识和理解，让世界看到了中国女性的独特魅力。

"什么样的人能真正立于不败之地？真正把自己忘掉，忘掉输赢。"在一次分享活动中，面对"如何在重大场合做到波澜不惊"的提问，张京这样回答。她说，要把自己完全投入到翻译工作中，达到忘我的状态。从2007年进入外交部工作开始，张京就一直处在这种忘我状态中，因此有着出众的仪容、沉着的表现和高超的翻译水平的她，越来越在工作中大放异彩。

自学点二　面部修饰的原则有哪些？

1.洁净原则

面部是仪容修饰中最重要的部分，而面部修饰中最优先考虑的就是清洁。面部清洁的标准应是无灰尘，没有污垢及其他不洁之物。要做好这一点，必须养成平时勤于洗脸的良好习惯。一般来说，外出归来、午休完毕、流汗流泪、接触灰尘之后，服务人员都应及时洗脸。在洗脸时，要注意耐心细致、清洁彻底。

2.健康原则

这是指在进行个人面部修饰时，应十分注意面部的健康状况。面部健康状况不佳，极易使客人产生抵触情绪。因此，服务人员应避免面部出现过敏性症状，时刻以健康的仪容出现在客人的面前。

3.自然原则

服务人员在进行个人面部修饰时还要注意保持清新自然，不能过分做作。面部修饰既要讲究美观，也要合乎身份，要做到"秀于外"与"慧于中"二者并举。如果片面强调个人面部的美化，刻意去改变自己天生的容貌，甚至去隆鼻、磨腮、割双眼皮等，这样不仅没有必要，而且会失去自然之美。

自学点三　面部皮肤的构造与性质有哪些？

了解自己皮肤的构造以及性质，是进行科学的面部修饰的基础，请同学们结合"知礼·习礼系列礼仪微课2-2-1"与表2-2-1的内容，认识因皮脂腺分泌情况不同而产生的肤质类别，并初步识别自己的肤质类型与保养方式。

表2-2-1　　　　　　　　　　　不同肤质的特点与保养方式

肤质	特点与保养方式
干性皮肤	【表现特征】皮肤干燥，缺乏弹性，易出现皮屑与长斑，不易上妆，容易产生皱纹；皮肤较薄，毛孔细小，易敏感；皮丘平坦，皮沟呈直线走向。干性皮肤又可分为缺油性皮肤和缺水性皮肤两种
	【保养重点】注意补充肌肤的水分与营养成分，调节水油平衡，促进血液循环
	【护肤技巧】多喝水，多吃水果和蔬菜，不要频繁沐浴及过度使用洁面乳。宜选择非泡沫型乳状或霜状中性或低碱性洁面产品，适合使用滋润营养型护肤产品，周护理时应加强肌肤按摩与深层补水

知礼系列微课

面部护

续表

肤质	特点与保养方式
中性皮肤	【表现特征】角质层的含水量适中，皮肤光滑细嫩，富有弹性，红润而有光泽，毛孔细小，纹路排列整齐，皮沟纵横走向，是最佳的皮肤状态。受季节的影响，这种皮肤夏天趋于油性，冬春季趋于干性
	【保养重点】注意日间补水，保持水油平衡
	【护肤技巧】根据年龄、季节选择护肤产品，夏天选择亲水型护肤产品，冬天选择滋润型护肤产品，注意清洁皮肤、爽肤、润肤
油性皮肤	【表现特征】皮脂分泌旺盛，T区部位油光明显，毛孔粗大，常有黑头，皮质厚硬不光滑，皮纹较深；皮肤弹性较佳，不容易起皱纹，对外界刺激不敏感；皮肤易吸收紫外线，容易变黑，容易脱妆，容易产生暗疮
	【保养重点】随时保持皮肤洁净清爽，注意补水及皮肤的深层清洁，控制油分过度分泌
	【护肤技巧】少吃糖、咖啡、刺激性食物，多补充维生素B2/B6，以增强肌肤的抵抗力。宜使用油分较少、清爽型、抑制皮脂分泌、收敛作用较强的护肤品。白天用温水洗面，选用适合油性皮肤的洗面奶，保持毛孔畅通和皮肤清洁。痤疮处不可以化妆，不可使用油性护肤品，化妆用具应经常清洗或更换
混合性皮肤	【表现特征】兼有油性皮肤与干性皮肤的特征。T区部位易出油，其余部分则干燥，并时有粉刺发生，80%的人都是混合性皮肤。该肤质多见于25～35岁的青年人
	【保养重点】补充充足的水分，保持水油平衡
	【护肤技巧】根据季节和皮肤的特点使用不同的护肤品。秋冬季节或油脂分泌较少时，选用油性护肤品；春夏季节或皮脂分泌较多时，选用含水量多的护肤品。在使用护肤品时，应先滋润较干的部位，然后用剩余量擦拭其他部位
敏感性皮肤	【表现特征】皮肤较敏感，皮脂膜薄，皮肤自身保护能力较弱，皮肤易出现红、肿、痒、刺痛和脱皮、脱水现象
	【保养重点】对皮肤进行温和适度的保养，注重内在调理与外在防护相结合
	【护肤技巧】在饮食方面应少吃易引起过敏的食物。洗脸时，水不可以过热或过冷，应使用温和的洗面奶。早晨，可使用防晒霜，以避免日光伤害皮肤；晚上，可使用保湿护肤品，以增加皮肤的水分。皮肤出现过敏情况后，应立即停止使用化妆品。切忌使用劣质化妆品，不要频繁更换化妆品

自学点四 五官修饰需要注意什么？

五官的修饰包括眉毛、眼部、耳部、鼻部的修饰以及口腔的清洁、唇部的保护。

1.眉毛的修饰

美观的眉毛，不仅应形态自然优美，而且应又黑又浓。对于那些不够美观的眉毛，如残眉、断眉、竖眉、"八字眉"，或者过淡、过稀的眉毛，可以采取措施进行适当的美化修饰。所以，服务人员应养成每天上班前梳理眉毛的习惯。在洗脸、化妆及其他可能的情况下，服务人员应特别留意自己的眉毛是否清洁。

2.眼部的修饰

人们常说"眼睛是心灵的窗户",因此,服务人员应重视眼部的修饰。首先,也是最重要的一步,就是要及时清理眼角上的分泌物。其次,要重视眼病的防治。服务人员如果患有传染性眼病,必须及时治疗、休息,不能直接与客户接触。

关于眼镜的佩戴,一般来讲应注意两点:一是眼镜的选择。眼镜除了实用之外,还必须注意其质量是否精良,款式是否适合本人。二是眼镜的清洁。一定要坚持每天擦拭眼镜片,如果有必要,还应定期对眼镜框进行清洗。部分服务岗位佩戴眼镜工作非常不便利,这时可以佩戴隐形眼镜。

3.耳部的修饰

耳部的修饰应注意保持耳部的清洁,及时清除耳垢和修剪耳毛。人的耳孔会有一些分泌物,耳朵里沟壑很多,容易藏污纳垢,如果分泌物及落入的灰尘映入对方的视野,会显得极不雅观。因此,服务人员必须每天进行耳部除垢,耳郭与外耳道口是清洁重点,清洁时应小心谨慎,以防伤害耳膜。同时要注意,此举应在工作前进行。另外,有些人的耳孔周围会长出一些浓密的耳毛,服务人员一旦发现自己有此类情况,应及时进行修剪。北方城市冬季严寒,户外工作的服务人员应注意耳朵的防寒,避免耳部产生冻疮。

4.鼻部的修饰

鼻部的修饰包括鼻涕清理、鼻毛修剪与"黑头"清理。在清理鼻涕时,宜在无人场合以手帕或纸巾辅助轻声进行,切不可将此举搞得响声大作,令人反感。男士毛发浓密,容易出现鼻毛过长超出鼻孔的现象,因此定期修剪鼻毛必不可少。鼻部周围的毛孔较为粗大,对于内分泌旺盛的人来说,此处很容易积存油脂或污垢,这些油脂或污垢经氧化后成为黑色的小点,即"黑头"。在清理这些有损个人形象的"黑头"时,切勿乱挤乱抠,以免造成局部感染。

5.口腔的清洁

养成良好的口腔护理习惯,既是保护牙齿成本最低、效果最好的方法,也是对客户的尊重。

在日常工作中,服务人员最好随身携带牙线,每当吃完食物后,应在卫生间认真清洁牙齿,及时清除可能残留在牙缝里的食物纤维,喝咖啡后也应及时用清水漱口;同时,应避免食用一些气味过于刺鼻的食物,如葱、蒜、韭菜等,也不要喝烈酒和抽烟,以免口腔产生异味。虽然使用漱口水与口香糖可以清新口气,但是避免产生不良口气的根本办法是保持肠胃和口腔健康。需要注意的是,服务人员在工作中应避免咀嚼口香糖,否则会给客户留下轻佻傲慢、满不在乎等缺乏修养的不良印象。

6.唇部的保护

服务人员平时应有意识地呵护自己的嘴唇,如每天保持适当的饮水量,上班前使用具有防晒功能的无色护唇膏等。一旦发现嘴唇干裂起皮,忌用舌头舔与用手撕扯,这样会让嘴唇更加干燥,甚至流血,此时用天然蜂蜜涂抹嘴唇会有非常好的舒缓作用。每次吃完食物后,均应擦拭唇周,以免嘴边残留食物。

此外,男性服务人员每天上班之前应剃须。

知识广角镜
2-2-1

颈部的修饰

自学点五　头发的保养需要注意什么?

头发的清洁与保养可以从头发的清洗、梳剪、养护三个方面来进行。

洗发间隔保持在3天左右比较合适,容易出油的头发可适当缩短洗发间隔。用温水洗发,可以充分发挥洗发水的功效。如果水太热,会使头发干涩并且发痒;如果水太凉,洗发水就无法彻底冲洗干净。

在下述情况下,服务人员应自觉梳理头发:一是出门上班前;二是换装上岗前;三是摘下帽子时;四是下班回家时。梳理头发时还应注意:一是梳头不宜当众进行,应避开外人;二是梳头不宜直接用手,最好随身携带一把梳子;三是断发、头屑应收到垃圾桶内。

在正常情况下,男性服务人员应当每半个月左右修剪一次头发,至少也要保证每个月修剪一次。女性服务人员则视头发长短情况而定。剪发可以促进头发的生长,保持头发的健康。

有效养护头发应做到以下几点:一是要采用正确的梳头方法;二是要选择好的洗发和护发用品;三是要合理膳食,给头发补充营养。

经常梳头能够促进头部血液循环,对头发是有利的。按摩头皮梳如图2-2-1所示。不要在头发湿的时候梳头,因为这时头发含水量大,强行梳理会导致头发断裂。梳头时,应将头发分区分片,以确保每一块头皮都能够被照顾到;每一次都从发际线一直梳到发梢,这样不仅能够按摩穴位,令人神清气爽,而且能使发根变得蓬松。中医认为,梳头可以疏通气血,从而起到滋养和坚固头发、健脑聪耳、散风明目、防治头痛的作用。

图2-2-1　按摩头皮梳

育德润心小课堂 2-2-2

人们都知道,黑色食物有补肾乌发的功效。所谓"肾主黑色,其华在发",意思是说,肾与黑色相应,肾脏功能的好坏可以反映在人体的毛发上。

《黄帝内经》中记载:"北方生寒,寒生水……在气为坚,在脏为肾……其用为藏,其色为黑。"由此可知,肾气强即北方之气纯正,则头发乌黑发亮,不易脱发,因为黑色为其本色。肾气不强,则头发显示为"金"(白色)或者"土"(黄色)的颜色。

头发的生长与脱落、白与黑,不仅与肾中精气的充盛程度有关,而且与血液的濡养作用有关,所以又有"发为血之余"的说法。

资料来源　佚名. 为什么黑色食物能乌须发? [EB/OL]. [2020-03-24]. https://www.sohu.com/a/382575276_232960.

德育基因:文化自信　珍爱生命　健康生活

心有所悟:"民以食为天",老百姓的餐桌直接影响着一个民族的体质。中国用食物治疗疾病的历史已有7 000多年。《千金要方·食治》中记载:"安身之本,必资于食；救疾之速，必凭于药。"药以其偏性攻邪，而食物注重气味的平和，以补益精气，达到强身健体、祛病疗疾的作用。

食物可以通过经络对人体不同的部位产生不同的特殊功效，这称为食物的"归经"属性。不同颜色的食物，滋养不同的脏器，绿色食物养肝，白色食物润肺，红色食物补心，黄色食物健脾，黑色食物补肾。所以，中医五行养生学说全面体现了人体的五脏与五行的对应关系，是一种天人合一的思想。

中国人历来以黑发为美，为了让头发乌黑亮丽，除了多吃黑色食物，如黑芝麻、黑葡萄、黑枸杞、黑枣、黑豆等，还可以吃莲子、芡实、山药、黄精等食物，都有补益肾精的作用。

自学点六   工作妆容的要求是什么？

化妆是一种历史悠久的美容技术，古代人在狩猎时将面部和身上涂满泥土以伪装自己；在祭祀时将面部和身上涂上各种颜色的油彩，表示神的化身，以此驱鬼逐邪，并显示自己的地位和存在。化妆还具有实用功能，如古代埃及人在眼睛周围涂上墨色，可以保护眼睛免受直射日光的伤害；在身体上涂抹香油，可以保护皮肤免受昆虫的侵扰等。如今，化妆已成为人们追求形象美的一种手段。

育德润心小课堂 2-2-3

随着时代的变迁和文化的交流，人们越来越发现，不同的文化土壤与审美情趣下会诞生不同的妆容风格。例如，韩式妆容的特点是透亮的"水光肌"底妆、萌萌的平直浓眉妆、自然色系眼影、亮色唇妆等，凸显少女的活泼可爱、自然甜美；日式妆容的特点是伪素肌底妆、自然野生眉、大地色或粉色系少女感眼影、显眼的腮红、果冻唇，呈现清纯软萌、元气满满的特点；相比之下，欧美妆容则呈现较为夸张、高调的特点。

中国女性的妆容高级整洁，最具女性独立意志。民族品牌花西子在社交媒体上发布了对"中国妆"的解读，提炼出了细长眉、眼下彩、点朱唇三个具有东方时尚感的妆容要素。

细长眉：不同于欧美式的挑眉、韩式平眉，中国妆的眉是彰显温和而自信的细长眉；

眼下彩：中国古代的妆容重眉妆而不重眼妆，又因胭脂广泛应用在眼下颊上，故称眼下彩；

点朱唇：因为大部分时期中国古代的唇妆都讲究盖住边缘往小画，打造樱桃小口，称点朱唇。

资料来源 佚名. 不必跟风日韩或欧美，花西子独家解读"中国妆"[EB/OL].[2022-01-15]. https://baijiahao.baidu.com/s?id=17220104230498295468&wfr=spider&for=pc.

德育基因：文化自信 健康审美 传承创新

心有所悟：中国妆，即符合中国文化特色、美化中国人形象的妆容，是建立在中国文化基础上，符合现代中国大众审美，并适应全球流行趋势的妆容形式或艺术创作。近几年，伴随文化自信和一批倡导东方审美的品牌成长起来，越来越多的中国年轻人意识到"华流才是最厉害的"。中国悠久而丰富的文化，时刻影响着本土的妆容潮流，甚至影响了日本、韩国等国家和地区。中国妆已不仅仅是妆容，更是中国文化的一种表达，也是时代精神的文化形态。上海戏剧学院李芽教授认为："中国妆是一个不断融合演进的过程，现代中国妆更应该让传统妆容文化与各种现代妆容风格融合创新，兼顾多元、舍得，多元意味着包容，舍得意味着自信，这是中国妆发展的两个最有价值的关键词。"

服务人员的妆容，从本质上讲应该是一种工作妆，与生活妆相比具有不同的要求。

1.淡雅自然

服务人员在工作时一般只化淡妆，即自然妆。只有自然大方、素净雅致的妆容，才与服务人员的身份相称，才会被客户认可。化妆的最高境界是"妆成有却无"，即没有明显人工美化的痕迹，妆容显得真实自然，当然这是需要多次实践才能够达到的境界。

2.简洁协调

一般情况下，服务人员化妆修饰的重点是嘴唇、面颊和眼部，其他部位可不予考虑。化妆的最好效果是化妆后的整体效果非常和谐，整个脸部只有一个重点。例如，稍微突出眼部或唇部。此外，妆容也应与当日所穿的工作服保持协调。

3.适度合礼

服务人员应根据自己从事的工作，决定化不化妆以及如何化妆。例如，餐饮服务人员通常不宜使用芳香类化妆品，如香水、香粉、香脂等。服务人员在工作岗位上如果采用金粉妆、日晒妆、印花妆、舞台妆、宴会妆等，则会给客户留下轻浮随便、不务正业的印象。

4.扬长避短

服务人员在化妆时既要扬长，即适当地展示自己的优点，更要避短，即巧妙地掩饰自己的缺点。工作妆重在避短而不在于扬长，因为过分扬长会有自我炫耀之嫌，容易引起客户的反感。

此外，服务人员在化妆时还应当注意以下事项：

第一，男女有别。化妆时，男性服务人员与女性服务人员是有一定区别的。这个区别既体现在化妆品的选择方面，也体现在化妆的部位、手法的选择方面。男士化妆一定要不着痕迹，只需要注意两个要点：一是提高皮肤质感，令脸上皮肤光洁，男士需要使用遮瑕力较强的粉底，因为男士的毛孔比较粗大；二是美化轮廓，与女士不同，男士要想提高面部轮廓的立体感，不能选择高光粉底，而应选择亚光粉底。男士的嘴唇可以只涂润唇膏，如果需要用口红，则应选择偏自然的肉粉色，唇部轮廓线条可以不那么分明。在服务工作中，男士化妆的机会较少，保持脸部清爽、干净才是关键。

第二，繁简有别。这是指不同的工作岗位对服务人员的妆容有不同的要求。

第三，化妆禁忌。化妆的禁忌包括以下几个方面：

＊忌另类哗众。服务人员在化妆时不能脱离自己的角色定位，不能追求荒诞、怪

异、神秘的妆容，否则会使客户产生反感。

*忌用错技法。在化妆时，若技法出现了明显差错，将会暴露出自己在美容素质方面的不足，从而贻笑大方。因此，服务人员若不熟悉化妆之道，宁可不化妆也不要贸然化妆。

*忌残妆示人。残妆，是指出汗之后、休息之后或用餐之后妆容出现残缺。脸部残妆会给人以懒散、邋遢之感，所以服务人员应注意及时进行检查和补妆。

*忌岗上化妆。工作妆应在上岗之前完成，不允许在工作岗位上进行；否则会显得服务人员工作三心二意，对客户不尊重。

*忌指教他人。除了美容工作人员外，其他服务人员一般不应在工作时对客户的妆容关注过多，也不要对客户的妆容说三道四，尤其不要打听客户所使用的化妆品的品牌、价格及化妆的具体方法等。

知识广角镜
2-2-2

香水使用的
技巧

课中研学

研学点一   仪容礼仪的价值

动感小课堂2-2-1   课堂模拟

银行、酒店、景区等服务型企业均有每天上班前召开晨会的惯例，请同学们以小组为单位进行晨会的仪容检查环节模拟，并评选出今天的仪容修饰明星。

图2-2-2   仪容展示漫画

在服务工作中，服务人员的个人仪容是最受客户重视的部位。服务实践证明，在选择服务单位时，服务人员的个人容貌会对客户产生重要的心理影响。仪容展示漫画如图2-2-2所示。

如果服务人员容貌端庄、秀丽，看上去赏心悦目，即"面善"，就可能会挽留住客人，甚至有可能增进客人进一步消费的欲望；相反，如果服务人员"面恶"，则很可能令客人望而却步。服务行业虽然不可能要求每一位服务人员都是俊男靓女，但至少应当五官端正。服务人员进行仪容修饰，既是对自我形象的美化，也是对客户的尊重，更是优化客我关系的途径

之一。总之，服务型企业有必要将服务人员的仪容修饰上升到维护企业整体形象的高度来加以充分关注。

研学点二   面部与肢体的修饰

一、面部修饰的细节

1.面部皮肤的清洁

通过课前自学，我们明白应根据自身肤质的特点挑选护肤产品进行保养，但无论哪种肤质，皮肤的清洁与毛孔的通畅都是肌肤健康的基础，因此早、晚洗脸非常重要。早、晚洗脸的重点各有不同，早上是视情况简单清洁，晚上是彻底清

洁并按摩皮肤，以促进新陈代谢。手部五个指头的力度不同，中指与无名指的力度相对轻柔，因此称为"美容指"，一般采用向上打圈的轻柔手势完成全部洗脸过程。

动感小课堂2-2-2　　　　　洗脸手指操

请同学们使用中指与无名指完成洗脸手指操的活动（如图2-2-3所示），让我们在欢快的音乐中愉悦地清洁面部肌肤吧。

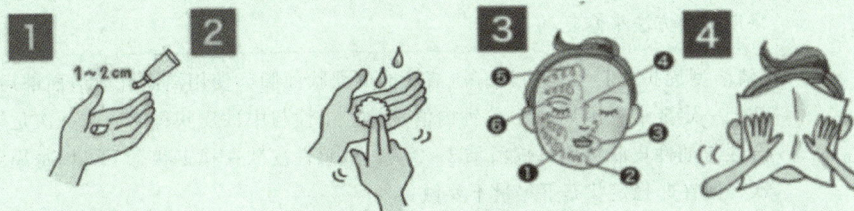

图2-2-3　洗脸手指操

洁净双手，湿润脸庞；加水起泡，轻柔按摩；全面清洁，全靠双指；避开眼周，关注T区；温水洗脸，冷水收敛。

知识广角镜2-2-3

防晒指数的解读

清洁是基础保养的第一步，之后才是平衡柔肤、滋润肌肤与采取防护措施，这是男女均适用的护肤步骤（详见课前自学的"知礼·习礼系列礼仪微课2-2-1"）。

2.面部皮肤的保养

除了日常基础保养外，每周还应进行适当的特殊护理。日常基础保养包括日间基础保养和夜间基础保养，这是我们每天都应进行的护肤步骤，若皮肤出现问题，如肤色暗淡、毛孔粗大、干燥等，可用精华液进行有针对性的改善；每周特殊护理是指每周进行深层清洁、去角质、敷面膜等步骤，以促进面部血液循环，增强肌肤的弹性与光泽，给肌肤提供水分和养分，让肌肤处于健康的状态。需要注意的是，护肤品的选购一定要慎重，挑选时可将护肤品用在两腮与耳部交界处，等待20分钟后不过敏就可以购买。面部皮肤保养的分类与具体措施见表2-2-2。

表2-2-2　　　　　面部皮肤保养的分类与具体措施

分类	具体措施
日间基础保养	【具体步骤】清洁→爽肤→眼部滋润→面部滋润→日间防护
	【使用产品】洁面乳→爽肤水→眼霜→乳液→防晒霜或隔离霜
	【护肤手法】中指与无名指由下向上打圈清洁→将爽肤水倒在化妆棉上，用化妆棉擦拭皮肤，或将爽肤水涂在手上，用双手轻轻拍打、按压脸部皮肤→用涂有眼霜的无名指指腹如弹钢琴般轻轻点按眼周，避免用力提拉→用中指与无名指由下向上轻柔涂抹乳液，双手搓热包裹脸部进行按压，帮助皮肤吸收→用中指与无名指轻轻涂开防晒霜或隔离霜
夜间基础保养	【具体步骤】卸妆→清洁→爽肤→眼部滋润→面部滋润→夜间防护
	【使用产品】卸妆产品→洁面乳→爽肤水→眼霜→乳液或晚霜
	【护肤手法】卸妆手法见本项目研学点三→其他手法同日间基础保养

分类	具体措施
特殊护理	【补水护理】最物美价廉的补水护理方式就是使用化妆水面膜。首先用水将化妆棉或者压缩面膜纸浸湿，然后在化妆棉或者压缩面膜纸上滴上化妆水，最后将化妆棉或者压缩面膜纸敷在脸上大约3分钟，时间过长面膜会反向吸收脸部水分。当换季或者女性生理期肌肤易过敏时，直接采用冰镇过的天然矿泉水浸泡化妆棉或者压缩面膜纸，可以极大地缓解面部红肿瘙痒的症状。此外，皮肤晒伤后也可以采用这种方法来修复
	【清洁型周护理】多使用具有清洁功能的泥状面膜，使用洁面乳清洁面部后涂抹，切记一定要避开眼周，10分钟内清洗掉。干性与中性皮肤每周清洁一次足够，混合性与油性皮肤可以每周清洁2～3次，敏感性皮肤在稳定状态下可以每周清洁一次，但在非稳定状态下尽量不要做
	【滋润型周护理】多使用乳状面膜或片状面膜，完成洁面与爽肤步骤后，涂或贴在面部，切记要避开眼周，乳状面膜10分钟后清洗掉，片状面膜可视滋润程度来定，但是不要超过20分钟。干性与中性皮肤可以每周做两次，混合性与油性皮肤每周做一次即可，敏感性皮肤在稳定状态下可以每周做一次，但在非稳定状态下尽量不要做
	【睡眠型周护理】干性与中性皮肤的人适合敷睡眠面膜过夜，但混合性、油性、敏感性皮肤的人不建议敷睡眠面膜

除了使用护肤品进行皮肤的外部护理外，我们更要对身体内部进行调理。可以说，皮肤的美好需要内外兼修。首先，根据自己的肤质挑选护肤品，采用科学的手法来护理，日常护理应注重清洁、保湿与防晒并重；然后，根据自身体质搭配营养膳食，如敏感性体质的人应多补充富含维生素、膳食纤维、胶原蛋白的食物，少吃煎、炸、烧烤类食物，保证每天饮用8杯白开水；最后，应保证规律的生活作息，进行适当的身体运动，保持心态乐观平和，这样的护肤才会真正科学有效。

育德润心小课堂2-2-4

中医美容学是一门在中医理论和中国特色人体美学理论指导下，研究损容性疾病的防治和损容性生理缺陷的掩饰及矫正，以达到防病健身、驻颜延年、维护和创塑人体神形之美为主要目的的专门学科。

中医美容的技术可以分为中药美容、经络美容、气功美容、药膳美容四大类。

中药美容是在中医理论的指导下，运用中药配制的粉、膏、液、糊等外用美容制剂，根据需要内服、外敷，并加以按摩，以调养气血和脏腑功能，从而达到美容效果。气血是构成人体和维持人体生命活动的最基本物质之一，气血充盈可保体态健康、美丽润泽、容貌不枯。

经络美容包括针刺美容、灸治美容和按摩美容等。经络广布于人体，是运行全身气血、联络脏腑肢节、沟通上下内外的通路，维持人体正常生理活动的精微物质都是通过经络系统运送到全身各个部位的。只有经络保持通畅，气血运行无阻，才能拥有健康的体魄和容润的肌肤。若经络不通，气血运行不畅，必致停而为瘀，甚至导致皮肤疾病的发生，故中医疗法中遵循疏通经络、活血行瘀的原则，以求达到较好的美容效果。针刺美容即用中医特制芒针或其他器械，刺激经络上特定的穴位，以疏通经络、调理气血，达到美容的目的；灸治美容是用点燃的特制艾条在特定的穴位上熏烤，借温热刺激穴位，通过经络腧穴行气活血、滋润肌肤，达到养颜的目的；按摩美容是在中医理论指导下对面部某些穴位进行按摩，以疏通经络气血、调节肌肤气血平衡，达到祛斑、润肤、防皱等美容效果。

气功美容是通过练习某种气功，如八段锦、五禽戏等，锻炼精、气、神，从而达到美容保健的目的。

药膳美容是根据个体的美容需要，将中药与某些具有药用价值的食物调制后食用，以调理机体气血、滋养脏腑，从而达到美容的目的。

资料来源 佚名. 中医美容［EB/OL］.［2022-11-17］. https://baike.baidu.com/item/%E4%B8%AD%E5%8C%BB%E7%BE%8E%E5%AE%B9/6057082?fr=aladdin.

德育基因：文化自信 健康审美

心有所悟：党的二十大报告提出："促进中医药传承创新发展。"中医药学是一个伟大的宝库，也是美容研究的渊源考察文物。早在2 000年前，我们的先人就已经能研制简单的美容制剂。在浩瀚的古籍中，有关美容的论述丰富深刻，各种护肤方笺屡见不鲜。从战国至清末的医著中，就有增白悦颜、祛斑莹面、毛发美饰、酒渣粉刺、灭斑除疣、除臭散香六大类1 233首美容方剂。中医美容取材天然，以药食同源的中药为原材料，副作用小，温和安全。中医美容注重整体观念，辨证论治、以内养外，通过调理身体，让身体健康，实现心身皆美。

动感小课堂2-2-3 面部按摩

请同学们按照图2-2-4所示面部按摩手法进行现场练习，让我们在舒缓宁静的音乐中轻柔地使用自己的手指吧。

图2-2-4 面部按摩手法展示图

面部按摩手法说明：

第一步：将按摩乳液或者按摩油涂于脸部，从下巴处开始，依次向脸颊、鼻子、额头逐步推进，紧致脸部轮廓；

第二步：从脸部内侧开始，由内而外，慢慢按摩，提升皮肤紧实度；

第三步：从眉毛向额头按摩，并在眼部穴位处轻轻按压，预防眼部肌肤松弛；

第四步：双手轻轻滑过脸颊、眼圈，促进脸部的血液循环；

第五步：用手指指腹轻轻按压唇部周围的穴位，由嘴角向上按摩脸部，提升脸部轮廓；

第六步：轻拍全脸，由下而上、由内而外，脸部放松，等待乳液全部被吸收。

二、肢体的修饰

关于肢体的运用，不同的工作岗位有不同的要求，下面我们从旅游服务礼仪的角度介绍肢体修饰的相关要求。

1.上肢的修饰

上肢包括肩、臂、肘、前臂和手，是工作中运用最频繁的身体部位。因此，在服务工作中，服务人员应注重上肢的修饰。

（1）上肢的保养

由于服务人员平日用手较多，有些特殊的工作岗位甚至会对手造成某种伤害，因此服务人员一定要高度重视手部保养。

手部保养的关键是保洁。在工作岗位上，每一位服务人员都要做到"五洗"：一是上岗之前要洗手；二是弄脏之后要洗手；三是接触精密物品或入口之物前要洗手；四是如厕之后要洗手；五是下班之前要洗手。此外，服务人员应注意不可乱用双手，如揉眼睛、掏耳孔、抠鼻子、剔牙齿、搔头发、抓痒痒、脱鞋子等，这些行为都是极不卫生的；应避免随意擤鼻涕、吐痰，如因身体不适，出现咳嗽、打喷嚏等情况，应立即转身朝向无人的方向，并尽量用纸巾或手帕遮掩，然后立刻洗手。只有养成良好的卫生习惯，才能有效防止疾病的传播，塑造自身的文明形象。在一些特殊的工作岗位服务时，为了保持卫生与保护手部，服务人员还应按规定戴专用的手套。

（2）上肢的妆饰

在工作岗位上，上肢的妆饰以朴素庄重为美，不应艳丽、怪诞，否则会与自身特定的社会角色不相称。

◎不留长指甲

服务人员的指甲不宜过长，因此，服务人员应养成"三天一修剪，每天一检查"的良好习惯。此外，服务人员还应注意及时剪除指甲周围的死皮。

◎不涂抹艳丽的指甲油

在工作岗位上，若非美容沙龙的专业化妆品推销人员或美容师，一般不允许服务人员涂抹彩色指甲油，或者进行艺术美甲。年轻爱美的女士可以涂裸色等自然色系的护甲油，以增加指甲的光泽度。

动感小课堂2-2-4　　　　　　　　　**图片挑选**

请同学们根据服务岗位的手部修饰要求，在图2-2-5中找出不适合出现在工作场合的指甲油颜色（可扫描二维码观察）。

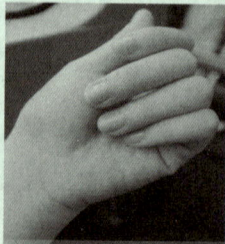

（无色透明指甲油）　　　（裸色指甲油）　　　（深紫色指甲油）

图2-2-5　指甲油颜色挑选组图

指甲油颜色
挑选组图

趣味超链接2-2-1 **如何打造美丽的"第二张脸"**

手被认为是女性的"第二张脸",一双柔软、白皙、饱满的手更是年轻的标志。然而,手又是使用频率最高和与外界直接接触最多的身体部位,冷风的刺激和阳光的照射都会使手部皮肤受到损害而变得干燥、粗糙。同时,手也是最容易衰老的身体部位,手部肌肤的老化速度是脸部肌肤的8倍。所以,对待手部要像对待脸部一样。日常生活中,我们可以采用神奇的六步护手方法。

第一步,软化角质。如果双手很粗糙、干燥,可以先用温水浸泡,然后用磨砂膏在双手手指上轻轻按摩,10分钟后你会发现,双手将变得意想不到的细腻滑润。用清水清洁手部后,使手部肌肤保持八成干的状态。

第二步,在手背上滴一颗珍珠大小的护手霜,用另一只手的无名指将护手霜点涂在手指关节处。

第三步,放松关节,用大拇指在每个关节处打圈按摩,上下按摩3~5次。

第四步,深层按摩,再取一颗珍珠大小的护手霜,在手背均匀涂抹,用大拇指按摩3~5次至完全吸收。当护手霜完全被手吸收后,普通的手部护理就完成了。

第五步,如果双手需要深层滋润,可以再加一步密集修护。戴上手套,让护手霜充分滋润肌肤。

第六步,5~10分钟后取下手套。

勤抹护手霜、定期用醋泡手、敲击手指促进血液循环等都是有效的护手方法。相信经过你的努力,一定可令纤纤玉手保持美态。

资料来源 根据网络资料整理.

动感小课堂2-2-5 **手部按摩练习**

请同学们根据"趣味超链接2-2-1"中介绍的手部按摩手法,参照图2-2-6进行练习。

图2-2-6 手部按摩手法展示组图

◎腋毛不外露

服务企业通常不会选择肩部暴露的服装作为工作制服。若因工作需要,必须穿着肩部外露的服装,那么服务人员在上班前最好剃去腋毛。个别人手臂上长有较为浓密的汗毛,这不符合我国传统的审美标准,必要时也应采取有效方法将汗毛去除。

2.下肢的修饰

下肢即人体腹部以下的部分,包括臀部、股部、膝部、胫部和足部。在人际交往中,人们常有"远看头,近看脚"的观察习惯。因此,服务人员除了要慎重对待下肢服饰的选择与搭配外，进行适当的修饰也很重要。

（1）下肢的清洁

如果不重视下肢的清洁，就会出现被人戏称为"凤凰头，扫帚脚"的不雅现象。关于下肢的清洁，服务人员应特别注意以下三个方面：一是勤洗脚；二是勤换袜子，每天换一双袜子，不要穿不透气、易生异味的袜子；三是定期更换鞋子，穿鞋前务必认真清洁鞋面、鞋跟、鞋底等处，以使其一尘不染。

（2）下肢的遮掩

◎不要光腿

若因气候过于炎热或工作性质比较特殊而需要光腿，则必须选择长过膝盖的短裤或裙子。

◎不要光脚露趾

服务人员在直接面对客户工作时，不能光脚穿鞋，也不能穿露趾的凉鞋或拖鞋。

◎不要露脚跟

服务人员在工作岗位上暴露自己的脚跟，会显得过于散漫，从而令客人产生反感。

（3）足部的保养

虽然在工作场合，服务人员的足部不会直接外露，但轻易不示人的足部被称为人的"第二心脏"，因此足部的保养至关重要。从美容的角度来说，足部的保养与脸部一样，清洁、保湿、滋润、防晒缺一不可；从保健的角度来说，脚是离心脏最远的部位，也是血液循环比较难到达的地方，如果足部血液循环不好，很容易诱发多种疾病。所以，服务人员在日常进行足部保养时，应注意保持足部血液循环畅通，而足部按摩是保持足部血液循环畅通的最佳方法。

有些服务岗位需要经常站立，长期如此，会造成腿部血液循环不佳，严重的还会形成腿部静脉曲张。因此，每晚用温盐水泡脚有助于缓解腿部浮肿，消除足部异味。泡脚后还可以平躺在床上，将腿抬至高于心脏水平20～40厘米的位置，这样可以帮助腿部血液回流。

知识广角镜 2-2-4 足疗与健康

研学点三　头发与妆容的修饰

一、头发的修饰

动感小课堂2-2-6　　头皮按摩操

头皮按摩可以促进血液循环，改善脱发问题。请同学们按照图2-2-7所示头皮按摩手法进行现场练习。

图2-2-7　头皮按摩手法展示图

头皮按摩手法说明：

第一步：取3枚硬币大小的头皮按摩膏沿头皮线，分数次均匀涂满头皮；

第二步：从太阳穴开始，用大拇指沿发际线向上按；

第三步：从头顶开始，用10个手指横向向两侧按压；

第四步：从前额发际开始，向后颈慢慢按压；

第五步：像要提起头皮一样，用食指指尖轻捏头部两侧，敲打；

第六步：手指成熊爪状，把大拇指放在后脑勺发际线处，往上抓至头顶。

　　按照习惯，我们在打量一个人的时候，往往是从头部开始的。因此，头发的修饰也非常重要。头发的修饰是指人们根据自己的审美习惯、工作性质和自身特点，对头发进行的清洁、修剪、保养和美化，头发的修饰必须做到干干净净、长短适中、发型得体。服务人员在修饰头发时，不仅要恪守一般的美发要求，而且应遵守本行业、本部门的特殊要求。

　　发型即头发经过修饰之后所呈现出来的样式。服务人员在选择发型时，应使发型与职业相符，这样才能赢得客户的信任。若非从事专业发型设计或美发工作，服务人员通常不宜使自己的发型过分时髦。如果头发不够油黑，特别是早生白发或长有杂色头发，那么将头发染黑通常是必要的。但是如果为了追求时尚，有意将黑发染成其他颜色，甚至将头发染得五颜六色，则是不合适的。

1.长短适当

　　对服务人员头发的总体要求是：长度适中，以短为主。虽然头发的长短可以视个人喜好而定，但是也应符合大众审美标准。

　　（1）男性服务人员

　　男性服务人员在修饰头发时应做到：前发不覆额，侧发不掩耳，后发不触领，不能留长发或梳辫子。

　　（2）女性服务人员

　　女性服务人员的头发如果较长，那么在上岗之前，应将长发盘起来（如图2-2-8所示），或置于工作帽之内，不可披头散发。对女性服务人员来说，留短发既方便梳理、符合时尚，又能够给人以精明干练之感。

图2-2-8　女士工作盘发图

2.发型得体

　　在修饰头发时，一定要注意发型和场合的契合。例如，在工作场合，发型应当传统、庄重；在社交场合，发型应体现个性。

　　在工作场合，服务人员不宜将头发烫染得过于华丽、美艳，以免喧宾夺主。服务人员只有在出现掉发、秃发的情况下，才适合佩戴假发，以弥补自己的缺陷。服务人员若为了妆饰而佩戴假发，通常是不提倡的。

　　在人际交往中，有"脱帽为礼"的讲究，室内服务人员在工作期间若戴着时装帽去接待顾客是不妥的。服务人员在工作中可以戴工作帽，根据作用的不同，工作帽可分为四类：一是美观类工作帽；二是防晒类工作帽；三是卫生类工作帽；四是安全类工作帽。戴后两类工作帽时，一般要求头发不外露。户外导游人员所戴帽子可根据具体情况而放宽限制。

　　女性服务人员在工作中以不戴或少戴发饰为宜。即使允许戴发饰，也仅仅是为了 "管束" 头发，颜色理应素雅，不能过分打扮。长发被发夹夹住后，可将发尾置于网兜中，这也是女性服务人员经常采用的发型。

动感小课堂2-2-7	发型梳理练习

请同学们根据以下发型梳理方法进行现场练习：

发型一：后背式

第一步：将头发全部梳理通顺，取少量额前头发，用密齿梳子拉起倒梳，以产生蓬松感。

第二步：使头发按一个走向，统一向后梳马尾，将马尾绑在与两耳平行的位置。

第三步：进行整理。

第四步：使用喷雾定型用品固定刘海儿、耳后及脑后碎发，也可用膏状定型用品，取少量涂抹于掌心，轻抹在头发表面，增强定型效果。

第五步：用黑色一字隐形发夹固定耳后碎发。

第六步：将隐形发网打结处一端套在马尾皮筋处，用黑色一字隐形发夹在马尾后固定。

第七步：将整个马尾放进隐形发网中。

第八步：盘发（向上卷绕，不要过度拧转，以一圈半为宜，将发尾隐藏在发髻中）。

第九步：用U形夹固定发髻，4个U形夹上下左右位置各1个。

第十步：用镜子反照，查看最终发髻盘绕形状。

发型二：侧发式

第一步：将头发全部梳理通顺，于一侧眉峰对齐处挑取一缕头发，左右均可，单独分离出来做暂时性固定，将其余头发向后梳成马尾，把马尾绑在与两耳平行的位置。

第二步：将刚刚分离出来的头发按刘海儿的感觉斜拉至耳后并固定，露出眉毛。初步定型，额前头发可用小梳子边整理边定型。

第三步：将马尾皮筋松开，但马尾依旧用手攥住，并将拉至耳后的一缕头发和马尾融合后再次捆绑。再次定型，额前头发可用手指按压定型。

第四步：将隐形发网打结处一端套在马尾皮筋处，用黑色一字隐形发夹在马尾后固定。

第五步：整个马尾能顺畅放进隐形发网中，盘发（向上卷绕，不要过度拧转，以一圈半为宜，将发尾隐藏在发髻中）。

第六步：用黑色一字隐形发夹在耳后另一侧固定碎发；用U形夹固定发髻，4个U形夹上下左右位置各1个。

第七步：用镜子反照，查看最终发髻盘绕形状。

二、妆容的修饰

化妆，是运用化妆品和工具，采取合乎规则的步骤和技巧，对人体的面部、五官及其他部位进行渲染、描画、整理，以增强立体印象，掩饰缺陷，表现神采，从而达到美化视觉感受的目的。化妆既能增添人的美感和魅力，也能作为一种艺术形式，呈现一场视觉盛宴，表达一种感受，体现一种文化审美。

育德润心小课堂 2-2-5

2022年布达佩斯世界游泳锦标赛花样游泳赛场上，中国队喜报连连，在集体自由自选决赛等比赛中，中国姑娘们以顽强的意志一举夺得四金二铜的好成绩，中国花样游泳队在本届世锦赛也完成了历史性的突破。

中国姑娘赢得精彩，风姿同样备受赞誉。赛场上和领奖台上的中国花样游泳队的队员们，带"妆"上阵，身体力行地展示出东方韵味的美感风尚，让东方美在新舞台绽放新魅力。而这份东方美之所以能登上国际颁奖台，除了国家花样游泳队的队员们的辛苦付出与坚持，还有同样在坚守用东方美学理念来传递时尚表达的毛戈平美妆。

花游项目的特殊性，决定了花游队员使用的化妆产品必须具备防水特性。针对这种情况，毛戈平美妆全新打造"轻妆美颜运动套装"，该套产品具备颜色浓郁、妆效持久、上妆不黏腻的特性，同时具有极强的成膜性和抗水性，助力花游队员赛场发挥。

中国花游队与毛戈平美妆一起证明了，在体育赛场上，同样可以有东方力量和东方之美。无论运动还是美妆，都彰显着人们对生活与自身的热爱，而这恰恰是毛戈平美妆想要传达的品牌精神——女性就应展示自己的美，比赛之外，在生活中也要"带妆上场"，增强自信，无所畏惧。

资料来源 佚名. 毛戈平：把中华文化植入美妆新潮 探索东方女性之美［EB/OL］.［2022-11-18］. https://i.ifeng.com/c/8L2RD6ukH9f.

德育基因：文化自信 工匠精神

心有所悟：国潮来袭，越来越多的美妆品牌致力于国潮文化营销。毛戈平化妆品股份有限公司自创立伊始，就始终致力于探索东方女性之美，从5000年中华文化底蕴中汲取灵感，融合古典与现代之美，通过光影艺术重塑骨相，展现东方气韵，塑造了一个承载东方美学的中国高端美妆品牌，服务于人民对美好生活的向往。

东方美学，不仅是对民族文化的传承与坚守，更是坐拥世界舞台一席之地的大国自信。让世界看到东方美，是毛戈平美妆自创立以来一直坚持的品牌信念。无论是创始人毛戈平先生提出的能多方位展现东方女性美的光影美学理念、独具大师匠心的丰富产品线，还是一次次唤醒消费者文化自豪感的跨界合作，皆是对毛戈平美妆品牌竞争力的强大赋能。

化妆是后天修饰改善仪容的最好方法，服务行业"窗口部门"的女性服务人员都应进行适当的化妆，这一基本要求被归纳为"化妆上岗，淡妆上岗"。所谓"化妆上岗"，即要求服务人员在上岗之前，应当根据岗位及服务礼仪的要求进行化妆。所谓"淡妆上岗",即要求服务人员上岗之前的妆容,应以淡雅为主要风格,不应浓妆艳抹。服务人员在上岗前化妆,从本质上来讲与服务业塑造企业形象直接相关,化妆有助于展现服务人员自尊自爱、爱岗敬业、训练有素的精神面貌。

知识广角镜
2-2-5

中国的
"三庭五眼"
之美

1.化妆的步骤与技巧

服务人员只有根据自己皮肤的性质选择适合的化妆品,并学会正确的化妆方法,才能使化妆达到预期目的。化妆可以调整五官的清晰度,使面部轮廓更加立体。对亚洲人来说,完美面孔的比例为"三庭五眼"。我们应准确把握自己面部的比例,同时利用化妆手法使面部比例向"三庭五眼"靠拢,这样就可以产生美好的效果。

（1）化妆用品的种类

化妆用品包括化妆品、化妆工具等。品质精良的化妆品与化妆工具,可以帮助我们顺利描画美丽的面部妆容。化妆包括五个循序渐进的步骤,即面部打底→眉部化妆→眼部化妆→面颊化妆→唇部化妆,每个步骤都有相应的化妆用品（见表2-2-3）,在后面的介绍中,我们可以学到具体化妆用品的选购与使用方法。

表2-2-3　　　　　　　　不同步骤使用化妆用品举例

步骤	化妆品	化妆工具
面部打底	粉底（因质地不同可细分为粉底液、粉底霜、粉底膏、粉饼等）、散粉、遮瑕膏、高光粉	粉底刷、化妆海绵、粉扑、散粉刷
眉部化妆	眉笔、眉粉、眉膏	眉刷、眉梳、眉剪、眉钳、螺旋刷、眉刀
眼部化妆	眼影（因质地不同可分为眼影粉、眼影膏等）、睫毛膏、眼线化妆品（包括眼线笔、眼线液、眼线膏）	睫毛夹、睫毛梳、眼影刷、眼线刷、双眼皮贴、假睫毛、彩妆胶水
面颊化妆	腮红、阴影粉	腮红刷、阴影粉刷
唇部化妆	唇线笔、唇膏、唇彩	唇刷

知识广角镜
2-2-6

化妆刷与
海绵的选用
与保养

（2）面部打底的技巧

完成面部基础护理后,就可以开始化妆的第一步——面部打底。面部打底可以调整面部肤色,遮盖面部瑕疵,使整个面部柔和美化。用于面部打底的化妆品种类较多（如图2-2-9至图2-2-13所示）,色号也各有不同。其中,粉底液轻薄自然,适合各种肤质;粉底霜滋润,适合干性皮肤;粉底膏遮瑕效果突出,但会显得厚重。因此,工作妆容采用粉底液打底最合适。我们在购买粉底液时,可将其涂抹在脸颊与下颌交界处,能与自己的肤色浑然一体的粉底液,就是适合自己的颜色。如果想提亮肤色,可选择稍白一点的色号;如果想有面部轮廓收敛的效果,可选择稍暗的色号。

图 2-2-9　粉底液　图 2-2-10　粉底霜　图 2-2-11　粉底膏　图 2-2-12　散粉　图 2-2-13　粉饼

　　涂抹粉底的方法有三种：一是用粉底刷（如图 2-2-14 所示）涂抹；二是用化妆海绵涂抹；三是直接用手涂抹。我们以用粉底刷涂抹为例进行详细介绍。

　　第一步，将粉底液挤出适量在手上。

　　第二步，用粉底刷蘸取一些粉底开始涂抹。首先，横握刷子，以向上提拉的方式涂抹粉底，这样不但涂得均匀，而且具有提拉紧致肌肤的效果；然后，涂抹鼻部，这时应竖着刷，从而完美遮盖鼻子上的黑头；最后，竖着刷下巴。需要注意的是，不要将整张脸涂得惨白又平坦，毫无立体感可言。我们可以蘸取深一个色号的粉底液，用来涂抹脸颊两侧，这样有利于塑造小脸效果，但要注意与基础粉底自然过渡。此外，一定要在脖颈部打粉底，以免面部与颈部"泾渭分明"。如果觉得粉底抹得过多，我们可以用干净粉扑按压，从而吸走多余粉底。

图 2-2-14　粉底刷

　　第三步，使用散粉定妆，从而达到均匀肤色、淡化粉底痕迹、稳定妆容、掩饰毛孔、控制出油的效果。首先，将粉扑或散粉刷蘸上散粉，略摇去一部分；然后，自上而下往脸部涂粉；最后，扫去多余碎粉，防止粉末堆积在汗毛上造成面部不平。如果你是油性肌肤，则最适合使用丝绒粉扑把散粉压在脸上，应轻轻在脸上按动或者滚动，重复这个动作可以使粉持续的时间比较长。

　　对面部底妆要求完美无瑕、自然立体的人，还可以在上述步骤中增加遮瑕与打高光等环节。遮瑕时，可以使用比肤色浅的遮瑕膏遮住眼睛周围原有的肤色，其中黄色遮瑕膏比米色遮瑕膏能够更好地遮住较深的肤色，而这往往会使脸色趋向冷色调，这时应把粉底液从脸部中心向外推开。打高光时，可以用高光笔或珠光笔在颧骨、鼻梁和下巴的位置轻点几下，妆容即刻立体。但是，肤色较深的女性应避免采用珠光或荧光之类的金属色调，那样会使肤色看起来不自然。

知识广角镜
2-2-7

遮瑕膏的
使用技巧

　　（3）眉部化妆的技巧

　　眉毛的形状会随着面部表情的变化而改变，眉毛的颜色和形态会影响人的相貌。可以这样说，眉毛决定了人的脸部形象。在中国文学里，有很多形容眉毛的词语，如用"蛾眉"形容美人细而弯的眉毛，用"剑眉"形容男子较直而末端翘起的眉毛。为了塑造一个更易被别人接受的形象，修饰眉毛不仅成为个人的美容需要，而且成为具有社会意义的礼仪的需要。

　　眉部化妆的前提是修剪眉毛。修眉之前应先选一副好用的修眉工具，包括眉梳、眉钳、眉剪、眉刀等；然后应掌握确定眉毛形状的方法，即定位三个点——眉头、眉峰与眉尾，与鼻翼垂直的位置对应眉头，与眼睛瞳孔外侧边缘垂直的位置对应眉峰，

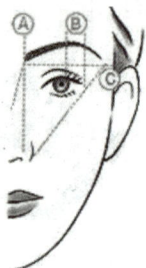

图 2-2-15 "三点一线"
定位眉毛形状

用笔杆由鼻翼连接外眼角来确定眉尾的位置，将这三点连线，就是适合自己的眉毛形状（如图 2-2-15 所示）。下面我们就可以开始修剪眉毛了，具体步骤如下：

第一步，清洁眉毛。对着镜子用眉梳轻梳双眉，以除去粉剂及皮屑。用棉球蘸酒精或收敛水，擦眉毛及眉周，使之清洁。

第二步，软化眉毛。用被温水浸湿的棉球或热毛巾盖住双眉，使眉毛部位的皮肤松软。

第三步，确定眉毛的形状。用眉笔画出适合自己的眉毛形状，凡留在轮廓线以外的眉毛都是多余的。

眉头粗，
眉尾细；
眉头浅，
眉尾深；
上虚下实，
张弛有度。

第四步，修剪眉毛的形状。首先，把过长的垂直向下生长的眉毛修剪到合适的长度，眉尾处的眉毛可稍短一些，越靠近眉头，眉毛越要长一些。其次，用剃刀将眉毛周围多余的毛刮掉。最后，用眉钳把多余的眉毛一根根拔掉。拔眉毛之前，可涂一些润肤霜，以减轻拔眉时的疼痛。拔眉毛时，略拉紧眉部皮肤，一根一根沿着眉毛生长的方向，向外或向上拔，这样不会把眉骨的皮肤拉松。散眉拔除后，用收敛水拍打双眉及眉周的皮肤，以缩小皮肤毛孔。不同区域眉毛的修剪方法见表 2-2-4。

表 2-2-4　　　　　　　　　　　不同区域眉毛的修剪方法

	剪	剃	拔
修剪方法	将根部长在轮廓线内但毛尖伸展出去的眉毛剪掉超出部分	将眉上方、上眼皮等部位的毛用眉刀剃掉	拔除根部在轮廓线外的无用眉毛
具体区域			
实际操作图示			

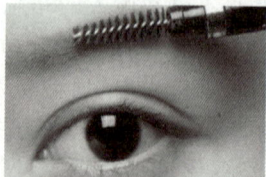

图 2-2-16 巧用睫毛膏刷头

眉毛修剪完以后，用螺旋刷轻刷双眉，使眉毛保持自然位置。这种小刷子可以通过废物利用的方式获取，将旧睫毛膏刷头清洗干净就可以用来梳理眉毛了，如图 2-2-16 所示。修眉的时间最好选在睡觉之前，如果修剪后皮肤有些发红，则可以涂些乳液或者芦荟胶加以保护，第二天就恢复正常了。

眉毛的描画方法有两种：一是用眉笔描画；二是用眉刷蘸眉粉描画。眉笔或者眉粉的颜色可根据个人眉毛的深浅与妆容的冷暖调来选择，冷调的妆容宜选择灰色、黑色的眉笔或者眉粉，暖调的妆容宜选择棕色、褐色的眉笔或者眉粉。

　　为了画出自然的眉毛，我们可以从眉腰处着手，向上、向外侧斜画。如果眉毛稀疏或者有缺口，则可以按照毛发的生长方向画出细细的线条。眉峰至眉梢以向外的笔触描画，眉梢顺走向略向斜下方描画。眉头可以不画，也可以向上轻轻画出毛发一样的线条。千万不能描画出生硬的轮廓线条后，在中间填满颜色，因为眉毛看上去应该是自然生长的，如图2-2-17所示。

| 浓淡合宜的眉毛 | 眉毛整体线条过实 |

图2-2-17　眉毛的线条

　　眉刷适合眉毛形状比较清晰，只是色泽比较浅淡，或者眉尾较短的人使用。用眉刷蘸眉粉轻刷，用色要少，涂刷要均匀，局部可用眉笔强调。无论用眉笔描画眉毛（如图2-2-18所示），还是用眉刷描画尾毛（如图2-2-19所示），均应注意两侧眉头要对称一致（如图2-2-20所示）。

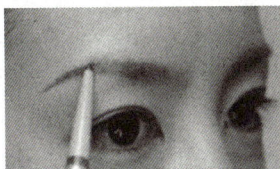

| 图2-2-18　眉笔描画法 | 图2-2-19　眉刷描画法 | 图2-2-20　眉头对称描画法 |

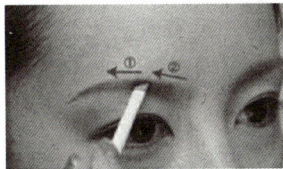

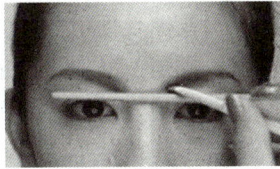

动感小课堂2-2-8　　　　　描画眉毛

　　请同学们自由选择眉笔或者眉粉，按照以下步骤进行现场修眉与画眉练习，见表2-2-5和表2-2-6。

表2-2-5　　　　　　　　　　　　修眉与画眉练习

步骤	1.修剪眉毛	2.梳理眉毛	3.勾勒眉毛	4.淡化眉头
实际操作图示				

步骤	5.增加眉毛立体感	6.补全眉毛上空色的部位	7.用眉膏或眉粉整体扫	8.用相近眼影过渡到下眉头颜色
实际操作图示				

表2-2-6　　　　　　　　　不同脸型适合的眉毛形状

脸型	椭圆形脸	长形脸	圆形脸	方形脸	正三角形脸	倒三角形脸	菱形脸
适合的眉毛形状							

（4）眼部化妆的技巧

眼睛是心灵的窗户，所以眼妆被认为是妆容的灵魂。眼部化妆除了要增强眉眼之间的层次感和凹凸变化，还要注意眼睛的形状，并通过眉毛的粗细浓淡变化找到和谐的关系。此外，眼睛、眉毛和鼻梁是一个有机的整体，最好统一描画。

在服务工作场合，眼部化妆的重点包括眼影、眼线与睫毛三个部分，均匀的眼影、浓密的睫毛和顺滑的眼线会使你的眼部更加明亮传神。贴双眼皮贴、戴假睫毛等适合晚宴、舞会等社交场合，下面不做详细介绍。

第一步，描画眼影。许多女士喜欢用眼影色彩塑造层次感与立体感，这时必须考虑不同眼影颜色的和谐搭配；同时，眼影的颜色还应与工作场合、穿着的服装等因素相和谐。亚洲女性由于生理的特点，没有欧洲女性眼睛的凹凸感强。如果双眼稍显浮肿，则应避免选择明亮艳丽的红色系眼影。可以说，大地色系的眼影适合所有女性在工作场合使用。描画眼影的手法很多，如单色平涂法、多色渐层法、眼影前移法、眼影后移法等，这些手法的核心都是晕染。晕染的技巧体现在两个方面：一是将眼影涂抹在睫毛根部，并向上晕染，越向上越淡，色彩由深到浅渐变；二是将眼影由外眼角向眼睛前部晕染，或由内眼角向眼睛后部晕染，颜色逐渐变浅，过渡要自然。

动感小课堂2-2-9　　　　　　　　　眼影晕染

请同学们根据图2-2-21所示分区练习多色渐层晕染法，在A区域涂淡色，在B区域涂略深色，在C区域涂最深色。请选择同类色或者类似色进行搭配，以保证三个区域的颜色自然过渡。

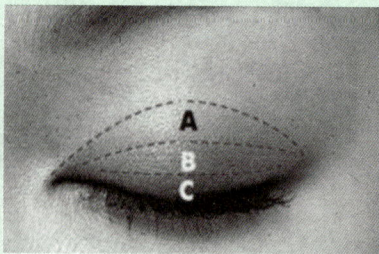

图2-2-21　多色渐层的眼部分区

掌握了基本的晕染手法后，我们就可以根据自己眼睛的形状选择恰当的眼影描画方法了。根据眼影描画区域的不同（如图2-2-22所示），眼影刷可分为大、中、小号，大号刷涂眼窝，中号刷涂主要颜色，小号刷勾画外眼角。在下眼睑的睫毛下缘，用深色的眼影自然晕染，可以强调眼部的深邃感；在眉下与外眼角处提亮，画出的眼影更立体。不同特点的眼睛采用的眼影画法见表2-2-7。

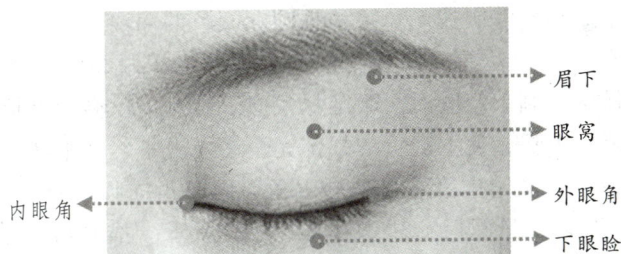

图 2-2-22　眼影描画区域

不同特点的眼睛采用的眼影画法

表 2-2-7

眼睛特点	眼影描画技巧	示例
小眼睛	在整个眼皮部位涂上亮色的眼影，可以使整个眼睛看起来很清爽。从上眼睑的 1/2 处往后都涂上深色眼影，可以使眼睛显得修长	
圆眼睛	在外眼角的上部涂上深色的眼影，可以使眼睛看起来很修长。如果在上眼睑的中央涂上较深颜色的眼影，会使眼睛显得更圆	
肿眼睛	应选用褐色或灰色的眼影，注意不要涂得太厚重。可用粉色眼影在眉毛下方添加一点儿亮色，还可根据眼睛的形状用线条添加一些较深的色彩	
两眼之间的距离偏大	为了使两眼之间的距离看起来小一些，可以在内眼角和鼻子中间的部位涂上一层淡淡的眼影	
两眼之间的距离偏小	可以在从外眼角到眼睛中间的部位涂上明亮的颜色，使两眼之间的距离看起来大一些，还可在外眼角略微加深一下眼影的颜色	
外眼角上扬	外眼角上扬的感觉可以通过选用紫色、红棕色、青紫色等暖色系的眼影来缓解。外眼角处用深色，从中间部位到内眼角处则要用浅一点的颜色	
左右眼睛不对称	左右眼睛大小不同是因为一只眼是双眼皮，另一只眼是单眼皮。由于单眼皮眼睛缺乏立体感，因此应把重点放在使之恢复立体感上，可以选用较深颜色的眼影。在画眼影时，应注意使双眼的大小和模样一致	
外眼角下垂	外眼角下垂时，优先选用青色或者绿色等冷色调眼影。从内眼角部位开始画，越接近外眼角部位，眼影越上扬	
细长的单眼皮眼睛	在眼眉下方添加一些亮色，然后将内眼角到中间部位涂上明色眼影，将中间部位到外眼角涂上深色眼影	

　　第二步，描画眼线。简单的一条眼线，能够给人以睫毛浓密、眼睛轮廓清晰的感

觉，从而为眼部增添神韵。眼线颜色可根据瞳孔颜色的深浅选择，一般为黑色或者深棕色。眼线描画的基本手法是将眼线笔的笔尖或蘸取了眼线液的眼线刷贴近睫毛根部，来回仔细地横画。画上眼线时，眼睛尽量向下看，下巴微微上抬，然后用中指把上眼睑处皮肤轻轻向上提，使上睫毛的根部完全暴露出来，从眼梢处开始向内眼角来回描画；画下眼线时，眼睛向上看，从外眼角向内眼角描画眼线。上眼线全部画满，并着重画后 2/3，下眼线只画后 1/3，如图 2-2-23 所示。描画后的眼线应整齐干净、宽窄适中。描画时力度要轻，手要稳。

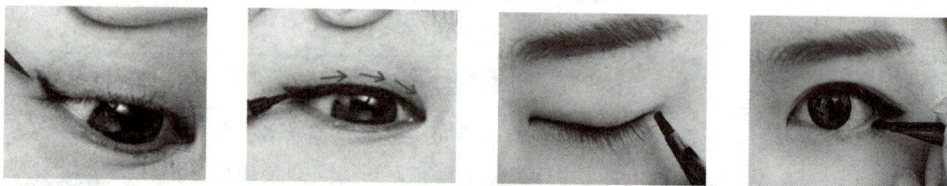

图 2-2-23　上下眼线描画组图

描画眼线的化妆品主要有三种，即眼线笔、眼线液、眼线膏，它们各有优点与缺点。三种描画眼线的化妆品介绍见表 2-2-8。

表 2-2-8　　　　　　　　　　三种描画眼线的化妆品介绍

化妆品名称	眼线笔	眼线液	眼线膏
作用	类似于眉笔的形态，固体的笔芯主要用来加深和突出眼部的彩妆效果，使眼睛看上去大而有神	眼线液涂抹后效果显著，比较适合经常参加各种派对和大型活动的时尚女士	质地适中，没有眼线笔的粗犷效果，也不会像眼线液那样难以操控，效果滋润细致
优点	眼线笔的颜色选择较多且上色较容易，可以用手指晕开，创造出比较柔和的感觉。笔芯较硬，因此操作起来比较容易，特别适合初学化妆者使用	眼线液画出的线条流畅有质感，不易晕妆、脱妆，持久性好，能够强调眼线的时尚感。对于画眼线技术熟练的人来说，眼线液方便好用	眼线膏颜色鲜明，线条粗细较好掌握，配合眼线刷使用容易上手。持久性强，不容易脱妆
缺点	画的时候线条粗细不易掌握，所以有时候画出来的效果很不自然，而且使用眼线笔容易晕妆或脱妆，很有可能一不小心就成了熊猫眼	使用起来难度较高，有时画出来的效果很不自然，线条太死，新手很难掌握，需要经常练习	质地比较浓稠，容易凝固起块儿。存放时需要注意，如果盒盖密封性不佳，膏体容易结块儿或硬化
样品			

动感小课堂 2-2-10　　　　　描画眼线

请同学们根据表 2-2-9 所示方法进行描画眼线练习。

表 2-2-9　　　　　　　　各种眼线描画方法示例

画法名称	现实效果	描画重点
下垂眼画法		
长眼画法		
拉近眼距画法		
拉开眼距画法		
上扬眼/猫眼画法		
圆眼画法		

第三步，刷眼睫毛。明亮的眼睛需要纤长的睫毛陪衬，想让眼睛看起来更迷人，睫毛膏当然要刷。此外，每晚临睡前在睫毛根部涂抹睫毛生长液，可以养护睫毛，提高睫毛韧性。

首先，用睫毛夹将睫毛卷出一定的弧度，并涂抹睫毛底膏（如图 2-2-24 所示）进行定型。市面上的睫毛夹有电烫睫毛夹和手动睫毛夹之分，手动睫毛夹又可分为按压式和剪刀式两种，按压式睫毛夹适合初学者，剪刀式睫毛夹适合熟练者。

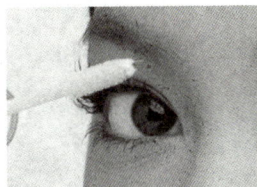

图 2-2-24　涂抹睫毛底膏

手动睫毛夹的使用方法如下：将睫毛夹放在睫毛根部压 3～5 秒，眼睛视线向下，慢慢将睫毛夹向上分别从睫毛根部、中部、尖部三段式循序渐进地一边夹一边移动，这样就能产生流畅的睫毛曲线（如图 2-2-25 所示）。使用手动睫毛夹有三个注意事项：一是要保持睫毛夹的橡胶部分干净，没有残留的睫毛膏，以免夹睫毛时将睫毛弄脏；二是要检查橡胶部分的弹性，因为睫毛夹用久了之后，橡胶部分会因为长期挤压而失去弹性，从而将睫毛夹断；三是夹睫毛时应适当用力，让夹子在睫毛根部停留几秒后，再逐次往外夹，这样更能夹出自然卷翘的效果，也不会夹断睫毛。另外，可以准备大小不一的两个睫毛夹，先用大号睫毛夹夹卷整个睫毛，再用小号睫毛夹将眼角不易夹到的睫毛夹翘。

电烫睫毛夹在使用前需要预热，不同的电烫睫毛夹加热的时间不一样，用手感觉温度适中就可以。使用凹陷的一边逐一压在睫毛根部，要照顾到眼头、眼尾等细小处（如图2-2-26所示）。需要注意的是，电烫睫毛夹的温度越高，停留时间应越短，以免损坏睫毛。

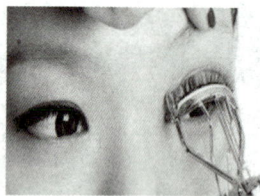

图 2-2-25 手动夹睫毛

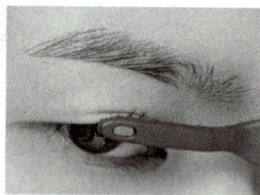

图 2-2-26 电睫毛根部

其次，用睫毛刷蘸取适量的睫毛膏来刷睫毛。刷上睫毛时，将刷头横着紧贴在睫毛的根部，向睫毛梢部采用"之"字形上下刷动。睫毛根部可多涂些睫毛膏，睫毛尖部可少涂些睫毛膏，以免睫毛尖部过重而耷拉下来。在刷睫毛膏的时候眼睛尽量向上看，保证涂抹均匀自然（如图2-2-27所示）。为了避免在涂的过程中将睫毛膏涂到上眼睑上，可以将一张卡纸固定在已经夹过的上睫毛与上眼睑的中间。基本涂完后，将睫毛膏刷头的尖部立起来再轻轻涂一下每根睫毛的根部，这样会显得睫毛浓密和纤长。下睫毛与上睫毛的涂抹方法是一样的，先把卡纸固定在下睫毛与下眼睑的中间处，再进行涂抹（如图2-2-28所示）。如果出现睫毛粘连的情况，可以用睫毛梳进行梳理，这样就能呈现根根分明的效果（如图2-2-29和图2-2-30所示）。

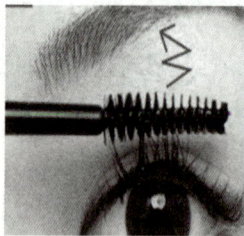

图 2-2-27 刷上睫毛

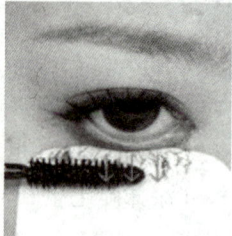

图 2-2-28 刷下睫毛

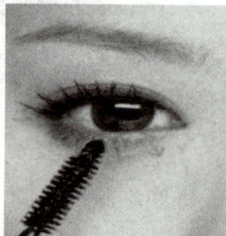

图 2-2-29 刷睫毛根部

图 2-2-30 梳理睫毛

（5）面颊化妆的技巧

面颊化妆包括涂抹腮红、鼻梁阴影修饰等。在面颊上涂抹腮红，可以使脸部呈现红润的健康肤色与优美的面部轮廓。此外，对于天生鼻梁较低的亚洲人来说，鼻梁阴影修饰更能增强面部的立体感。

第一步，涂抹腮红。首先要确定腮红的黄金比例，即从鼻子到脸的横向轮廓距离：从黑眼球的下方到脸的竖向轮廓

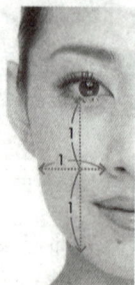

图 2-2-31 腮红黄金比例

距离=1：2（如图2-2-31所示）。如果脸颊的长度不同，实际的比例就会发生变化，那么腮红的画法也会不同。涂抹腮红时，起始点是从鼻尖到耳

朵中央处连接线的正中间，整体腮红区域向上不高于外眼角的水平线，向下不低于嘴角的水平线，向内不超过眼睛1/2处的垂直线，见表2-2-10。

表2-2-10　　　　　　　　　　　不同脸颊特点的人涂抹腮红的区域

脸颊特点	脸颊短的人	脸颊比例刚好的人	脸颊长的人
腮红区域	以起始点为中心，呈纵椭圆形	以起始点为中心，沿着面颊骨呈斜椭圆形	以起始点为中心，呈横椭圆形
面部实例	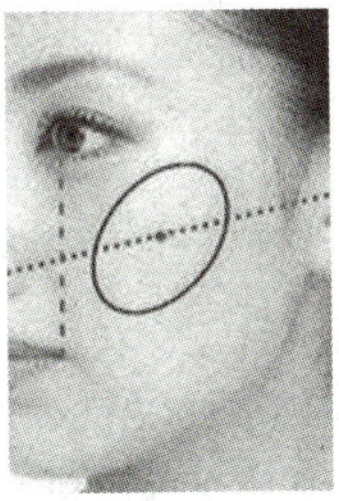	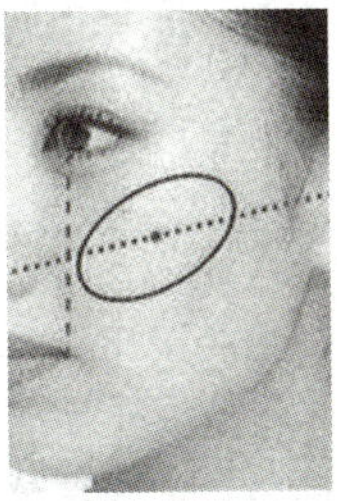	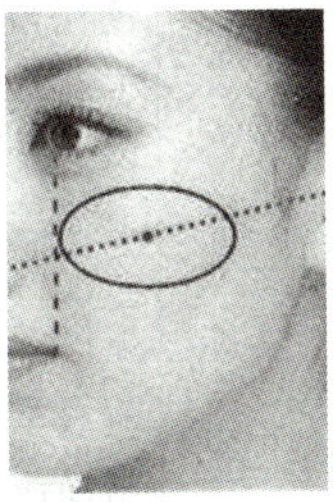

　　除了依据脸颊特点来确定涂抹腮红的区域外，还有一些事项需要注意：一是腮红的颜色应与唇膏或眼影属于同一色系，以增强妆面的整体感；二是腮红与面部肤色的过渡应自然，腮红中心位置颜色深，四周颜色渐浅至消失；三是颧骨高的人，腮红不要落在颧骨上，以免越发突出颧骨；四是若想凸显年轻可爱，那么腮红的位置可向眼睛靠近，并且采用团式画法，也就是将原来的椭圆腮红区域变圆。此外，如果在面部打底时未进行高光提亮，那么涂抹腮红的时候就可以采用腮红加高光亮粉的方式将脸部变得凸凹有致。

动感小课堂2-2-11　　　　　　　涂抹腮红

　　请同学们根据表2-2-11所示的腮红涂抹方法，结合自身面颊特点进行有针对性的练习。

表2-2-11　　　　　　　　　　　腮红涂抹方法示例

	第一步	第二步	第三步
涂抹方法	用腮红刷子蘸一些腮红，在手背上轻点几下或者在纸巾上旋转揉匀，这样可以防止刚开始的腮红太浓重，从而起到调匀腮红的作用	调匀以后的腮红刷子直接点在起始点，根据自己的脸部形状进行涂抹。涂抹的方法是从起始点向鼻子方向画圈，再回到起始点	从起始点向轮廓部位画圈，再回到起始点，将腮红均匀涂抹在既定腮红区域
实际操作图示	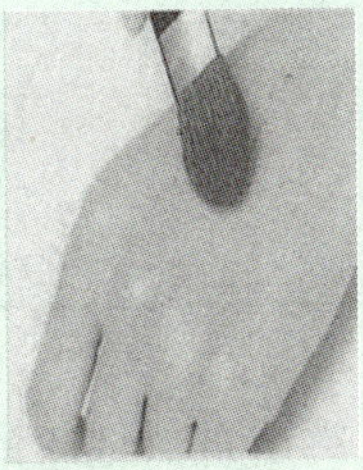	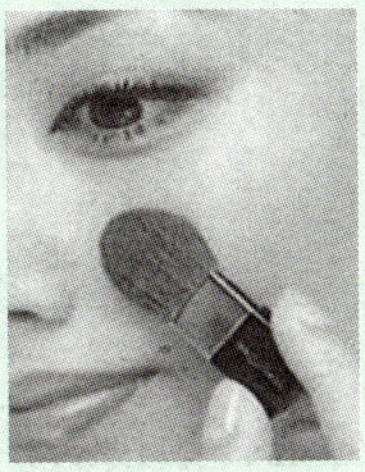	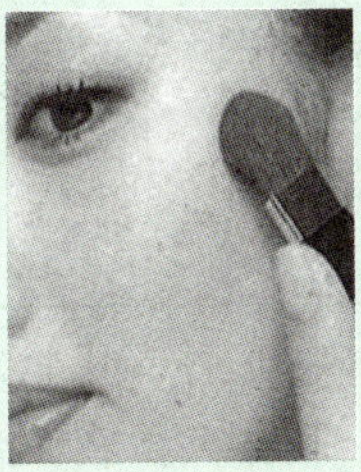

　　第二步，鼻梁阴影修饰。如果对高光修饰效果要求较高，则可以根据自己的鼻梁形态，借助高光亮粉与阴影粉进行鼻梁阴影修饰，具体方法见表2-2-12。

表2-2-12   **鼻梁阴影修饰法**

鼻梁特点	修饰方法	现实效果
低鼻梁	在鼻梁两侧内眼角旁的位置涂阴影色，鼻梁上涂高光色，两种颜色在衔接时应尽量柔和，靠近内眼角处的阴影色可略深，向上向下渐浅	
鼻子过长	鼻侧影由内眼角旁起至鼻梁中段，鼻尖略使用阴影色，在视觉上缩短鼻子的长度，鼻侧影不可与眉毛连接，将阴影自然转入眼窝，用横向线条消除纵向鼻子的长度感，高光重点应放在内眼角旁至鼻梁中段	
鼻子过短	鼻侧影由眉头自然涂至鼻翼，高光由眉头一直涂至鼻尖，注意颜色过渡自然	
鼻子过宽	鼻梁两侧阴影可略加宽，鼻翼外侧加少许阴影，鼻梁上的高光要画窄点儿，逐渐与阴影融合	
鼻梁不正	歪鼻梁应以明显直线来强调，在鼻子歪的一侧打鼻侧影至鼻翼，另一侧打高光	
鼻梁窄、鼻头小	鼻侧影浅淡，鼻梁、鼻翼的高光面积大，以加宽鼻梁	

（6）唇部化妆的技巧

　　服务人员在工作岗位上应选择颜色淡雅的口红，以突出自然健康的唇色，避免使用颜色浓艳、性感的口红，如大红色、玫紫色等。唇部化妆的步骤如下：

第一步，滋润唇部。面部打底结束后，就可以在唇部涂上薄薄的一层润唇膏，等到眉眼、脸颊化妆结束后，充分吸收了润唇膏的唇部会变得柔软娇嫩、唇纹变浅，不仅更易上色，而且避免了因干燥而上色不匀的问题。

第二步，唇部打底。唇色较深的人，可以用唇部遮瑕膏遮盖原先过深的唇色再描画，这样更能展示健康的唇色（如图2-2-32所示）。

第三步，涂抹口红。成熟女性可以先用唇线笔确定唇部轮廓（如图2-2-33和图2-2-34所示），再涂抹口红。唇线清晰者，可以直接涂抹口红。用唇刷涂抹口红时，先涂上唇，后涂下唇（如图2-2-35和图2-2-36所示）。因为嘴唇的饱满感一般在下唇处体现，所以下唇的口红可以稍微涂厚些。

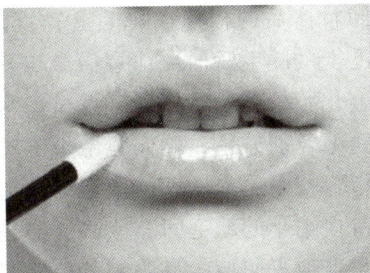

图2-2-32　涂抹唇部遮瑕膏

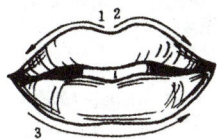

图2-2-33　唇线描画走向　　图2-2-34　唇线描画实例　　图2-2-35　口红涂抹走向　　图2-2-36　口红涂抹实例

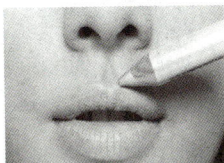

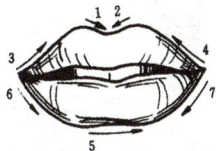

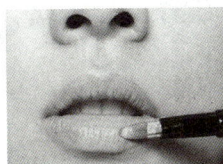

第四步，稳定唇色。涂好口红后，用纸巾吸去多余的口红，如有缺色，应填补均匀。如果需要涂抹唇彩（如图2-2-37所示），则在已涂好口红的唇正中点上唇彩，然后向两边均匀晕开，这样既可提高唇色的光泽度，又能使唇部呈现立体的视觉感。在服务工作场合，请一定避免涂抹油亮唇彩。唇部化妆完成后，检查一下牙齿上有无口红或唇彩。

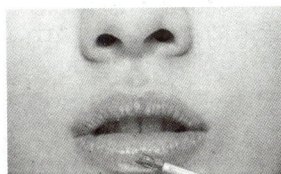

图2-2-37　涂抹唇彩

唇部修饰方法和描画重点见表2-2-13。

表2-2-13　　　　　　　　　　唇部修饰方法和描画重点

嘴唇特点	嘴角下垂	小唇与薄唇	大唇与厚唇
修饰方法	将上唇线向上方提起，嘴角提高，下唇线略向内移。下唇色深于上唇色，不宜使用较多亮色唇膏	沿唇外缘向外扩展1毫米涂抹，宜用暖色、浅色或亮色唇膏	沿唇内缘内收1毫米涂抹，宜用深色或冷色亚光唇膏，不宜用鲜红色、粉色和亮色
描画重点			

知识广角镜
2-2-8

何为"口红效应"

2.面部卸妆的技巧

每日化妆后，卸妆就显得格外重要。卸妆如果不彻底，很容易造成彩妆色素沉淀，进而导致皮肤暗黄、毛孔粗大，甚至长粉刺，所以卸妆必须细致耐心。

卸妆的步骤如下：

第一步，眼部卸妆。卸除眼部彩妆时应使用眼部专用的卸妆液，因为专为眼部彩妆设计的卸妆用品质地更温和，不会伤害眼周肌肤。首先，将卸妆液倒在化妆棉上，敷在眼睛上10秒钟，眼部彩妆就会溶解。其次，在上睫毛下面垫上化妆棉，将蘸有卸妆产品的棉签在睫毛上轻置2～3秒，将棉签边滚动边向睫毛尖处移动；清除下睫毛上的睫毛膏时要注意微微拉开下眼睑，以防卸妆产品进入眼睛，与上睫毛一样，垫上化妆棉，用棉签轻轻擦拭。再次，用棉签蘸取适量卸妆液，清除睫毛根部的眼线和睫毛膏的残留，确保睫毛根部的清洁；用棉签蘸取卸妆液卸除眼角的残妆，可以用中指轻拉眼尾，从细微入手彻底清除彩妆。最后，再次检查是否有剩余的眼线、眼影遗留在细小的睫毛间隙或眼皮皱褶之中，并将化妆棉对折，用折角擦拭眼角部位，不要频繁地来回擦，只要轻柔地在眼线上来回擦几次即可，擦的时候应闭上眼睛。眼部卸妆系列组图如图2-2-38所示。

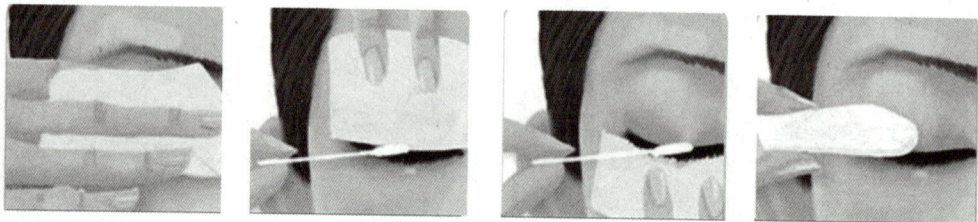

图2-2-38　眼部卸妆系列组图

第二步，唇部卸妆。嘴唇的肌肤如果卸妆不彻底，那么长期下来，积累在嘴唇缝隙中的口红会渐渐阻碍唇部肌肤的正常工作，使唇色加深变黑，甚至会导致唇部肌肤纹路加深。唇部卸妆的步骤如下：首先，用纸巾轻轻按压唇部，吸掉唇膏里的油分；其次，将化妆棉用卸妆液完全浸湿，轻敷唇部30～60秒，彻底溶解唇妆；再次，微笑并用力将嘴唇向两侧拉开，使唇纹舒展，用化妆棉从唇角向唇部中心以垂直方式轻轻擦拭卸除彩妆（如图2-2-39所示），切忌来回揉搓擦拭；最后，将新的浸有卸妆液的化妆棉再度置于唇上，打开嘴角轻抿化妆棉，彻底清除残留彩妆。如果仍有残留的口红存于皱褶中，可再用棉签蘸取卸妆液清洁。

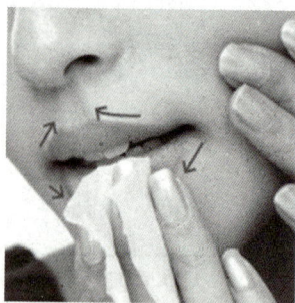

图2-2-39　唇部卸妆

第三步，脸部卸妆。脸部卸妆是卸妆工作中最主要的部分，将整张脸的彩妆彻底清洗干净，卸妆才算完成。市面上的脸部卸妆产品主要分为卸妆油、卸妆水与卸妆乳三种，它们质感不同，各有所长。卸妆油溶解彩妆的能力较强，适合卸浓妆；卸妆乳与卸妆水只适合卸淡妆。敏感性肌肤在使用卸妆产品时应小心谨慎，最好选择不含酒精、香料、色素等化学成分且性质温和的卸妆产品，同时卸妆时间不宜过长。对脸部进行卸妆前，一定要认真阅读卸妆产品说明书，因为不同卸妆产品的使用方法不同，见表2-2-14。

表2-2-14　　　　　　　　　　不同卸妆产品的使用方法

名称	使用方法
卸妆油	使用卸妆油前，一定要确保手部和脸部干燥。首先在脸部、颈部涂抹适量的卸妆油，用指腹以画圆的动作由上而下轻轻按摩脸部以溶解彩妆污垢；然后取少量水加入脸部的卸妆油中，以同样的手法继续按摩至卸妆油完全乳化变白；最后用大量温水冲洗干净即可
卸妆乳	取适量的卸妆乳，用化妆棉或指尖均匀涂于脸部、颈部，用指腹从脸颊部位以螺旋方式轻轻揉开。留意凹处及容易脏的部位，如鼻梁凹处。脖颈上的粉底要由下而上清洁。当卸妆产品的颜色变深时，表示已经完成清洁，用面纸由内侧向外侧小心擦拭。化妆棉使用以后，应立即丢弃，避免再次使用。可以连续用化妆棉擦拭2～3次，直到化妆棉上没有粉底颜色为止
卸妆水	将卸妆水倒在化妆棉上，由下而上轻轻擦拭面部，可以连续用化妆棉擦拭2～3次，直到化妆棉上没有粉底颜色为止

课后提升

知识掌握

◎核心概念：仪容美；面部修饰的原则；皮肤性质的分类；洗脸步骤；面部保养的步骤；手部的修饰；发型选择标准；化妆的原则；面部打底技巧；修剪眉毛的方法；描画眉毛的要点；眼影晕染技巧；眼部修饰法；眼线描画技巧；睫毛描画技巧；腮红黄金比例；腮红涂抹技巧；鼻梁阴影修饰法；唇部化妆技巧；卸妆技巧；化妆禁忌

◎核心观点：

1.仪容内在美是最高境界，仪容自然美是人们的心愿，仪容修饰美则是仪容礼仪关注的重点。仪容修饰应从面部五官、头发、肌肤等方面着手，美好的仪容能够给人以健康自然、鲜明和谐、富有个性的深刻印象。

2.了解自己皮肤的构造以及性质，是进行科学的面部修饰的基础。

3.无论属于哪种肤质，皮肤的清洁与毛孔的畅通都是肌肤健康的基础。

4.皮肤的美好需要内外兼修。

5.服务人员在选择发型时，应使发型与职业相符，这样才能赢得客户的信任。

6.眉毛的形状会随着面部表情的变化而改变，眉毛的颜色和形态会影响人的相貌。可以这样说，眉毛决定了人的脸部形象。

7.眼睛是心灵的窗户，所以眼妆被认为是妆容的灵魂。

知识应用

1.请用思维导图的形式总结面部与肢体修饰的具体方面与注意事项。

2.请辨识以下日常皮肤护理的说法是否正确，并简述原因。

● 任何香皂都会刺激皮肤。

● 你的护肤品应出自同一系列。

● 如果不化妆，只需要用清水来清洁皮肤。

● 皮肤脱屑不是病。

● 抗皱霜能除去皱纹。

● 皮肤总是不够干净。

● 油性皮肤不需要使用润肤露。

● 天然系列的护肤品最适合敏感性肌肤。

● 25岁以后才需要使用眼霜。

● 染发会严重伤害头发。

● 护发素可修护分叉的头发。

● 沾在棉花球上的黑色物都是污垢。

● 定期在美容院做皮肤护理能增进皮肤的健康。

● 润肤霜抹得越多越好。

● 低过敏就是不会有过敏反应。

● 修颜液可关闭毛孔。

技能提升

首先请大家辨识图2-2-40中每种化妆刷运用在哪一个化妆步骤，然后为自己设计一个合适的工作妆容，完成整体妆容后进行现场展示与介绍。

图2-2-40   多种化妆刷

课前自学

自学点一　仪态美的六大方面是什么?

党的二十大报告提出:"推动明大德、守公德、严私德,提高人民道德水准和文明素养。"当今社会提倡讲文明、讲礼貌,提高国民整体素质,其实每个人的素质修养往往会通过其自身的举止、动作、表情等体现出来,而这恰恰就是仪态所包含的内容。仪态就是我们在人际交往过程中身体各部分呈现出的姿态与风度,包括静止姿势、行走姿势、手势、神态表情等。

《弟子规》中言:"步从容,立端正。揖深圆,拜恭敬。勿践阈,勿跛倚。勿箕踞,勿摇髀。"意思是:走路时步履要淡定从容,不慌不忙,不急不缓;站立时要端正有站相,抬头挺胸,笔直端正;问候他人时,作揖要深深鞠躬,拜见要真诚恭敬;进门时脚不要踩踏在门槛上;站立时身体不要歪倒斜靠在墙边;坐的时候两条腿不可像畚箕一样敞着,更不可随意摇抖双腿。

在服务行业,对服务人员的仪态要求更是严格,因为客户都希望与那些举止高雅的服务人员打交道,享受举止高雅的服务人员提供的服务对客户来说也是一种身份的体现。因此,仪态礼仪是服务人员在服务过程中行为举止所应遵循的原则与规范。不同国家、不同民族及不同的社会历史背景,对不同阶层、不同群体的仪态有不同的要求。商务场合、社交场合、服务场合对仪态也有不同的要求,甚至对性别、年龄、身份不同的人的仪态也有不同的要求。无论仪态形式有何差异,仪态美的标准都是统一的,这主要体现在以下六个方面:

1.文明大方

文明大方是服务人员仪态美的基础,服务人员的仪态讲究礼貌、体现修养,既能够给客户带来美好的视觉享受,又能展示自身的稳重与成熟。例如,在公共场合行走与就座,力求悄然无声;前往拜访客户,应先敲门或按门铃,得到允许后方可入内;在客户房间停留,未经主人允许,不能随意翻动客户物品;与客户交谈时,不能手舞足蹈;如果感冒后身体不适,可用手帕捂住口鼻,面朝一旁咳嗽、打喷嚏。这些虽然都是细节,但是将它们组合起来就构成了客户对你的总体印象。

2.端庄自然

端庄自然即要求服务人员的仪态端庄大方,但又不装腔作势或者非常做作。服务人员需要通过仪态体现服务规格和品质,经过良好训练之后的仪态应体现出一种自然的美感。好的仪态是不惹人眼球的,但是能够潜移默化地带给客户愉悦舒服的感受,从而使客户对服务人员产生信赖之感。

3.优雅得体

优雅得体即要求服务人员的举止文明自然，能够给客户带来美的享受，这是对服务人员仪态高层次的要求。优雅得体是建立在端庄自然的基础上的，在一些强调服务品质和档次的企业，服务人员的仪态优雅是尤为重要的。现在很多服务人员有一个误区，认为"人们是如此不拘礼节、灵活随和，服务人员过分讲究礼仪会使客户产生距离感，应该顺势而变"。其实，客户是需要一些载体来体会服务的绝妙之处的，如落落大方的职业仪表、端庄自然的举手投足、热情文雅的服务语言等，都能给客户带来享受。服务礼仪的规格和品质与服务环境、客户群体密切相关，因此服务没有定式，它需要根据客户的需求不断变化和调整，但无论怎样，客户都欣赏并喜欢那些令人赏心悦目的服务举止。

4.体现尊重

体现尊重即要求服务人员的仪态能够传达对客户的尊重之情。讲究仪态的目的不是让客户欣赏某个服务人员有多么美丽，而是通过优雅得体的行为向客户传达尊重之情。因此，服务人员应诚心诚意地通过自己的行为举止向客户表达敬重之意，避免做出忽视客户、傲慢无礼的行为。

5.举止有度

一位久经历练、训练有素的服务人员在工作场合中的一切行为举止都会表现得适时、适事、适宜、适度，在相应的场合做合乎常规、符合身份的事情，就是举止有度。服务人员在行为举止方面恪守的"度"主要体现在两个方面：一是普遍性的"度"，即在社会上通行的有关行为举止的普遍性规则；二是特殊性的"度"，即在个别国家、地区或民族才适用的有关行为举止的特殊性规则，这种"度"的适用范围虽然较为狭窄，但是如果服务人员有所了解，则可以备不时之需。

6.男女有别

男性的仪态强调"阳刚之美"，要表现出男性的刚劲、强壮、英勇和威武之貌。"刚"是男性的气质，即便在服务场合，男性的举止动作也要有力度。例如，男性站立时可以双腿分开，以彰显自信和宽广的胸怀，如果男性在工作场合长时间双腿并拢站立，则会给人以拘谨、小家子气的感觉。女性的仪态则强调优雅得体，要体现出女性的端庄、温柔、轻盈、娴静之感，动作应流畅、柔和，呈现落落大方的举止风貌，不能搔首弄姿、矫揉造作。

需要注意的是，仪态并不是单独出现的，我们在说一个人有气质时，举止、谈吐往往是重要的指标。一个举止文明的人，可以给他人一种好感。因此，要重视自己的仪态礼仪，养成良好的习惯，避免做出不雅举止。

自学点二 站姿有哪些注意事项？

人们常说，人要"站如松，坐如钟，行如风，卧如弓"，这里将站姿放在第一位，可见站姿是多么重要。站姿是良好行走姿态以及得体坐姿的基础，良好的体态语也是从站立开始的，站姿更是我们与人交往时的一张名片，我们与客户见面时采取的第一个姿势就是站立。比如正在坐着，看到客户后起身问候就是一个让人感到非常受尊重的动作。因此，站姿应该端正、自然、亲切、稳重，请同学们从"知礼·习礼系列礼仪微课2-3-1"中了解站姿规范。

知礼·习礼
系列礼仪
微课2-3-1

站姿规范

站立是人体最基本的也是最重要的姿态，不良的站姿不仅会影响体内血液循环，还可能会压迫内脏，导致消化不良，并可能导致胃、肺机能变差。不良的站姿反映在形体上，会造成驼背、垂胸、下腹肥胖等情况；反映在外貌上，会出现眼睛模糊无神、皮肤暗淡无光等情况。无论是从健康角度来讲，还是从服务人员自身的角色来说，身体歪斜、弯腰驼背、趴伏倚靠、手位或者脚位不当等一些不太得体的站姿都是需要改善的，如图2-3-1与图2-3-2所示。

图2-3-1　不佳的倚靠站姿　　　　图2-3-2　手位、脚位不当的站姿

站立是一种相对静止的体态，站立时不宜频繁地变动体位，胡乱挥手、抖腿，这样会使站姿变得十分难看。站立的时候要控制无意识的小动作，很多女性服务人员在与人交谈时会不自觉地摆弄衣角、抚摸发梢，这样的动作出现在生活中可能比较可爱，但出现在工作场合则显得不够端庄和专业。另外，双手也不要抱在胸前，这种动作往往含有消极、抗议、防御等意思，很难让交谈对象感到亲切、放松。双手叉腰站立则是一种带有挑衅或者侵犯意味的举动。此外，诸如摆弄手指或签字笔等小动作也是不可取的，过多的小动作会让人感到你心不在焉，使人心烦意乱。所以，当手中没有东西时，可将双手轻握放在腰际；如果手里有东西，则应该端正拿好。

自学点三　坐姿有哪些注意事项？

1.坐在椅子的2/3处能够体现对客户的尊重

与客户交流时不能坐满整个椅面，如果把身子靠在椅背上，脊背会因过分舒适而弯曲，这样看上去会感觉精神不振，一般坐在椅面的2/3处就比较合乎礼节了，而且人会因为脊背直立而显得很有精神。在与人交谈时，为了表示重视，不仅应面向对方，而且要把整个上身朝向对方，而不仅仅是把头扭向对方。

2.坐着的时候不能有太多小动作

坐着的时候，抖腿是最令人厌恶的小动作，这是烦躁不安的表现。如果与人交谈时抖腿，会使交谈对象认为这是在下逐客令。很多动作都具有传染性和感染性，抖腿尤其如此，这会使看到的人感到心烦意乱，或产生莫名其妙的不安。另外，用鞋跟敲地也是非常不好的行为，哪怕敲击得如鼓点般富有韵律也是令人生厌的，因为这对他人来说是一种噪声污染。不能频繁更换坐姿，即使更换坐姿，幅度也不能过大，应轻巧自如，控制住上身，仅用腿部力量来完成。不要为了更换坐姿而使谈话停顿下来，继续讲话，若无其事地调整腿脚位置就可以了。与人交谈时，无论采用双腿斜放式坐姿、双腿交叉式坐姿还是重叠式坐姿，都应将膝盖朝向对方，而将双腿放在另外一侧。

3.掌握入座与离座的规则

无论入座还是离座，都有一些礼貌规范需要遵守，见表2-3-1。

表2-3-1　　　　　　　　　　　入座与离座的基本要求

入座的基本要求	离座的基本要求
第一，在他人之后入座	第一，离座前向他人示意
第二，在合"礼"之处就座	第二，离座时注意次序
第三，从座位左侧就座	第三，从座位左侧离开
第四，轻手轻脚就座	第四，起身动作轻缓
第五，坐下后调整体位	第五，站定后方可离开

入座时，一定要请受尊重的人先入座，并在合"礼"之处就座。例如，面对领导、长者、客户时，应先请他们入座，然后自己坐下。与他人同时就座时，应当注意座位的尊卑，主动将上座让给来宾或客户。

离座时，以语言或动作向在座的其他人示意后方可起身，一蹦而起会使周围人受到惊扰。与他人同时离座，必须注意起身的先后次序。地位低于对方时，应稍后离座；地位高于对方时，可首先离座；双方身份相似时，才可同时起身离座。

自学点四　走姿有哪些注意事项?

1.方向明确

在行走时，必须保持明确的行进方向，尽可能使自己犹如在一条直线上行走，这样会给人以稳重之感。具体方法是：行走时应以脚尖正对前方，使所走的路线形成一条虚拟的直线。

2.步幅适度

步幅指的是人们每走一步时，两脚之间的正常距离。通俗地讲，步幅就是人们在行进时脚步的大小。虽然步幅的大小因人而异，但就一般规范而言，在行进时迈出的步幅应与本人一只脚的长度相近。通常女性的步幅为35厘米左右，男性的步幅为40厘米左右。

3.速度均匀

在服务工作中，服务人员应当保持相对稳定的行走速度，每分钟走60～100步。如果遇到紧急事情，可通过提高步伐频率的方法来提速，但不能把地板踩得咚咚响。因此，适当提高走路速度时要根据场地及时调整脚步的轻重缓急。

4.身体协调

为了保持身体的协调，服务人员需要注意，行走时身体重心应略向前倾，脚跟先着地，膝盖在脚落地时应当伸直，腰部要成为重心移动的轴线，双臂在身体两侧一前一后自然摆动，两臂前摆向里约35度，后摆向后约15度，保持从腰部以下平稳行动。摆动手臂的时候，肩膀不要摇晃。不能把手抱在胸前或倒背着双手走路，也不能将双手插入裤袋走路。

5.男女差别

　　女性服务人员与男性服务人员在行走时有不同的风格。女性服务人员在行走时，两脚尖稍向外展，两脚交替走在一条直线上，以显优雅，称为"一字步"或者"柳叶步"（如图2-3-3所示）。女性服务人员一定要避免叉开双腿走路，不然会给人留下粗鲁的印象。男性服务人员在行走时，两脚尖稍向外展，两脚交替前进在一条直线上，通常速度稍快，步伐稍大，以充分展示男性的阳刚之美（如图2-3-4所示）。

图2-3-3　女士走姿

图2-3-4　男士走姿

6.姿态优美

　　为了使行走的姿态优美，必须做到昂首挺胸，步伐轻松而矫健。行走时应面对前方，两眼平视，挺胸收腹，直起腰背，伸直腿部，从而使自己的全身从正面看上去犹如一条直线。

自学点五　微笑有哪些功能与要求？

一、微笑的功能

　　微笑服务是服务人员最基本的礼仪要求。古人云："人无笑脸莫开店。"世界上很多著名的企业家深晓微笑的作用，奉微笑为企业成功的法宝。"Smile, smile, is equal to success"，"希尔顿式微笑"不仅挽救了经济大萧条时代的希尔顿饭店，而且造就了今天旗下酒店遍布世界五大洲的希尔顿酒店集团。康拉德·希尔顿曾经指出："酒店一流的设备重要，而一流的微笑更重要。如果没有服务人员的微笑，就好比花园失去了春日的阳光和春风。"鉴于此，许多国家服务人员的岗前培训都将微笑视为重要的培训科目之一。

1.微笑有助于保持自己的身心健康

　　俗话说："笑一笑，十年少。"笑是一种化学刺激反应，它能激发人体各个器官，尤其是头脑和内分泌系统的活动。研究显示，微笑能促进内啡肽、自然镇痛杀伤物质和5-羟色胺的释放，这三种物质可以让我们感到精神愉悦，而精神愉悦是最好的美容保健方法。同时，笑的时候，面部肌肉舒展，皮肤新陈代谢加快，因此能够促进血液循环，增强皮肤弹性。其实，微笑既是一种面部表情，也代表了一种积极乐观的生活态度。生活犹如一面镜子，当你朝它微笑时，它也会朝你展开笑颜。若用金庸先生的一部经典小说的名字来形容对世界的积极乐观心态，那就是"笑傲江湖"。所以，当你心情不佳时，试着让自己微笑起来，慢慢地，你的情绪就会得到改善。

2.微笑有助于客我友好关系的建立

微笑是一种通用的世界语言，是世界各民族领会得最快、最好的一种情感。在国际惯例中，微笑的普遍含义是接纳对方、热情友善，微笑传达的信息是"我见到你很高兴""我很高兴和你打交道""我很愿意解决你的问题"。微笑可以体现真诚的态度，使客户感到舒心、舒服，并且产生信任感；微笑可以传递友善之情，能够使初次接触的客户感觉到温暖；微笑可以表达关切和关怀，抚平与客户交流时产生的罅隙和误会，增加彼此间的信任；微笑是一种服务力量，可以为平凡的服务锦上添花，也能够在客户对服务产生异议时有效解决问题。

二、微笑的要求

微笑是唯一在300英尺（1英尺=0.3048米）之外就能够被识别的表情。当我们的目光捕捉到一张笑脸时，大脑就会自动模仿这种表情，从而使面部肌肉做出相似的表情，同时，这种信息又会被大脑用来解读我们此刻的情绪。因此，愉快的情绪是会传染的，服务人员愉悦而真诚的微笑能够感染客户。需要注意的是，并不是所有微笑都能够具有这种力量，让我们了解一下完美服务微笑的要求。

1.微笑要协调

在拍照时，我们经常听到摄影师这样提醒："嘴角上扬一些，笑容多一些。"那么，微笑只需要咧开嘴巴、露出牙齿、上扬嘴角就够了吗？法国解剖学家杜彻尼发现了藏在笑容背后的秘密，他认为"欢悦的情绪表达在颧骨肌肉和眼轮匝肌上，前者可以被有意识地控制，后者则只能为真实的快乐驱使。那些虚假的笑容无法引起后者的收缩。眼周的肌肉不会听我们的话，它们是情绪的真实传达者"。显然，单纯的嘴部动作根本不能展现出一个生动的微笑，真正动人的微笑是遮住嘴仍然可以看到微笑的眼睛，而且更为完整的微笑来自眉宇的配合、体态的配合、语言的配合和心情的配合，这样一张微笑的面孔才是和谐统一的，才会令人感觉亲切而真实。所以，微笑不是简单的颧肌运动，不是单纯的嘴角上扬，而是面部各部位的一种综合运动。整体配合协调的微笑，会牵动眉宇、唇齿和面部肌肉，做到眼到、眉到、鼻到、肌到、嘴到，目光柔和发亮，眼尾有笑纹，颧肌上提，嘴角上扬，眉头自然舒展，眉毛微微向上扬起，也就是人们通常所说的"眉开眼笑"。

2.微笑要真诚

许多服务企业都明白微笑服务的重要性，所以规定服务人员在对客服务时必须保持微笑。但是那些由于企业规定而不得不笑的"微笑"是产生不了微笑效应的，因为有些笑容充满匪夷所思的味道，有些笑容甚至带有鄙夷和嘲讽的感觉。由此可见，若想让服务人员的"笑"真正走进客户的内心，不能仅仅靠面部五官的变化，服务人员发自内心地认可自身工作，进而展现出的真诚、热情、善意、包容才是最重要的。

3.微笑要适宜

虽然微笑是人际交往的润滑剂，但是微笑也要分场合与对象，不分场合与对象的微笑可能会招致不满。所以，服务人员一定要避免露出有违常理的笑容。此外，有的服务企业强制规定服务人员在微笑时一定要露出8颗牙齿，并将此作为服务质量考核的依据之一，其实这种做法没有考虑到人的面部特征的不同与所处场合的差异。所以，服装搭配的TPOR原则在这里同样具有指导意义，我们需要根据自身脸型、五官大小、场合特点，寻找到自己最美、最得体的微笑。

自学点六 眼神有哪些使用规则?

人们常说："眼睛是心灵的窗户。"对服务人员来说，这扇能够传达内心情感的窗户一定要擦拭得明亮光洁，从而让它为服务构筑一条顺畅明亮的通道。眼神是一种独特的语言，它能够像阳光一样豁然开朗对方的心情，也能像阴霾一样瞬时使对方的情绪低落，所以在与客户交往的过程中拿捏得当的服务目光是极好的润滑剂，在服务中保持适当的目光交流也是对客户的尊重。一个好的服务人员不但要善于运用眼神为客户提供服务，而且要能够规范而科学地使用眼神。

1.注意视线接触的角度

视线接触的角度就是目光投射的方向，是一种既能够方便服务工作，又不会引起服务对象误解的具体的视角。视线接触的角度主要有三种：第一种是正视对方，即在注视他人时，与之正面相向，同时应将上身前部朝向对方。正视对方是交往中的一种基本礼貌，含有重视对方之意。第二种是平视对方，即在注视他人时，身体与对方处于相似的高度。在服务工作中，平视服务对象能够表现出双方地位平等与本人的不卑不亢。当处于坐姿时，看见客户到来，服务人员应起身相迎，以便平视。第三种是仰视对方，即在注视他人时，本人所处位置比对方低，需要抬头向上仰望对方。在仰视对方时，可使对方产生被重视、被信任之感。在日常交流中，平视是最好的方式，这样可使交流也如目光一样直接而顺畅。此外，服务人员在注视客户时，视角应保持相对稳定，即使需要有所变化，也要注意过渡自然，对客户上上下下反复进行打量扫视的做法，往往会使客户感到被侮辱、被挑衅。

2.注意视线接触的时长

在服务场合与客户交流时，要注意目光接触时间的长短。如果一个人在与你交往的过程中很少关注你，则说明这个人不在乎你。同样的道理，如果你是一个领导或长辈，在与下属或晚辈见面时，你应多一些目光接触，这对鼓励下属或晚辈有很大的作用。对客户来说更是如此，目光长时间接触其实是对客户的关怀；同样，客户也会受到你良好情绪的感染，进而对你和你的公司产生兴趣。在谈话过程中，与对方目光接触的时间一般是与对方相处总时间的1/3~2/3。此外，每次看对方的眼睛保持在3秒左右，会让对方感觉比较自然。

3.注意视线接触的区域

一般来说，在初次相见或最初会面的短暂时间应注视对方的眼睛，但如果交谈的时间较长，则可以将目光迂回在对方的眼睛和眉毛之间，或者随着对方的手势移动视线。在服务工作中，服务人员可以注视的对方的常规部位有：一是对方的双眼。注视对方的双眼，既可表示自己全神贯注，又可表示自己正在洗耳恭听。问候对方、听取诉说、征求意见、强调要点、表示诚意、向人道贺或与人道别时，皆应注视对方的双眼，但时间不宜过久。二是对方的面部。与服务对象进行较长时间的交谈时，可将对方的整个面部作为注视区域。注视对方的面部时，最好选择眼鼻三角区，不要聚集于一处，以散点柔视为宜。三是对方的全身。同服务对象相距较远时，服务人员一般应以对方的全身为注视点，在站立服务时，往往如此。四是对方的局部。在服务工作中，服务人员往往会出于实际需要，而对客人身体的某一部分多加注视。例如，在递接物品时，应注视对方的手部。此外，根据交谈场合的不同，目光注视的区域也应有所区别，见表2-3-2。

表2-3-2　　　　　　　　　　　　不同交谈场合目光注视的区域

场合	目光注视的区域
谈判、投诉等公务场合	在与客户谈判、处理客户投诉的时候，一般应注视客户的眉心至双肩这一大三角范围。注视范围较宽，可以避免使客户产生咄咄逼人的感觉，能够营造宽松的交流氛围。目光过于紧凑或集中在双眼之间，常常会使客户感觉到一种集体强势对待个体的压力
常规服务等工作场合	在服务场合与客户交往时，一般应注视客户的两眼至鼻子这一倒三角范围，这样可以营造一种平等、亲切和轻松的交往氛围，有利于双方的交流，既不会使客户产生被怠慢的感觉，又可以使客户感受到必要的尊重和关注
宴会、洽谈等社交场合	在宴会上或与熟悉的客户洽谈时，一般应注视客户的眉心至嘴部这一三角范围。这是对具有亲密关系的人的注视范围，如非常熟悉的常客或VIP客户。嘴唇是人体外露的一个比较性感的器官，除非与很熟悉的客户、同性客户、年龄相差很大的客户交流，否则不要在与人交流的时候注视对方的嘴唇

4.注意视线接触的灵活性

眼睛说话的雄辩和真实，胜过于言语。
——塔克曼

　　现在很多服务企业都注意使用礼貌用语，并且制作了企业的"话术模板"，这样的确可以使服务变得规范和严谨。但规范的"话术模板"必须配合眼神的灵活使用，这样才能使冷冰冰的服务语言变得生动且人性化，才能提升语言的价值，才能获得最好的服务效果。在向服务对象问候、致意、道别的时候，服务人员应面带微笑，用柔和的目光注视对方，以示尊敬和礼貌。一方面，要保证目光转移时的稳定；另一方面，要把目光柔和地投射在对方的脸上。

　　此外，服务人员在为互不相识的多位客人服务时，应巧妙运用自己的眼神，既要按照先来后到的顺序对先来的客人多加注视，又要以略带歉意、安慰的眼神，环视一下等候在身旁的其他客人。这样既可以表现出服务人员的善解人意与一视同仁，又可以使后到的客人得到宽慰，不会产生被疏忽、被冷落之感，从而稳定客人躁动的情绪。

课中研学

研学点一　服务仪态的价值衡量

动感小课堂2-3-1　　　　　　　　　手势配对

　　5月31日是世界无烟日，为了呼吁吸烟者主动放弃吸烟，并表达对无烟环境的期望，志愿者在街头向全社会推广"控烟三手势"（如图2-3-5所示），请分辨这三个动作的内涵。

图2-3-5　控烟三手势

　　汉代张衡在《同声歌》中写道"素女为我师,仪态盈万方",让后世之人明白了"仪态万方"这个成语用于形容女子的容貌、姿态等各方面都很美丽。现代人则将"仪态万方"进行字面化理解,意指优美、高雅的仪态蕴含着重要的内涵与价值。其实,在"服务礼仪的作用"教学任务中,大家就已经以情景模拟的形式领会到了不同的服务仪态所呈现的服务价值了。良好的仪态作为个人气质的体现,不仅是肢体语言的展示,而且是身体健康的保证。下面我们就从个人身心健康与客我顺畅沟通两个角度进一步解读服务仪态的价值。

一、从个人身心健康的角度解读服务仪态的价值

　　人类自从能够直立行走、解放双手以后,姿势状态就越来越丰富。当你看到有人昂首挺胸、面带微笑地向你款款走来时,你会产生怎样的感受呢?"精神抖擞""气宇轩昂""神采奕奕""心慈面善"等积极正面的词语就会浮现在你的脑海中。这充分说明,人的外在行为表情与内在品质素养有着重要的联系。只有拥有良好的文化修养、精神境界、身体素质,才会呈现出美观、大方、舒展的身姿面容。仪态的美是一种综合的美、完善的美,这种美应是身体各部分器官相互协调的整体表现,同时也体现了一个人内在素质与仪表特点的和谐。换句话说,人的仪态是否优雅得体,一方面取决于是否有良好的道德品质与思想情操,另一方面取决于身体是否健康。

　　雕刻艺术家为了创作出栩栩如生、活灵活现的人物形象,会专注地观察人们在生活中的举止动作、神情状态,进而琢磨被观察者的思想意识、情绪感受等,最后才会将观察与思考的收获呈现在一尊尊逼真且饱含深意的人物雕像上。很显然,我们的行为举止是他人了解我们的一种途径,我们每时每刻都可能成为他人观察的对象。因此,时刻留意自己的言行举止是很有必要的。

　　在"形体训练的认知"教学任务中,我们通过图片直观地了解到,长期保持不良的身体姿态很容易造成人体骨骼移位,如坐着时驼背弓腰、站立时习惯将重心放在一条腿上等。这些不良的习惯经常是在无意中引发的,一旦骨骼偏离其本来的生理位置,一方面人的肌肉与骨骼会产生不舒适的感觉,甚至引发相关疾病,另一方面人的外观轮廓的美感度会下降。因此,在日常生活中只有保持正确的身体姿态,才能保证自身肌肉和骨骼的健康。

　　服务人员在服务工作中展示得体的服务仪态,不仅是肢体动作的展示,而且是服务人员道德意识、思想观念、文化水平的综合反映。客户在感受服务的过程中,也在

评价服务人员的服务品质，所以服务型企业帮助员工塑造良好服务仪态是非常有必要的。另外，许多服务岗位要求服务人员长时间站立或者端坐，出于对健康的考虑，保持良好的服务仪态也是对自己负责任。

二、从客我顺畅沟通的角度解读服务仪态的价值

动感小课堂 2-3-2　　　　　　　"我展示你解释"

两位同学为一组完成"我展示你解释"活动。一位同学根据教师提供的主题用动作来表达主题的内涵，另一位同学仔细观察后解释前一位同学所做动作的含义；然后两位同学互换角色，完成另一个主题的动作展示与观察解释活动。两个主题的动作展示与观察解释活动结束后，请完成下面的任务：

（1）统计双方均能完成以上动作的组合数量；

（2）讨论双方传递信息活动成功的原因；

（3）思考并总结仪态礼仪的重要作用。

动感小课堂的活动让我们认识到仪态也是体态语言、肢体语言，是非语言沟通的重要组成部分。受文化背景、家庭等因素的影响，每个人的仪态动作不尽相同，但服务人员必须明确知道自己的仪态能够传递怎样的信息，这样才能通过合适的仪态动作准确表达自己的想法。

1.得体的仪态能够传递更丰富的信息

在刚才的活动中，我们得出了这样的结论：我们可以通过对方的姿势、动作来了解对方要表达的意思。当一方能够用准确且为对方接受的行为传递自己的想法时，双方动作信息传递的成功率更高。所以，在服务场合，保持良好的仪态更有利于客户接收到准确、积极的服务信息。试想，当您走进五星级酒店，佩戴着"金钥匙"徽章的服务人员面带微笑，柔声问候您，双手接过您给他的行李，用优雅的手势指引您来到前台办理入住时，您会产生什么样的感受呢？因此在服务场合，仪态语言能够弥补有声语言的不足，传递更丰富的感情，表达更真实的想法。

育德润心小课堂 2-3-1

袁晋爽，我国最年轻的擎旗手，他因一个动作感动无数中国人。

2018年10月5日，国旗护卫队的士兵们完成降旗仪式后，踏着整齐如一的步伐走向营地。旁边游客都自觉退让，并拿出手机记录与国旗护卫队的近距离接触。在熙熙攘攘的人群中，不知谁手中的小国旗掉落在地上。国旗护卫队刚好走到这里，袁晋爽没有犹豫，直接弯下腰将小国旗拾起，递给了旁边的战友。这个小小的动作让众人折服，有人说这是融进骨子和血液里对祖国的热爱，也有人说他只为国旗弯腰，不让国旗被踩，这才是中国军人。

资料来源　佚名. 国旗护卫队擎旗手袁晋爽，收旗动作燃爆全网，弯腰捡旗感动中国［EB/OL］.［2022-10-18］. https://www.163.com/dy/article/HJVNIAFV0552ZOSP.html.

德育基因：爱国情怀　民族自豪　使命担当

心有所悟：不以事小而不为，一个拾国旗的细节，足以看出袁晋爽对国旗的热爱。袁晋爽说："我们中队任何一个人，或者说任何一个群众，看到那面国旗都会拾起。因为国旗是神圣的，它代表着国家的尊严。"小动作、大效应，这个细小的

动作向我们传递了一种自然天性的爱国情怀，不矫揉、不造作，甚至不用思考就自然而然地那样去做，让人动容！毫不夸张地说，这给国人上了一堂生动的爱国教育课。

今天，每一个中国人都高高举起中国的国旗，展现着中国人的责任，让世界看到了中国的国家尊严和荣誉，看到了我们强大的民族凝聚力。

2.恰当的仪态能够增进客我间的交流

《抱朴子·外篇·疾谬》中有这样一句话——"促膝之狭坐，交杯觞於咫尺"，意思是大家以正坐（跪坐）形式围坐着，膝盖对着膝盖，坐得很近，觥筹交错，相谈甚欢。成语"促膝长谈"也有近似的含义。其实，在对客服务工作中，我们同样可以利用膝盖的方向把友好之情传递给客户。当你和客户并排座谈时，只需要在双腿并拢后将膝盖朝向对方一侧，对方便很容易通过这种积极的肢体语言感受到信赖和支持。所以，恰当的举止常常能够带给客户积极美好的暗示，增进客我间的交流。当我们面带微笑，微微躬身，双手轻轻地将资料交到客户手中时；当我们优雅地蹲下，目光专注，耐心询问小朋友的想法时……都会让客户油然而生被尊重的感觉，使客户带着这种愉快的心情继续与我们交流。

人通过五种不同的感官感受外界事物，而视觉得到的感受往往最直观并具有强大的影响力。在服务工作中，最先映入客户眼帘的就是服务人员的举止姿态，因此服务仪态会对服务整体印象的形成产生重要的影响。但是体态语言的表达在不同的地区有不同的含义，在不同的场合有不同的意思，所以要养成良好的体态语言需要时间的积累和认真钻研。

研学点二　优雅得体的体姿展示

在生活中，父母都会教导小朋友"站有站相，坐有坐相，走路要抬头挺胸"，以培养小朋友良好的行为举止，因为长期不良的站姿或者坐姿会影响人体骨骼的排列及肌肉的张力，轻者会导致腰酸背疼，重者会导致关节变形。

有关姿态与健康的关系，我们在"模块四　美丽体态的塑造"中会详细介绍。良好的仪态不是一日之功，需要长时间的刻苦练习。行为学家通过研究发现，人如果反复重复某种行为，平均21天后，这种行为就会成为一种习惯。所以无论练习站姿还是坐姿，请你坚持21天，即便开始感觉不适，并且没有明显的效果，也一定要坚持不懈地练习。这样，21天后你就会看到明显的变化——你看上去朝气蓬勃！

一、静止姿势

人体的静止姿势包括站姿、坐姿、蹲姿等。其中，站姿与坐姿是服务人员在工作中经常使用的。

育德润心小课堂 2-3-2

《礼记·曲礼》中有关仪态的要求很多："游毋倨，立毋跛，坐毋箕，寝毋伏。""若夫坐如尸，立如齐。""坐不中席，行不中道，立不中门。""立必正方，不倾听。""室中不翔，并坐不横肱。授立不跪，授坐不立。""将即席，容毋怍，两手抠衣，去齐尺。衣毋拨，足毋蹶。"大意是说：游走时不可表现出傲慢的样子，站立时不可一腿直立一腿打弯，坐着时不要像畚箕一样把双腿叉开，睡觉时不要俯卧。坐，要像祭祀中装扮的受祭人那样坐得端正；站，要像祭祀或典礼时那样站得恭敬。餐饮之际不可坐在席的中间位置，走路之时不占中道，站立之际不堵门中。站立时要端端正正朝向一方，不歪着头听别人讲话。在室内走路不能双臂张开，和别人坐在一起不要横起胳膊。把东西交给站着的人则自己不应跪，把东西交给坐着的人则自己不应立。将入席时，仪容要庄重，用两手提起衣裳的下摆，使衣裳下摆离地一尺左右。不要掀动上衣，迈步不要慌里慌张。

古人关于站立的礼节，最常见的有恭立、肃立等。恭立，就是恭敬地站立，表示对长者的尊重。《弟子规》中云："路遇长，疾趋揖。长无言，退恭立。"意思是，在路上遇见长辈，要赶快趋步向前行揖礼，如果长辈没有什么告诫，则应退后恭敬站立一旁，等待长辈离去。肃立，就是恭敬肃穆地躬身站着，不可嬉皮笑脸。

汉代贾谊在《新书·容经》中云："固颐正视，平肩正背，臂如抱鼓，足间二寸，端面摄缨，端股整足。体不摇肘曰经立，因以微磬曰共立，因以磬折曰肃立。"颐，指下巴；摄，指整理的动作；缨，指帽带；股，指大腿。这段文字里介绍了三种站姿：站立时，头要摆正，目视前方，双肩放平，背部自然挺直，两臂如抱鼓状；两脚放平，中间距离二寸，收敛表情，整理帽缨，端正大腿和双足，身体不要摇晃，这就是所谓的经立（或正立）。在经立的基础上，上身稍向前倾为恭立，也叫微磬。腰弯至90度为肃立，也叫磬折。共，通"恭"。磬，是古代的一种打击乐器，多用玉石制成。磬的上部穿孔，用来悬挂。自西周以后，磬的背部开始做成弯折形状，弯曲的角度为"倨句一矩有半"。贾谊用"磬折"来比照弯腰要弯的角度很大。

资料来源　彭庆涛，孟祥明，刘欢. 进退有节，举止有度——关于坐、立、行的礼节［EB/OL］.［2019-06-27］. http://www.chinakongzi.org/zt/zhonghualiyue/201906/t20190627_197318.htm.

德育基因：文化自信　传承坚守　修身养性

心有所悟：中国是传统的礼仪之邦，无论是国家政治，还是日常生活，处处存在着礼俗的限制。在浓厚的礼仪氛围中，人们的各种身姿体态亦有着相应的礼仪要求，所谓"站有站相，坐有坐相"便是对此的形象解释。

1.站姿

站姿是一个人全部仪态的起点与基础，能长时间保持标准的站立姿势服务是服务人员尤为重要的基本功之一。

（1）站姿的基本要求

站姿的具体标准是：身体站正，挺胸收腹，脊背挺直，两肩自然打开并下沉，脖子自然舒展；头部摆正，双目平视，面带微笑，下颌微微内收以表达谦逊、亲切；双臂自然下垂，放于身体两侧，两腿尽量并拢，身体重心放在两腿之间，肌肉略有收缩感，如图2-3-6所示。站姿中要做到"头容直"，即头部要保持正直。"头"和"足"一样，其动作能够表达自己的意志、信仰、态度，是关键的身体语言。我们认为头直则心正意诚；反之，摇头晃脑则显得油腔滑调、浮躁。在中华文化中，站得直是品行端正的象征。

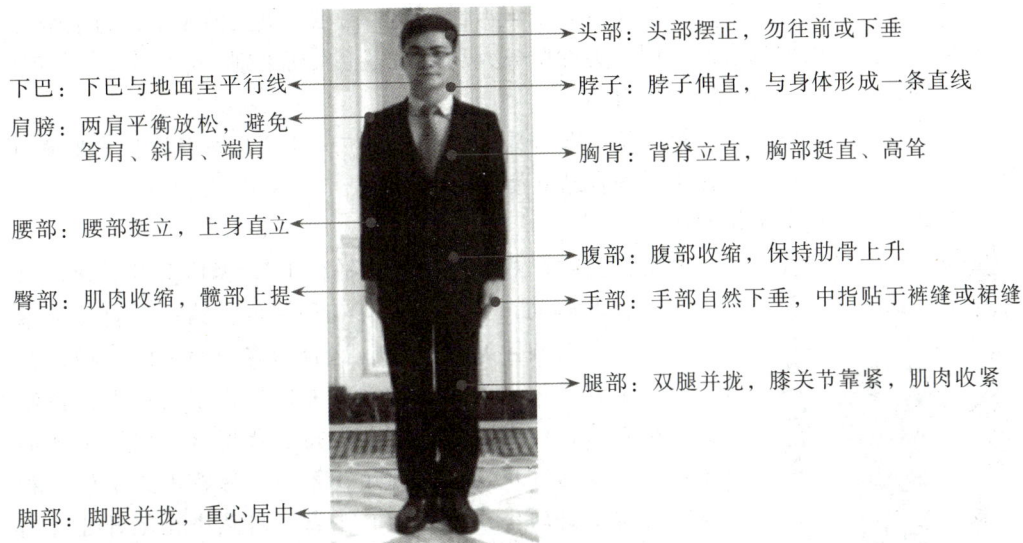

头部：头部摆正，勿往前或下垂

下巴：下巴与地面呈平行线

脖子：脖子伸直，与身体形成一条直线

肩膀：两肩平衡放松，避免
　　　耸肩、斜肩、端肩

胸背：背脊立直，胸部挺直、高耸

腰部：腰部挺立，上身直立

腹部：腹部收缩，保持肋骨上升

臀部：肌肉收缩，髋部上提

手部：手部自然下垂，中指贴于裤缝或裙缝

腿部：双腿并拢，膝关节靠紧，肌肉收紧

脚部：脚跟并拢，重心居中

图2-3-6　站姿的具体标准

动感小课堂2-3-3　　　　"稳定靠墙"练站姿

　　请同学们根据图片展示与动作解释，在音乐声中进行"稳定靠墙"的站姿练习。注意保持后脑勺、肩胛骨、臀部等部位贴紧墙壁，头顶仿佛有一根绳子拉住自己向上伸展（如图2-3-7所示）。练习时，最好对着一面可以照到全身的镜子"自我监督"并"自我欣赏"。开始练习时，只要求坚持5分钟（如果你做得很到位，你的腿部肌肉、腹部肌肉、肩部肌肉等都会处于收紧状态，那么5分钟后你很可能会全身发热），以后逐渐延长至20分钟以上。练习时，应避免小腿肚、双脚脚跟贴紧墙壁，以防止膝盖超伸。

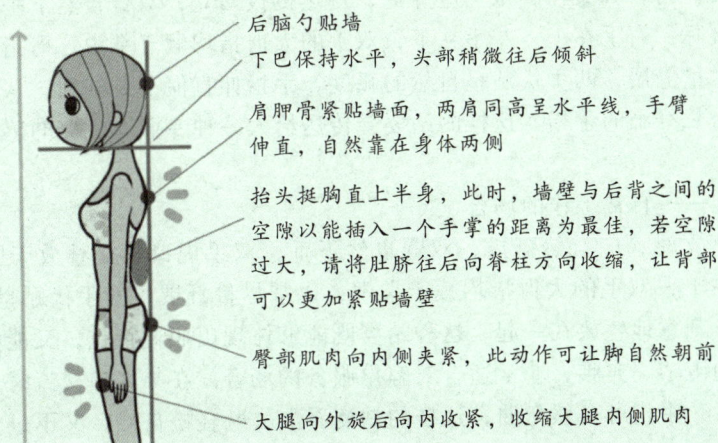

后脑勺贴墙
下巴保持水平，头部稍微往后倾斜
肩胛骨紧贴墙面，两肩同高呈水平线，手臂伸直，自然靠在身体两侧
抬头挺胸直上半身，此时，墙壁与后背之间的空隙以能插入一个手掌的距离为最佳，若空隙过大，请将肚脐往后向脊柱方向收缩，让背部可以更加紧贴墙壁
臀部肌肉向内侧夹紧，此动作可让脚自然朝前
大腿向外旋后向内收紧，收缩大腿内侧肌肉

图2-3-7　"稳定靠墙"练习动作分解

　　基本站姿训练可以改善双肩内扣的情况，达到肩胸部舒展、收腹提臀的效果。练习时，配上优美的音乐，做到气沉丹田，保持自然微笑，有利于减轻单调、疲劳之感，使人拥有愉快的心境。长期坚持训练，可以使身体协调、自然、挺拔，从而提高自身活力与朝气，增加亲和力。

（2）男士站姿的种类

男性服务人员在站立时，应注意表现出男性刚健、潇洒、英武的风采，力求给人一种阳刚之美。根据场合的不同，男性服务人员的站姿也有所区别。

◎肃立——正式且严肃的场合

男士肃立时，应采用平行脚位，双脚并拢，其他部位的要领与站姿的基本要求相同。这种站姿适合长时间在正式场合站立使用。

◎直立——日常工作的场合

图2-3-8 男士直立站姿
后背手式手位

男士直立时，双脚可采用"平行步"，两脚分开，比肩略窄，重心在两脚间。此时，可有三种手位：第一，自然下垂式手位，双臂及双手自然下垂，适合为客户服务时使用；第二，前搭手式手位，右手握虚拳，左掌轻搭于右拳上，自然下垂于小腹前，注意双肩打开，保持后背挺直，以展示谦恭的体态，适合与客户交谈时使用；第三，后背手式手位，右手握虚拳置于身后，左手轻握右手背，自然搭在尾骨处（如图2-3-8所示），此手位能够给人以英姿飒爽的感觉，适合在礼宾场合（如酒店门童迎候客人等）使用。

（3）女士站姿的种类

女性服务人员在站立时，要注意表现出女性轻盈、娴静、典雅的韵味，要给人一种"宁静"之美。无论在何种场合，女士均应该保持双膝并拢的站姿，将身体重心放在两腿之间，肌肉略有收缩感，这样方能确保双腿自上而下全方位靠拢，并使髋部自然上提，避免出现双腿"分裂"、臀部下垂等极不雅观的姿势。

◎肃立——正式且严肃的场合

女士肃立时，脚尖与脚跟均应并拢，自然挺拔站立，双臂自然下垂，双手虎口相交叠放于腰际，右手在上、左手在下，双手的大拇指均藏于掌中，拇指可以顶到肚脐处，手掌尽量舒展，两手伏贴呈自然的弧度，手指伸直但不要外翘，从而使他人可以看到女性修长纤细的手指。这样的站姿会传达给人一种专业、优美的感觉，特别适合礼宾场合。

◎直立——日常工作的场合

女士直立时，应自然挺拔，双臂自然下垂，双手虎口相交叠放于腰际，右手在上、左手在下，双手的大拇指均藏于掌中，手掌尽量舒展，两手伏贴呈自然的弧度，避免僵硬、刻意地叠放在一起，这种站姿既能够体现出职业特点，又能够恰到好处地表现女性的谦恭、典雅，非常适合对客户服务的场合。在与客户交流时，右手轻握左手放在腰际，手指可自然弯曲，这样的站姿看上去既轻松自然，又不过分随意。

无论采用哪种站姿，都要求脊背挺直，这样能够彰显女性的优美身材和端庄气质。此外，女士在站立时，手部位置可以变化，脚的姿势也可以变化，具体有以下几种：

第一种是"八字步"：也称"V字步"，双脚脚跟并拢，脚尖分开，两脚之间的夹角为45度，目测双脚V字间保持可以放入一个拳头的空间，如图2-3-9所示。

第二种是"丁字步"：在"八字步"的基础上，将左脚脚跟放在右脚的1/2处，两脚之间的夹角为15度至45度，这是左脚丁字步（如图2-3-10所示）。右脚丁字步就是将右脚脚跟放在左脚的1/2处，两脚之间的夹角仍然为15度至45度。同时，身体的重心应放在前脚掌上。

图2-3-9　女士"八字步"站姿　　　　　　　　　图2-3-10　女士"丁字步"站姿

第三种是"3/4步"：将左脚脚跟靠拢在右脚的3/4处，当然也可以把右脚的脚跟靠拢在左脚的3/4处。

我们可以依据具体的服务环境、服务要求来决定使用哪种脚位。在相对正式的场合，使用"丁字步"比较漂亮。特别是在拍照时，"丁字步"会使人看上去修长挺拔，即使两腿站直后有缝隙的人（如双腿过于纤细的人），站成"丁字步"的时候也会将缺陷完全掩盖。在其他服务场合则应更多地采用"八字步"，这样会使人看上去既自然又规范。

2.坐姿

古人的"坐姿"是很讲究的，种类也不少。同一个坐姿，也有不同的"坐法"。汉代贾谊在《新书·容经》中曰："坐以经立之容，胕不差而足不跌，视平衡曰经坐，微俯视尊者之膝曰共坐，仰首视不出寻常之内曰肃坐，废首低肘曰卑坐。"意思是，身体要挺直了坐下，坐下后小腿不要伸得一长一短，脚掌不要着地，两眼平视前方，这样的"坐相"称为"经坐"；头微低，目光注视对面尊者的膝盖，这样的"坐相"称为"恭坐"；目光不超出身边数尺远，这样的"坐相"称为"肃坐"；垂头目光看地，手肘下垂，这样的"坐相"称为"卑坐"。贾谊所说的"经坐"，其实就是常规的"安坐"，即"席地而坐"。

发展到现代，在某些访谈节目中，女主持人经常采用叠腿式坐姿，这虽然有效展示了腿部的完美曲线，但长时间如此控制腿部姿态，其实非常辛苦。在服务工作中，服务人员过分强调美的坐姿，反而会使交谈对象产生距离感。坐姿礼仪讲究的是在不同场合使用不同的坐姿，从而营造一种优雅、融洽的气氛。因此，服务人员的坐姿强调的是大方、端庄，这一方面能使客户产生受尊重的感觉，另一方面会使自己感觉舒适，不易疲劳。

（1）坐姿的基本要求

标准坐姿是指人在就座以后身体所保持的一种姿势，其基本要求是：头正、肩平、身直、足安。服务人员的坐相应像钟一样端正，应展示典雅自如的姿态。

（2）男士坐姿的种类

男士入座时应保持稳、慢、轻，不慌不忙地走到座位前，适当调整椅子的位置，再转身入座。入座时，应控制身体稳稳地坐下。如果周围有尊者（或女士）需要入座，应当先帮助尊者（或女士）将椅子挪到合适的位置，待其坐定后自己再坐下。坐在椅子上时，应避免做出拖动椅子这种有失风度的举动。男士离座时应自然稳当，右脚向后移半步，然后站起。

◎正位坐姿

身体重心垂直向下，稳稳坐好，轻松自然地把两手分别放在双腿上，肘部自然弯曲；立腰，收腹，挺胸，双肩舒展并略下沉；颈直，头正，双目平视，下颌微收；双腿分开不宽于肩部，大腿和小腿呈90度角，表现出男性的稳重和自信（如图2-3-11所示）。落座后，应避免小腿交叉蜷缩在椅下，因为这样会显得腿短且姿态不雅。

◎叠腿式坐姿

男士在非正式场合可采用叠腿式坐姿（如图2-3-12所示）。在正位坐姿的基础上，将右腿放在左腿上（或将左腿放在右腿上），双手自然放在架起的腿上，双腿（大腿和膝盖）尽量重叠，不要留出过大的缝隙，也不能将腿架成"4"字。

图2-3-11 男士正位坐姿

图2-3-12 男士叠腿式坐姿

在服务工作中，我们更推荐大家使用正位坐姿，应避免出现比客户更随意的坐姿。

动感小课堂2-3-4　　　　　　　　**"头顶书本"练坐姿**

请同学们将一本书放在头顶，在音乐声中进行坐姿的强化练习，如图2-3-13所示。第一次训练时先保持10分钟书不掉下来，接下来可视情况逐渐延长训练时间。

图2-3-13 坐姿练习

（3）女士坐姿的种类

女士无论使用哪种坐姿，膝盖永远应保持并拢的状态，尤其是在穿裙装时，即使变换坐姿，双膝也不能分开，因为这体现了女性的修养。女士入座时要保持轻、慢、稳，首先应从座位左侧入座，然后右脚后退半步，感知到椅子的位置后，用右手手背整理裙子，使裙子后面保持平整状态，最后落座。坐下后，腰脊挺直，双手自然相叠放在腿上，动作应轻盈而协调；背部不能完全倚靠在椅背上，坐满椅面的2/3即可。穿裙装入座后，要保证裙子可以遮住大腿。

◎正位坐姿

正位坐姿适合大多数场合，具体坐法是：身体重心垂直向下，双腿并拢，大腿和小腿呈90度角，双手虎口相交轻握放在腿上，挺胸直腰，面带微笑，如图2-3-14所示。正位坐姿一般在比较庄重的场合采用，如作为观看演出的方阵，或参加会议听领导发言等。

◎双腿斜放式坐姿

落座后，身体重心垂直向下，双腿并拢，大腿和小腿呈90度角，平行斜放于一侧，双手虎口相交轻握放在腿上，挺胸直腰，面带微笑，如图2-3-15所示。这种坐姿的适用场合非常广泛，在比较重要的场合，这是女性最得体、最优美的坐姿。在拍照、录像时，建议女性采用双腿斜放式坐姿。

图2-3-14　女士正位坐姿　　　图2-3-15　女士双腿斜放式坐姿

◎双腿交叉式坐姿

双腿交叉式坐姿是一种既舒服又漂亮的坐姿。落座后，将身体的重心垂直向下，双腿并拢，大腿和小腿呈90度角，平行斜放于一侧后，双脚在脚踝处交叉，双手虎口相交轻握放在腿上，挺胸直腰，面带微笑，如图2-3-16所示。这种坐姿适用于工作场合，如与客户或领导交谈时，采用这种坐姿既不会太累，又端庄自然。

◎前伸后屈式坐姿

对于长时间采用坐式服务的女性，建议采用这种前伸后屈式坐姿，因为这种坐姿可以长时间保持也不会觉得累。具体坐法是：身体重心垂直向下，双膝并拢，左脚前伸、右脚后屈，或右脚前伸、左脚后屈，双手虎口相交轻握放在腿上，更换脚位时手可不必更换，挺胸直腰，面带微笑，如图2-3-17所示。

图2-3-16　女士双腿交叉式坐姿

图2-3-17　女士前伸后屈式坐姿

知识广角镜
2-3-2

"二郎腿"
的利与弊

图2-3-18　女士重叠式坐姿

◎重叠式坐姿

重叠式坐姿是最能体现女性腿部完美曲线的一种坐姿，尤其是坐在矮沙发上时，这种坐姿十分漂亮且具有性感的味道。一般情况下，女性不采用此坐姿，但如果坐的时间较长并且在社交场合时，则可以使用。具体方法是：首先将左脚向左踏出45度，然后将右脚抬起放在左脚上，大腿和膝盖紧密重叠，重叠后的双腿没有任何空隙，犹如一条直线，双手虎口相交轻握放在右腿上；也可以将右脚向右踏出45度，然后将左腿抬起放在右腿上，大腿和膝盖紧密重叠，双手虎口相交轻握放在左腿上，如图2-3-18所示。

3.蹲姿

蹲姿是由站立的姿势转变为两腿弯曲和身体高度下降的姿势，这种姿势是人们在比较特殊的情况下采取的一种暂时性体态。所以，服务人员采用蹲姿在时间上不宜过久。久蹲后猛然起身会使人感到头晕眼花，所以久蹲后应慢慢起身。

动感小课堂2-3-5	头脑风暴

请同学们思考在何种工作场景下会使用蹲姿。

（1）蹲姿的基本要求与具体分类

无论男士还是女士，采用下蹲姿势时，都应注意臀部始终向下。如果旁边站着其他人，则应尽量使身体的侧面对着别人，保持头、胸挺拔，膝关节自然弯曲。此外，女士应保持两腿靠拢，大腿夹紧。根据腿部姿态的不同，蹲姿可分为高低式蹲姿、交叉式蹲姿与半跪式蹲姿三种。

◎高低式蹲姿

在工作场合，建议服务人员采用高低式蹲姿，这种姿势的优点是美观实用，基本特征是双膝一高一低。具体要求是：下蹲时，一脚在前，一脚在后，前脚应完全着地，小腿基本上垂直于地面，后脚则应脚掌着地，脚跟提起；后腿膝盖必须低于前腿膝盖，后腿膝盖内侧靠近前腿的小腿内侧。高低式蹲姿男女均适用，需要注意的是，女士应大腿靠紧向下蹲（如图2-3-19所示），男士下蹲时两腿之间可有适当距离（如图2-3-20所示）。因此，男性服务人员在工作时选用这种蹲姿更为方便。

图2-3-19　女士高低式蹲姿

图2-3-20　男士高低式蹲姿

◎交叉式蹲姿

交叉式蹲姿的优点是造型优美典雅，基本特征是蹲下后双腿交叉在一起。具体要求是：双腿交叉站立，然后身体重心垂直下移，稳稳蹲下。蹲下后，两腿交叉重叠，前后靠近，合力支撑身体（如图2-3-21所示）。交叉式蹲姿通常适用于女性服务人员，尤其是身穿短裙的女性服务人员。

◎半跪式蹲姿

半跪式蹲姿又称单跪式蹲姿，基本特征是双腿一蹲一跪。具体要求是：下蹲之后，一条腿单膝点地，臀部坐在脚跟上，以脚尖着地；另一条腿则应当全脚着地，小腿垂直于地面；双膝同时向外，双腿尽量靠拢。半跪式蹲姿是一种非正式蹲姿，多用于下蹲时间较长的情况，或为了用力方便。

图2-3-21　女士交叉式蹲姿

（2）蹲姿的适用情况

一般而言，只有遇到表2-3-3中的情况时，才允许服务人员在工作中酌情采用蹲姿。

表2-3-3　　　　　　　　　蹲姿的适用情况

序号	蹲姿的适用情况
1	整理工作环境：在需要对自己的工作岗位进行收拾、清理时，可采取蹲的姿势
2	给予客户帮助：需要用下蹲姿势帮助客户时，如与儿童进行交谈时，可以这样做
3	提供必要服务：当服务人员为客户服务必须采用下蹲姿势时，如当客户坐处较低，以站立姿势为其服务既不方便，又显得高高在上、不礼貌时，可改用蹲的姿势
4	捡拾地面物品：当本人或他人的物品掉到地上，或需要从低处拿物品时，不宜弯身拿取，面向或背对着他人时这么做则更为失仪，这种情况下采用蹲的姿势最恰当
5	照顾自己：当服务人员需要照顾自己时，如整理鞋袜时，亦可采用蹲的姿势

二、动态姿势

人体的动态姿势包括行走姿势、手部姿势等。其中，行走姿势最能体现一个人的心情、态度和修养，手部姿势则是体态语言中最能传情达意的姿势。

1.行走姿势

行走姿势是指一个人在行走时所采取的具体姿势，又称行姿或走姿。从总体上讲，行走姿势是人体的一种动态。它以站立姿势为基础，属于站立姿势的延续动作。服务人员在工作中行走时，应做到既优雅稳重，又保持正确的节奏，这样才能体现服务过程的动态之美。

（1）走姿的基本要求

走姿的基本要求是"行如风"，具体标准是：目光平视，头正颈直，上身正直不动，两肩相平不摇，两臂自然摆动，两腿直而不僵，步伐从容，步态平稳，步幅适中均匀，两脚落地时在一条直线上。需要注意的是，走路时应摆动大腿关节部位，而不是膝关节。

动感小课堂2-3-6　　　　　　　**"沿线顶书"练走姿**

请同学们在地上画一条直线或利用地板的缝隙进行走姿练习。首先放一本书在头顶，然后在音乐声中练习行走。第一次训练时先维持3分钟书不掉下来，后面可视情况逐渐延长训练时间。走姿的练习要点与操作方法见表2-3-4。

表2-3-4　　　　　　　　　　　　走姿的练习要点与操作方法

走姿的练习要点	操作方法
1.腰部力量练习	行走属于动态美，是全身协调性运动，其中腰部的控制力又是至关重要的。第一阶段练习时，双手固定于腰部，脚背绷直，正步行走；第二阶段练习时，按正常走姿练习，双手自然协调摆动
2.背部线条练习	脊背是行走过程中最美妙的音符，所以良好的身姿还体现在背部，要练习脊背和脖颈的优雅。首先在头顶上放一本书，保持脊背伸展和头正、颈直、目平。起步行走时，身体略向前倾，身体的重心始终落于行走在前边的脚掌上，在前边的脚落地、后边的脚离地的瞬间，膝盖要伸直，脚落下时再放松
3.脚位步伐练习	在地上画一条直线或利用地板的缝隙练习，两脚内缘的着力点力求落在直线两侧，通过不断练习，保持好行走的轨迹和稳定性，改善内八字和外八字，使步伐矫健、轻盈，富有稳定的节奏感
4.手臂摆动练习	手臂自然摆动，不能夹着手臂走动。练习手臂摆动时，应保持基本站姿，在距离小腹两拳的体前处确定一个点，两手呈半握拳状，向此点摆动，由大臂带动小臂
5.全身协调性练习	进行全身协调性练习，能使行走过程中身体的每个部分都呈现出律动之美

走姿练习不仅可以美化姿态，而且有益于身体健康。对于工作繁重、生活节奏紧张的都市人来说，行走是最简单又不花钱的健身方法。当您头脑混沌不清、无法集中精力、脾气暴躁或忧愁烦闷的时候，可以去散散步，亲近下大自然，一切就会归于宁静平和。若能每天坚持行走，同时配合有效呼吸，则可以增强人体的心肺功能，增加

骨头、肌肉的力量，从而为我们的健康生活积蓄能量。

（2）行走的礼仪规范

在工作场合，服务人员除了单独行走外，还需要与工作伙伴同行，此时就要遵循一定的行走礼仪规范，以表达身在职场中的自信、练达和对工作的热忱。例如，行走时应避免吃东西，否则既不安全也不美观；避免拖着脚、低着头或耷拉着眼皮等消极的行走状态，否则会传递给他人心事重重、萎靡不振的感觉；避免勾肩搭背、摇头晃脑、晃臀扭腰、左顾右盼，否则会传递给他人心浮气躁、庸俗浅薄的感觉。

育德润心小课堂 2-3-3

古人对行走的步伐非常重视，故有了行走的礼节。《礼记·曲礼》中云："堂上接武，堂下布武，室中不翔。""帷薄之外不趋，堂上不趋，执玉不趋。"武，即足迹，堂上地方小，宜小步走；接武，即一个脚印挨着一个脚印，不要大步。布，即分布；布武，即脚印不相连接，也就是放开大步走。《释名》中云："缓行曰步，疾行曰趋，疾趋曰走。"可以看出，趋的步伐频率介乎走和跑之间，即谨慎地小步快行。在他人面前趋，是对对方尊敬的表示。如果自己在帐幕之外，对方在帐幕里头，彼此见不着，自然不必趋。堂上的地方小，不可能趋；手里捧着玉为什么也不能趋呢？玉是贵重物品，执之应该小心翼翼，万一趋得不稳会把玉摔坏，因此执玉时可以不趋。

《论语·乡党》中记载，鲁国国君召孔子去接待宾客时，孔子"色勃如也，足躩如也。揖所与立，左右手。衣前后，襜如也。趋进，翼如也。宾退，必复命曰：'宾不顾矣。'"孔子出使别的诸侯国时，"执圭，鞠躬如也，如不胜。上如揖，下如授。勃如战色，足蹜蹜如有循。享礼，有容色。私觌，愉愉如也。"此篇集中记载了孔子的容色言动、衣食住行，为我们了解当时的行走礼仪提供了生动的素材。

《礼记·玉藻》中曰："疾趋则欲发而手足毋移。"在平时行走的时候，直行则开快步，但是身体不能一摇一摆，因为按照礼节的要求，手肘是不能摇的，脚步是要平直的。《千字文》中曰："矩步引领，俯仰廊庙。束带矜庄，徘徊瞻眺。"走路时要迈方步，昂首挺胸，抬头或低头都要像在朝廷上一样合乎规矩。穿戴要整齐，态度要矜持而庄重，既要小心谨慎，又要高瞻远瞩。

资料来源　彭庆涛，孟祥明，刘欢.进退有节，举止有度——关于坐、立、行的礼节［EB/OL］.［2019-06-27］. http://www.chinakongzi.org/zt/zhonghualiyue/201906/t20190627_197318.htm.

德育基因：文化自信　传承坚守　修身养性

心有所悟：行走的礼仪很早就已经出现，在春秋时期就已完备，并且有些礼仪至今犹存。古人十分讲究步行之美，以此体现人的性格情趣和风度教养，显示出一种庄重和谐的美。

此外，后退步与侧身步也是工作场合中经常使用的两种行走方式。后退步在向他人告辞时使用，应先向后退两三步，再转身离去；退步时，脚要轻擦地面，不可高抬小腿，后退的步幅要小；转体时要先转身体，再转头。侧身步在引导客户或与客户迎面相遇时使用。走在前面引导客户时，应尽量走在客户的左前方，髋部朝向前行的方向，上身稍向右边转体，左肩稍前，右肩稍后，侧身向着客户，与客户保持两三步的距离。当走在较窄的路面或楼道中与人相遇时，也要采用侧身步，两肩一前一后，并

知识广角镜 2-3-3　特殊场景下的行姿

将胸部转向他人，不可将后背转向他人。服务人员引导客户行走时，还有许多其他需要注意的细节，这些内容会详细呈现在模块三中。

2.手部姿势

人的一只手有27块骨头，其中包括手腕处的8块鹅卵石形状的骨头。这些骨头通过一个网络状的韧带结构互相连接，依靠肌肉拉伸来完成关节的各种活动，手部动作诉说了人不同的内心活动和个性特征。俗话说："心有所思，手有所指。"所以，手既可以创造财富，也可以传情达意，手部姿势也是服务场合中经常用到的一种动态姿势，我们能够借助手势传达丰富的服务内涵。

（1）手部姿势的作用

手作为人的"第二张脸"，虽然不能完全表达出我们所经历过事情的大小、模样、节奏、分量或感觉，但它具有抽象、形象、指示等多种表达功能，可以反映事实。有时候，嘴巴在说话的同时，我们的手就会画出未说出的"言外之意"。因此，我们可以根据现代体态语言的研究成果，通过对方的手所表现出来的各种仪态，判读他人手势语的真实含义，然后决定自己如何施礼。所以，一个优秀的服务人员在与客户交流时，绝不会仅仅依靠语言进行服务，他会借助多种表达方式来为客户提供更多、更周到的服务。

动感小课堂2-3-7　　　　　看手势辨识意图

请同学们根据图2-3-22中模特的手部姿势辨识出其内心的想法，并总结手势的作用。

图2-3-22　手势组图

（2）手部姿势的分类

通过上面看手势辨识意图的活动，我们发现在服务工作场合经常会遇到为客户指引方向、邀请客户入座或提醒客户小心地面湿滑等情形。此时，单纯的语言表达往往不能准确传达意思，必须借助手势更直接、准确地表达服务内容，而且对手势的合理运用会使简单的服务行为更具有品质。手势是服务接待工作中必不可少的一种体态语言，学习手势语是大有学问的。在服务过程中，服务人员应恰当地使用各种手势，准确表达自己的内心感情，判断他人的态度情感，从而建立友好的客我关系。综上所述，手势具有指示方向、沟通交流、提升个人形象、辅助语言表达等作用。根据内涵的不同，手势又可分为情意手势、象征手势与形象手势三种。

◎情意手势

情意手势用于表达动作者的想法，以使其内涵丰富、寓意深刻，如鼓掌、伸大拇指等。不同国度、不同地方的人在日常生活中，常常借助各种手势来表达自己的思想和愿望，久而久之，这些手势便形成了一定的思想意义，并为本国和本民族所熟悉。但因为地域文化不同，所以同样的手势在不同的地方所传递的情意也存在差异。例如，在剧院观看演出，中国、日本等国家的人用频频鼓掌表示对演员的喜爱和鼓励，英国人则用有节奏地拍掌表示对演员演技的不满；在意大利、西班牙、葡萄牙、法国以及大部分拉丁美洲国家，人们将三个指头按在嘴上并发出亲吻声，表示对演出的赞许，同样一个动作在部分巴西人看来却是发泄对拙劣演技的不满的意思。再如，中国人习惯出右手，将手指朝自己身体的方向摆动表示"请过来"；英国人及美国人则习惯伸出食指，用食指弯曲表示"请过来"。美国人在呼唤服务员时，会将食指向上伸直，在亚洲一些国家则万万不可用这种手势，因为人们常用这种手势来叫一条狗或别的动物；日本人在呼唤服务员时，会把手臂向上伸、手掌向下，并摆动手指；在中东各国，叫人时会轻轻拍手；在非洲不少国家的餐厅用餐，通常以敲打桌子的方式叫服务员，而这并非失礼之举。因此，我们应了解常见的情意手势语，掌握其在不同国家、民族和地区的不同含义，从而避免可能发生的误会。

情意手势的差异化内涵见表2-3-5。

◎象征手势

象征手势用来表达某种抽象的概念，且他人能够理解，如宣誓、敬礼等。举手敬礼是军人常用的见面礼节，现在也成为酒店、景区、银行、物业等服务企业的保安人员向客户致敬的手势。国际上常见的举手敬礼的正确方式如下：第一，以立正姿势面向受礼人；第二，右手与右胳膊同时自然抬起后拉，左手臂保持贴在左腿侧面裤缝的姿势；第三，右手小臂与大臂呈V字形，手与小臂在同一平面上；第四，右手五指并拢，手掌伸平，大拇指贴于食指第二个关节处；第五，戴帽敬礼时，右手食指微贴帽檐，脱帽敬礼时，食指离眉毛约2厘米，微贴太阳穴；第六，视场合与环境确定施礼时间，施礼时要与受礼者进行适度的目光交流；第七，礼毕后，右手与手臂顺势迅速贴回右腿侧面裤缝。此外，有的举手敬礼虽然形式不如上述步骤规范，却能够带给人们极大的心灵震撼。

表 2-3-5 情意手势的差异化内涵

手势名称	内涵分析
圆圈手势	圆圈手势，即将拇指和食指合成一个圆圈，其余三个指头伸直或略曲，19 世纪流行于美国。圆圈手势的含义在所有讲英语的国家是众所周知的，即"赞同"或"了不起"的意思；在法国表示数字 0 或"没有价值"的意思；在日本、缅甸、韩国表示"钱"的意思；在泰国表示"没问题"或"请便"的意思；在印度表示"正确"或"不错"的意思；在突尼斯表示"傻瓜"的意思；在中国表示数字 0 或 3 的意思，也有"赞同"或"了不起"的意思
竖大拇指手势	在中国，左手或右手握拳并向上伸直大拇指，表示"好"或"了不起"的意思，所以竖大拇指是一个积极的信号；在美国、英国、澳大利亚、新西兰等国，竖大拇指除了表示"好""行""不错"的意思，还有"搭车"之意，拇指向左或右伸则大多是向司机示意搭车方向；在表示数字时，德国人用大拇指表示数字 1，日本人用大拇指表示数字 5；在希腊，竖大拇指表示"够了"，是让对方"滚蛋"的意思；在伊朗以及伊拉克等很多中东国家，竖大拇指是一种挑衅的行为，几乎和西方国家常用的竖中指的意思一样，所以在与中东国家的人交往时，千万不要使用这一手势去称赞对方，以防出现笑话或产生不愉快的结局。还需要注意的是，拇指向下伸表示"厌恶""坏蛋"的意思
V 字形手势	食指和中指上伸呈 V 字形，拇指弯曲于无名指和小指上，表示数字 2。人们也用这个手势表示"Victory（胜利）"的意思，据说这是第二次世界大战时期英国首相丘吉尔常用的手势。不过，用这个手势表示胜利时掌心要向外，如果掌心内向，就是贬低人、侮辱人之意，尤其是在澳大利亚、新西兰、英国，绝对不可以这样做。在希腊，使用这一手势时即使掌心向外，也有对人不恭之嫌
举食指手势	左手或右手握拳，伸直食指，在中国、日本、韩国、菲律宾、印度尼西亚等国家表示数字 1；在法国则表示"请求""提问"的意思；在新加坡表示"最重要"的意思；在澳大利亚表示"请再来一杯啤酒"的意思
搓手掌手势	两手相互摩擦搓动，在冬天，人们有时用这个动作来增加手掌热量，以抵御寒冷。在运动场上，运动员搓手掌表示一种期待成功的心理。在国外一些酒店，客户在就餐结束前，服务人员面对客户时会搓手掌并问："先生，您还想喝点什么？"这时，搓手掌则暗示了期待消费或渴望赞扬的心理
塔尖式手势	这一手势具有独特的表现风格，自信者、高傲者经常使用它，主要用来传达"万事皆知"的心理状态，是一种极度自信的人体信号
双手抱胸手势	双手抱胸会给人一种傲慢和不可亲近的印象，双方对话时出现这种姿态，说明双手抱胸者对话题不感兴趣或高高在上，传递出了拒绝进行沟通的意思
双手虎口叉腰手势	双手虎口叉腰手势可分为两种：一种是大拇指在前，另外 4 个手指在后，表示无可奈何的情绪；另一种是 4 个手指在前，大拇指在后，有不可侵犯的意思，仿佛在维护自我的权威
食指扒眼皮手势	用食指把自己的眼皮往下扒一下的动作，也常在涉外交往中使用。这种动作在意大利、西班牙等国是在提醒某人有危险，在英国意味着自己所做的事被对方看穿，在拉丁美洲表示殷勤和客气，在澳大利亚表示对某人的蔑视，在中国则是做鬼脸的意思

育德润心小课堂 2-3-4

2015年9月3日，纪念中国人民抗日战争暨世界反法西斯战争胜利70周年阅兵式在北京天安门广场隆重举行。这是中华人民共和国历史上第15次大阅兵，也是中国第一次在非国庆节举行的大阅兵。本次阅兵中有一幕深深打动着千千万万中华儿女的心：在40余辆武警国宾护卫队的护卫下，一辆辆墨绿色的敞篷中巴车沿着东长安街徐徐驶向天安门。车厢里，300多名平均年龄90岁的抗战老战士、抗日英烈子女和抗战支前模范代表，有的拿着小红旗，有的握着鲜花，微笑着来回挥动。在阅兵式全程，许多抗战老战士更是用敬礼来表达此刻的心情，史保东老先生就是其中之一。这位九旬老兵无论是在天安门城楼上观礼，还是乘坐敞篷中巴车作为抗战老战士参与到阅兵方阵中，他自始至终都在举手敬礼，以此来表达自己的激动心情，真是令国人动容。

资料来源　佚名. 铭记功勋　致敬老兵［N］. 海南日报，2015-09-04（A05）.

德育基因：爱党爱国　传承坚守

心有所悟：2015年9月2日，史保东老先生作为一名新四军老战士获颁中国人民抗日战争胜利70周年纪念章，他感到这是祖国和人民给予他的最高荣誉。9月3日阅兵当天，史保东被邀请到天安门城楼上观礼。阅兵开始后，看到阅兵方阵走过天安城门楼时，"我腾地一下就站了起来，敬起军礼。""我这敬礼，是要向死去的战友报告：祖国强大了！"史保东说，"也是我替死去的战友向受阅部队，表达老兵的敬意！"面对记者的采访，史保东老先生自称是一名"老兵"，并不是英雄，只是做了自己该做的事：保家卫国。以史保东为代表的抗战老兵们，虽然上了年纪，但是他们对党忠诚，对国家和军队热爱，体现了一代军人的崇高风范。

军事科学院研究员陈宇介绍说，往年阅兵分列式"打头阵"的多是三军仪仗队，这次抗战老兵率先受阅是共和国阅兵史上空前的壮举。为保卫国家流血牺牲的老兵们，是一个国家和民族最珍贵、最应该被尊敬的群体。让抗战老兵"打头阵"，对提升民众的民族认同感和强化民族凝聚力具有重要意义。我们不会忘记为了国家、为了民族抛头颅、洒热血的人，正是因为有了他们，我们才能过上今天的好日子。

知识广角镜
2-3-4

举手敬礼的
由来

◎形象手势

形象手势是指示具体的某项行为和事情的手势，包括指引手势、递送手势、展示手势、致意手势等。形象手势也是服务人员在对客服务工作中使用较多的手势。服务人员的手势应尽量少而精，在做手势时，要讲究流畅美观，避免僵硬死板。同时，手势配合眼神等表情，会使手势显得更加协调、大方。下面我们分别介绍一下指引手势、递送手势和展示手势，致意手势将在模块三的"日常见面礼仪"中详细阐述。

第一种是指引手势。规范的指引手势应当是手掌自然伸直，掌心向上，手指并拢，大拇指微贴食指（如图2-3-23所示），手腕伸直，使手与小臂形成一条直线，肘关节自然弯曲，大小臂的弯曲以140度为宜，以呈现出自然的弧线美，大臂与身体间应保持一拳的距离。此外，随着服务内容的变化，指引手势也会发生变化，但无论如何变化，指引的时候均应使用手掌指引，应杜绝食指指引的情况，更不可将食指指向客户（如图2-3-24所示）。指引手势的分类见表2-3-6。

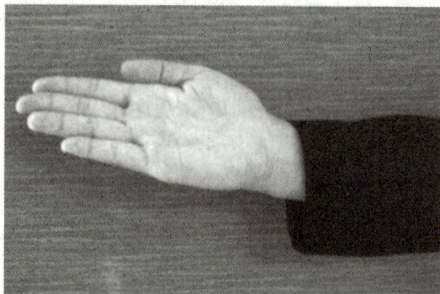

图2-3-23　正确指引手势

图2-3-24　错误指引手势

表2-3-6　　　　　　　　　　　　　　指引手势的分类

手势名称	运用方法
前摆式手势 （以左手为例）	当右手拿着东西或扶着门，又要向客户做出向右"请"的手势时，可以采用前摆式手势。具体做法是：左手五指并拢，手掌伸直，从身体一侧由下向上抬起，以肩关节为轴，到腰的高度再向身前右方摆去，小臂摆到距身体15厘米并且不超过躯干的位置时停止，目视客户，面带微笑
斜摆式手势	请客人落座时，手势应摆向座位的方向。具体做法是：手应先从身体一侧抬起，至高于腰部后，再向下摆去，大臂与小臂形成一条斜线，手指伸直并拢，掌心略微倾斜，指尖指向座位
横摆式手势	常用于"请进"或"请"。具体做法是：五指并拢，手掌自然伸直，手心向上，肘微弯曲，腕低于肘。开始做这个手势时，应从腹部之前抬起，以肘为轴轻缓向一旁摆出，到腰部并与身体呈45度角时停止。头部和上身略微向伸出手的一侧倾斜，另一只手下垂或背在背后，目视客户，面带微笑，以表达对客户的尊敬和欢迎。当来宾较多时，表示"请"的动作应大一些，这时可使用双臂横摆式，两臂从身体两侧向前进方向抬起，两肘微弯曲，指向前进方向一侧的手臂应抬高一些、伸直一些，另一侧手臂应稍低一些、弯曲一些
回摆式手势	具体做法是：五指并拢，手掌自然伸直，手心向上，肘微弯曲，手掌、手腕和小臂形成一条直线。头部和上身微向伸出手的一侧倾斜，另一只手自然下垂，手指伸直，注视客户，面带微笑，以表达对客户的尊重和欢迎。小臂的运行轨迹为由身体一侧（与身体正面呈45度角）向胸前摆动
直臂式手势	常在为客户指方向时使用。具体做法是：将手自身前拿起，五指并拢，手掌伸直，屈肘从身前抬起，向指引的方向摆去，摆到肩的高度时停止，肘关节基本伸直
前伸式手势 （以右手为例）	具体做法是：身体正直面向客户，伸出右手，掌心向上，大臂与小臂呈90度角，小臂与手腕、手掌形成一条直线。这个姿势也可转化为鞠躬前伸式，就是在保持前伸式手势的基础上，身体同时鞠躬15度

　　第二种是递送手势。在递送物品时，要用双手递送，同时身体主动向前，将物品稳妥地递送到对方手中（如图2-3-25所示），最好不要将所递物品随意放在柜台上，

不方便双手并用时，也应尽量用右手，左手递物通常被视为失礼之举。服务人员在递送物品时，应为对方留出便于接取物品的地方，将带有文字的物品递交他人时，还必须使物品的正面朝向对方。将带尖、带刃或其他易于伤人的物品递给他人时，切勿以尖、刃直指对方，合乎服务礼仪的做法是应使尖、刃朝向自己，或朝向他处。若客我双方相距过远，则服务人员应主动走近客户。假如服务人员坐着，则递物品时应尽量起身站立。为了保持卫生，服务人员在为客户取拿食品时，切忌直接下手，敬茶、斟酒、送汤、上菜时，千万不要把手指搭在杯、碗、碟、盘边沿，更不能在无意之间使手指浸泡在其中。接拿客户递过来的物品时，应主动上前，目视对方，用双手稳妥接拿。

图 2-3-25 递送手势

动感小课堂 2-3-8　　　　　　递送练习
请同学们两人一组，练习文件、签字笔、回形针等不同物品的递接。

第三种是展示手势。将物品向他人展示时，需要使用展示手势。使用展示手势时有以下三点注意事项：其一，便于观看。要将被展示之物正面朝向现场的客户，举至一定高度，以方便大家观看。当四周皆有客户时，展示还必须变换不同的角度，并保持一定的展示时间，这样才能让客户充分观看。其二，操作标准。展示物品时，不论是口头介绍还是动手操作，均应符合有关标准。解说时，应做到口齿伶俐、语调舒缓。动手操作时，应做到手法干净利落，速度适宜，并经常进行必要的重复。其三，手位正确。展示物品时，手位的共同之处是使物品在身体一侧展示，不宜挡住本人头部。具体而言，展示物品时的手位有两种：一是将物品举至高于双眼之处，这一手位适合在物品被人围观时采用；二是将物品向前伸出，活动范围自肩至肘，上不过眼部，下不过胸部，这一手位能够给人以安定之感，便于他人看清展示之物。

如果你想更自如有效地运用手势，以下三个原则可以遵循：第一，手势的幅度与自己的身材、交流的场合相匹配。例如，对于身材娇小的服务人员来说，手势应避免张扬；对于身材高大的服务人员来说，手势应尽量大气。当服务环境嘈杂、客户较多时，引导手势应尽量鲜明，便于识别；当服务环境安静、客户较少时，引导手势应尽量柔和，更有针对性。第二，手势表达的情绪与手所处的身体位置有关。例如，手在肚脐以上做动作，说明情绪相对积极高昂；手在肚脐以下做动作，说明情绪相对消极低落。第三，手势动作应由手部与肘部联合完成，抬手先抬肘，手肘成一体（如图2-3-26所示），避免抬手只动腕部。此外，在职场人际交往中，双手的位置应宽不过80厘米，这样能给人以稳重之感。

图 2-3-26 展示商品

研学点三　亲切动人的表情沟通

图2-3-27　丰富的表情

表情是身体语言中最丰富的部分，是人的内心情感在面部的表现，是人的情绪的外在展示，如图2-3-27所示。所以有人说，表情是通过面部的变化表达出来的心理活动和思想感情。在日常生活中，一个信息的传递是通过视觉信号、声音信号、文字信号共同完成的，其中视觉信号占55%，声音信号占38%，文字信号占7%，这说明人类的表情确实能够传达各种各样的信息。

为了探寻人类表情的奥秘，"进化论之父"达尔文先生针对人类的情绪与表情进行了实验。实验结束后，达尔文把人类的表情分为喜悦、生气、恐惧、悲伤、厌恶、惊讶等类型，并呈现在《人类和动物的表情》一书中。

英国剑桥大学"达尔文通信项目"的参与者复制了这项实验，继续探索人类情绪与表情的奥秘。借助互联网的巨大优势，最后共有1.8万人参与，现代科学家借助计算机将人类的表情细分为400多种。那么，服务工作场合最需要的表情又是什么呢？中国有句老话叫"和气生财"，还有一句俗语叫"伸手不打笑脸人"，这两句话说的都是：你的表情和你的生意之间有很多关联——愉悦的表情可以让你赚更多的钱，即使遇到牛气的顾客，你热情的态度和友好的微笑也会把对方的怒火熄灭。所以，服务工作场合最常用的表情就是微笑。

一、微笑的训练方法

假设两位服务人员站在你的面前，一位面带微笑，另一位面无表情，你会选择谁来服务呢？回答是不言而喻的。微笑是人际交往过程中最具有吸引力的一种表情；在服务场合，它始终传递着温暖、积极、友好的信息；它强大的感染力常常令人在不知不觉中心境豁然开朗，并且会不由自主地施以回报。

动感小课堂2-3-9　　　　　　　　**换位思考**

请同学们以小组为单位，讨论"在什么场景下，服务人员不适宜微笑"，并说明理由。

我们知道面部五官棱角分明、皮肤有苍白感觉的人很容易令他人产生距离感，但是"相由心生"，我们虽然无法改变父母遗传的先天外形特质，但是可以通过后天的微笑表情练习塑造富有亲和力的新面孔。说到有关微笑的练习，我们可能马上会想到这样一个画面：礼仪小姐嘴里咬着一根筷子，露出6～8颗牙齿的凝固微笑。其实，微笑并不只是一个简单的面部肌肉动作，它更需要一个放松的情绪、豁达的心境来支撑，这样的微笑才会真切动人。下面我们来介绍有关微笑的几种训练方法：

1."王"字心态训练法

古人云："心开，眉宇开。""王"字心态训练法即由老师用柔和的语言引导练习者闭上双眼，开始一次心灵瑜伽的方法。"王"字三横代表舒展眉头、舒展嘴角、舒展肩头，一竖代表鼻梁与脊柱。当结合古典音乐与老师语言引导的训练结束后，练习者会觉得心情得以放松，神情自然会变得轻松。

2.情绪诱导训练法

情绪诱导训练法即利用外界环境、物品的诱导、刺激，引起情绪的愉悦和兴奋，从而唤起微笑欲望的方法。当然，这需要根据个人的心情、爱好来选择，如泡上喜欢的咖啡或茶，打开喜欢的书籍，观看喜欢的某张照片，回想生活中某些快乐的片段，听喜欢的、开心的音乐，观看喜欢的电影片段等。

3."电"眼微笑训练法

"电"眼微笑训练法是单纯通过眼神传递出笑意的训练方法。练习时，两人一组，面对面站立，一方遮住自己眼睛以下全部面部器官，并向对方展示微笑，另一方观察对方的眼睛是否传递出笑意，如图2-3-28所示。这种方法也可以变为自己单独对着镜子来练习。

图2-3-28　"电"眼微笑训练

4.对镜微笑训练法

对镜微笑训练法也是一种比较常见、有效果的训练方法，它具有随时随地、道具简单、颇有趣味等优点。练习时，手拿一面镜子，或端坐在镜前，调整呼吸，令自己放松、平静，让自己的心情愉悦起来，然后舒展眉心，将嘴角微微翘起，面部肌肉随之放松，同时注意眼神的配合，呈现愉悦的微笑表情。为了达到最佳的训练效果，在练习时应该穿着整齐、大方，女性可化淡妆，因为整体形象常常会影响镜中人的心情，还可以放一些轻快的音乐来配合训练。长期坚持练习，对调节心情、保持微笑的生活状态有很好的帮助。

5.模拟微笑训练法

模拟微笑训练法是一种简单易行的训练方法。第一步，轻合双唇，将两根食指伸出，其余手指半握空心拳，两根食指指尖相对，放在嘴前15～20厘米处；第二步，让两根食指的指尖缓慢匀速分别向左右两侧移动，使之拉开5～10厘米的距离，同时，随两根食指移动的速度同步加大唇角的展开度，并在意念中形成美丽的微笑；第三步，让微笑停留5秒钟左右，再使两根食指缓慢匀速地向中间靠拢，直至两根食指指尖相对，随两根食指移动的速度，微笑的唇角开始缓缓收回。

6.对镜手指训练法

对镜手指训练法是微笑训练的基础方法，这种方法可以帮助训练者找到属于自己的最佳微笑模式，直到使微笑成为一种习惯。对镜手指训练法可以分为拇指训练法、食指训练法、中指训练法、小指训练法与双指训练法（见表2-3-7），男士还可以采用手掌训练法（如图2-3-29所示）。训练者可以面对镜子，反复多次实施不同的手指训练法，并观察微笑时自身面部肌肉的变化情况，找到合适、自然的微笑状态和感觉后，将这种状态和感觉记忆下来，每次训练都寻找这种微笑状态和感觉。

7.含箸训练法

含箸训练法就是将筷子作为辅助工具进行微笑训练的一种方法。练习时，首先选择一根洁净光滑的筷子，用两颗门牙轻轻咬住筷子的中部，使嘴角尽力上翘，对着镜子观察，尽量让自己上翘的嘴角高于筷子，使嘴唇呈现出美丽的弧度。此时若能够看到上排8颗牙齿就是一个比较合适的微笑，然后轻轻咬住筷子，发出"一"的声音，同时嘴角向上、向下反复运动，反复几次后，再轻轻取下筷子，让自己微笑的表情保

表 2-3-7　　　　　　　　　　　　对镜手指训练法的分类及操作方法

分类	操作方法
拇指训练法	将两只手的四指轻握，两根拇指伸出，呈倒八字形状，将食指关节轻贴颧骨附近；两根拇指的指肚向上，放在嘴角两端1厘米处，轻轻向斜上方拉动嘴角
食指训练法	双手半握空心拳，将两根食指伸出，呈倒八字形状，放在嘴角两端，向斜上方轻轻拉动嘴角，并寻找最佳位置
中指训练法	将两根中指伸出，其余四指半握空心拳，将两根中指的指肚放在嘴角两端，向斜上方轻轻拉动嘴角
小指训练法	将两根小指伸出，其余四指半握空心拳，将两根小指的指肚放在嘴角两端，向斜上方轻轻拉动嘴角
双指训练法	将两只手的拇指、食指伸出，其余手指轻轻握拢，用两根拇指抵住下巴，将两根食指放在嘴角两端，向斜上方轻轻拉动嘴角

持几秒钟。最初进行训练时，两侧的嘴角也许不能同时上升，这时利用筷子进行训练便会很有成效。若反复练习，就会在不知不觉中使两边嘴角一齐上升，形成职业的微笑。当然，筷子也可更换为其他物件，如笔直纤长的花枝等，如图 2-3-30 所示。

图 2-3-29　对镜手掌训练法

图 2-3-30　双人含花训练法

　　无论你选择何种微笑训练方法，最后练成的微笑都必须发自内心。一个完美的微笑会牵动眉宇、唇齿和面部肌肉，会通过表情、语气和动作散发出来，容不得虚假和伪装。我们经常看到某些职业模特儿的微笑，恰当的嘴唇上扬角度与冷漠的眼神让我们感觉很疏远，因为这种微笑是职业的、机械的、固定的。所以，真正的微笑是与心灵、心情相契合的，它需要以一颗善良、豁达、懂得感恩的心为基础，而在服务场合，需要的恰恰就是这种能够打动人心的温暖微笑。

二、眼神的训练方法

　　所谓"一身之戏在于脸，一脸之戏在于眼"，脸部五官中最能传神的就是眼睛了。虽然微笑也有很强的感染力，但是它表达的信息相对单一，眼神则可以传达出欣喜、关注、藐视、担忧、愤怒、惊奇、厌恶或不安等多种情绪，所以人们常用"眉目传情""眉开眼笑""目不转睛""暗送秋波"等词语来描绘眼睛的表情。眼神是通过目光持续的时间、眼睛的闭合、瞬间的眯眼，以及许多细小的动作和变化发出的。所以，服务人员不仅要对自己的眼神进行必要的规范和有效的训练，还要通过观察客户的眼神，分析和了解客户的心理，并采取相应的对策，以保证服务效果。

人们常常认为，只有大眼睛才会有迷人的眼神。其实，每个人的眼睛都可以通过训练变得炯炯有神。在训练眼神之前，我们必须明白眼神的构成要素，它包括眼球转动的方向、眼皮和瞳孔开合的大小、眼睛眨动速度的快慢、目光集中的程度与目光持续时间的长短等（见表2-3-8），每一个要素都会影响眼神的整体内涵。

表2-3-8　　　　　　　　　　　　　　　　　**眼神的构成要素及其内涵**

构成要素	内涵
眼球转动的方向	眼球转动的方向不同，人会出现平视、斜视、仰视、俯视、白眼等情况
眼皮和瞳孔开合的大小	大开眼皮、大开瞳孔，意味着开心、痛快和惊讶；大开眼皮、小开瞳孔，则有愤怒、仇恨之意；小开眼皮、大开瞳孔，带有欣赏、快乐的情绪；小开眼皮、小开瞳孔，常常会给人以狡诈奸猾、斤斤计较之感
眼睛眨动速度的快慢	眼睛眨动速度较快，有不解、调皮、幼稚、好奇之意；眼睛眨动速度较慢，则有深沉、稳重、可信、老练之意
目光集中的程度	目光较为集中地注视他人，常给人以认真、专注之感；目光分散、游离，会给人以心思不定、心不在焉之感
目光持续时间的长短	交流时目光长时间集中在对方身上，则带有深情、喜欢、欣赏、重视、疑惑之意；目光不能集中在对方身上，短暂接触即将目光移开，则带有轻视、讨厌、害怕、撒娇之意

由此可见，眼神的表达是复杂多样的。服务人员在进行眼神训练时，应综合把握以上几点，只有通过对知识的有效把握和系统的训练，才能拥有正确、得体、明亮的目光。需要注意的是，通过训练，我们可以掌握眼神接触的要领，但要真正做到"目中有人"，必须自身有涵养，因为眼神是美好心灵的外在展示。

育德润心小课堂2-3-5

在京剧中，眼睛是最传神的部位，眼神能起到"画龙点睛"的作用，不同的行当在表演中眼神更是各有独特之处。没有眼神的配合，京剧就会变成傻唱，毫无生机。

梅兰芳先生年幼时，两只眼睛有些近视，眼皮下垂，眼神不能外露，有时迎风还会流泪，眼珠转动也不灵活。拜师时，师傅说他长着一双死鱼眼睛，灰暗、呆滞，根本不是学戏的材料，坚决不肯收。但这没有令梅兰芳灰心，反而促使他更加勤奋。

梅兰芳是通过养鸽子练眼功的。无论寒暑、雨雪，梅兰芳每天天刚亮就起来打扫鸽子笼，给鸽子喂食、喂水。从最初的几对儿到后来的150多对儿，梅兰芳根据鸽子飞行能力的强弱，将它们放上天空。放飞之后，梅兰芳既要观察鸽群的飞行状况，又要训练新鸽子的飞行，还要轰赶停飞的老鸽子，更要注意避免鹞鹰的突然侵袭。无论哪个环节，都要用眼神注视蓝天中翱翔的鸽群。鸽子在天空盘旋，梅兰芳的眼睛也不由自主地跟着鸽子转动。鸽子越飞越高，越飞越远，梅兰芳的眼睛也越望越远，仿佛要望到蓝天的尽头。鸽子自下起飞、自上降落，梅兰芳的眼睛也自然随着上下活动。日久天长，梅兰芳在不知不觉中就把眼皮下垂、眼睛无神的毛病治好了。

资料来源　佚名. 梅兰芳驯鸽练眼功［EB/OL］.［2021-02-25］. https://www.guayunfan.com/lilun/618690.html.

德育基因：工匠精神　敬业乐业　厚积薄发

心有所悟：中国戏曲艺术博大精深，"四功五法"是每一个戏曲演员都必须练习的基本功。"四功"是指"唱、念、做、打"，"五法"是指"手、眼、身、法、步"。其中，"眼"就是指眼神要传情。许多京剧艺术家都说"眼为灵"，为了训练出灵动的眼神，艺术家们可谓费尽心思、苦心孤诣。"台上一分钟，台下十年功"，梅兰芳先生以勤补拙，苦练基本功，终成一代京剧大师。为学立志、干事创业，正是需要这种锲而不舍的精神。

1.视摆法

在家中，可以利用钟表进行训练。在距钟表3～5米处坐定或站定，头与颈部不动，只把目光集中在摆心一点处，并随钟摆的摆动而追视不舍。如果没有钟表，可以伸出一根食指至眼前，距眼睛约20厘米，高度约在眉心处，有节奏地左右摆动，摆幅以不超过面部外缘为宜，眼睛随着食指的摆动有节奏地进行练习。

2.扫描法

在室内两侧墙壁相同水平高度上（以自己眼睛的高度为宜）各取一点，站定在两点连线后面2～3米处，使颈部轻度左右摆动，目光始终分别落在两个点上，这是训练转颈目视的简易方法。有时，也可以直接在墙壁上选取两个对称的物品作为道具，如会议室墙壁两侧的壁灯就是很好的练习工具，练习者可以根据壁灯的高度选择站立或者坐着练习。

3.对视法

在眼神训练中，可以两人一组进行对视练习，努力不眨眼，坚持的时间应尽量长。

4.对镜练习法

对镜练习的目的是对眼神进行定位，用不同的眼神表达欢迎、高兴、惊讶、遗憾、感叹、不舍等情感。在练习中，应注意观察细微的变化，在镜子中寻找积极向上、富有感染力的目光。

5.眼神模仿法

多寻找一些自己喜欢的明星或动物的图片，挑选目光善良、积极、温和的人或动物进行模仿。

以上眼神训练方法应根据时间、地点和场合有选择地进行，训练时若感到眼睛疲劳，可将目光转移或闭目休息片刻，也可以向远处眺望，注视绿色的草地和植物，从而使眼睛的疲劳得到缓解。坚持按照以上方法练习，目光便会变得敏锐，眼睛也会明亮有神。

在服务过程中，服务人员也可以通过眉毛、眼神、嘴唇的变化，塑造丰富的面部表情语言。例如，服务人员可以通过扬眉、展眉给客户带来舒服、愉悦的感觉，通过清澈、明亮的眼神向客户传递友善和热情，通过嘴角的微微上扬让客户感到轻松和快乐。

在服务过程中，我们应排除一切心理障碍和外界干扰，全身心地进入角色，从而把甜美真诚的微笑、友善热忱的目光、训练有素的举止与亲切动听的话语融为一体。

只要持之以恒加以练习，我们一定会拥有最完美的神韵，散发出动人的服务光芒，从而为客户创造难以忘怀的服务体验。

课后提升

知识掌握

◎**核心概念**：仪态；仪态礼仪；仪态美的标准；服务仪态的价值；静止姿态；站姿；站姿的种类；坐姿；坐姿的种类；蹲姿；蹲姿的要求；动态姿势；行走姿态；手势；手势的分类；微笑的功能；微笑的要求；微笑的训练方法；眼神使用规则；眼神的训练方法

◎**核心观点**：

1.当今社会提倡讲文明、讲礼貌，提高国民整体素质，其实每个人的素质修养往往会通过其自身的举止、动作、表情等体现出来，而这恰恰就是仪态所包含的内容。

2.人的仪态是否优雅得体，一方面取决于是否有良好的道德品质与思想情操，另一方面取决于身体是否健康。

3.恰当的举止常常能够带给客户积极美好的暗示，增进客我间的交流。

4.行为学家通过研究发现，人如果反复重复某种行为，平均21天后，这种行为就会成为一种习惯。

5.站姿是良好行走姿态以及得体坐姿的基础，所以良好的体态语也是从站立开始的。

6.人体的动态姿势包括行走姿势、手部姿势等。其中，行走姿势最能体现一个人的心情、态度和修养，手部姿势则是体态语言中最能传情达意的姿势。

7.手作为人的"第二张脸"，虽然不能完全表达出我们所经历过事情的大小、模样、节奏、分量或感觉，但它具有抽象、形象、指示等多种表达功能，可以反映事实。

8.一个优秀的服务人员在与客户交流时，绝不会仅仅依靠语言进行服务，他会借助多种表达方式来为客户提供更多、更周到的服务。

9.表情是身体语言中最丰富的部分，是人的内心情感在面部的表现，是人的情绪的外在展示。

10.微笑是一种通用的世界语言，是世界各民族领会得最快、最好的一种情感。

11.完整的微笑来自眉宇的配合、体态的配合、语言的配合和心情的配合，这样一张微笑的面孔才是和谐统一的，才会令人感觉亲切而真实。

12.眼神是一种独特的语言，它能够像阳光一样豁然开朗对方的心情，也能像阴霾一样瞬时使对方的情绪低落，所以拿捏得当的服务目光是在与客户交往的过程中极好的润滑剂。

知识应用

1.请归纳总结服务仪态的价值，并举例说明。

2.根据表2-3-9中的不同身体表现分析表达者的情绪。

表2-3-9　　　　　　　　　　　　不同情绪的身体表现

可能产生的情绪	具体身体表现
	坐下时，上半身前倾，抬高下巴；站立时，抬头挺胸，双手背在身后，或者将手放在口袋里时露出大拇指；交流时，掌心相对，手指合起来呈尖塔状
	谈话时，身体前倾并坐在椅子边沿，全身放松，双手打开，解开外套纽扣，手托着脸或以手支撑着头
	讲话突然口吃，轻咳喉咙，避免双方凝视，目光快速游移，眨眼睛，多喝水，吞唾液，咬手指，呼吸急促，紧握双手不放，拨弄头发，抚后颈，绞扭双手，坐立不安，以手掩口，使劲拉耳朵，把硬币、钥匙弄得叮当响
	双臂交叉于胸前，偷瞄、侧视；瞪视对方，双手紧握，摩拳擦掌，说话时用食指指着对方
	咬笔杆，两个拇指相互绕动，啃指甲
	在保加利亚、希腊等国的朋友面前点头
	摸鼻子，揉眼睛，摸下巴，说话时眼睛看地上
	一边说话，一边用手挠后脑，抓耳垂
	咧着嘴笑，双手自然摊开，双眼平视
	听对方说话时，双脚交叉站立
	说话后，迅速用手捂住嘴巴

知识提升

　　阅兵是一个国家最隆重的庆典，历来被认为是展国力、扬军威的最好方式。我国历次大阅兵能保持如此整齐划一、气势恢宏、振奋人心，都归功于参加阅兵的官兵们的艰苦训练。

　　徒步方队讲求六线（头线、臂线、手线、膝线、脚线、枪刺线）一致。训练时，教官拉出一条直线，受训者的六线都要在一条直线上。上级检查时，采用高科技的激光线，谁没达到线的标准，激光线就会报警。正步训练的时候，必须进行分解动作训练，一踢腿、一摆臂，都非常讲究。手臂向前摆时，摆到什么位置最佳，如何才能摆得自然而优美，每个动作都是用线拉、用尺量出来的，这样才能保证数百人的方队动作整齐。

　　为了训练身体的平稳性，士兵们把帽子挂在鼻子上，不可以掉下来；为了训练士兵们在汗流浃背时也能纹丝不动，就用喷壶喷水，相当于"人工造汗"；为了训练士兵们手轻贴裤缝，实现力道不轻不重，就在裤子与手之间放一张扑克牌，保持扑克牌不掉落。休息时，士兵们也保持头顶砖块、腿绑沙包，不敢有一丝松懈。同时，为了让士兵们更清楚地知道自己的训练情况，部队还拍摄了所有的训练场景，让每个士兵仔细研究，自己找不足并弥补。

　　现在，国庆阅兵队伍的训练科目也被运用到了大学新生入学军训、公司新员工入职培训中，军队教官或者培训师为新人们量身定制了严格的军事训练项目，如夹扑克牌站军姿、拉绳子标齐队列、背负木棍练站姿等。

　　资料来源　根据网络资料整理。

　　思考：请分析在日常的仪态礼仪训练中，融入军事化训练方法的意义。

项目四
言谈礼仪

课前自学

自学点一　服务语言的基本要求是什么?

1.态度诚恳亲切,语言礼貌文雅

良言一句
三冬暖,恶语
伤人六月寒。

语言本身是用来传递思想感情的,说话时的神态、表情都应与语言本身一致。试想如果有客户前来,服务人员嘴里说着"欢迎光临",脸上却毫无一丝喜悦的表情,那么客户一定会认为这样的"欢迎"是例行公事。所以,说话时只有做到态度诚恳亲切,才能使客户对你产生表里如一的印象。使用文明礼貌语言,既是服务人员的一项基本业务要求,也是服务礼仪的一项主要规范。服务人员在与客户交流的过程中,尤其是正式交谈的过程中,用词务必谦恭、高雅、脱俗,避免使用粗话、脏话、黑话、怪话与废话,应使语言内容文明、语言形式文明、语言行为文明三者并重,深化文明礼貌用语的内涵。

2.表达清晰准确,语音语调柔和

服务人员在接待客户时,无论是使用普通话、外语还是方言,都要做到咬字清晰、音量适度,以客户能听清楚为宜,避免嗓门过大;同时,语音语调应舒缓,少用语气助词,应让客户感到亲切自然。

(1)口齿清晰

客户能听懂服务人员的话语是进行客我沟通最起码的条件。服务人员应吐字清楚,避免在交流中出现使客户疑惑的发音。在使用方言的时候,应尽量把语速放慢,以便客户理解。

(2)表达准确

表达准确要求服务人员在描述事情时应尽量详尽,时间、地点、人物、事实等应符合实际情况,以免引起不必要的误解。

趣味超链接2-4-1　　　　　　　"车要爆了"

导游小蓉第一次带团,既开心又紧张,生怕遇到突发情况。于是,她热情周到地为游客做好导览服务,小心翼翼地带领团队进行参观。

可是,老天爷偏偏要考验这个新导游。旅游大巴车在前往另一个城市的高速公路上突然爆胎了,司机师傅不得不将大巴车紧急停靠在硬路肩,随即下车检查车体。小蓉也跟随司机师傅下车查看究竟,发现一个轮胎已经破裂,另一个轮胎也被扎了一个小孔。正当小蓉与司机师傅商量着该如何处理时,一些游客在车上不耐烦地大声询问停车原因。小蓉急忙回到车里,拿起车上的讲解话筒,大声

说："咱们的车要爆了！请大家休息片刻，我们会立刻解决。"话音刚落，全车游客立刻炸了锅，如潮水般迅速向车下涌。小蓉这时才反应过来，自己把"车胎爆了"说成"车要爆了"，造成了游客的误会。小蓉只能不好意思地再次向游客解释，搞得游客哭笑不得。

（3）语调柔和

语调可以通过服务人员语音的高低、轻重，以及节奏的快慢表现出来。遇到语言激动、脾气暴躁的客户，服务人员应特别注意使用温柔的语调。

3.因人因时而异，注意把握分寸

生动、灵活的语言能达到融洽气氛、化解纠纷等效果。同时，针对不同对象、不同情况、不同场合，只有灵活运用不同的服务用语，把握好用语的尺度和分寸，才能与客户进行真正有效的沟通。

（1）因地而异

因企业特征、部门类别、工种岗位等的不同，对服务用语的具体规定也存在差异。如果服务人员在接待客户的过程中生搬硬套，程序化地使用规定服务用语，处理问题刻板欠妥，就会使客户产生不愉快的情绪。服务用语应当是生动灵活的，因使用场合的不同、面对的问题不同而变化。例如，导游带领游客进入机场，帮助游客处理好换登机牌等事务，在安检口前送别游客时，宜祝福游客"旅途平安"，而非"一路顺风"。带领游客乘坐游船时，不宜说与"翻""沉"等同音的词语。例如，在游轮上吃鱼需要翻转鱼身时，可以说"顺一下"。

（2）因人而异

在使用服务用语时，服务人员要学会察言观色，随时捕捉客户的反应，针对不同的客户灵活采用不同的表达方式。通过客户的服饰、语言、气质来辨认客户的身份，通过客户的表情、语气、身姿、手势等行为举止来领悟客户的心境，进而决定自己的服务用语。例如，当客户办理完业务想尽快离开时，服务人员对客户说"请走好"胜于"请慢走"。

4.服务语言与动作仪态应充分结合

服务人员的良好修养，不仅寓于优美的语言中，而且展示在温文尔雅的举止和关切的眼神上。服务人员在与客户交谈时，应做到言语得体，笑容可掬，眼光停留在客人面部三角区，专注凝神，垂手侍立，距离适当，举止得体；如果要离开，应躬身退一步后转身离开。这些动作仪态都可以为交谈加分。

5.善用行业语言，避免服务忌语

服务人员的行业用语又称行业语、行话，主要用于说明某些专业性、技术性问题。恰到好处地使用必要的行业用语，能够更好地说明问题，显示个人的业务能力，赢得客户的理解与信任。服务人员在使用行业用语时，表现要机智，在面对各类客户时，一定要注意察言观色、反应灵敏、抓住重点、当用则用、适可而止，讲究少而精，并且应尽量为对方所理解，不能给客户留下故弄玄虚的印象。在服务过程中，服务人员应避免使用忌讳之语，如蔑视语、否定语、顶撞语、烦躁语、拒绝语、命令语等，以防这些不佳用语伤害客户的感情。与客户交流时，不可以问及对方的婚姻、年

知识广角镜
2-4-1

嗓音的科学
保健

不蔽人之善，
不言人之恶。
——《战国策》

龄、收入、住址、工作经历、信仰、身体等方面的情况。

（1）不尊重之语

不尊重之语大多会触犯客户的个人忌讳，尤其是与客户身体条件等方面相关的某些忌讳。例如，对老年客户，绝对不宜说"老头子""老婆子"等话语，这样的词语会引起老人的反感。与病人交谈时，尽量不要提"病号""病秧子"之类的话语，因为绝大多数病人都是"讳疾忌医"的。面对残疾客户，切忌使用"残废"一词，一些不尊重残疾人的提法，更不宜使用。平等地对待每一位客户，就是对客户的尊重。

（2）不友好之语

当客户要求服务人员提供服务时，服务人员以鄙视的语气询问："你买得起吗？"当客户表示不喜欢推荐的商品，或者经过一番挑选后，仍感到不太满意，准备离开时，服务人员在客户身后嘀咕"没钱还来干什么！"或"一看就是穷光蛋！"等。当客户对服务感到不满或提出一些建议时，服务人员顶撞客户说"谁怕谁呀，我还不想侍候你这号人呢！""你算什么东西！""我就是这个态度！""本人坚决奉陪到底！"等。以上都是不友好、不友善的语言。我们要学会换位思考，假设我们在购买商品时受到如此对待，心情必然也不会好，所以应以宽容之心待客，不能图一时之快、逞一时之勇，言语应尽量平和友好。

（3）不耐烦之语

服务人员在接待客户时应表现出应有的热情与足够的耐心，要努力做到有问必答、答必尽心、百问不烦、百答不厌、始终如一。例如，当客户询问某种商品的功能时，不能说"我也不知道""从未听说过"等话语。当客户询问具体的服务价格时，不能说"那上面不是写了吗？""自己不会看吗？""没长眼睛吗？"等话语。当客户要求服务人员提供服务或帮助时，不能说"着什么急""找别人去""那里不归我管""吵什么吵"等话语，或者自言自语"累死了""烦死人了"等。当下班时间临近时，不能不耐烦地驱赶客户，不能说"下班了""抓紧时间""快点"等话语。

（4）不客气之语

劝阻客户不要乱摸乱碰商品时，不能说"瞎动什么！""弄坏了你赔不赔？"之类的话语。当需要客户交零钱，或没有零钱可找时，直截了当地对客户说"拿零钱来"，或告知对方"没有零钱找"，都是极不适当的。当客户进一步提出问题时，绝对不能同客户说"管那么多干什么？""不买东西别问！""你问我，我问谁？"等话语。

自学点二　如何用倾听赢得认同？

倾听在人与人的沟通过程中起着非常重要的作用。心理学研究表明，人的内心深处都有一种渴望得到别人尊重的愿望，而对方认真倾听自己的发言正是一种被尊重的表现。倾听是一项技巧，是一种修养，甚至是一门艺术。学会倾听应该成为服务人员的一种职业自觉，只有让客户看到我们倾听的诚意，客户才会对我们产生好感，进而认同我们。

商业会谈并没有特别的秘诀，最重要的是学会如何倾听对方的说话。

——卡耐基

统计资料显示，在工作中，一般人花在沟通上的时间占总工作时间的比例接近75%。在这75%的时间里，又有50%的时间在听。平均每个人接收并保持的信息只占听到信息的50%～65%，如果记忆水平很低，则只能保持几分钟。两天之后，大家讨论的细节只能记得25%。这就意味着两天前的对话记忆已非常不完整了，甚至会出现与当时谈话内容截然相反的记忆，而造成误差、错误与误解最常见的原因就是无效倾听。这时，我们会发现听见与倾听是两个概念，听见只是耳朵接收声音的简单生理表现，倾听则需要全神贯注，这样大脑才能处理词语与句子的意义。请大家通过"知礼·习礼系列礼仪微课2-4-1"自学倾听的阶段与层次、有效倾听的表达等内容。

知礼·习礼系列礼仪微课2-4-1

倾听

我们熟知的小金人故事还可以有另外一种解释。如果把这三个小金人放到不同的环境下，那么这三个小金人都是很有价值的。第一个小金人：插入一只耳朵里的稻草，从另一只耳朵里出来，代表有些没有营养、消极不堪的话语的确没有必要听到心里去，否则只会徒增自己的心理负担，因此对我们没有任何帮助的话语，就要让其从另一只耳朵出去。第二个小金人：插入的稻草从嘴巴里出来，当需要把原话直接进行传达的时候，就必须要说出来。第三个小金人：插入一只耳朵里的稻草不再出来，代表把话语听到心里，用心去聆听才能获得真正的朋友。这三个小金人如果合为一人，那这个人就是最有价值的。

善于倾听客户的想法才能快速捕捉到服务的机会，有效倾听客户的建议才能使服务符合客户的期待。因此，我们应掌握倾听的技巧。在倾听的过程中，除了要配合使用肢体语言和口头语言，还要用脑袋思考，用心灵倾听。所谓用脑袋思考，是指以获得信息为目的进行每一次交谈，接受并理解客户向我们传递的主要信息，不要被个别片段所吸引。善于倾听的人总是注意分析哪些内容是主要的，哪些内容是次要的，以便抓住事实背后的主要意思，以免造成误解。每次谈话结束时都要问问自己："这位客户到底打算告诉我什么内容？"用心灵倾听是倾听的最高层次，是指倾听者有情感地、积极主动地倾听。倾听者要能够设身处地地看待事物，吸收说话者的一切信息，包括说话者的表情、语速、语调、姿态等，然后将信息汇总，理解说话者的真实想法，并能够积极配合说话者的表达，通过语言与表情激发说话者的表达兴趣。

知识广角镜2-4-2

同理心

课中研学

研学点一 服务语言的常识

动感小课堂2-4-1　　　　课前思考

银行柜面人员在上岗前均要接受窗口接待话术培训。这些话术模板规定了接待流程的语言内容，可同样是说"您好！""请问您办理什么业务？""请带好随身物品！""期待您的再次光临！"……不同的服务人员得到的评价可能完全不同。如果模仿酒店星级评定标准，将接待语言也划分为五个等级，那么如何将同样的话语说出五星级的水平呢？

如今，客户在购买各种服务产品时，越来越希望享受到被服务的过程，感受高品质的服务所带来的愉悦感受。因此，与客户进行语言交流时，言谈礼仪就显得格外重要，不仅要重视实际的语言内容，而且要注重语言的表达方式。言谈礼仪是指靠语言、体态和聆听艺术构成的沟通方式，是交谈者知识、阅历、教养、才智与应变能力的综合表现。

服务语言是服务人员与客户交流的媒介之一，是完成服务工作的重要工具与手段，会影响客户的购买情绪与消费体验，反映了服务人员的职业素养与道德水准。因此，只有有效运用服务语言，才能够提高服务价值与服务效率。

一、文明礼貌的服务用语

在人际交往过程中，使用文明礼貌用语不仅可以表现出个人的亲切、友好与善意，还能够传递出对交往对象的尊重，表现出个人良好的文化素养、礼貌待人的态度，更有助于双方产生好感，彼此接受。服务工作中的文明礼貌用语，主要是指服务人员在服务过程中表示自谦、恭敬之意的一些约定俗成的用语及特定的表达形式。

1.文明礼貌用语的使用原则

（1）目的性原则

在人际交往过程中使用语言是为了实现一定的交际目的。这种目的大致有下述五项：一是传递信息，表达情感；二是引起注意，唤起兴趣；三是取得信任，增进了解；四是予以鼓励；五是进行说明，加以劝告。在工作中运用文明礼貌用语时，服务人员必须目的明确、头脑清醒、言随旨意，力戒乱语失言、信口开河。

（2）对象性原则

语言的实际效果不仅取决于如何运用，而且取决于语言能否被对方所理解和接受。因此，文明礼貌用语务必要区分对象、因人而异，切忌呆板不变、千篇一律。

（3）诚实性原则

服务语言的运用应以诚为本、以实为要、以真为先。诚实性原则要求服务人员在运用服务语言时应努力做到：一是在语言的具体内容上，一定要力求"真、善、美"，要说真话、讲实话，千万不可虚情假意，欺骗愚弄客人；二是在语言的表达形式上，要力求表里如一，不能徒有其表，搞形式主义的花架子。

（4）适应性原则

服务语言的运用通常有其特定的环境和具体的场景。适应性原则要求在运用文明礼貌用语时，一定要语随境迁，兼顾和适应当时的具体语言环境和交往双方的情绪变化。

2.文明礼貌用语的常用类型

在服务工作中，服务人员使用的文明礼貌用语有以下几类：

（1）问候用语

问候，即问好或打招呼。人们在公共场所刚见面时，会彼此向对方询问安好、致以敬意，或者表达关切之意。

◎适宜问候的时机

适宜使用问候用语的时机主要有以下五个：一是主动为客人服务时；二是客人有求于自己时；三是客人进入本人的服务区域时；四是客人与自己相距过近或四目相对时；五是自己主动与他人进行联络时。

◎问候的恰当顺序

在正常情况下，身份较低者应当首先向身份较高者问候，如服务人员应先问候客户，年轻人应先问候年长者。当被问候者不止一人时，有以下三种方法可循：一是统一对客户进行问候，不再一一问候每个人，如"大家好""各位午安"等；二是采用"由尊而卑"的礼仪惯例，先问候身份高者，再问候身份低者；三是以"由近而远"为先后顺序，首先问候与本人距离近者，然后依次问候其他人，当被问候者的身份相似时，一般应采用这种方法。此外，在营业高峰时，服务人员应做到"接一顾二招呼三"（即正在接待一个客人，嘴里招呼着另一个客人，通过眼神、表情等向第三个客人传递信息），提高操作技艺，缩短接待时间，从而使客人感到被尊重。

◎问候的具体内容

在问候他人时，具体内容应当既简练又规范。要注意一些传统习惯用语与现代流行语的不同，并注意不同国家、不同民族的风俗习惯。例如，中国人习惯说"您吃了吗？""您上哪儿去？"之类的问候语，但这些问候语对外国人来说并不合适，外国人会认为这是干涉自己私事的表现。服务人员可以使用的问候用语主要有以下两种：一是标准式问候用语，即直截了当地向对方问候。常规做法主要是在问好之前，加上适当的人称代词或者其他尊称，如"您好""各位好""××先生好""××主任好"等。二是时效式问候用语，即在一定的时间范围内才有作用的问候用语。常规做法主要是在问好、问安之前加上具体的时间，或者在二者之前再加上尊称，如"早上好""中午好""下午好""各位下午好""××经理早上好"等。

动感小课堂2-4-2 "你问候我回应"

请同学们以小组为单位进行问候情景模拟，大家分别扮演"服务人员"与"客户"的角色，"服务人员"分别向"客户"说出以下五种不同的问候用语。模拟结束后，请"客户"选出最喜欢的问候方式。

第一种："您好！"

第二种："早上好！"

第三种："先生，早上好！"

第四种："××先生，早上好！"

第五种："××先生早上好，有什么可以为您效劳的吗？"

（2）迎送用语

在服务接待过程中，迎送客户是常规的工作。服务人员除了应随时保持端庄的姿势、优雅的微笑迎送每一位客户以外，还要有相应的礼貌迎送语言。

◎欢迎用语

　　欢迎用语又叫迎客用语，主要适用于客户光临自己的服务岗位的情况。服务人员在使用欢迎用语时，以下三点应予以注意：一是欢迎用语往往离不开"欢迎"一词的使用。平时最常用的欢迎用语有"欢迎！""欢迎光临！""见到您很高兴！""恭候您的大驾光临！"等。二是当客户再次到来时，应以欢迎用语表明自己记得对方，以使对方产生被重视之感。具体做法是在欢迎用语前加上对方的尊称，或加上其他专用词。例如，"××先生，欢迎光临！""××小姐，我们又见面了！"等。三是在使用欢迎用语时，通常应一并使用问候语，必要时同时向被问候者施以其他见面礼，如点头、微笑、鞠躬、握手等。

◎送别用语

　　当客户离开或服务结束时，应有礼貌地与客户告别，用自然、贴切的送别用语圆满结束服务任务，善始善终的做法能够给客户留下深刻而美好的印象。常用的送别用语主要有"再见""慢走""欢迎再来""一路平安"等。当客户因故没有消费时，服务人员仍要一如既往地保持送别的礼貌风度，千万不可在客户离去时默不作声。

　　（3）请托用语

　　请托用语是当服务人员在请求他人帮忙或托付他人代劳时使用的专项用语。服务人员在以下三种情况下会使用请托用语：一是当服务人员向客户提出一般要求时；二是当服务人员向客户提出具体要求时；三是请求或托付他人时。请托用语包括：标准式请托用语（如"请稍候"）；求助式请托用语（如"劳驾"）；组合式请托用语（如"拜托您为这位女士让一个座位"）等。

　　（4）致谢用语

　　致谢用语又称道谢用语、感谢用语。在人际交往中，使用致谢用语，意在表达自己的感激之意。适当运用致谢用语，可使自己的心意为他人所领受，"礼多人不怪"，从而拉近与客户之间的关系。在下列情况下，服务人员应及时使用致谢用语：一是获得他人帮助时；二是得到他人支持时；三是赢得他人理解时；四是感受到他人的善意时；五是婉言谢绝他人时；六是受到他人赞美、夸奖时；七是获赠礼品与款待时。无论在何种情况下，只有坦然真诚地道谢，才能向客户、领导、同事、朋友传达自己内心的那份真挚谢意。致谢用语包括：标准式致谢用语（如"××先生，谢谢！"）；加强式致谢用语（如"万分感谢！"）；具体式致谢用语（如"有劳您了"）等。

　　（5）征询用语

　　在服务过程中，服务人员往往需要以礼貌的语言主动向客户进行征询，以取得良好的反馈。服务人员在以下五种情况下应使用征询用语：一是主动提供服务时；二是了解对方需求时；三是给予对方选择时；四是启发对方思路时；五是征求对方意见时。需要注意的是，在具体使用征询用语时务必要把握好时机，并且兼顾对方，切勿使客户产生强买强卖之感。征询用语包括：主动式征询用语（如"我能为您做点儿什么？"）；封闭式征询用语（如"您觉得这件工艺品怎么样？"）；开放式征询用语（如"您打算预订雅座，还是预订散座？"）等。

（6）应答用语

应答用语是服务人员在工作岗位上回应客户的召唤，或答复客户的询问时所使用的一种专门用语。基本要求是：随听随答、有问必答、灵活应变、热情周到。应答用语包括：肯定式应答用语（如"是的"）；谦恭式应答用语（如"请不必客气"）；谅解式应答用语（如"没有关系"）等。

（7）赞赏用语

及时而恰当的赞赏等于欣然接受了对方的做法，也是对对方行为的正面肯定，这样既可以激励对方，也可以促进或改善双方之间的人际关系。使用赞赏用语时，讲究的是适可而止、实事求是与恰到好处。赞赏用语包括：评价式赞赏用语（如"您真有眼光"）；认可式赞赏用语（如"还是您懂行"）；回应式赞赏用语（如"承蒙夸奖，真是不敢当"）等。

（8）祝贺用语

在服务过程中，适时地使用一些祝贺用语，不但是一种礼貌，而且是人之常情。一句真诚的祝贺通常能为"人逢喜事精神爽"的客户锦上添花。祝贺用语包括：应酬式祝贺用语（如"祝您成功"）；节庆式祝贺用语（如"百年好合"）等。

（9）推托用语

推托用语包括：道歉式推托用语；转移式推托用语（如"我可以为您向其他航空公司询问一下"）；解释式推托用语（如"下班后我们酒店还有其他安排，很抱歉不能接受您的邀请"）等。

（10）道歉用语

在工作中，因某种原因而给对方带来不便，或妨碍、打扰对方时，最聪明的方法就是及时向对方道歉。常用的道歉用语主要有"抱歉""对不起""请原谅""失礼了""失言了""失陪了""失敬了""失迎""不好意思""多多包涵""很惭愧""真过意不去"等。

知识广角镜
2-4-4

致歉技巧

3.服务语言宜文雅、忌粗鄙

《礼记·少仪》中云："言语之美，穆穆皇皇。"中华用语不光讲究谦恭，也讲究婉雅。在与客户交谈时，尤其是正式交谈时，用语要力求谦恭、恭敬、高雅、脱俗。在避免咬文嚼字的前提下，可有意识地采用一些文雅的词语。例如，在正式场合欢迎客户到来时，使用雅语说"欢迎光临"，显然比说"您来了"要郑重得多；对一位有文化的老人使用雅语"敬请赐教"，自然也比直言"有什么意见请提"更中听。在服务过程中，服务人员应对中国传统的约定俗成的文明用语熟记多用。

动感小课堂2-4-3　　　　　文雅词语的选用

在不同的场景下使用的文雅词语不同，请同学们将左边的场景与右边的词语正确配对。

系列场景（1）　　　　　　　系列场景（2）

①请改文章　　拜访　　　　①请人帮忙　　赐教

②请人原谅　　笑纳　　　　②归还物品　　幸会

③赞人见解	恭候	③请人指教	留步
④欢迎顾客	打扰	④好久不见	奉还
⑤请人接受	光顾	⑤初次见面	烦请
⑥麻烦别人	借光	⑥请人勿送	拜托
⑦等候别人	高见	⑦与人道别	失迎
⑧看望别人	包涵	⑧求人办事	久违
⑨求给方便	斧正	⑨没能迎接	告辞

通过练习我们发现，平时需要使用文雅词语的场合很多。但在具体运用文雅词语的时候，我们还要考虑客户的文化水平，灵活遣词造句，处理好文雅语言与通俗语言的关系。例如，一位护士小姐帮助农村老奶奶填写病历，问道："老人家，您贵庚？您配偶的名字是？"老奶奶听得一头雾水。此时，护士小姐应该采用通俗的语言，以利于双方的沟通。此外，在服务过程中，我们应避免使用粗话、脏话、怪话与废话。

二、服务语言的表达方式

我们之所以重视服务语言的表达方式，是因为服务人员的服务态度不仅体现在语言内容的选择方面，而且体现在语气、语速、语调的运用等方面。例如，语调低沉，容易使客户产生被质问或被命令的感觉。同样道理，我们也可以通过服务语言的表达来判断客户的个性特点。例如，情绪型的客户遇到不愉快的事情时，会通过生硬的语气、高亢的语调，语速飞快地表达自己的态度，以此宣泄其不满情绪。理智型的客户则相反，他们的情绪一般比较稳定，即使遇到不愉快的事情，他们仍然能够做到语气柔和、语调适中且语速快慢有度，以此来表达自己的成熟、大方和智慧。

在服务工作中，服务人员与客户之间会通过语气、语速、语调等判断对方的情绪、态度、需求，这是一个双方观察、互动的过程。由此可见，语言的表达方式相比语言的实际内容更能反映人的内心世界，更能透露人此刻的真实想法及与他人交流时的态度。

1.语气的把握

语气可分为陈述、疑问、祈使、感叹、否定等类型。服务人员与客户交流时，一定要热情、亲切、和蔼、有耐心，尽量克服急躁、生硬与轻慢等不良情绪，力求语气柔和。

2.语速的把握

知识广角镜
2-4-5

语气与呼吸
的关系

语速其实非常不好把握，如果说话过快，对方可能会遗漏一些信息，导致对方听不懂；如果说话过慢，对方就会产生倦怠感，根本无法坚持听下去。在服务交流中，合适的语速是每分钟200～220个字。面对年纪较大的客户，语速可以适当放慢；面对年轻的客户，语速可以适当加快。根据客户、场景的不同，语速也可以灵活调整，这就需要服务人员在实际工作中多留心、多注意。

动感小课堂2-4-4　　　　　语速调整的情景模拟

假设同学们要向客户介绍信用卡的办理流程，面对三种不同类型的客户——急躁型、迟缓型、活泼型，请选用合适的语速与其进行交流。模拟结束后，请扮演客户的同学谈谈沟通的感受。

3.语调的把握

语调是服务人员对客户说话时的腔调，包括语音的高低、轻重、快慢等因素。只有掌握并运用好这些因素，才能使语调富于变化和韵味，才能使讲话具有抑、扬、顿、挫的特点，才能增添话语丰富的效果。在与客户交往的过程中，服务人员应根据语言内容、场合、事情的不同，合理把握语调。

（1）根据语言内容来调整语调

与客户交往时常用的十字文明用语在使用时存在着降调和升调两种情况。例如，用升调说出"您好"中的"好"，会给客户带来真诚、热情的感觉；相反，如果使用降调说出，就会使客户产生被敷衍、受冷淡的感觉。再如，用升调说出"对不起"中的"起"字，会使客户产生被人讽刺的感觉；相反，使用降调说出则比较恰当。在十字文明用语中，除了"对不起"以外，"请""您好""谢谢""再见"在一般情况下都需要使用升调说出。

（2）根据场合来调整语调

面对不同的场合，语调应有所变化。例如，客户经理上门拜访客户时，使用升调能够给客户带来温暖、舒适的感觉。

（3）根据事情来调整语调

面对不同的事情，语调也应有所变化。例如，在与客户交谈的过程中，当对方谈到愉快的事情时，选择升调进行肯定或应答，会使对方受到鼓舞。

趣味超链接 2-4-2　　　　　　**声音的秘密**

相信很多人都看过《窈窕淑女》这部电影，它讲的是语言学教授希金斯将一个满是乡下口音的卖花女伊莉莎·杜利特尔在短期内训练成一个操着贵族口音的千金小姐的故事。而这个有效的短训是从什么地方开始的呢？答案是声音和语言。希金斯教授让伊利莎·杜利特尔在留声机上一遍又一遍训练语音和语调，之后才是着装、姿态、社交礼仪的训练。可见，要改变人的谈吐，声音里蕴藏着巨大的可挖掘的能量。

首先，不要用鼻音说话。如果你用手捏住鼻子，你发出的声音就是一种鼻音。在现实生活中，用鼻音说话会让人产生不舒服的感觉。如果你希望说服一个人，就不要用鼻音说话，要用胸腔发音。只有字正腔圆的说辞才能对他人产生说服力。

其次，说话的声音不能过尖或过低。尖锐的声音比沉重的鼻音更加难听，想想我们印象中那些又高又尖的声音，往往是人在受到惊吓或刺激时发出的声音。相反，声音过低会让人觉得此人身心疲惫、萎靡不振。

再次，嘴唇不能僵滞。一个人在说话时如果嘴唇僵滞，就会出现口齿不清的情况，这样别人根本听不清楚他在说什么，甚至会因此产生误解。

最后，去掉口头禅。如果一个人在说话时反复使用"嗯""那个""然后"之类的词语，那么这些词语就是口头禅。一旦发现自己说话时有口头禅，在以后与人讲话的过程中就要时时提醒自己去掉口头禅。

资料来源　佚名.怎样打招呼更能吸引他人［EB/OL］.［2018-10-14］.https://www.sohu.com/na/259433908_698147.

研学点二　和谐的沟通艺术

在与客户交往的过程中，听与说是相辅相成的，只有听客户想说的、说客户想听的，才能实现信息的顺畅沟通，达到倾听与诉说的和谐。与客户沟通过程中听与说的要点见表2-4-1。

表2-4-1　　　　　　　　　　　　　与客户沟通过程中听与说的要点

听的探寻	说的表达
关键1：积极探询客户想说什么 （设身处地，不要打断）	关键1：弄清楚客户想听什么 （认同赞美，询问需求）
关键2：用客户乐意的方式倾听 （积极回应，鼓励表达）	关键2：以客户感兴趣的方式表达 （亲和友善，幽默热情）
关键3：控制情绪，适时回应与反馈 （确认理解，听完澄清）	关键3：注意表达的时机与场合 （依据时机、场合变化内容）

动感小课堂2-4-5　　　　　　　　画图游戏与思考

请同学们独立完成绘画作品。老师在大家绘画之前发出单向指令："请同学们在A4纸左侧画房子，在A4纸中间画人，在A4纸右侧画树木。"

画图游戏结束后，请同学们思考以下两个问题：

第一个问题：请同学们分享自己的作品，并寻找是否有完全相同的作品。

第二个问题：在纸张大小相同、老师指令相同的情况下，为什么没有完全相同的作品出现？

画图游戏结束后，我们会得出这样的结论：没有完全相同的作品。同学们会认为，"大家的思维方式不同""老师的指令不具体，没有描述房、树、人的大小与形态""老师要求大家独立完成作品，大家没有交流""老师的指令是单向的，我们有疑问也没法反馈"等，因此不可能有完全相同的作品出现。通过这样的课堂活动，我们清楚了语言沟通的模式、影响语言沟通的因素。图2-4-1清晰地展示了语言沟通的模式包括五个关键因素，即信息发送者（信息源）、信息（编码）、渠道、反馈（解码）、信息接收者。

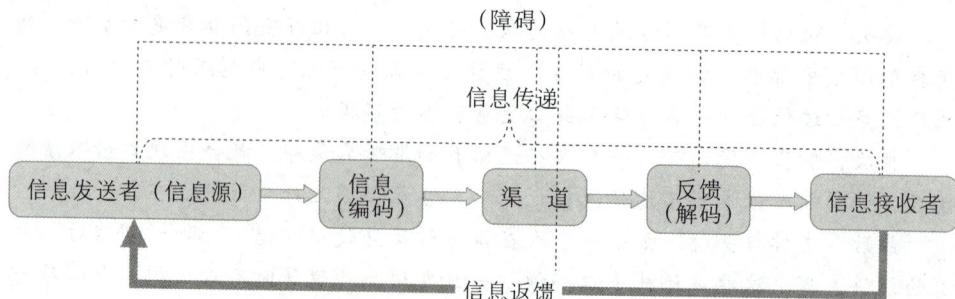

（障碍）

信息传递

信息发送者（信息源）→信息（编码）→渠道→反馈（解码）→信息接收者

信息返馈

图2-4-1　语言沟通的模式

1.沟通的障碍

从图2-4-1中我们可以发现，沟通的障碍存在于信息传递与反馈的全过程，主要体现在以下几点：

（1）信息传递的障碍

首先是信息发送时的障碍。受信息发送者的表达能力、态度和观念等方面因素的影响，如果缺乏信息接收者的反馈，发送的信息就难以在传递过程中被接收。其次是信息渠道的障碍。这涉及双方的语言和语义问题、接收者的信息接收能力、信息交流的长度、信息传播的方式与渠道、沟通双方的地位等影响因素。最后是信息接收时的障碍。信息在接收时，容易受到沟通环境的刺激与影响，接收者自身的态度、观念、需求与期待也是非常重要的影响因素。如果双方或者单方怀有成见，再加上信息发送者与接收者之间存在文化差异，那么信息接收的障碍就会产生。

（2）信息流失的问题

信息在传递过程中也会存在流失的问题。假设服务人员本身想表达100%的内容，实际上只能传递出80%的信息，而客户听到了60%的信息，客户将听到的信息进行加工后能理解40%，最后记住的则只有20%。

（3）认知方面的偏差

20世纪50年代，美国心理学家约瑟夫·勒夫特与哈林顿·英格拉姆开展了一项组织动力学研究，他们发现，作为信息主体的个人往往与某个组织有一定的联系，于是他们就如何提高人际交往的成功率提出了一个重要理论——约哈里之窗。约哈里之窗理论也被称为"自我意识的发现——反馈模型"或"信息交流过程管理工具"，是一个介绍自我和相互了解的模型，用以解释自我和公众沟通关系的动态变化。

根据约哈里之窗理论，人的内心世界被分为四个区域，即开放区（公开区域）、盲目区（盲点区域）、隐秘区（隐私区域）、未知区（潜能区域），如图2-4-2所示。开放区代表所有自己知道且他人也知道的信息；盲目区代表关于自我的他人知道而自己不知道的信息；隐秘区代表自己知道而他人不知道的信息，这些信息有的是知识性的、经验性的，有的是创造性思维的结果；未知区代表自己不知道且他人也不知道的信息，是潜意识、潜在需要，是难以确定的潜在知识。正因为如此，人与人在沟通时会存在认知偏差。

（4）沟通形式的不当

如果在沟通中存在傲慢无礼、发号施令、回避话题等情况，沟通障碍就显而易见了。傲慢无礼的方式包括过分评价、讽刺挖苦、过分或不恰当的询问等；发号施令则体现在以命令、威胁的口吻来表达自己的意见；回避话题则通过模棱两可、保留信息、转移注意力的话语反映出来。

2.减少沟通障碍的途径

为了保证沟通质量，减少沟通障碍势在必行。

己方

自己知道 → 自己不知道

他人知道

他方

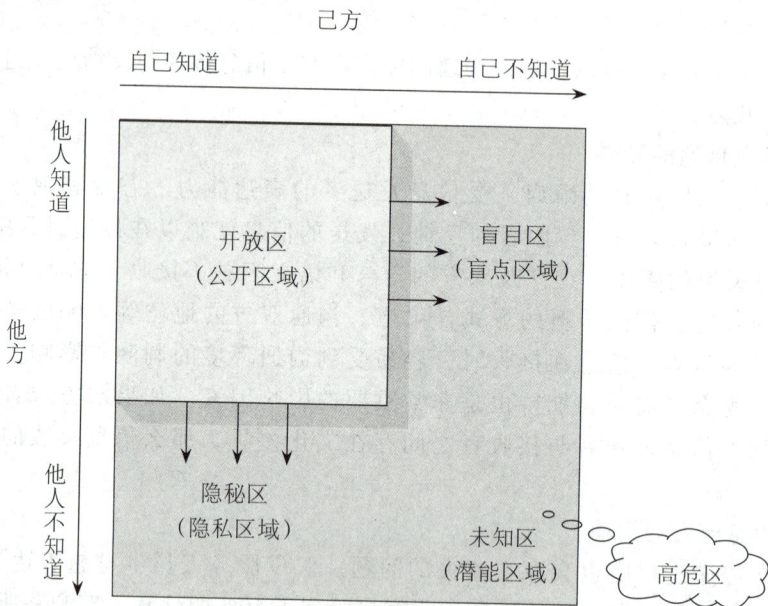

开放区
（公开区域）

盲目区
（盲点区域）

隐秘区
（隐私区域）

未知区
（潜能区域）

他人不知道

高危区

图 2-4-2　约哈里之窗理论

（1）信息发送者与接收者的认知明朗化

我们可以利用两个约哈里之窗来说明两个人在交往中的认知关系。图 2-4-3 中的两个椭圆代表两个人的全部特征。椭圆中的区域 1 和区域 2 为自己所了解的自我，两个椭圆相交的部分（区域 1）代表两个人公开想让对方知道的部分，这部分由于具有开放性和一致性，没有理由去防卫，因此沟通时几乎不会产生冲突，称为安全区域。同时，两个人都有自己了解，但不想让别人知道的部分，这部分称为隐私区域（区域 2）。如果你进入对方的隐私区域，就有产生冲突的可能。不过，由于隐私区域属于自己了解的部分，因此一般产生的冲突均在可以控制的范围内。椭圆中的区域 3 和区域 4 代表自己不了解的自我。区域 4 是一个很特别的区域，它属于自己不了解，但别人了解的部分。你可能会在无意中触怒他人，但由于他人了解你，因此他人可能会告诉你，但又担心伤害到你的感情，这也是一种潜在的冲突。当然最危险的情况是区域 3，它属于未发现的自我，就是自己不了解且他人也不了解的部分，该部分极易产生冲突。

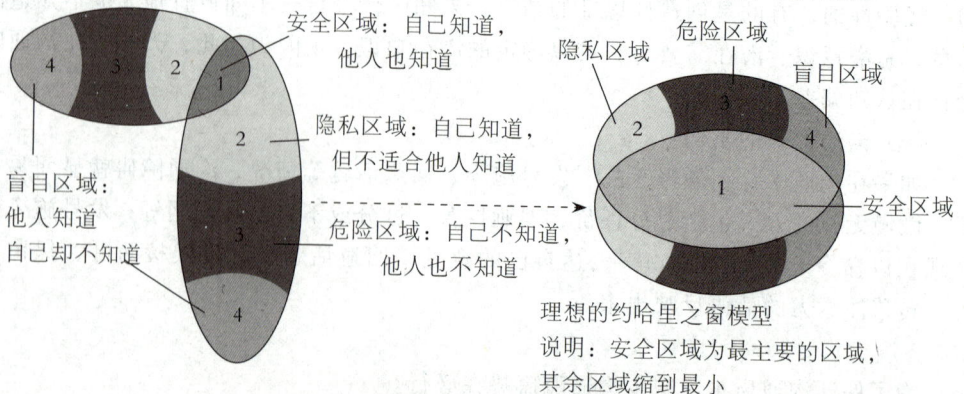

安全区域：自己知道，
他人也知道

隐私区域：自己知道，
但不适合他人知道

盲目区域：
他人知道
自己却不知道

危险区域：自己不知道，
他人也不知道

隐私区域

危险区域

盲目区域

安全区域

理想的约哈里之窗模型
说明：安全区域为最主要的区域，
其余区域缩到最小

图 2-4-3　约哈里之窗的理想演变

约哈里之窗不是静止的，而是动态的，我们可以通过内、外部的努力改变约哈里之窗四个区域的分布，即增加在信任基础上的交流，扩大开放区，缩小盲目区和隐秘区，探明未知区。所以，在客我交往过程中，当服务人员担任信息发送者的角色，而客户是信息接收者的角色时，服务人员必须通过直接或者间接地获取信息的方法充分了解客户，同时突破自己的思维定式，将双方的认知明朗化。

（2）发送的信息具体化

在与客户交流的过程中，发送的信息越清晰、具体，就越容易使客户理解和接受。例如，银行柜面人员请客户在回单上签字时，给出的信息有以下三种：第一，请在回单上签字；第二，请在回单的右下角签字；第三，请您在回单的这个位置签字，柜面人员边说边用自己的手指向签字的位置。对于这三种表达方式，第一种比较模糊的语言会给客户带来困惑，如果客户对银行业务不熟悉，他就会在整张回单上寻找签字的位置；第三种语言能够比第二种语言更准确而具体地指示出签字位置。所以，有经验的服务人员会采用追问的方式，以使自己更加明白客户要办理的业务，从而给出有针对性的处理意见。

（3）发送信息的渠道多元化

人与人之间交流的渠道有五种，即视觉渠道、听觉渠道、触觉渠道、嗅觉渠道和味觉渠道。如果能够综合利用所有的沟通渠道，就会产生好的交流效果。例如，5D电影院能够让观众从听觉、视觉、触觉、嗅觉等方面进行体验。随着影视内容的变化，观众在"火焰"前会有灼热感，在海浪扑身时会"湿"了衣裳，并且能够体验下坠、震动、扫腿等真实的感觉。这样，观众就会感到身临其境、妙趣横生。再如，商场会通过食品试吃、服装试穿等形式，让客户多方面体验产品的特点。所以，综合利用沟通渠道，能够提高服务人员与客户交流的效率与质量。

（4）信息反馈的双向化

反馈应该是双向的。当信息源是服务人员时，服务人员可以通过询问的方式获得客户的反馈，如"我说明白了吗？"等，并且通过客户的眼神、表情、肢体动作以及应答等来判断发送的信息是否被客户正确接收。当信息源是客户时，服务人员对客户发送的信息要及时给予恰当的应答。应答的方式可以是语言，如"好的""我明白了""没有问题"等，也可以通过肢体动作来表达，如点头、微笑等。当然，将有声语言和肢体动作结合起来使用，会使客户的情绪体验更加积极。

知识广角镜 2-4-6

双向沟通原理

研学点三 柔性的语言艺术

趣味超链接 2-4-3　　　　　　**丢垃圾引发的小故事**

烈日炎炎，身处闹市街头的小玲喝完一罐冰爽的可乐后，顿时感觉凉快很多，可拿着空瓶子挺不方便的，于是她四处寻找垃圾桶。突然，她发现一家便利店门前有一个大大的塑料垃圾桶，她开心地走了过去，扔下空瓶子就离开了。这时，小玲身后响起了一声尖厉的怒喝："哎，你不要把垃圾丢在我这里，听见没有！听见没有！这不是公共垃圾桶！怎么那么没素质！"本来想道歉的小玲听到这样的话语，立刻转头说："我怎么知道这垃圾桶是谁的，我就丢了，怎么着？"女店主立刻反击："看你长得斯斯文文的，怎么这么没素质，赶紧拿走，听到没？"这时，在便利店里购物的人纷纷劝说："人家小姑娘也不知道，小姑娘你也道个歉，就算了吧。"女店主依旧不依不饶，小玲也毫不退步，头也不回地走掉了，大家不欢而散。

读了上面的故事，大家是否发现生活中有很多类似的状况，本来想好好解决问题，可是由于语言使用不当，事情非但没有得到解决，反而向糟糕的方向发展下去。在上面的小故事里，两位女主角分别采用了否定、命令、轻视等语言进行交流，但实际上，我们完全可以换一个说法、换一种方式，使分歧得到有效解决。

一、优化否定与命令式语言

在上面的小故事里，女店主一开始就用"不要""听见没有"等否定与命令式的语言与小玲沟通，这两种语言都容易给人带来负面的情绪体验。因为成年人是有自我思想的独立个体，被人否定或者命令，自然会产生反感与逆反心理。对孩子来讲，习惯性的否定与命令，也会伤害他们幼小的心灵，损害他们的自尊心、自信心、自主性，扼杀他们的天然创造力。因此，无论是在服务工作中还是在家庭生活中，优化否定与命令式语言都非常重要。

1.转变意识是优化语言的基础

语言习惯来自人的思想意识。当我们将自己置于和对方平等的位置时，我们的语言一定是平等的、商量式的、肯定式的。当我们期待自己的语言给客户带来愉快的心情时，我们的语言会变得温馨和美好。

（1）平等对待客户

与客户交往时，既不要忘了自己的身份，也不得过分强调自己的身份。切忌对客户冷言冷语、漠不关心、缺乏耐心，应做到待人真诚、热情服务、不厌其烦。

（2）关注客户的情绪体验

热情的语言能够给客户带来满足和快乐的情绪体验，指令式、否定式的语言会给客户带来不愉快或气愤的情绪体验。

2.优化否定式语言

客户在办理业务时如果出现错误，许多服务人员会直接告诉客户"你的单据填错了""你的密码输错了""不在这个窗口办理，你走错了"这样的话语。除此之外，"我不知道""我不清楚"这样的话语也常被用到，但这些都是客户最不爱听到的话语。

其实，我们可以尝试将这些否定式语言转化为肯定式语言。例如，将"你拿错证件了"转化为"请出示你的身份证"，将"你签字的位置是错误的"转化为"请在右下角签字"。因此，优化否定式语言的窍门就是不需要指出客户出错的地方，而是直接将正确的做法是什么告诉客户。

3.优化命令式语言

当您在车站听到"排队买票的乘客，站整齐点！"这样的话语时，您会产生什么想法呢？您可能会想："我们又不是小学生，管那么多，真烦！"您还可能会想："什么意思？难道我们排队买票还要站军姿吗？"您甚至会想："不赶紧加快售票速度，管我们的站姿，真奇怪。"在这些思想的支配下，客户往往会下意识地出现过激的语言和行为。其实，这时可以换一种语言来表达，比如说："现在排队买票的乘客较多，非常抱歉让大家久等了。为了提高速度，请大家遵守秩序，谢谢您的配合。"命令式语言在附加了致歉式语言后，会给他人带来比较愉快的心情。这种愉快心情的营造降低了命令式语言带来的对抗性。

放弃狭隘的眼光，走出孤芳自赏的怪圈，学会欣赏他人，懂得欣赏他人，你会感到生活多姿多彩。

再如，我们可以将"你就在这里等着！"转化成"麻烦您在这里稍等片刻，好吗？"这样的语句。将命令式语言转化成商量式语言会给对方带来较好的情绪体验，使对方乐于接受我们的建议。

动感小课堂2-4-6　　　　优化语言练习

请同学们优化表2-4-2中的语言。

表2-4-2　　　　　优化语言表格

需要修改的语言	修改后的语言
你一定要听懂这个流程	
哎，别动这件产品	
我不清楚这件事情，你去找别人吧	
对不起，您的房间还没有收拾好	
先生，这里不许吸烟	
您不用试这件衣服，您这么胖，哪能穿得下	
这件是折扣商品，没有三包，您想清楚再买	

二、用赞美代替轻视

在"丢垃圾引发的小故事"中，如果女店主没有一开始就说出轻视之言——"怎么那么没素质"，那么小玲的反应也许会缓和很多。每个人都不喜欢被他人误解或者无端批评，都喜欢得到别人的赞美，都希望能在别人的赞美声中感受到自我的价值，这是人的基本心理需求。赞美之于人心，犹如阳光之于万物，因此在日常工作中，善于发现别人身上的优点，恰到好处地赞扬别人，不仅能起到鼓舞他人的作用，而且能密切人与人之间的关系。赞美既是一种沟通的艺术，也是一种处世的智慧。在服务工作中，赞美可以调节客户情绪，改善与客户的关系，赞美是促进双方合作的重要手段。为了充分发挥赞美的功效，让赞美真正走进对方内心，我们在赞美他人时必须注意以下要点：

1.实事求是且发自内心

实事求是即要求赞扬应以客观事实为依据，不浮夸、不吹捧，赞扬应该是一种真情的流露，它与"阿谀奉承"有本质区别。例如，当某些客户对业务略知一二时，可以夸赞对方"您很熟悉我们的业务"，客户会因为这种肯定和赞扬而受到鼓舞。但是，如果称赞对方"您简直就是我们行业的专家"，就会有言过其实之嫌，很容易使客户产生困惑。

真诚的赞扬应该是发自内心的欣赏和喜欢，虚伪的奉承等做法都应杜绝。赞扬的话语应朴实自然，针对同一主题的赞扬点到即可，若堆砌过多溢美之词，对方会认为自己不配，或疑心你的动机不纯。只有正大光明地赞扬他人，才能发挥赞扬的积极作用。

知识广角镜
2-4-7

三 A 原则

2.及时实施且因人而异

对他人身上的突出特点，要尽可能地随时随地去发现，并抓住时机，积极反馈。赞美的时机多种多样，可以当时面对面直接赞美，也可以在公众场合点名赞美，还可以事后间接赞美，一般以当时赞美、当众赞美为好。当众赞美是许多管理者经常采用的一种激励方式。事实证明，这种激励方式虽然简单，但它产生的效果十分明显，因为人的社会性决定了每个人都希望自己能够得到他人的肯定与社会的承认。上司在特定场合对下属的表扬是对下属的认可，这种表扬还能够激发其他下属的上进心，使大家努力进取，从而为公司创造更多的效益。此外，通过第三者传达对下属的表扬，或者借用第三者的口吻赞扬下属，能够使当事人更认可赞美的真诚度。

赞扬对方要因人而异，是指应针对不同的对象选择不同的语气和赞扬内容。在语气上，面对德高望重的长者，要用尊重的语气；面对年轻人，语气上可以稍带些夸张；面对心有疑虑的客户，应尽量将话讲得很明确；面对思维敏捷的人，讲话要直截了当。在赞扬内容上，面对女士，要针对女士的心理需求，赞扬对方年轻、漂亮、有气质等；面对男士，要将对方的风趣、幽默以及事业有成作为赞扬的重要内容；老年人乐于接受肯定自己经验丰富、有所成就等方面的赞扬。

此外，在赞扬客户时还要考虑到不同人的追求、爱好与兴趣。例如，有的老年人喜欢听到身体很健康的赞扬，有的老年人则喜欢听到德高望重的赞扬。如果能够了解不同人的心理需求，给出对方期望得到的赞扬，就会收到更好的效果。如果某人自己认为是缺点，并且内心极为厌恶，却被你夸奖，这会令他无法接受。例如，你赞美某个客户长得像某个电影明星，而客户恰好讨厌这个明星的相貌或性格，那么你的赞美就会适得其反。

3.热诚具体且深入细致

在日常交往中，我们经常可以听到这样的赞美之词："你真美""你工作干得很出色"……但究竟美在哪些方面，出色的原因又是什么……都不得而知。这种赞美略显空洞，被赞美的人会认为这仅仅是客气之言。因此，赞美用语要具体、翔实、深入、细致。例如，"这条围巾挺漂亮的，配你衣服的颜色也很协调，你真会搭配！"这样的表达说明我们了解对方，对对方的长处和成绩非常看重，也展示了我们的真诚、亲切和可信，从而在无形中拉近了我们与客户之间的距离。

此外，挖掘对方不太显著的、处在萌芽状态的优点，发掘对方的潜质，增加对方的价值感，会使赞美起到更大的作用。你所发现的对方的特色、潜能、优势最好是别人，甚至连他自己也没有发现的。这时你的赞扬会令他恍然大悟，这样的赞美恰似雪中送炭般美好，使对方在增强自信的同时加深了对你的好感。最需要赞美的不是那些早已功成名就的人，而是那些因被埋没而产生自卑感或身处逆境的人，他们似乎很难听到一声赞美的话语，一旦被人当众真诚赞美，便有可能振作精神、大展宏图。

要让客户相信赞扬的真诚度，称赞时真诚微笑和叫出客户的名字都是不错的办法。此外，服务人员还需要做到以下五点：一是循序渐进，开始的时候少点称赞的话，然后慢慢增多；二是开始的时候措辞相对谨慎一些；三是切忌一味称赞，对一些

无关大局的小事也可以提出不同的意见；四是不要用对方对你的称赞去回赞对方；五是切忌通过将对方与别人相比较来表达称赞之意。

赞扬他人应该成为一种习惯和生活方式，这种习惯和生活方式不应仅仅针对客户，还应针对自己的同事、家人等。面对客户，赞扬可以起到建立良好关系、获得客户支持的作用；面对同事，赞扬可以起到增强信心、积极向上的作用；面对集体，赞扬可以起到促进团队建设的作用；面对社会，赞扬可以起到获得社会各界支持的作用。

三、正确处理客我分歧

"横看成岭侧成峰，远近高低各不同"，同一处风景从不同的角度来欣赏得到的美感各有不同。面对同一问题，由于客户与服务人员所站的角度不同，因此理解也会存在偏差。这恰如"丢垃圾引发的小故事"中的两位女主角，一个认为自家店的垃圾桶别人不可以随便扔垃圾，另一个认为放在公共区域的垃圾桶扔一下垃圾没什么大不了。在服务工作中，这样的分歧如果处理得当，就能得到化解；如果处理得不好，就可能使矛盾升级为客户投诉。

1.处理客我分歧的程序

在服务工作中与客户产生分歧时，有经验的服务人员不会急于对实质问题给出解释或提出解决问题的建议，而是首先这样说："我理解您的意思""我非常理解您的这种感觉，如果是我遇到这种问题也会很着急""我非常理解您的顾虑"，以表达对客户的理解，然后才会给出解释或提出解决问题的建议。

因此，处理客我分歧的程序是：第一，对客户提出的异议表示理解和认同；第二，给出比较合理的解释或提出解决问题的建议。在"丢垃圾引发的小故事"中，如果女店主不是直接要求小玲从垃圾桶中捡出塑料瓶，而是控制自己的情绪，并对小玲的疑问表示理解，那么问题就会得到比较好的解决。

需要注意的是，服务人员在处理客户异议时应表示理解和认同，而不能表示赞同。认同和赞同是存在本质区别的，赞同客户的某些异议，会给自己的工作带来被动。例如，客户说："我觉得这个产品的价格太贵。"面对这一异议，服务人员有以下两种表达：一种是"您说得对，是太贵"，这样的话语就是赞同对方，容易使客户产生"为什么向我推销这么贵的产品"的异议。另一种是"您是说这个产品的价格有些贵，是吧"，这种说法是通过询问，表示服务人员听明白了客户的意思，这就是认同。所以，在处理客户异议时，一定要分清认同与赞同的区别，从而使异议的处理过程更加顺利。

2.重视客户的情绪体验

"丢垃圾引发的小故事"中的两位女主角都处在糟糕的、负面的、气愤的情绪状态下。在这样的情绪状态下，人会思维混乱，失去准确的判断，更无法接受对方的建议，哪怕这个建议是积极的、建设性的。就像一个人在情绪糟糕时，吃什么美食都会味同嚼蜡。所以，对于提出异议的客户，其内心的需求首先是情绪的安抚。只有使客户的情绪得到安抚和发泄，客户才有理智的状态接受解决事情的方案。而安抚客户情绪比较简便、具有实效性的方法正是对客户的异议表示理解和认同，耐

给予人适当的颂扬，同时更要聆听别人说话而不加任何辩解。

——马克·吐温

知识广角镜
2-4-9

商品销售过程中的异议处理方法

心与客户进行沟通。所以处理客我分歧的关键在于，先处理好心情，再处理好事情。

四、委婉拒绝与有效说服

在"丢垃圾引发的小故事"中，女店主要说服女孩不要往店前的垃圾桶里扔垃圾，而女孩要拒绝女店主要求其从垃圾桶里取回塑料瓶的无礼要求。在客我交往的过程中，需要说服或者拒绝的事情比比皆是，我们其实可以找到更好的解决方式，以实现共赢的局面。

1.拒绝与说服的共性规律

由于拒绝或者说服的客户类型以及需要解决问题的性质不同，因此具体实施的方法必须具有针对性，但也应遵循共性的规律。要拒绝或者说服客户，最大的障碍就是对方的"心理防线"。设法动摇对方的心理防线是成功的关键，除了晓之以理，具有充实的内容外，更要动之以情，掌握一定的影响情绪的方法与技巧。

（1）让客户知道"我同意你的观点"

人都是有自尊心的，无论男女老幼，任何人都希望得到别人的尊重。一个人在受到别人尊重时，心情会特别轻松愉快，因此无论是拒绝还是说服，让客户感受到被尊重，往往会取得事半功倍的效果。

（2）强调"我们是自己人"

找出与客户一致的共同点，便可产生"自己人"的效应，令客户相信我们"感同身受"，这就是拒绝与说服的语言规律之一——"统一战线"。许多心理学研究者都发现，如果你试图改变某人的个人爱好，你越是使自己等同于他，就越具有说服力。因为你和他的相似程度越高，他就越把你当作"自己人"，你的言行在他看来也代表了他的需要和动机，排斥心理很可能在找到共同点后逐渐淡化。所以，一些著名演讲家的演说词中常常会出现"我们所想的""我们这种表现"之类的语句，用"我们"代替"我"，能够在听众中达成一种共识，从而产生一种共鸣。为了让自己融入客户中，让客户接纳自己，服务人员应挖掘自己与客户之间的相似因素，如文化背景、年龄、社会经历、思想感情、兴趣爱好等。

（3）"换位思考"是重中之重

考虑客户的立场，发掘客户的欲求、情感也是非常重要的。试想如果我们被他人拒绝，那么我们的心情总是低落且不满的，而我们在被他人劝说时，也总会心中设防、固执己见。因此，只有从客户的立场出发，才能找到客户真正关注的问题，才能使客户产生为他着想的感觉。

2.不伤和气的拒绝方法

动感小课堂2-4-7　　　　　　　　　**拒绝技巧练习**

假设你的身份是导游，在带团过程中，游客为了感谢你的周到服务，特邀请你在餐桌上一起喝酒，你该如何婉言谢绝？请同学们以情景对话的形式展示解决方法。

在服务工作中，当我们满怀期待地向客户提出一个建议时，如果得到生硬的拒绝，我们的情绪肯定会受到一定的影响。同样，当我们用比较生硬的语言拒绝客户时，客户的情绪体验也和我们是一样的。拒绝客户提出的超出权限的要求是必须坚持的原则，这是对的，但在拒绝的过程中不伤害客户的感情或降低这种伤害，则是我们必须思考和解决的问题。正如"拒绝技巧练习"中，导游在带团过程中是不可以喝酒的，这是必须坚持的原则，但游客是一片好意，想用敬酒的方式来表达感谢之情，导游该如何说才能既不违反规定，又不辜负游客的美意呢？

（1）说明拒绝理由，取得对方谅解

拒绝客户总是有原因的，可以将拒绝的原因讲述给客户，这样能较好地取得客户的谅解，避免直接说"不行""不可以"这样的生硬话语。在"拒绝技巧练习"中，最佳的理由就是：带团不喝酒是规定，必须遵守，如果违反，后果严重。

（2）先肯定客户，再拒绝客户

在拒绝客户之前，首先应对客户提出的建议表示肯定，客户被认同之后，会获得好的心情，从而使客户的负面情绪降低一些。卡耐基曾说过："在人际交往中，给一个人吃一颗药之前，要先给他吃一颗糖。这样做，对方对苦的感觉会降低。"所以，在"拒绝技巧练习"中，导游首先应表达"很荣幸收到游客的邀请，这是令自己开心的事情，也是自己的工作得到认可的体现"，接着阐述带团不允许喝酒这一拒绝的理由。

（3）提出合理建议，表达真诚态度

在"拒绝技巧练习"中，导游应主要表达自己的责任感与真诚度。在自己没有办法接受游客的敬酒时，既要认可游客的方式，又要委婉表达拒绝的原因，最后还要提出一个合理的建议，使游客的请求得以实现，不扫游客的兴致。例如，"今天我以茶代酒，回敬大家，保证咱们团顺利完成下面的行程。等旅行结束后，我们再约时间，我备好酒，好好感谢大家的支持！"这样给出建议，能够使游客感受到导游的负责与真诚。

因此，在服务工作中不但要坚持原则，而且要在可能的情况下给客户以建议，真诚地想办法帮助客户。例如，银行柜面人员在为没有携带证件的客户办理取现业务时，可根据情况提出下列意见："您可以在自助设备上取现。"

在服务工作中，我们还会遇到一些不便直接表态的难题，除了以上三种拒绝他人的方法外，我们还可以使用转移矛盾、沉默不语、幽默回避等方法来巧妙拒绝客户，这样既能维护企业的利益，也使客户比较乐于接受。

育德润心小课堂 2-4-1

在一次记者招待会上，周恩来总理正在向外国记者们讲述我国各方面工作取得的重大突破，总结我国的发展经验及大政方针。周总理的发言结束后，便是记者提问环节。

"周总理，我想请问中国人民银行有多少钱？"一位西方记者抛出了一个极为敏感的问题。

这个记者提问完之后，已经有不少记者在下面窃窃私语了，因为这并不是一个能够准确回答的问题，更不是一个能够披露于众的问题。所有人都在等着周总理的回答，无论是幸灾乐祸的，还是震惊于那位记者胆大的。

周总理听了那位西方记者的提问后，皱了下眉，沉思片刻后回答："我们国家银行有18元8角8分。"听到周总理的回答，在场所有人都一脸愕然。

"怎么可能？中国的国库怎么可能只有不到20元？"那位西方记者反问道。周总理不紧不慢地解释说："中国人民银行有10元、5元、2元、1元、5角、2角、1角、5分、2分、1分10种面额的人民币，加起来一共是18元8角8分。中国人民银行有我们整个国家的人民支持，资金雄厚，信用极高，是世界上最有信誉的货币。"

周总理的话音刚落，全场掌声雷动，记者们和工作人员都为周总理的解释所叹服。

资料来源　风墨. 外国记者提出刁钻问题，直指我国经济机密，周恩来总理如何妙语解答［EB/OL］.［2022-01-18］. https://view.inews.qq.com/k/20220118A07QQN00?web_channel=wap&openApp=false.

德育基因：家国情怀　大国外交

心有所悟：周恩来总理是一位伟大的外交家，是我们学习的榜样。周总理在几十年的外交生涯中，一直以德高望重、博学雄辩、幽默风趣著称，无论在何种场合、遇到什么样的对手，周总理都能应对自如，以超人的智慧一次次化险为夷。周总理的外交风格，就是社会主义新中国的外交风格。周总理把马克思列宁主义、毛泽东思想创造性地运用于外交实践，表现了无产阶级的革命气概，更发扬了中华民族的优良传统。

3. 说服客户实现合作

在服务工作中，与客户交谈的目的是互相了解、增进感情、达成共识。在交谈中，当客户不接受自己的主张时，应选择积极的方法说服客户。说服他人应遵循前面介绍的三个共性规律，以及下面四个原则和两个方法：

（1）说服的四个原则

◎提高服务人员的信誉

信誉包括两个因素：可信度和吸引力。可信度由服务人员的权威性、可靠性以及动机的纯正性组成，是服务人员内在品格的体现。吸引力主要通过服务人员的外在形象来体现。

因此，要提高服务人员的信誉，首先要提高服务人员的素质，使之具有专业的知识和技能、高尚的道德修养，以及权威性和可靠性，这样说服才有分量，才能赢得客户的尊重和信赖。此外，服务人员的外在形象也要给客户留下专业可信的感觉。

◎多角度了解客户

了解客户的性格、特点、兴趣、爱好，捕捉客户思想、态度方面流露出的点滴信息，摸清客户的心理需求与问题的症结所在。

◎把握说服时机

时机把握得好，客户才会愿意听，才能用心听，才肯听进去。否则，说服过早，会被客户认为神经过敏或无中生有；说服过迟，已时过境迁，即使有再好的口才与意见，都不可能收到预期的效果。要想掌握好时机，可利用特定场合，造成情、理相衬，进行深入说服；也可利用景中道情、情中说理，进行委婉说服；还可借助眼前实

如果你有本事说服别人为你做各种工作，你就什么也不需要了。如果你没有这个本事，你拥有的东西再多也没有用处。

物，进行暗示说服。

◎营造说服气氛

与肃穆、压抑的环境相比，在幽雅、舒适的环境下，说服的效果更好。在一个自己熟悉的环境进行说服，自然比在一个陌生的环境进行说服有利得多。营造一个恰当的说服气氛，不仅是必要的，而且是必需的。

（2）说服的两个方法

◎心理共鸣法

心理共鸣法是运用心理学中的"情感共鸣"原则归纳出来的一种说服方法。它一般可分为以下四个阶段：一是导入阶段，即心理接触的初级阶段；二是转接阶段，即心理接触的中级阶段；三是正题阶段，即心理接触的高级阶段；四是结束阶段。人们在和不熟悉的人或有对立情绪的人进行谈话时，经常使用此方法。所以，此方法非常适用于客我交往过程中发生的需要说服的情况。

由于人与人之间很难在一开始就产生共鸣，因此必须先诱发对方与你交谈的兴趣，再经过一番深刻的谈话，才能使彼此更加了解。你不妨先避开对方的忌讳，从对方感兴趣的话题谈起，并且不要太早展示你的意图，最终使对方在不知不觉中认同你的观点。

育德润心小课堂2-4-2

赵孝成王元年（公元前265年），群雄争霸，战乱四起，强大的秦国发兵进攻赵国，赵国面临重大危机。然而国君年幼，主持朝政的赵太后问计于群臣，大家一致认为应向强邻齐国求援。齐国考虑到唇亡齿寒，答应了赵国的请求，但要求赵国派一人质到齐国，这一做法是当时各国经常使用的外交手段。但是齐国提出的人质对象让群臣犯了难，这是要动太后的爱子啊。

原来，齐国提出让赵太后最疼爱的小儿子长安君做人质，赵太后听后一口否决，任何人劝诫都不行，最后甚至直接翻脸。朝野上下，忧心忡忡。就在这个关键时刻，因病赋闲在家的触龙出马了。对于这位功勋卓著的老臣的求见，太后虽然明知其意，但也不好回绝。

触龙缓慢地小步快跑到太后面前，向太后道歉说："我的脚有毛病，连快跑都不能，很久没来看您了。私下里我自己宽恕自己，又担心太后的身体有什么不舒适，所以想来看望您。"太后说："我全靠坐车走动。"你来我往，触龙跟太后唠起了家常。眼见太后神色和缓下来，触龙话题一转，请求太后给自己的小儿子谋一个宫中小官员的差事，拳拳父爱，溢于言表，这让太后如遇知音，笑道："你们男人也疼爱小儿子吗？"触龙回道："其实男人疼爱儿子是要超过女儿的。"闻听此言，太后笑着不认可，她可能想到了自己护儿心切，不让爱子离开自己当人质的事。但触龙迅速举出例子："我私下认为，您疼爱燕后就超过了疼爱长安君。"太后说："您错了，不像疼爱长安君那样厉害。"触龙说："父母疼爱子女，就得为他们考虑长远些。您送燕后出嫁的时候，拉着她的脚后跟为她哭泣，这是惦念并伤心她嫁到远方，也够可怜的了。她出嫁以后，您也并不是不想念她，您每次祭祀时都为她祝告'千万不要被赶回来啊'，这难道不是为她作长远打算，希望她生育子孙，一代一代地做国君吗？"太后听了，承认道："是这样的。"

触龙进一步剖析入理："从这一辈往上推到三代以前，甚至到赵国建立的时候，赵国君主的子孙被封侯的,他们的子孙还有能继承爵位的吗?"赵太后说:"没有。"触龙接着追问其他诸侯有无这种情况,太后想了想,回答说:"没听说有。"触龙知道时机已到,火候成熟,他分析道:"他们今后迟早会有祸患降临在头上,或者落在子孙头上。为何国君子孙会出现这样的境况?这都是因为他们位高却无功,俸禄多却没有付出,占有多却寸功未立难以服众。您现在给长安君那么优厚的待遇,倘若现在不抓紧时机让他建功立业,您百年之后,长安君又凭借什么在国内立足呢?岂不是要重蹈其他王侯的覆辙?所以,从长远角度来说,我认为您疼爱他不若燕后。"太后听了,默然半晌,最终同意让长安君去齐国做人质。

事情的结局终遂所愿,在赵国派出长安君为质后,齐国如约发兵,解决了这场严重的危机。太后和长安君获得空前的民望,可谓皆大欢喜。

资料来源 佚名. 从这段历史典故学习这位先贤的攻心说服术,将会使你人生受益不浅 [EB/OL]. [2018-12-03]. https://baijiahao.baidu.com/s?id=1618757346573019708&wfr=spider&for=pc.

德育基因: 文化自信 语言智慧

心有所悟: 触龙的高明之处就在于投石问路,寻找共同点,通过唠家常、诉苦水,与赵太后共鸣。触龙是真心实意地为赵太后和长安君着想,赵太后也被触龙的真诚所感动,最终同意让长安君去齐国为质。从这个典故中我们可以汲取许多人生智慧,即在说服对方时,一定要设身处地为对方的切身利益着想,要懂得巧妙迂回,一点点攻破对方内心的堡垒,而不要正面强攻。我国古代先贤的思想智慧如同一座宝库,值得我们活学活用,永续传承。

◎ 理性诉求法

如果说心理共鸣法侧重从情感的角度进行说服,那么理性诉求法则强调从逻辑的角度进行说服。理性诉求法能够以充分的理由,让客户理智地断定并最终相信我们,具体包括自我评判法、经验说服法与事实说服法三种。

> 不要代替老板做决定,要引导老板说出你的决定。

自我评判法是客我共同剖析某一行动的利弊,然后让客户自己去评判,进而得出结论的方法。采用这种方法时,一要把利弊剖析透彻并恰当地表达,让客户实实在在感受到按照我们的意见去办理会利大于弊;二要将评判权交给客户,给客户思考的时间与决策权。

经验说服法是用客户的亲身经验来说服客户的方法。使用这种方法的关键有两点:一是尽量选择客户熟悉的经验;二是描述要详尽活泼,给人身临其境的感觉,以增加说服的可信度。

事实说服法是通过展现某种事实来说服客户的一种方法。采用事实说服法时,既可以用实物来演示,也可以用材料、图表来描写。同时,要注意两点:一是真实;二是及时。

趣味超链接2-4-4 机智的导游

在一次旅游活动中,当大家风尘仆仆地赶到事先预订的旅馆时,却被告知当晚因工作失误,原来订好的套房(有单独浴室)中竟没有热水。为了此事,导游约见了旅馆经理。

导游:"对不起,这么晚还把您从家里请来。但大家满身是汗,不洗澡怎么行呢?何况我们预订房间时说好供应热水的呀!这事只有请您来解决了。"

　　经理："这事我也没有办法。锅炉工回家去了，他忘了放水，我已经叫人开了集体浴室，你们可以去洗。"

　　导游："是的，我们大家可以到集体浴室去洗澡，不过话要讲清楚，套房每人每晚100元是有单独浴室的。现在到集体浴室洗澡，那就等于降低到通铺水平，我们只能按照通铺标准，每人每晚50元付费了。"

　　经理："那不行，那不行的！"

　　导游："那只有供应套房浴室热水。"

　　经理："我没有办法。"

　　导游："您有办法！"

　　经理："你说有什么办法？"

　　领队："您有两个办法：一是把失职的锅炉工叫回来；二是您可以给每个房间拎两桶热水。当然我会配合您劝大家耐心等待。"

　　这次交涉的结果是经理派人找回了锅炉工，40分钟后每间套房的浴室都有了热水。

　　资料来源　根据网络资料整理.

　　在上面的故事中，导游为了保障旅游团的利益，不仅采用了理性诉求法来进行说服，还加入了一点善意的威胁——少付房费，使对方产生恐惧感，从而达到说服的目的。因此，威胁能够增强说服力，但是在具体运用时要注意以下三点：第一，态度要友善；第二，讲清后果，说明道理；第三，威胁程度不能过分，否则会弄巧成拙。

　　无论是以情动人，还是以理服人，或者两者结合，在任何说服工作中，客户只有在情绪比较积极的情况下才可能接受我们的建议。所以，我们要注意了解客户的感受，设身处地为客户着想，这样才容易打动客户。说服客户时语言要明确，神情要平和，语气要和蔼，要善于开导和启发，同时应讲究方式方法。

　　无论是在客我交往工作中，还是在私人社交生活中，实现共赢、形成和谐的局面才是我们真正追求的境界，而柔性的语言沟通正是实现这一境界的有效途径，让我们本着尊重的心、合作的心、赏识的心、分享的心去与人相处吧！

课后提升

知识掌握

◎核心概念：言谈礼仪；服务语言的基本要求；行业语言；服务忌语；文明礼貌用语；致歉技巧；语言的表达方式；语言沟通的模式；语言沟通的障碍；约哈里之窗；有效倾听的表达；否定与命令式语言的优化方法；赞美的技巧；拒绝的方法；心理共鸣法；理性诉求法

◎核心观点：

1.服务语言是服务人员与客户交流的媒介之一，是完成服务工作的重要工具与手段，会影响客户的购买情绪与消费体验，反映了服务人员的职业素养与道德水准。

2.语言本身是用来传递思想感情的，说话时的神态、表情都应与语言本身一致。

3.恰到好处地使用必要的行业用语，能够更好地说明问题，显示个人的业务能力，赢得客户的理解与信任。

4.在具体运用文雅词语的时候，我们还要考虑客户的文化水平，灵活遣词造句，处理好文雅语言与通俗语言的关系。

5.语言的表达方式相比语言的实际内容更能反映人的内心世界，更能透露人此刻的真实想法及与他人交流时的态度。

6.在与客户交往的过程中，听与说是相辅相成的，只有听客户想说的、说客户想听的，才能实现信息的顺畅沟通，达到倾听与诉说的和谐。

7.倾听是一项技巧，是一种修养，甚至是一门艺术。学会倾听应该成为服务人员的一种职业自觉，只有让客户看到我们倾听的诚意，客户才会对我们产生好感，进而认同我们。

8.对孩子来讲，习惯性的否定与命令，也会伤害他们幼小的心灵，损害他们的自尊心、自信心、自主性，扼杀他们的天然创造力。

9.请大家掌握以下文雅用语：

与人相见说"您好"	问人姓氏说"贵姓"	请人帮忙说"烦请"
仰慕已久说"久仰"	长期未见说"久违"	归还物品说"奉还"
向人询问说"请问"	请人协助说"费心"	请人指教说"赐教"
求人办事说"拜托"	麻烦别人说"打扰"	求给方便说"借光"
请改文章说"斧正"	接受好意说"领情"	向人祝贺说"恭喜"
得人帮助说"谢谢"	祝人健康说"保重"	看望别人说"拜访"
老人年龄说"高寿"	身体不适说"欠安"	欢迎购买说"惠顾"
希望照顾说"关照"	赞人见解说"高见"	自己住家说"寒舍"
请人赴约说"赏光"	对方来信说"惠书"	请人谅解说"包涵"
需要考虑说"斟酌"	无法满足说"抱歉"	迎接客人说"欢迎"
宾客来到说"光临"	慰问他人说"辛苦"	没能迎接说"失迎"
客人入座说"请坐"	等候别人说"恭候"	与人分别说"再见"
中途先走说"失陪"	陪伴朋友说"奉陪"	送人远行说"平安"
初次见面说"幸会"	请人勿送说"留步"	欢迎顾客说"光顾"

知识应用

1.根据倾听的有关知识，分析倾听SOFTEN原则中的6个英文字母分别代表什么含义。

2.同感是一种有意识自我中心化的情绪能力，是从自我转移到感受他人的能力。请同学们根据以下测试题，测试自己的同感程度。完全不符合得1分，一般不符合得2分，偶尔不符合得3分，一般符合得4分，总是符合得5分。①~⑦、⑨题采取正向计分，⑧、⑩题采取反向计分。分数越高，表示同感程度越高。

①我尽量站在他人的处境理解他人。

②沟通时，我遵守"黄金法则"——我想别人怎么对我，我就首先怎样对人。

③沟通时，我能调节情绪，与他人一致。

④我想象自己处在他人境况下的感受。

⑤即使别人没有明说，我也能觉察出他的感受。

⑥在特定的情景下，他人与我体验到同样的感受。

⑦当别人遇到问题时，我能想象他的感受。

⑧我发现自己很难理解他人的心情。

⑨我尽量像别人期待的那样去看待别人。

⑩在与人沟通时，我从来不知道别人在想什么。

知识提升

　　某顾客购买了一件上衣，但是上衣掉色，将顾客的脖子都弄黑了，于是顾客找到商家寻求解决办法。下面分别是两名售货员的解释：

　　售货员一：顾客没有说完就打断对方，同时说："我们已经卖出了数千件这样的衣服，你是第一个来挑剔的人。"

　　售货员二：耐心听完顾客的话后说："所有黑色衣服都会掉一点儿色，这没有办法，那是颜料的原因。"

　　资料来源　根据网络资料整理。

　　思考：

　　（1）两个售货员的话会引起顾客怎样的心理联想？

　　（2）假设你是售货员，你会如何处理？请在同理心的基础上，使用柔性的服务语言来表达。

模块三
服务社交礼仪

敬而不中礼谓之野，
恭而不中礼谓之给，
勇而不中礼谓之逆。
——《礼记·仲尼燕居》

学习目标

◎ 掌握与客户见面时常用的称呼与问候、介绍与递送名片等礼仪；

◎ 掌握迎接、引导、会谈、送别等客户接待礼仪；

◎ 掌握陪同客户进行中式、西式、自助式用餐时的礼仪；

◎ 掌握电话沟通、邮件交流等与客户联络的礼仪，以及拜访客户、交通出行等礼仪。

育德润心

◎ 党的二十大报告提出："中国始终坚持维护世界和平、促进共同发展的外交政策宗旨，致力于推动构建人类命运共同体。"未来，中国外交必将更加自信而坚定地推动构建人类命运共同体，为促进世界和平发展、引领人类进步潮流、创造人类文明新形态做出更大贡献。

◎ 中国式现代化是中国共产党和中国人民长期实践探索的成果，是一项伟大而艰巨的事业。为了这一事业，无数先辈筚路蓝缕、披荆斩棘，进行了艰苦卓绝的奋斗，我们心中永远铭记着他们的奉献和牺牲。我们要埋头苦干、担当作为，以更加强烈的历史主动精神推进马克思主义中国化时代化，不断谱写新时代中国特色社会主义新篇章，奋力实现中华民族伟大复兴的中国梦。

◎ 党的二十大报告指出："深化文明交流互鉴，推动中华文化更好走向世界。"以文化人，更能凝结心灵；以艺通心，更易沟通世界。一份份国礼承载着中华民族源远流长的礼仪文化，彰显出新时代中国亲和敦厚的气度风范。它们是中国同世界各国友谊合作的缩影，更是中国特色大国外交壮阔征程的见证。

◎ "莫道筷箸小，日日伴君餐；千年岁月史，尽在双筷间。"中国的筷子，每一双都不简单，它夹起了天下美味，同时夹起了千年文化的智慧和理念，蕴含的是我们的亲情、友情、爱情以及深深的家国情怀。这双筷子赋予我们的情感、所代表的理念，以及所承载的文化，都是不可多得的民族瑰宝。

◎我国是礼仪之邦，人们在宴饮活动中所重视的礼节、礼貌已形成文化传统，其中表现伦理美、形式美的一些规律一直沿用到现在。

◎"生命至上，安全执业。"设置"导游专座"，是保障导游安全执业、体面执业的具体措施，有利于进一步提升广大导游的职业认同感、荣誉感，有利于激发导游人员爱岗敬业、服务游客的热情。

礼仪故事汇

见面作揖是中国特有的传统礼仪形式，至今已有数千年的历史，其中蕴含着中华文化对于人际关系的经典认知和美学设计。《说文解字》中云："揖，让也。"推手曰揖，揖让为敬，作揖礼含有自尊、尊他之意，体现允恭克让之风。作揖不仅可以构筑健康屏障，而且能表达谦让、推让、礼让、承让的敬人之心。长期推行作揖礼，将于无形中兴起谦虚、尊重、朴实之风，助推精神文明建设，提升国民素质，彰显国民素养，充分体现了中华民族自谦敬人的品质。

作揖礼收敛自律，契合自我革新理念。作揖时，两手相合交叠于胸前，意味着约束和自律。正如《尚书·洪范》中言，人只有安于本分、尽职尽责，不断匡正自我，做到貌恭、言正、视明、听聪、思睿，才能收获"寿、富、康宁、攸好德、考终命"这五福。所以作揖礼动作虽微，却厥功至伟。

作揖礼几乎不受时间、空间的限制，在同一时间和目所能及的范围内都可行礼，可一对一行礼，也可一对多、多对一行礼。不仅效率高，而且一视同仁，十分公平，可以弥补握手、拥抱、贴面等礼仪形式的不足。因此，在弘扬传统文化的今天，在坚定文化自信的当下，作揖更是民族认同感的象征。

如今，社会生活习惯不断演变，从分餐制、公筷制再到有礼作揖，文明新风不断掀起，躺在典籍中的中华优秀传统文化竞相活化，代代传承。需要注意的是，古代作揖礼有着严谨的规范，不同场合、不同性别，作揖方式不同，需要我们进一步了解和学习，同时也需要我们结合现代人的需求进行创造性传承。因此，如何让这些精神和礼仪文化扎根心灵、见诸行动，真正成为推动中国社会治理现代化的长久精神动力，是我们需要思考的问题。

模块三

思维导图

项目一
日常见面礼仪

课前自学

自学点一　称呼礼仪有哪些?

称呼，一般是指人们在交往应酬时相互采用的称谓语。称呼的选择，既反映了自身的教养与心态，又体现了对客户的重视程度，有时甚至体现了双方关系发展的具体程度。在称呼之后，应尽快进入寒暄或谈话正题。

育德润心小课堂3-1-1

敬辞是指含恭敬口吻的用语，一般用于尊称对方。常用的敬辞有：

"令"——有"美好、善"之意，常用于尊称别人的亲属。比如"令尊"是尊称对方的父亲，"令堂"是尊称对方的母亲，"令正"是尊称对方的妻子，"令郎"与"令嗣"是尊称对方的儿子，"令爱"与"令嫒"是尊称对方的女儿，"令婿"与"令倩"是尊称对方的女婿。

"惠"——常用于对方对待自己的行动。比如"惠顾""惠临"指对方到自己这里来，多用于商店对顾客；"惠存"指请保存，多用于赠人照片、书籍等时所题的上款；"惠赠"指对方对自己的赠送。

"垂"——常用于别人（多是长辈或上级）对自己的行动。比如"垂问"即称对方对自己的询问，"垂念"即称对方对自己的关心挂念，"垂爱"即称对方对自己的爱护（多用于书信），"垂询"即称别人对自己的询问。

"赐"——常用于别人对自己的指示、光顾、答复等。比如"赐教"是请求对方给予指教，"赐复"是请别人给予回复。

"高"——常用于称别人的事物。比如"高见"指高明的见解（多用于尊称对方的见解），"高论"指见解高明的言论（多用于称对方发表的意见），"高寿"用于问老人的年纪，"高龄"是称老人的年龄（多指60岁以上），"高就"指人离开原来的职位就任较高的职位或询问别人在哪里工作，"高朋"指高贵的朋友，"高邻"是对邻居的敬称，"高足"是尊称对方的学生。

"贤"——常用于称平辈或晚辈。比如"贤弟"称比自己小的男性，"贤侄"称对方或亲戚的儿子。

"奉"——常用于自己的举动涉及对方时。比如"奉送"即赠送，"奉还"即归还，"奉劝"即郑重劝告，"奉陪"即陪伴。

"尊"——称与对方有关的人或事物。比如"尊君"是尊称对方的父亲，"尊夫人"是尊称对方的妻子，"尊府""府上"是尊称对方的庭院。

此外，还有一些客套话。比如"久仰"即仰慕已久（初次见面时说），"劳驾"用于请别人做事或让路，"赏光"用于请对方接受自己的邀请，"赏脸"用于请对方接受自己的要求或赠品，"贵姓"即问人姓氏，"贵庚"即问人年龄，"大作"用于称对方的著作。

谦辞是指表示谦虚或谦恭的言辞，一般用于自称。常用的谦辞有：

"家"——常用于对别人称自己的长辈或同辈年纪大的亲属。比如"家父""家严""家君"即谦称自己的父亲，"家母""家慈"即谦称自己的母亲，"家叔""家兄""家姐""家妹"即谦称自己的叔叔、哥哥、姐姐、妹妹。

"舍"——常用于对别人称自己的辈分低或年纪小的亲属。比如"舍弟""舍妹"即谦称自己的弟弟、妹妹。

"小"——常用于称自己或与自己有关的人或事物。比如"小弟"即男性在朋友或熟人之间谦称自己，"小儿"即谦称自己的儿子，"小女"即谦称自己的女儿，"小店"即谦称自己的商店。

"愚""拙""敝""鄙"——常用于自称。比如"愚兄"是向比自己年轻的人称自己，"愚见"是谦称自己的意见或见解；"拙作""拙著"是谦称自己的文章、作品、著作，"拙见"是谦称自己的见解，"拙笔"是谦称自己的文字或书画；"敝人"是谦称自己，"敝姓"是谦称自己的姓，"敝校"是谦称自己所在的学校；"鄙人"是对人称自己，"鄙见"是谦称自己的见解。

此外，对别人称自己的家时可用"寒舍""舍下""草堂"，老人自谦时可用"老朽""老汉""老拙"等。

资料来源　佚名. 古代常见的敬辞与谦辞［EB/OL］.［2022-10-07］. https://baijiahao.baidu.com/s?id=1746013978890697764&wfr=spider&for=pc.

德育基因：文化自信　修身养德

心有所悟：《礼记》中云："礼者，自卑而尊人。"中国是礼仪之邦，在礼貌用语和称呼上有很多讲究，注重尊敬他人，并以谦逊为美德，充分体现了"自谦而敬人"这一原则。古代汉语中有各种敬辞与谦辞，有的沿用至今并成为现代汉语的一部分，其中蕴含的礼仪规范不仅体现了表达者的修养与品格，而且彰显了中华遣词之美，以及华夏文化的深厚底蕴。

一、职场中的称呼

在客我交往中，称呼要庄重、正式和规范，在称呼客户时应遵循"就高不就低"的原则。称呼一般可分为以下五种：

1.职务性称呼

在工作中，以交往对象的职务相称是最常见的称呼方法。职务性称呼具体可以分为三种情况，见表3-1-1。

表3-1-1　　　　　　　　　　　职务性称呼

称呼方式	举例
仅称职务	局长、经理、主任
姓氏+职务	张局长、方经理、吴主任
姓名+职务 （注：适用于正式场合）	张宇局长、方圆经理、吴斌主任

2.职称性称呼

对于具有技术职称者，尤其是具有中级、高级职称者，在工作中以其职称相称比较合适。职称性称呼具体可以分为三种情况，见表3-1-2。

表3-1-2　　　　　　　　　　　　　　职称性称呼

称呼方式	举例
仅称职称	教授、医生、工程师
姓氏+职称	张教授、方医生、吴工程师（可简称"吴工"）
姓名+职称 （注：适用于正式场合）	张宇教授、方圆主任医师、吴斌高级工程师

3.学衔性称呼

在工作中，以学衔作为称呼，不但可以提高被称呼对象的权威，而且有助于提升现场的学术氛围。学衔性称呼具体可以分为四种情况，见表3-1-3。

表3-1-3　　　　　　　　　　　　　　学衔性称呼

称呼方式	举例
仅称学衔	学士、硕士、博士
姓氏+学衔	李学士、杨硕士、黄博士
姓名+学衔	李林学士、杨黎硕士、黄翰博士
具体学衔（说明所属学科）+姓名 （注：适用于正式场合）	工学学士李林、史学硕士杨黎、法学博士黄翰

4.行业性称呼

在工作中，有时可以按照行业进行称呼。行业性称呼具体可以分为两种情况，见表3-1-4。

表3-1-4　　　　　　　　　　　　　　行业性称呼

称呼方式	举例
仅称职业	老师、律师、警官、医生
姓氏或姓名+职业	章老师、云律师、马飞警官、吴昊医生

5.姓名性称呼

姓名性称呼一般用于非正式场合，工作中仅限于同事、熟人之间使用。姓名性称呼具体可以分为三种情况，见表3-1-5。

表3-1-5　　　　　　　　　　　　　　姓名性称呼

称呼方式	举例
直呼姓名	李阳、张新
"老""大""小"+姓氏	老李、大张、小赵
只称其名，不呼其姓 （注：通常在上级称呼下级、长辈称呼晚辈时使用）	上司可以直呼下属"李裕民"为"裕民"，舅舅可以称呼外甥女"赵小颖"为"小颖"

二、对外交往的称呼

在对外交往中，按照国情、民族、文化背景的不同，合理称呼他人，既是对称呼对象的尊重，又能体现自身良好的礼仪修养。详见"知识广角镜3-1-1　对外交往的称呼使用"。

知识广角镜
3-1-1

对外交往的
称呼使用

知识广角镜
3-1-2

职场新人如
何介绍自己

三、称呼的禁忌

在人际交往中，如果称呼不当，就会造成失敬于人、失礼于人的局面。因此，不能使用不适宜、不文雅、不随俗的称呼。总体来说，要回避以下几种错误的称呼：

1.称呼顺序混乱

在与多人相互称呼时，要按照先上级后下级、先长辈后晚辈、先女士后男士、先疏后亲的顺序进行称呼，不能乱了顺序。

2.称呼错误

（1）读错音

一般表现为读错被称呼者的姓名。比较常见的容易读错音的姓氏如"查"（Zhā）、"盖"（Gě）、"翟"（Zhái）、"朴"（Piáo）等。中国汉字文化博大精深，若想避免出现此类错误，就要防患于未然，虚心好学。

（2）会错意

这主要是指称呼者错误判断被称呼者的年纪、婚姻状况、与他人的关系等而令被称呼者尴尬的情况。例如，仅凭观察对方的外貌，错误判断对方的年纪，或称呼未婚者为"夫人"等。

3.称呼过时

社会与时俱进，称呼也有一定的时效性，有些称呼在现代社会已不宜再用。例如，我国古代称呼上级为"大人"，如果现在还将上司称呼为"大人"，则明显不合时宜。

4.称呼不通用

有些称呼具有很强的地域性，如果使用不当，很容易引起他人的误会。例如，山东人喜欢称呼"伙计"，但南方人认为"伙计"就是"打工仔"。

5.乱用简称或不用称呼

有些服务人员懒于使用称呼，直接代之以"喂""嘿""八号桌""那边的""506房的"等，这些称呼方式极不礼貌。此外，有些姓名与职务在一起的简称会产生歧义，应尽量不用，如将范局长简称为"范局"。

汉族人的姓名比较简单，姓在前、名在后，除少数复姓外，大多数人的姓都是单姓。服务人员应掌握一些常见的复姓，以免误把复姓拆开，当作单姓。常见的复姓有"欧阳""司马""西门"等。对于复姓后只有单名的情况更应注意，如将"欧阳锋"称为"欧先生"是不礼貌的。在我国港、澳、台地区，女性结婚后，通常会在自己的姓前加上丈夫的姓，如华国岚小姐嫁给钱钟海先生后，她的姓名为钱华国岚，这时人们应当称她为钱太太。

6.称呼庸俗、低级，带有侮辱性

"哥们""姐们""死党"等称呼，档次不高，不适宜在正式场合使用。同时，切勿自作主张给对方起侮辱性绰号，也不能随意以道听途说的绰号称呼对方，如"北佬""菜鸟"等侮辱性称呼。

7.场合使用不当

在非正式场合，过多采用在正式场合使用的称呼方式，不利于拉近客我距离。例如，与熟客交流时，服务人员可灵活采用一些非正式的称呼，如"大哥""李姐""周大伯""田奶奶"等，这样可以使对方感到亲切。

自学点二　寒暄问候的类型有哪些？

问候是服务人员向客户表达敬意的一种方式。在客我交往中，见面问候一般通过语言与动作的配合来实施。服务人员在问候客户时，在态度上应注意四点：一是主动；二是热情；三是专注；四是具有针对性。

在客我交往中，几句得体的寒暄问候语，能使不相识的人互相认识，使不熟悉的人互相熟悉，使沉闷的气氛变得活跃，这有利于客我顺畅地进入正式交谈。寒暄问候有以下几种类型：

（1）问候型

例如，"上哪去啊""怎么这么忙啊"等。

（2）攀认型

抓住双方共同的亲近点，如"同乡""自己爱好的运动"等，并以此为契机进行发挥性寒暄，从而达到与对方顺利接近的目的。

（3）关照型

在寒暄时，应不留痕迹地解决客户的疑问或担心。例如，为客户端上一杯热茶，同时提醒客户："请用茶，刚刚沏好，小心烫。"

（4）言他型

例如，"今天天气真好"等。

（5）夸奖型

例如，"李总，您今天看上去真精神"等。

知识广角镜
3-1-3

中国特色
寒暄语

以上寒暄类型也可能会引起歧义。例如，中国人见面问候时特别喜欢说"您吃过饭了吗"，这句话其实是想表达"您好"的意思，但外国人可能会误解为对方想要请自己吃饭，于是回答说"还没吃"，这会导致双方都很尴尬。所以，不同场合、不同对象，适用的寒暄语也是有差别的，在服务场合应使用"您好，欢迎光临"等泛泛问候的语言。

自学点三　致意问候礼如何实施？

致意礼是使用无声的动作语言相互表示友好尊重的一种问候礼节（如图3-1-1所示）。向对方致意的距离不能太远，以3～20米为宜，也不能在对方的侧面或背面。致意礼包括点头致意、微笑致意、欠身致意、举手致意、注目致意与脱帽致意等多种方式（见表3-1-6）。

图3-1-1　见面致意礼的展示

表3-1-6　　　　　　　　　　　　致意礼的分类介绍

致意方式	适用场合	实施要领
点头致意	在公共场合遇到相识的人且相距较远时；与只有一面之交或不太相识的人见面时；路遇熟人不宜交谈或多次碰面而无须重复问候时	施礼时，一般不戴帽子，身体要保持正直，两脚脚跟相靠，双手下垂置于身体两侧或搭放于体前，目视对方，面带微笑，头向前微低。注意不宜反复点头，点头幅度也不宜过大，点头速度要适中
微笑致意	与相识者或只有一面之交者在同一地点，彼此距离较近但不适宜交谈或无法交谈时	微笑致意时可不做其他动作，两唇轻轻示意，不必出声，即可表达友善之意。微笑与点头致意结合起来使用效果更佳
欠身致意	别人将你介绍给对方时，或主人向你奉茶时	应以髋关节为轴，上体前倾15度。行礼时应面带微笑，注视对方。如果是坐着，欠身时只需要稍微起立即可
举手致意	向距离较远的人打招呼时	右臂向前方伸直，右手掌心向着对方，轻轻向左右摆动两三下。摆动时不要以手背朝向对方，也不要将手上下摆动，应保持四指并拢，拇指略展开
注目致意	主要用于升降国旗、剪彩揭幕、庆典等活动	身体立正站好，挺胸抬头，双手自然下垂放于身体两侧，表情庄重严肃，目视行礼对象，并随之缓缓移动。行注目礼时，不可戴帽、东张西望、嬉皮笑脸、大声喧哗
脱帽致意	在戴帽子进入他人居室、与人交谈、升降国旗等情况下使用，多用于正式场合	脱帽致意时应微微颔首欠身，用距离对方稍远的那只手脱帽，将帽子置于大约与肩平行的位置，以使姿势得体、优雅，便于与对方交换目光。脱帽致意时，另一只手不能插在口袋里。坐着时，不宜脱帽致意

致意礼的规范还包括：

（1）致意顺序要讲究

通常应遵循的顺序是：年轻者先向年长者致意，学生先向老师致意，男士先向女士致意，下级先向上级致意，服务人员主动向客户致意。向多人致意时，要遵循先长后幼、先女士后男士、先疏后亲的顺序。

（2）致意方式可综合使用

向他人致意时，往往会综合使用两种以上的致意方式，如点头与微笑并用、注目与脱帽并用。

（3）受礼后要还礼

如果对方先向自己致意，应以同样的方式热情还礼，不可视而不见、毫无反应。致意时应大方、文雅，一般不要在致意的同时向对方高声叫喊，以免影响他人。

自学点四　鞠躬问候礼如何实施？

鞠躬礼源自古代祭天仪式，两人见面时以弯曲身体待之，表示谦逊恭谨的姿态。今天，鞠躬礼作为表示对他人尊敬和敬佩的正式交际礼仪，不仅中华民族有之，也普遍被朝鲜、日本、韩国、新加坡等国家的人民所接受和使用。

鞠躬时，应发自内心地向对方表示感谢和尊敬，并体现在行动上，从而给对方留下诚恳、真实的印象。鞠躬礼一般在距对方2～3米的地方，在与对方目光交流的时候实施，且行礼时必须面带真诚的微笑。鞠躬的动作因性别不同而存在差异。男士应脚后跟对齐站好，双手贴放于两腿外侧的裤缝处，脚尖分开30度至45度；女士应两手相握放在腹部或自然下垂置于两腿外侧，脚尖分开15度至30度，保持上身、颈部、头部挺直，以髋关节为轴前倾身体（根据不同的情况，前倾的角度有所不同）。请大家自学"知礼·习礼系列礼仪微课3-1-1"，掌握有关鞠躬礼的使用场合、禁忌等知识。

知礼·习礼系列礼仪微课3-1-1

鞠躬礼

自学点五　特色见面礼有哪些？

每个国家都有一些传统的特殊礼节，对此我们应了解并熟悉它们，以免在接待客户时引起误会或失礼。其他具有特色的见面礼详见"知礼·习礼系列礼仪微课3-1-2"。

知礼·习礼系列礼仪微课3-1-2

其他特色见面礼节

课中研学

研学点一　常用握手问候礼仪

动感小课堂3-1-1　　　　　情景模拟

请同学们以小组为单位进行客户迎接情景模拟。每个小组从以下场景中挑选出一个进行整体情景设计，然后在课堂上展示。

场景1：大型游乐景区验票处；

场景2：银行对私业务柜台前；

场景3：物业公司业主服务中心；

场景4：五星级酒店前台接待处；

场景5：购物广场VIP客户接待中心。

见面礼仪是日常社交礼仪中最常用与最基础的礼仪，每个人在与他人交往的过程中都会用到见面礼仪。见面礼仪是服务人员代表企业递给客户的第一张名片，好的见面礼仪能在短时间内给客户留下深刻的印象，并为以后顺利开展工作打下基础。因此，接待人员除了要做到举止庄重大方、谈吐优雅自然之外，还要熟练掌握见面礼仪。见面礼仪包括称呼与问候礼仪、介绍与名片礼仪等。通过课前自学，同学们掌握了称呼礼仪、寒暄问候、致意问候、鞠躬问候以及特色见面礼，此外，握手也是一种重要的见面礼节，被称为人类共同的"次语言"。深情、文雅而得体的握手，往往蕴藏着令人愉悦、信任、接受的契机。两人见面时，若是熟人，不用言语，两手紧紧一握，各自的许多亲热情感就互相传递过去了；若是陌生人，一握之际，就是由生变熟的开始。因此，握手礼已成为人们沟通思想、交流感情、增进友谊的重要方式，是现代国际上通用的交际礼仪之一。

一、握手的场合

握手礼（如图3-1-2所示）的使用场合相当广泛。握手除了作为见面、告辞时的礼节外，还是一种祝贺、感谢或相互鼓励的表示。例如，当对方取得某些成绩与进步时，赠送礼品或发放礼品、奖状，发表祝词后，即可用握手来表示祝贺、感谢、鼓励等。此外，有人认为握手礼起源于中世纪骑士脱去甲胄握手言和，所以握手又具有"和解"的象征意义，外交史上的许多握手瞬间都具有历史性的意义。适合握手的场合具体有：

图3-1-2　握手礼

- 迎客、送行或告辞时；
- 与人初次见面或熟人久别重逢时；
- 被介绍与人相识，双方互致问候时；
- 外出偶遇同事、朋友、客户或上司时；
- 感谢他人的支持、鼓励或帮助时；
- 向他人或他人向自己表示恭喜、祝贺时；
- 应邀参加社交活动（如宴会、舞会、音乐会等）时；
- 对他人表示理解、支持、肯定时；
- 对他人遭遇的挫折或不幸表示慰问、支持时；
- 向他人或他人向自己赠送礼品或颁发奖品时。

二、握手的顺序

握手时应遵循"尊者决定"的原则，即由位尊者决定有没有握手的必要。在正式场合，握手时伸手的先后次序主要取决于职位、身份；在社交、休闲场合，则主要取决于年纪、性别、婚姻状况。

动感小课堂 3-1-2　　　　　　填空作业

请同学们完成以下有关握手顺序的填空题：

◆ 在工作场合，上级与下级握手，应由（　　　）先伸手；

◆ 在休闲场合，长辈与晚辈握手，应由（　　　）先伸手；

◆ 在工作场合，男领导与女下属握手，应由（　　　）先伸手；

◆ 在社交场合，男士与女士握手，应由（　　　）先伸手；

◆ 在社交场合，主人与客户握手，应由（　　　）先伸手；

◆ 在休闲场合，已婚者与未婚者握手，应由（　　　）先伸手；

◆ 在社交场合，先至者与后来者握手，应由（　　　）先伸手。

　　通过填空作业的练习，我们已经知道，在工作场合应遵循领导优先原则，而不是女士优先原则。另外需要注意的是，如果男性年长，是女性的父辈年龄，在一般的社交场合中仍以女性先伸手为主，除非男性已是祖辈年龄或女性在 20 岁以下。当握手双方符合其中两个或两个以上身份时，握手的顺序一般是先职位后年龄、先年龄后性别。例如，一位年长的、职位低的女士和一位年轻的、职位高的男士握手时，应由男士先伸手。

三、握手的正确方法

握手时应注意以下几点：

1.动作正确

在互致问候的同时，双方各自伸出右手，彼此保持一步左右的距离，身体微微前倾，两足立正，手掌略向前下方伸直，伸手的动作要稳重、大方。拇指与手掌分开，其余四指自然并拢，虎口相交，与对方握手。握手时，掌心向里显示出一个人的谦卑和恭敬，用手掌和五指与对方相握，上下微摇以示热情，但不宜左右晃动或僵硬不动。平等而自然的握手姿态是双方的手掌都处于垂直状态。用右手与人相握时，左手应贴着大腿外侧自然下垂，以示用心专一。除老、弱、残疾者外，一般都要站着握手，不能坐着握手。

2.神态自然

握手时，神态应专注、热情、友好、自然，面带微笑，双目注视对方，可根据场合一边握手，一边简单用言语寒暄致意。

3.时间合适

握手时间的长短可因人、因地、因情而异，时间太长会使人不安，太短则不能体现真诚。初次见面或与异性握手时，握手时间以 1～3 秒为宜。在多人相聚的场合，不宜只与某一人长时间握手，以免引起他人误会。

4.力度适中

为了向交往对象表达热情友好，握手时应以稍许用力为宜。握手力量要适度，过重的虎钳式握手会显得粗鲁无礼；过轻的抓指尖握手又显得妄自尊大或敷衍了事。男性与女性握手时，男方只需轻轻握一下女方的四指即可。

5.手位适当

用右手与人单手相握，是最常用的握手方式。根据交往对象的不同，握手的具体式样也存在区别，表达的含义也不同。

握手礼的分类介绍见表3-1-7。

表3-1-7　　　　　　　　　　握手礼的分类介绍

类别	具体式样	适用场合或对象	表达含义
标准式握手（平等式握手）	双方手心向左，握住对方	双方社会地位不相上下时	礼节性地表达友好的方式
双握式握手（政客式握手）	用右手握住对方的右手，同时用左手加握对方的手背、小臂、上臂或肩部	可用于朋友、同事之间，但用于初次见面的人，可能会产生相反的效果	热情真挚、诚实可靠、信赖对方
支配式握手（控制式握手）	用掌心向下或向左下的姿势握住对方的手	交际双方的身份、地位差距较大时，身份、地位较高的一方采用	主动、傲慢、具有优势，处于支配他人的地位
谦恭式握手（乞讨式握手）	用掌心向上或向左上的手势与对方握手	性格软弱，处于被动、劣势地位的一方采用	尊重、敬仰对方，愿意受对方支配
死鱼式握手	握手时伸出一只无任何力度、质感，并且不显示任何信息的手	无情无义或性情软弱的一方采用	冷漠无情、消极傲慢，或者生性懦弱
捏手指式握手	有意或无意地握住对方的几个手指或指尖	想同对方保持一定距离时	异性之间表示矜持、稳重，同性之间表示冷淡、生疏或地位尊贵
虎钳式握手	两手相握时虎口接触，握得很深、很紧、很久	朋友、同事之间	久别重逢的思念、牵挂，或者朋友之间的较劲
抠心式握手	两手相握时不是很快松开，而是慢慢滑离，手指在对方手心适当停留	恋人、情人或心有灵犀的好朋友之间	依依不舍、不愿离别，或心有灵犀

知识广角镜
3-1-5

从心理学的角度看握手礼

俗话说"十指连心"，从这个角度来看，一次握手行为又何尝不是一场心与心的交流呢？所以，握手传递的不仅仅是问候，更是一种试探，或者说是一种抛砖引玉式的前奏。握手不仅是人们传情递意、联络沟通的手段，从握手的姿势中还可以看出双方的心态及性格特点。

四、握手的禁忌

握手行为可以传递多种信息，因此我们在握手时应努力做到合乎规范，并且应注意以下禁忌：

知识广角镜
3-1-6

握手禁忌总结

一是不要用左手与他人握手，尤其是在与阿拉伯人、印度人打交道时，因为在他们看来左手是不洁的。二是不要在握手时争先恐后，应当遵守秩序、依次而行。三是不要戴着手套握手。但是，女士可以在社交场合戴着薄纱手套与人握手，身穿军服的军人可以戴着手套与人握手。四是不要在握手时戴着墨镜，患眼疾或眼部有缺陷者例外。五是不要在握手时戴着帽子，除非是装饰性的女士小礼帽。六是不要用肮脏不洁或患有传染性疾病的手与他人相握。七是不要在与人握手之后，立即擦拭自己的手掌，好像与对方握一下手就会使自己受到"污染"似的。八是不要拒绝与他人握手。如果自己的手不干净，应亮出手掌向对方示意声明，并表示歉意。

知识广角镜
3-1-7

不同国家握
手礼的差异

研学点二 社交介绍礼仪

介绍是人际交往中人们相互沟通、增进了解、建立联系的一种常见方式，介绍能帮助人们扩大社交范围，使彼此间相互了解，产生亲切感。根据介绍者身份的不同，介绍可分为自我介绍、他人介绍与集体介绍三种。

一、自我介绍

首次见面时，为了赢得客户的好感与认同，服务人员进行自我介绍是必不可少的。自我介绍是日常工作中与客户建立关系、打开局面的一种非常重要的手段。富有自信与特色的自我介绍，能够为服务人员和客户打开一扇社交之门。

知识广角镜
3-1-8

中西方礼仪
的特点

动感小课堂3-1-3　　　　　　　**情景模拟**

请同学们为自己准备一份自我介绍，并在课堂上展示，展示结束后选出令同学们印象最深刻的介绍。自我介绍展示的要求如下：

一是时间在一分半以内（300字左右）；

二是脱稿、熟练、流利、自然；

三是普通话标准、音量适中；

四是服装得体、动作大方、表情丰富；

五是能与听众互动，有掌声或笑声；

六是内容生动、形式活泼、别具一格；

七是介绍流程清晰（可自选、自定）：称谓—问候—名字—班级—籍贯—个性—座右铭—爱好—其他—祝福—致谢。

1.自我介绍的场合

需要进行自我介绍的场合有以下几种：

（1）社交场合结识朋友

在社交场合遇到你希望结识的人，又找不到适合的人介绍时，可进行自我介绍。自我介绍应谦逊、简明，把对对方的敬慕之情真诚地表达出来。

（2）前往陌生单位进行业务联系

在前往陌生单位进行业务联系前，我们一般会打电话预约，因为从未与对方见过面，所以除了要向对方介绍自己的基本情况外，还要简略谈一下约见对方的事由。如果拜访时对方不在，需要不相识者代为转告，也需要进行简单的自我介绍。

（3）演讲或发言前

初次利用大众传媒向社会公众自我推荐、自我宣传时，最好既简明扼要，又具有特色，利用首因效应，给听众留下良好的第一印象。

（4）求职应聘或参加竞选

此时，自我介绍的形式可能不止一种，既要有书面介绍材料（个人简历），还要进行口头介绍，介绍内容或详或简，或严肃庄重或幽默诙谐，这些因素会直接影响求职或竞选能否成功。

2.自我介绍的方法

（1）自我介绍的顺序

位低者先介绍自己，主人先向客人介绍自己，男士先向女士介绍自己，晚辈先向长辈介绍自己。

（2）自我介绍的称谓

知识广角镜
3-1-9

自我介绍只需要清楚说出自己的姓名即可，既不加"先生"的称谓，也不讲个人的职衔；已婚女士可自称为"某人的太太"，或直接说出自己的名字；单身妇女不能自称"小姐"。

介绍的五种
忌讳

（3）代表单位的介绍

第一次到对方单位拜访，一定要介绍自己单位和部门的全称。

3.自我介绍的内容

自我介绍的内容包括以下几个方面：一是自己的姓名；二是爱好、籍贯、学历或业务经历（应注意与公司有关）；三是专业知识、学术背景（应注意与岗位、职位有关）；四是自身优点、技能（应突出能对公司所做的贡献）；五是用幽默语句或警句概括自己的特点，以加深他人对自己的印象；六是致谢。

根据介绍场景的不同，自我介绍的类型也不同，见表3-1-8。

表3-1-8　　　　　　　　　　　　　自我介绍的类型

类型	适用场合	介绍内容	举例
应酬式	一般的公共场合、社交场合，面对众人而不想深交时	只包括姓名一项即可	"你好，我叫徐润。"
公务式	正式的工作场合	包括姓名、单位、部门、职务或从事的具体工作	"你好，我叫张宁，是××公司人力资源部经理。"
社交式	在社交活动中，希望与交往对象进一步交流与沟通时	包括姓名、工作、籍贯、学历、兴趣及与交往对象某些熟人的关系	"我叫李源，木子李，源头的源，是杨冰的校友，也是××大学的学生，学的是企业管理专业。"
礼仪式	讲座、报告、演出、庆典等正规而隆重的场合	包括姓名、单位、职务等，还应加入适当的谦辞、敬辞	"大家好！我叫×××，来自上海××公司，是公司营销部经理，今天第一次来到美丽的深圳，非常荣幸有机会结识在座的各位朋友，谢谢！"
问答式	应试、应聘和公务等交往场合	应该有问必答	"先生，您好！请问您怎么称呼？（请问您贵姓？）""您好，先生！我叫董洁。"

4.自我介绍的注意事项

在进行自我介绍（如图3-1-3所示）时，应胸有成竹、从容不迫、诚实坦率，不能虚张声势、轻浮夸张、盲目自大，更忌讳妄自菲薄、心生怯意、唯唯诺诺，具体来说需要注意以下几个方面：

（1）选准时机，掌握程序

要抓住时机，在适当的场合进行自我介绍。当对方有空且情绪较好，又有兴趣时，就不会打扰对方。自我介绍时应先向对方点头致意，得到回应后再向对方介绍自己。如果有介绍人在场，自我介绍会被视为不礼貌的行为。如果你想认识某人，最好预先获得一些有关这个人的资料或情况，如性格、特长及兴趣爱好等，这样在自我介绍后，便很容易与对方融洽交谈。此外，在获得对方的姓名之后，不妨口头加重语气重复一次，因为每个人都乐意听到自己的名字。

图3-1-3　自我介绍

（2）充满自信，举止大方

自我介绍时应镇定自信、落落大方、彬彬有礼，而且语气要自然，语速要正常，语音要清晰，态度要诚恳，言辞之间应充分展现自己的聪慧与自信，从而给人一种值得信赖的好感与吸引力。

（3）内容真实，有针对性

自我介绍时应开门见山、简明扼要、恰如其分，不能过分贬低自己，也不能过分自吹自擂，所以一般不宜用"很""第一"等表示极端赞扬的词；应有针对性地重点介绍姓名、单位、部门、职位或从事的具体工作等基本要素，应聘时则应介绍学历、经历、能力及个性特征等内容，一气呵成，给人以完整、清晰的印象；应实事求是，不可吹得天花乱坠；应突出长处，但也不隐瞒短处，所突出的长处要与交谈主题有关；应善于用具体生动的实例来证明自己，说明问题时不要泛泛而谈。

（4）控制时间，讲究艺术

自我介绍时应言简意赅，尽可能地节省时间，以半分钟左右为佳，稍长一些的不宜超过3分钟，可利用名片、介绍信加以辅助。自我介绍要看场合，如人少时或问好后，便可开门见山地进行自我介绍。如果有多人在场，介绍前最好加一句引言，如"我们认识一下好吗？我是……"，以表达自己渴望认识对方的真诚情意。任何人都以被他人重视为荣幸，如果你态度热情，对方也会态度热情。

此外，在自我介绍时，适时引入幽默的语句，更易于赢得欢笑与好感，诙谐的真话、笑话比庄重严肃的表白更深入人心。

二、他人介绍

他人介绍，又称第三者介绍，是由第三者为不相识的双方引荐、介绍的一种交际方式。善于介绍他人，一方面能够展示自己在社交场合中左右逢源的表现力；另一方面体现了自己为人处世的能力和素养，能够提高自己在朋友和同事中的威信力和影响力。

1.他人介绍的场合

他人介绍的场合包括以下几个方面：一是与家人、朋友外出，路遇家人、朋友不相识的同事或朋友时；二是本人的接待对象遇到了其不相识的人士，而对方又跟自己打了招呼时；三是在家中或办公场所接待彼此不相识的客人或来访者时；四是打算推介某人加入某一领域的交际圈时；五是收到为他人进行介绍的邀请时。

2.介绍者的选择

按照社交场合的惯例，下列身份者可作为介绍者：一是社交活动的东道主；二是社交场合的长者；三是家庭性聚会的女主人；四是公务交往中的专职人员，如公关人员、礼宾人员、文秘人员、办公室人员、接待人员等；五是正式活动中地位、身份较高者或主要负责人；六是熟悉被介绍双方者；七是应被介绍者一方或双方要求者；八是在交际应酬中被指定的介绍者。

3.他人介绍的规则

他人介绍时应遵循的一个重要原则是"尊者优先"，即先把对方介绍给地位尊贵者。如果介绍双方的年龄、职务相当，就要遵循"女士优先"的原则，即把男士介绍给女士。当介绍双方具有多重身份时，要具体情况具体分析，视当时的场合决定男女、长幼、宾主等关系的重要程度，再进行介绍。

动感小课堂3-1-4   **判断正误**

请同学们完成以下介绍顺序的判断题：

◆平级、平辈、熟人相见时，介绍可不分先后。（　　　）

◆国际上的介绍通则是先把女士介绍给男士，先把上级介绍给下级，先把年长者介绍给年轻者。（　　　）

◆在社交场合，应把晚到者介绍给早到者，把已婚者介绍给未婚者。（　　　）

◆在社交场合，介绍同事、朋友与家人认识时，应先介绍家人，后介绍同事、朋友。（　　　）

◆在社交场合，介绍来宾与主人认识时，应先介绍来宾，再介绍主人。（　　　）

4.他人介绍的方法

为他人进行介绍时，手部动作与语言的配合非常重要。

（1）介绍的动作

无论介绍哪一方，都应手心朝上，手背朝下，四指并拢，拇指与四指约呈30度指向被介绍的一方，并向另一方点头微笑。介绍时，除女士、长辈外，一般应站立。必要时，可以说明被介绍的一方与自己的关系，以便新的朋友之间相互了解信任，如图3-1-4至图3-1-6所示。

图 3-1-4　将男士介绍给女士　　图 3-1-5　将女士介绍给男士　　图 3-1-6　双方握手寒暄

（2）常用的介绍词

正式说法如"请让我来介绍一下××""请允许我向您介绍一下××"；非正式说法如"××小姐，您认识××先生吗""小汤，来见见××先生，好吗"。

5.他人介绍的形式

根据他人介绍的适用场合，他人介绍可分为六种形式，见表3-1-9。

表3-1-9　　　　　　　　　　　　　他人介绍的分类及举例

类型	适用场合	介绍内容	举例
一般式（标准式）	一般正式场合	以双方的单位、姓名、职务为主	"请允许我为两位介绍一下：这位是三盛公司业务部的刘主任，这位是华怡集团的李总。"
简单式	一般公关场合	只介绍双方姓名甚至姓氏	"请让我来为大家介绍一下：这位是徐总，这位是余总，希望大家合作愉快。"
强调式（附加式）	各种公关交际场合	强调其中一位被介绍者与介绍者之间的关系，以期引起另一位被介绍者的重视	"刘总，您好！这是小儿李雷。李雷，这是华夏公司业务主管刘总。请刘总多多关照小儿。"
引见式	普通场合	将被介绍双方引到一起即可	"雷小姐，您好！这位是丘先生，你的同届校友，机电系的。接下来，你们自己聊吧。"
推荐式	比较正式的场合	经介绍者精心准备，将其中一位被介绍者举荐给另一位被介绍者，介绍者通常会对前者的优点进行重点介绍	"这位是曲先生，这位是仁和集团的刘董事长。曲先生是复旦大学的经济学博士、管理学专家。刘董，您一定有兴趣和他聊聊吧。"
礼仪式	非常正式的场合	与一般式略同，在语气、表达、称呼上更为礼貌、谦恭	"张小姐，您好！请允许我把能源公司的执行总裁刘敏先生介绍给您。刘先生，这位是家源集团人力资源部经理张丽小姐。"

6.他人介绍的注意事项

（1）提前了解结识意愿

为他人进行介绍前，要先了解双方是否有结识的愿望与必要性，要慎重自然，不要贸然行事。切勿开口即讲，不仅显得很唐突，而且会使被介绍者措手不及。被介绍者在介绍者询问自己是否有意认识某人时，一般不应拒绝，而应欣然应允；实在不愿意时，应说明理由。刚到的客人不必介绍给要离去的客人，路遇时匆匆打招呼的人也不必介绍给同行者。

（2）郑重介绍，礼节恰当

介绍者和被介绍者都应该起立，以示尊重和礼貌，待介绍者介绍完毕后，被介绍双方应微笑点头致意或握手致意。在宴会、会议桌、谈判桌上，介绍者和被介绍者可不必起立，被介绍双方点头微笑致意即可；如果被介绍双方相隔较远，中间又有障碍物，可举起右手，点头微笑致意。介绍完毕后，被介绍双方应依照合乎礼仪的顺序握手，并且彼此问候对方。问候语有"你好，很高兴认识你""久仰大名""幸会幸会"等，必要时可进一步做自我介绍。

（3）内容准确，形式恰当

介绍他人的信息应准确。如果被介绍者拥有几个头衔，应介绍最高级别的头衔。介绍者不能把被介绍者的名字读错，也不能只介绍名不介绍姓。

介绍者陈述的时间宜短不宜长。在较短的时间内，将双方的基本信息陈述出来，使双方迅速了解。为他人做介绍时，应避免给任何一方厚此薄彼的感觉。不可以对一方介绍得面面俱到，而对另一方介绍得简略至极；也不可以介绍一方为"这是我的好朋友"，因为这似乎暗示另外一个人不是你的朋友，从而显得既不友善，也不礼貌。如果介绍者感到时间宽裕、气氛融洽，那么在为被介绍者做介绍时，除了介绍姓名、单位和所任职务外，还可以介绍双方的爱好、特长、学历、荣誉等，从而为双方提供交谈的机会。

趣味超链接3-1-1　　　　介绍时忘记他人名字

为他人做介绍时，却突然忘记他人名字，怎么办？

第一种方法，首先选择坦白承认，以诚恳的语气说："真是抱歉，我完全想不起你的名字。"对方很可能会因为你的诚恳而原谅你。因为重要的不是你说了什么，而是你说话的方式，一定要以诚恳而温和的态度来表达歉意。其次，客气地请对方再说一次他的名字。如果对方连名带姓地说出来，你可以说："我知道您姓李，但不知道您的名字是李宇。"

第二种方法，问对方他通常比较喜欢别人怎么称呼他，这样一来，你就有机会知道他的名字了。

还有其他方法，如向对方很尊重的第三者求助、向对方索取名片等。

如果别人忘记了你的名字，那么你一定要大度一些，主动提醒对方，或进行自我介绍。如果别人忘了介绍你，这是他的失礼之处，你要以巧妙的方法，找机会介绍自己，如在与客户眼神交汇时，可以伸出手来简单扼要地做一个自我介绍，注意态度要自信、语气要温和、举止要得体。

三、集体介绍

集体介绍是他人介绍的一种特殊形式，是指被介绍者其中一方或者双方不止一人。

1.集体介绍的形式

（1）个人与集体

一是将个人介绍给集体。这种方法主要适用于会议、会见、报告、演讲时将身份高者、年长者和特邀嘉宾介绍给观众等群体，而不必再向个人介绍集体，因此又叫单向式介绍。将某人介绍给一个群体时，可先喊出群体中几位成员的名字，这个技巧非常实用。喊出群体中三四个人或者更多人的名字会将所有人的注意力吸引过来。如果不这么做，群体里的成员可能会继续聊天，或者完全没有留意到将要介绍给他们的新朋友。

二是将集体介绍给个人。这种方法适用于正式的社交场合，如领导接见劳动模范等有突出贡献的人士；也适用于两个处于平等地位的交往集体之间互相介绍，如开大会时主席台就座人员的介绍；还适用于非正式的社交活动，如为了满足自己交往的需要，请他人将那些身份高者、年长者介绍给自己。将集体介绍给个人的基本顺序有两种：一是按身份的高低顺序进行介绍；二是按照座次或队次进行介绍。千万不要随意介绍，以免使被介绍者产生厚此薄彼的感觉。

（2）集体与集体

介绍双方时，先卑后尊；介绍其中一方时，应当自尊而卑。例如，在正式宴会上，如果你是主人，那么你可以按照宾客的座位顺序进行介绍，也可以从贵宾开始介绍。

2.集体介绍的顺序

（1）当被介绍双方的地位、身份大致相似，或者难以确定时

当被介绍双方的地位、身份大致相似，或者难以确定时，应使一人礼让多数人，人数较少的一方礼让人数较多的一方，即先介绍人数较少的一方或个人，后介绍人数较多的一方。若一方人数较多，也可采取笼统的方式进行介绍。例如，"他们都是我的同事"或"这是我的家人"，但最好还是对他们一一进行介绍。

（2）当被介绍双方的地位、身份存在明显差异时

当被介绍双方的地位、身份存在明显差异，特别是当这些差异表现为年龄、性别、婚姻状况、辈分以及职务时，地位、身份明显高者即使人数较少，仍然应将其置于尊贵的位置，先介绍人数多的一方，再介绍身份、地位高的一方。

（3）当被介绍双方的人数均较多时

当被介绍双方的人数均较多时，可按位次尊卑进行介绍，先介绍位卑的一方，后介绍位尊的一方；或先介绍主方，后介绍客方。

（4）当被介绍者为多方时

当被介绍者为多方时，应按照合乎礼仪的顺序，先确定各方的尊卑，再按顺序介绍各方。如果需要介绍各方的成员，应按由尊到卑的顺序进行介绍。

3.集体介绍的注意事项

（1）措辞规范准确

应注意使用规范、准确的措辞，不要用简称或易生歧义的简称。

（2）介绍庄重亲切

介绍时要庄重亲切，切勿随意拿被介绍者开玩笑，或成心出被介绍者洋相。

研学点三 社交名片礼仪

名片是传递个人信息的直观、便捷的载体，也是当今社会人际交往中必不可少的联络工具，俗称缩小版的"介绍信"或"联络卡"。

动感小课堂3-1-5 **名片制作**

请同学们每人制作一张个性化的名片，既可以是在社交场合结交朋友时使用的个人名片，也可以是在工作场合使用的正规商用名片。

制作要求：名片设计应美观、规范、信息齐全，可采用手绘或电脑软件制作等方式。

一、设计得体的名片

名片设计四禁忌：
一忌炫耀；
二忌香味；
三忌涂改；
四忌过大或过小。

按用途的不同，名片可分为商业名片、公用名片、个人名片三类。许多服务型企业为了体现企业文化，都会统一设计名片模板供员工使用，员工只需要加入自己的个人信息就行。个人名片的设计则可以凸显个性风格，如使用自己钟爱的座右铭、照片、漫画、钢笔签名等。下面我们以商业名片或者公用名片的设计为例进行介绍。

1.名片的规格

当前国内通用的名片规格为9厘米×5.5厘米，即长9厘米，宽5.5厘米。此外，名片还有两种常见的规格：一是10厘米×6厘米，多为境外人士使用；二是8厘米×4.5厘米，往往为女士专用。如果无特殊需要，不应将名片做得过大，以免给人以标新立异、虚张声势、刻意摆谱之感。

一般来说，中文名片以采用横式为佳，因为它易接递、易辨识、易收藏。竖式名片虽然风格古朴，却不具备这些优点。若用两种文字印制同一枚名片，则应避免出现一面横式、一面竖式的情况。

2.名片的文字

不论使用何种文字印制名片，均以采用标准、清晰、易识的印刷体为好。尽量不要采用行书、草书、篆书或花体字印制名片，更不要亲自手写。务必记住：只有他人看清楚、看懂了，并且重视自己的名片，名片才会真正发挥作用。

在国内使用的名片，宜用简体中文，不要故弄玄虚地使用繁体中文。在国内少数民族聚居区、外资企业以及国外使用的名片，可酌情使用规范的少数民族文字或外文。最佳的做法是：在一张名片的两面，分别以简体中文和一种少数民族文字或外文印制相同的内容。切勿在一张名片上出现两种以上的文字，也不要将两种文字交错印在同一面。

3.名片的颜色及图案

印制商业名片或公用名片的纸张，宜选择庄重朴素的白色、米色、淡蓝色、淡黄色、淡灰色，并且以一张名片一种颜色为好。最好不要印制杂色名片，以免让人眼花缭乱；也不要用黑色、红色、粉色、紫色、绿色印制名片，它们均会带给人有失庄重的感觉。名片上允许出现的图案，除纸张自身的纹路外，还有企业标志、企业地图等，但相关信息不宜太多。不提倡在名片上印漫画、花卉、宠物，这些东西并无实用价值，往往会给人以华而不实的印象。

4.名片的材质

印制名片最好选用纸张，并以耐折、耐磨、美观、大方的白卡纸，或再生纸、布纹纸、麻点纸等为佳，高贵典雅、纸质挺括的刚古纸、皮纹纸可酌情选用。必要时，还可为名片覆膜。

5.名片的内容

商业名片的内容主要包括四项：一是个人姓名；二是所任职务或头衔；三是所属单位、部门及组织标志，单位及部门名称应采用全称；四是联络方式，如单位地址、邮政编码、单位电话、单位传真、个人手机、个人邮箱等。企业名片则不需要包含个人信息，提供单位全称、标志与联络方式即可。

二、正确使用名片

名片是一个人身份的象征，也是一个人尊严价值的纸质呈现，是人的"第二身份证"。一张小小的名片，能够让对方在最短的时间内以最快的速度了解你的基本情况。要使名片发挥良好的作用，我们必须学会规范、正确地使用名片。

1.递送名片的礼仪

（1）随时准备好名片

名片应随身携带，或常备在办公室抽屉里。名片是个人身份的象征，应保持干净、整洁，放在专门的名片夹（如图3-1-7所示）内，再放置于公文包或皮包方便取出的地方，如公文包的外侧夹层，以免使用时手忙脚乱。名片夹最好采用双层设计，一层放自己的名片，另一层放收到的他人名片，分开存放可以避免拿错。名片还可以放在衬衣左侧口袋或西装内侧口袋，注意口袋不要因为放置名片而鼓起来，不要把名片放在裤袋里。出门拜访客户前，应先检查自己的名片夹是否有充足的整洁名片；如果没有，应及时补充。

图3-1-7　两用名片夹

动感小课堂3-1-6　　　　　　**看图找错误**

请同学们观察图3-1-8，指出哪些名片递接的动作不正确，并解释原因，提出改进办法。

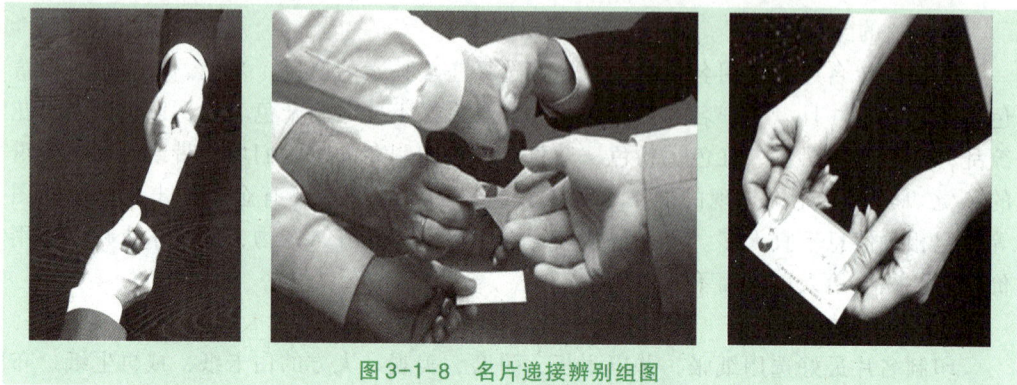

图 3-1-8 名片递接辨别组图

（2）递送时机应恰当

双方初次见面，适时递送上一张名片，是十分得体的礼仪。需要注意的是，在未确定对方来历的时候，不要随意向陌生人派发名片，这样做一方面可以避免唐突，另一方面可以避免名片被人冒用。递送名片要掌握适宜的时机，除非自己想主动与人结识，否则应看对方是否有建立联系的意愿。如果双方或一方没有这种意愿，则无须递送名片，否则有故意炫耀、强加于人之嫌。

在参加工作会议时，应该在会前或会后交换名片，不要在会中擅自与别人交换名片。除非对方要求，否则不要在年长的主管面前主动递送名片。处在一群彼此不认识的人中，最好让别人先发名片。如果自己即将发表意见，可以在发言之前将名片发给周围的人，这样更有利于他人快速记住自己。

无论参加私人宴会还是商业宴会，皆不可在用餐时递送名片，因为此时只宜从事非商业性活动。在商业性社交活动中，应有选择地递送名片，这样才不会被人认为你在替公司搞宣传、拉业务。此外，还要避免在私人宴会上主动派发名片，以免混淆私人与商务的界限，把私人聚会变成推销会，也不要在大庭广众之下把名片视同传单向多人随便散发。交换名片时，如果名片用完，可用干净的纸代替，在上面写下个人资料。

（3）递送动作应规范

名片的递送应在介绍之后，尚未弄清对方身份时不应急于递送名片。递送名片前，应先向接受名片者打个招呼，令对方有所准备。递送名片时，应站在对方面前，面带笑容，双目注视对方，上体前倾15度左右，双手拇指和食指分别持握名片上端的两角，让文字正面朝向对方，以便于对方观看（如图3-1-9所示），同时寒暄"这是我的名片，请多多关照/请多多联系"。若对方是外宾，则应将印有外文的一面朝上递送。若双方同时递送名片，自己的名片应稍低于对方的名片递过去，用右手递自己的名片，用左手接对方的名片。

（4）递送顺序要合适

在社交场合，名片是进行自我介绍的简便方式。交换名片的顺序一般是"先客后主，先低后高"。在与多人交换名片时，最佳的方法是由近及远，按顺时针方向依次递送，切勿跳跃式进行，以免使对方产生厚此薄彼之感。到别处拜访时，应经上司介绍后，再递出名片。

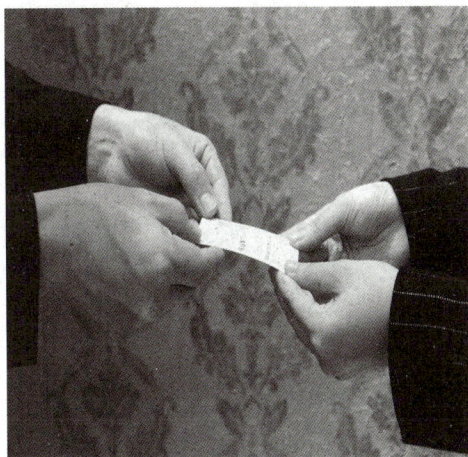

图3-1-9 递送名片的手部动作

名片递送过程组图如图3-1-10所示。

图3-1-10 名片递送过程组图

2.接受名片的礼仪

接受他人名片时，无论多忙都要暂停手中的一切事情，并起身站立相迎，面含微笑，双手接过名片，如图3-1-11所示。接过名片后，应先致谢，然后从头至尾默念一遍，遇到显示对方头衔的职务，不妨轻声读出来，以示尊重和敬佩。如果不确定对方名字的读音，可直接询问，以示重视。在对方离去之前，或话题尚未结束之时，不必急于将对方的名片收藏起来。多人交换名片时，为了方便自己记住对方的面孔和姓名，可以按对方就座顺序对应放置其名片，最高职位者的名片应放在最上方。最后将名片谨慎地放在名片夹、公文包或上衣口袋里，切勿随意乱丢乱放。

接受他人的名片后，应立即给对方一张自己的名片。没有名片或名片用完了，应向对方做出合理解释并致歉，不能毫无反应。

名片递接
关键词：
讲究顺序；
先打招呼；
递送谦恭；
接受谦和；
认真阅读；
精心存放；
有来有往。

图 3-1-11　接受对方名片

3.索要名片的礼仪

希望与对方结交时，主动索要名片也应有技巧。一是互换法，"将欲取之，必固与之"，若想要别人的名片，应先把自己的名片递给他人。二是联络法，平级之间可以说"以后如何联系你"。为了表示谦恭，也可以说"以后如何向您请教"。

4.管理名片的礼仪

我们将收到的名片进行整理与收纳，就可以建立起自己的人际交往圈。因此，管理名片十分必要。首先，当你和他人在不同场合交换名片时，务必详尽记录与对方会面的人、事、时、地、物。交际活动结束后，应回忆一下刚刚认识的重要人物，记住他的姓名、行业、企业、职务等。第二天或两三天后，主动打电话或发邮件问候，表示很高兴认识对方，还可以适当地赞美对方某方面的优秀品质，或者回忆你们之间愉快的聚会细节，让对方加深对你的印象和了解。其次，对名片进行分类管理。应把自己的名片准备好，整齐地放在名片夹、盒或档案本中。可以按地域分类，如按省份、城市分类；也可以按行业分类；还可以按人脉资源的性质分类，如按同学、客户、专家等分类。再次，养成经常翻看名片的习惯，在工作间隙，翻看一下你的名片档案，给对方打一个问候的电话、发一个祝福的短信等，让对方感觉到你的存在和你对他的关心与尊重。最后，定期对名片进行清理。对手边所有名片与相关资源，按照关联性、重要性、使用频率、完整性等因素定期进行整理。可将名片分成三部分：第一部分是一定要长期保留的；第二部分是不太确定但可以暂时保留的；第三部分是确定不要的。

知识广角镜
3-1-10

西方人的
名片礼仪

◖◖ 课后提升

知识掌握

◎核心概念：见面礼仪；称呼礼仪；问候礼仪；致意礼仪；鞠躬礼；握手礼；自我介绍；他人介绍；集体介绍；名片礼仪

◎核心观点：

1.见面礼仪是服务人员代表企业递给客户的第一张名片，好的见面礼仪能在短时间内给客户留下深刻的印象，并为以后顺利开展工作打下基础。

2.当服务人员问候客户时，在态度上应注意四点：一是主动；二是热情；三是专注；四是具有针对性。

3.深情、文雅而得体的握手，往往蕴藏着令人愉悦、信任、接受的契机。

4.握手不仅是人们传情递意、联络沟通的手段，从握手的姿势中还可以看出双方的心态及性格特点。

5.鞠躬的动作因性别不同而存在差异。

6.他人介绍时应遵循的一个重要原则是"尊者优先"，即先把对方介绍给地位尊贵者。

7.名片是传递个人信息的直观、便捷的载体，也是当今社会人际交往中必不可少的联络工具，俗称缩小版的"介绍信"或"联络卡"。

8.无论参加私人宴会还是商业宴会，皆不可在用餐时递送名片，因为此时只宜从事非商业性活动。

知识应用

1.请总结现代服务工作场合中常用的见面礼节，并进行课后模拟练习。

2.握手是国际上最常用的见面礼节，请判断下面关于握手的描述是否正确：

A.交叉握手，呈十字架图案不吉祥。（   ）

B.握手时需要注视对方。（   ）

C.左手握手。（   ）

D.可以戴手套握手。（   ）

E.一边握手，一边拍对方的身体。（   ）

F.可以用湿手或脏手来握手。（   ）

G.握手时，另外一只手可插在衣袋里。（   ）

H.握手时，另外一只手可拿别的东西。（   ）

I.握手时长篇大论，百般客套。（   ）

J.异性间握手时只握住对方的手指尖。（   ）

K.握手时忌讳手部冰冷无力，像死鱼般握手，这被公认为是失礼的做法。（   ）

L.不要在握手时把对方的手拉过来、推过去，或者上下左右抖个没完。（   ）

情景演练

1.演练背景与规则

假设客户经理带新入职的助手一起约谈一位VIP客户，大家约定在一家咖啡厅见面。在整个见面过程中，展示见面礼仪、介绍礼仪、名片交换礼仪等。3人为一组，进行时长约6分钟的情景演练，演练结束后，参与者可进行适当解说，拍摄下所有情景演练与解说的过程，交由教师按照评分标准进行打分。

2.演练要点提示

（1）两位服务人员提前到达咖啡厅，等候VIP客户到来；

（2）客户经理与VIP客户已经认识，需要介绍助手与VIP客户认识；

（3）助手要准备好自己的名片并进行自我介绍。

情景演练评分细则见表3-1-10。

表3-1-10　　　　　　　　　　情景演练评分细则

考核项目	评分标准
情景剧本台词	剧本写作文字流畅、格式规范
	剧本内容完整，包括主题、角色、台词、道具等描述
见面礼仪展示	称呼恰当，问候得体，见面礼运用得当
	介绍顺序正确，措辞清楚，介绍清晰
	名片递送时机正确，递送姿势自然，寒暄恰当
角色饰演	角色定位清晰，表演自然，充分展示角色特点
	表演中充分使用标准礼貌服务用语，交流顺畅
	表演配合默契，情景剧观赏度高
仪态展示	仪态动作协调规范，有美感
	表情自然，符合剧情要求

项目二
客户接待礼仪

课前自学

自学点一　客户迎接礼仪有哪些？

一、迎接客户前的准备工作

服务型企业在对外商务活动中，大到与其他组织的交往，小到与客户个人的往来，都离不开"迎接"这个重要环节。周密的迎接活动能使来宾对企业产生良好的印象，给来宾留下美好的回忆。服务型企业的接待分为两种类型：一种是常规的一线部门服务接待；另一种是办公室公务接待。服务型企业的对客服务大厅均设有特定的迎接柜台，由专门的服务人员负责接待与引导客户，如餐厅的迎宾员、酒店的礼宾员、银行的大堂经理等。办公室除了接待客户外，也需要接待本公司内部其他部门的同事、其他合作企业的人员等。因接待对象的类型与接待任务的不同，迎接工作也会不同，所以迎接来宾前，必须首先确定接待规格。

1.确定接待规格

接待规格是从主要陪同人员的角度而言的。接待规格过高，会影响企业领导的正常工作；接待规格过低，会影响双方的关系。因此，必须依据来访人员的身份和来访目的，考虑双方的关系和惯例，综合确定接待规格。一般来说，主要陪同人员的身份和职务应与来访者相差不大，以对口、对等为宜。如果当事人因故不能出面，或不能完全对等，应灵活变通，由职位相当的人士或副职出面，其他陪同人员不宜过多。

（1）高规格接待

高规格接待就是本企业陪同人员比来客职务要高的接待。高规格接待通常有这样几种情况：总公司派一般工作人员向分公司管理者口授意见；合作企业高管派人到本企业商谈重要事宜；下属部门来访，要办重要事宜；影响企业收益的重要客户前来消费或协商等。

（2）常规服务接待

常规服务接待主要是针对普通散客或团队客人的一线服务接待，如银行大堂经理迎接客户，为客户拿号后进行分流；酒店礼宾员迎接客户后，引导客户到前台办理入住，协助客户搬运行李；餐厅迎宾员不仅要向客户鞠躬问好，而且要做好引位服务；旅行社前台接待人员还承担着旅游线路营销的职责。常规服务接待不仅影响客户当下的服务感受，而且关系到接下来其他部门或其他人员的对客服务工作能否顺利进行。

知识广角镜
3-2-1

公务接待的
规格划分

2.接待人员自检

在工作时间，无论有无客户前来，迎接柜台的服务人员都应保持良好的精神面貌，时刻准备着为客户提供常规接待服务。每个接待人员都要从仪容仪表、待客态度、行为表现等方面做好接待准备，可以依据表3-2-1的内容做好自检工作。

表3-2-1　　　　　　　　　　　　　接待人员自检表

自检项目	好的表现	差的表现
仪容仪表	• 面部干净 • 制服整齐 • 头发整洁 • 少量淡雅香水 • 女士柔美淡妆	• 面部有污垢 • 制服凌乱 • 头发蓬松散乱 • 过量浓烈香水 • 女士浓妆艳抹
待客态度	• 热情微笑 • 目光有神 • 礼貌真诚 • 语调亲切 • 遇事灵活	• 傲慢厌恶 • 目光呆滞 • 油滑撒谎 • 语调生硬 • 懒散笨拙
行为表现	• 热情问候，真诚致谢 • 专心待客，把客户当成最重要的人 • 明确说明，真诚应对 • 耐心解答客户的所有问题 • 站在客户的立场思考问题 • 对业务了如指掌	• 对客户的到来与离开无任何反应 • 只顾做自己的事情或与同事说话，冷落客户 • 言辞含糊，缺乏自信 • 怕麻烦，不耐烦，对客户发火 • 不在乎客户的感受，只顾自己方便 • 对业务一问三不知

知识广角镜
3-2-2

迎宾等候
队列

二、恭候迎接

只要有来访者，服务人员都应主动招呼、礼貌应答，并委婉而迅速地了解来访者的身份、来访目的与具体要求，以便尽快确定接待规格、程序和方式。

育德润心小课堂3-2-1

马头琴、蒙古包、蒙古族服饰、蒙古族歌舞、敖包文化……您能想到的一切草原文化元素，在呼和浩特市的内蒙古饭店都能真切感受到。作为中国首家草原文化主题酒店，内蒙古饭店就像是一朵绽放在草原上的美丽花朵。

内蒙古饭店主楼及东西附楼上3个巨大的蒙古包造型建筑，让宾客在城市的钢筋水泥里感受到了草原城市中"家"的召唤。走进大堂，3个金碧辉煌的穹庐圆顶，让宾客体验到天地之间人与家的吉祥温暖。身穿蒙古族服装的草原文化使者笑盈盈地迎上来，手捧象征万事吉祥、美好如意的蓝色哈达，用蒙古语问候宾客"赛努"，并行鞠躬礼。宾客进入休息区，服务人员立即送来特色奶茶、奶食。宾客要离开饭店时，服务人员还会手捧哈达，用蒙古语"白日太"告别宾客，并行鞠躬礼。在蒙古族迎送礼和特色问候语中，宾客真正体验到了草原文化的独特魅力。

资料来源　易书. 内蒙古饭店：草原城市中"温暖的家"［N］. 内蒙古旅游报，2019-11-29（7）.

德育基因：文化自信　守正创新

心有所悟：党的二十大报告指出："以社会主义核心价值观为引领，发展社会主义先进文化，弘扬革命文化，传承中华优秀传统文化，满足人民日益增长的精神文化需求，巩固全党全国各族人民团结奋斗的共同思想基础，不断提升国家文化软实力和中华文化影响力。"内蒙古饭店将草原文化元素融入建筑风格、员工服饰等酒店软硬件中，增加草原特色的"赛努"（您好）问候礼、服务礼仪，进行草原文化主题餐饮"新蒙餐"创新，打造独具草原特色的"蓝哈达"服务品牌和"温暖如家"的情感服务模式，成立"蓝哈达"专属服务团队，确保"蓝哈达"服务品质的标准化和稳定性，从而实现了文化主题酒店标准化建设的目标。

1.高规格迎接

高规格迎接客户必须准确掌握来访客户所乘的交通工具和抵达时间，并提前通知全体迎送人员和有关部门。如果情况发生变化，应及时告知有关人员，做到既顺利接送来客，又不多耽误迎送人员的时间。对于经常见面的客户，有关人员在双方见面的会客室里静候即可。如果来宾人数较多，主方可以多安排几位接待人员在楼下入口处迎接。如果来宾中有级别较高或身份重要的人物，东道主的高层管理者应该亲自到门口迎候。迎接客户时，应在客户抵达前到达迎接地点，看到客户的车辆开来，接待人员应微笑挥手。

2.常规服务迎接

常规服务迎接应遵循恭候迎接、引导安排的步骤，但因企业经营内容的不同，具体迎接内容也存在差异。以餐厅迎宾员为例，有客户来到餐厅门前，迎宾员应立刻根据对方的年龄、性别、身份、所处时间等进行有针对性的问候："先生（或女士），中午（或下午、晚上）好！欢迎光临，请问您有预订吗？"若对方已有预订，可按照对方提供的信息将其引导到准确位置上；若对方无预订，则应按照客户的要求，根据餐厅实际情况为客户安排令其满意的餐位。整个过程应保持目光交流并真诚微笑。需要注意的是，如果客户手提过多行李，在征询客户同意后，可帮助客户提行李。

整个迎接过程应流畅且充满人情味，让客户感觉到所有服务细节结合所形成的整体服务链是美好的。为了实现这样的迎接效果，企业应对迎接流程进行认真梳理，结合企业自身的服务特色进行精心设计，形成规范化、主题化的模式。例如，中国武侠特色连锁餐饮企业风波庄酒家的迎宾问候方式别具一格。这里所有的服务员自称"小二"，假设两位女士前来用餐，"小二"会在门口拱手并问候："两位女侠，光临敝店，不胜荣幸。"接着向餐厅里一挥手，喊道："峨眉派两位女侠到！两位女侠，这边请！"顺势就将客户引导到写有"峨眉派"的餐桌处，初次来到这里的客户都觉得极其有趣。又如，广东紫金御临门温泉度假村的建筑完全采用了巴厘岛式风格，室内室外随处可见从巴厘岛带回的木雕、壁挂、石刻等民间手工艺品，所有服务人员均身穿巴厘岛传统服装，用合十礼来迎接客户，使人仿佛置身于真正的巴厘岛（如图3-2-1所示）。因此，迎宾除了能展示对客户的欢迎，更是突显本企业特色的时机。

图3-2-1 巴厘岛式迎接

知识广角镜 3-2-3

不同客户的接待礼仪

自学点二　客户会谈接待有哪些基本礼仪？

与客户会谈时，一方面要注意会谈要解决的实质问题，另一方面要做到礼数周到。

1.客户会见安排

对于临时前来的客户，如果客户要找的人不在，可以让客户留下必要的信息；如果需要客户短时间等候，则应告知理由及等候时间，并提供茶水、杂志等供客户打发时间。对于预约来访的客户，应提前安排一些接待活动，如观看介绍公司业务的影片、参观某些部门等。当客户参观到某部门时，该部门工作人员应当立刻起立迎接，不可坐在办公桌前毫无反应。参观结束后，主客齐聚一堂，商议既定事宜。

此外，陪访也是接待的一项重要工作。陪同客户在外参观、访问、游览时，要注意一些方式方法。首先，陪同者应事先做好准备，熟悉情况，以便向客户做出详细的介绍。其次，陪同者应遵守时间，衣着整洁，安排好交通事宜。再次，陪同时应热情、主动、掌握分寸，既不能过分殷勤，也不能冷淡沉默。最后，参观、游览时应注意客户的安全，车费、门票费用尽量由主人支付。

2.会见座次安排

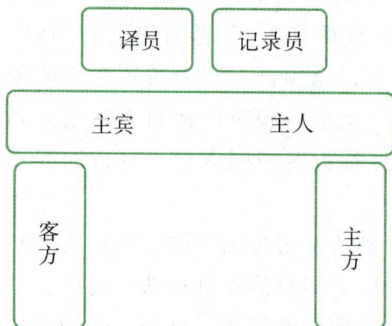

知识广角镜
3-2-4

从会议座次安排看中西方礼仪文化差异

```
┌─────────┬─────────┐
│  译员   │  记录员  │
└─────────┴─────────┘
┌───────────────────┐
│  主宾        主人  │
└───────────────────┘
┌──────┐       ┌─────┐
│      │       │     │
│ 客方 │       │ 主方 │
│      │       │     │
└──────┘       └─────┘
```

图 3-2-2　会见座位安排示意图

会见通常安排在会客室，当然，在环境优美的办公室进行会谈也未尝不可。在会客室会见的座位安排有一定的规定，不可过于随意，以免破坏会见应有的气氛。一般来说，主宾、主人席应安排在面对正门的位置，主宾位于主人之右，其他宾客按礼宾顺序在主宾一侧就座，主方陪同人员均坐在主人一侧。来宾过多导致座位不够时，可在后排加座。译员和记录员应分别坐在主宾和主人之后，如图 3-2-2 所示。

3.会谈用语规范

在接待客户的过程中，难免要与客户进行交谈。在交谈过程中，除了要注意常规礼貌用语的使用外，先思后言、言而有据、随机应变、有幽默感等都是成功的谈话不可缺少的技巧。从礼仪的角度来说，在与不太熟悉的客户交谈时，应当避免随意询问隐私问题。对方在你的"地盘"里，一定要"以礼相待"。接待客户时，若与客户持不同的观点，千万不要急于争论，争论可能会使你"赢了辩论，失了生意"；争论很容易演变成人身攻击，最终伤害双方的自尊心，使双方不欢而散。因此，我们应从客户的角度去体验对方的实际感受，在理解的基础上达成共识。

知识广角镜
3-2-5

会谈八不问

在交谈过程中，还应注意不要轻易打断客户，并且应认真倾听，理解客户想要表达的意思。认真倾听能够使客户知道你对他（她）很尊重，你认为他（她）的意见很重要。保持与客户的目光接触，以非威胁性的身体语言表明你对客户的接受。要平静地说话，不能激动地高声叫喊。

自学点三　送别服务礼仪有哪些？

服务讲究的是有始有终，客户到来时享受到了迎接的礼遇，也希望在离开时能够享受到同样品质的送别服务。

根据末轮效应，无论是常规的一线部门服务接待，还是办公室公务接待，送客的诚挚态度都应该是一致的。

1.常规服务送客

当客户消费完毕离开时，无论是手中正好有工作的服务人员，还是恰巧遇到客户的服务人员，都要表达对客户离开的重视，微笑地看着客户说声"谢谢您的光顾，欢迎您再来"，切忌只顾着招呼新来的客户而忽略离开的客户。

当客户离开时，服务人员的热情度应一如迎接客户时，甚至应更加积极热烈，从而给客户留下一个深刻的印象。所以，服务型企业应将送别服务流程设计得与迎宾流程一样饱满与丰富，让客户感觉来到与离开这里都会受到重视。例如，中国武侠特色连锁餐饮企业风波庄酒家的欢送词语同样富有趣味。当众"小二"看到有"侠客"用餐结束即将离开时，他们会集体一边行拱手礼，一边说："青山不改，绿水长流，各位侠客，后会有期，恕不远送。"

知识广角镜 3-2-6

银行大堂经理的送客流程

2.会谈后送客

会谈后送客，因场合的不同而有不同的礼仪。

如果只需将客户送到门外，那么接待人员应在客户告辞离开时，起身将客户送到门口，礼貌地表达送别之意，直到确认客户不会再回头方可返回办公室。切记不可在客户刚刚走出门外时，便"嘭"的一声重重把门关上，这样会使前面热情的接待工作全部白费，客户会觉得像被泼了一盆冷水，有被赶出门外的感觉。如果送客户到电梯前，那么接待人员应先走到电梯前按下按钮，电梯门开后请客户乘坐，当电梯门开始闭合时，微微鞠躬或挥手示意，热情地道声"再见，欢迎再来"，直至电梯门完全合上。如果送客户到公司楼下，那么接待人员应跟随客户一起乘坐电梯到达一楼，边聊边引导客户走向大门，最后在门口向客户致意告别。如果送客户到车内，那么客户上车前，接待人员应再次寒暄鞠躬。如果客户坐进车内，摇下车窗向接待人员告别，那么接待人员应保持送别状态，祝其"一路平安"，等车走远后，方可离开。

课中研学

研学点一　客户引导礼仪

服务人员在日常工作中，需要接待来自各方的客户。日常接待工作看似简单，却会给客户留下不同的印象——对企业的印象、对部门工作的印象、对企业员工素质的印象等。这些印象的好坏，直接关系到公司事业能否成功。亲切微笑、迅速及时、细致周到是接待工作成功的必然要求。

在迎接客户之后，服务人员通常需要为客户做引导。在引导客户前进的途中，服务人员会遇到不同的引导环境，如走廊、大厅、楼梯、电梯、会客室等，具体引导方式可因环境而变，但引导礼仪的三要素始终不能变。

第一个要素是引导的位置。无论是在走廊引领还是在室内引领，无论是在楼梯引导还是在电梯指引，都应遵循"以客为尊"的原则。

第二个要素是引导的语言。引导客户时应使用明确而规范的引导语言，如"您好，这边请"。如果需要转弯，则说："您好，请向左转。"在引导过程中应尽量使用敬语，以表达对客户的尊重，还要始终注意语言的交流，并且关注客户的表现，及时做出提醒。例如，有台阶时应及时提醒客户"请小心台阶"，发现地板刚刚擦过应提醒客户"请小心脚下"等，以确保客户安全。所以，引导语言的作用是问候、引导、提醒，确保客户心情舒畅并安全到达。

第三个要素是引导的手势。在引导时，大多使用"前摆式"手势，四指并拢，拇指靠向食指，手掌伸直，由身体一侧自下而上抬起，以肩关节为轴，到腰的高度再向身前左方或右方（视指引方向和客户位置而定）摆去，手臂摆到距身体15厘米并不超过躯干的位置时停止，目视来宾，面带微笑，如图3-2-3所示。

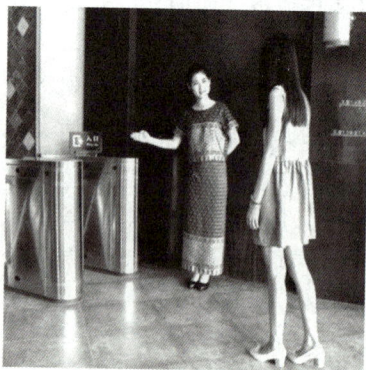

图3-2-3 引导客户

动感小课堂3-2-1　　　　　　场景问答

在引导客户的过程中会遇到以下三种不同类型的门，同学们应该如何处理进入的顺序呢？

①引导客户进入朝里开的门；
②引导客户进入朝外开的门；
③引导客户进入旋转式的门。

一、走廊与室内引导礼仪

知识广角镜
3-2-7

行走的礼仪

在走廊引导时，服务人员原则上应站在客户的左前方，传达"以右为尊"的服务理念，客户人数越多，引导的距离应该越远，以免有厚此薄彼、照顾不周之嫌。进入室内后，服务人员应站在外侧，传达"以内为尊"的服务理念。

1.走廊引导礼仪

行进在走廊时，服务人员应在客户前方1米处引领，并时时注意后面，让客户走在道路中央线上。走廊两边均是墙壁时，服务人员应在左前方引导，让客户走在右边。如果走廊一边为墙壁，一边为栏杆，则应把靠墙壁的一边让给客户。

陪同引导客户时，有两点需要注意：一是协调行进速度。服务人员的行进速度必须与客户相协调，不能径自前进、我行我素，应微微侧身将头部与上身转向客户，边走边向客户介绍环境，与客户寒暄交谈，以示热情友好。二是及时关照提醒。服务人员一定要处处以客户为中心，经过拐角、道路坎坷、昏暗之处时，必须提醒客户留意。走到拐角处时，一定要先停下来，使用横摆式或回摆式手势为客户做出方向引导，并转过身说"请向这边来"，然后继续行走。

此外，如果走廊两边有展示画或橱窗，当客户有兴趣停下观看时，服务人员应让客户站在靠近橱窗的一侧观看，并进行简单介绍。在引领过程中，若有其他服务人员超越客户，其他服务人员应对客户说"对不起，打扰一下，借过"，然后超越客户走过去，超越后再次说感谢的话语。服务人员与同事迎面相遇时，可点头或挥手示意。

2.室内引导礼仪

在室内时，服务人员应在外侧引导客户，用前摆式邀请客户前行，在行进途中需要及时用斜下摆式的手势提醒客户小心行走。

（1）进门引导礼仪

进门前，如果房门紧闭，应先敲门以示通报，如图3-2-4所示。正确的敲门动作是右手握空心拳，弯曲右手食指，用食指第二关节轻叩大门三声，第一声轻，第二、三声重，并配合询问："您好，可以进来吗？"如有门铃，则先按三声门铃。得到肯定回答后，带客户进入室内。如果室内无人，则敲门后自行进入。

进门时，应视门的具体情况随机应变。如果是手拉门，服务人员应先拉开门说"请稍等"，然后用靠近把手的手拉住门，站在门旁，用回摆式手势请客户进门，自己最后进屋把门关上；如果是手推门，服务人员应推开门说"不好意思，请稍等"，然后先进屋，握住门后把手，用横摆式手势请客户进屋，这时身体的一半应露在门外，而不应仅从门后探出头来；如果是旋转门，服务人员应先迅速

图3-2-4　敲门询问

过去，在另一边等候客户，如果与同级、同辈者进入，互相谦让一下非常有必要。服务人员在引导时，无论进入哪一种类型的门，都要做到"口""手"并用且运用到位，即运用手势的同时要说"您请""请走好""请小心"等提示语。此外，走在前面的人打开门后要为后面的人拉着门，后进的人应主动关门。

（2）会客室引导礼仪

到达会客室后，服务人员需要向客户说明："到了，就是这里。"当客户走进会客室后，服务人员应用前摆式手势指示，请客户坐下，看到客户坐下后，行点头礼并离开，随后奉上茶水等。如果客户错坐下座，应请客户改坐上座。例如，指示给客户某个固定的座位，说明之后，要用手势引导，在固定的位置处加以停顿，同时观察客户有没有理解，这个过程就体现了肢体语言的美。

二、电梯与楼梯引导礼仪

1.电梯引导礼仪

电梯分为手扶电梯与厢式电梯两种，其引导方式也略有不同。

（1）手扶电梯引导礼仪

到达手扶电梯时，服务人员应请客户先上电梯，自己随后跟上。所有人靠右侧站

知识广角镜
3-2-8

身距的操控：亲密又得体的门道

立，将左侧留给急行的人。

图 3-2-5　乘坐手扶电梯警示图

快下电梯时，服务人员应提醒客户"电梯到达，小心脚下"。客户下电梯后，服务人员再下电梯，并继续引导。

乘坐手扶电梯时，服务人员应养成靠右侧站立的习惯，有急事需要在扶梯上行走时，应靠左侧通行；需要别人让路时，应说"对不起"或"劳驾，让我过去可以吗"等话语。出于方便保护尊者安全的目的，服务人员应请尊者居于比自己靠上一个台阶的位置；与女士同行时，可请女士处于居下的位置。此外，服务人员不可将重物置于扶梯的扶手带上，不要站在台阶边沿处，不要触摸扶梯间隙处，以免发生危险。乘坐手扶电梯警示如图 3-2-5 所示。

（2）厢式电梯引导礼仪

厢式电梯引导可分为两种情况：一种是引导客户到达电梯即可；另一种是需要陪同客户乘坐电梯。

◎引导至电梯口

如果只有一位客户，服务人员可用靠近电梯按钮一侧的手指按动按钮，请客户进入，客户进入后与之道别。如果有两位以上客户，服务人员应与电梯门呈90度角站立，用靠近电梯门一侧的手采用直臂式手势护梯，另外一只手用回摆式手势邀请客户进入，也可以采用单手护梯兼邀请的手势，将另一只手置于身后表示庄重，如图 3-2-6 所示。

◎陪同进入电梯

服务人员陪同客户来到电梯门口后，应先按电梯按钮。电梯到达后，门打开时，如果电梯内无人，服务人员应先说"不好意思，请稍等"，然后先行进入电梯，一手按住"开门"按钮，另一

图 3-2-6　电梯引导

只手拦住电梯侧门，礼貌地说"请进"，请客户进入电梯。如果电梯里已经有人，服务人员可用靠近电梯按钮一侧的手指按动按钮，请客户进入，然后紧随进入，站到电梯内控制钮附近，身体与电梯门呈90度角。电梯到达楼层，下电梯时，服务人员应一手按住开门钮，另一只手挡住门，说"各位先请"。等客户都走出去后，服务人员再走出来继续引导。遇到人多拥挤的特殊情况时，站在最靠近电梯门的服务人员应先出去按住门外与电梯行进方向相符的按钮，这样可以为客户让出通道，并且能够控制住电梯门，保证电梯门不会自动关闭夹住客户。如果电梯内有值班员，则服务人员应当后进后出。

如果没有引导客户乘梯的任务，一般情况下，服务人员应使用员工专用电梯，不与客户用同一部电梯。进出电梯时，遵循"先下后上"的原则，侧身而行，以免碰撞、踩踏别人。进入电梯后应寻找合适的站立位置，尽量站成"凹"字形，以便让后进入者有地方可站，有其他人要出电梯时应主动礼让。如果刚进入电梯就听到电梯满员的提示音响起，应立即主动走出电梯，不要长时间不动等待他人离开。进入电梯

后，应面朝电梯门口站立，以免造成面对面的尴尬。乘电梯遇到陌生人时应注意礼貌，表情、目光要温和有礼。别人为自己按楼层按钮、让路时，应立即道谢。人多拥挤时，在下电梯之前要提前换好位置。上电梯后，自己无法按楼层按钮时，应当请靠近按钮的乘客帮助自己："劳驾，请您帮我按下第××层，谢谢！"除非不得已，尽量不要碰触他人。无意中碰触他人或踩到别人的脚时，应立刻道歉。公事和私事都不宜在电梯里与他人讨论。

2.楼梯引导礼仪

引导客户上楼梯时，服务人员应该走在后面，让客户走在前面，如果客户不知道路线，可提示客户在上层的楼梯口处等候；下楼梯时，服务人员应该走在前面，让客户走在后面。无论上下楼梯都保持尊者始终在引领者的上方位置。上下楼梯时，服务人员应该提醒客户注意安全。走到每个楼层时一定要先停下来说"这是第×楼"，然后继续引导前行。

如果没有引导客户上下楼梯的任务，服务人员尤其是酒店员工，一定要走指定的楼梯通道，并且应减少在楼梯上停留的时间，坚持"右上右下"原则，以方便对面来者上下楼梯。上下楼梯时应稳重慢行、礼让他人，尽量避免在楼梯转弯等处发生"碰撞事故"。迎面遇到尊者上下楼梯时，应在距离尊者约3个台阶的地方停住并靠边站立，同时面向对方微笑致意，待尊者走过之后再继续行进。与尊者同行时，从安全的角度考虑，上楼梯时应请尊者先行，下楼梯时应请尊者走在自己身后。

动感小课堂3-2-2　　　　**图片分析**

请同学们分析图3-2-7中的楼梯引导是否正确，并说明原因。

图3-2-7　楼梯引导分析组图

研学点二　会谈中敬茶礼仪

俗话说"无茶不交"，服务接待常常是从奉上一杯清茶开始的，而且很多会谈都是在茶室进行的。无论是在办公室小坐片刻，还是在会客厅畅谈事宜，茶水都是客户坐下后应马上准备的，否则就是缺乏待客诚意的表现。我国讲究以茶待客，自古就有一套完整的茶道礼仪。平时用茶招待客人时只需要掌握"净"与"敬"的原则，做到以下四点即可：一是茶具要讲究；二是泡茶要健康；三是奉茶要客气；四是品茶要谦恭。

1.茶具要讲究

"美食不如美器"历来是中国人的器用之道，从粗放式羹饮发展到细啜慢品式饮用，人类的茶文化经历了一定的历史阶段。不同的品饮方式，自然产生了不同的茶具，茶具是茶文化历史发展长河中最重要的载体，茶具为我们解读古人的饮茶生活提供了重要的实物依据。

茶具按材质的不同，可分为紫砂茶具、陶瓷茶具、玉石茶具、玻璃茶具、金属茶具、塑料茶具等。茶具的质地对泡茶效果有很大的影响，泡茶时首推紫砂茶具，日常喝茶时常用玻璃茶具。为了发挥每一类茶叶的特性，冲泡不同的茶叶所使用的茶具应有所区别，这样才能相得益彰。茶叶与茶具的搭配见表3-2-2。

表3-2-2   茶叶与茶具的搭配

茶叶类型	茶叶与茶具的搭配	参考图片
绿茶	绿茶细嫩，适合用透明度高的玻璃茶具冲泡饮用，冲泡时可以欣赏到叶芽在水中缓缓舒展、上下浮动的姿态。茶具宜小不宜大，并且应防止茶叶被烫熟	
红茶	由于红茶和热水接触的时间不宜过久，因此陶瓷茶具、紫砂茶具、红茶泡茶器都是不错的选择。红茶用瓷壶泡较好，将茶汤倒入白色小瓷杯内饮用，品茶的同时还可观赏到红艳诱人的茶汤	
乌龙茶	乌龙茶叶质肥厚，适合高温冲泡，所以宜选用保温透气性好的紫砂器具，如烹茶四宝（即潮汕炉、玉书煨、孟臣罐、若琛瓯。潮汕炉为烧水的小火炉；玉书煨是烧水的水壶；孟臣罐是泡茶用的紫砂壶；若琛瓯是喝茶用的小茶杯）	
黄茶和白茶	黄茶和白茶都属于轻发酵茶，都是比较稀少的茶类品种。两者冲泡的关键都是保持其真香真味，适合用白瓷杯，还能观赏	

续表

茶叶类型	茶叶与茶具的搭配	参考图片
黑茶	黑茶的浓度高，适合用紫砂壶高温冲泡，用白瓷小杯、玻璃小杯饮用。最好选择腹大的茶壶，这样能有效避免茶汤过浓，紫砂壶的质感可以很好地锁住黑茶的香味，且紫砂壶保温性好，不会使茶汤过早冷却	
花草茶和水果茶	花草茶具有别样的芬芳，因此喝花草茶成为时下爱茶人士休闲娱乐的首选。煮花草茶选择玻璃茶具最佳，将花草茶置于玻璃茶壶中，用文火慢煮，小杯慢品，别有一番滋味。水果茶不仅味美，而且有水果的甘甜，因此选择大玻璃茶壶烹制水果茶，再用玻璃杯饮用，效果最佳	

　　冲茶之前，一定要先洗手再清洁茶具，尤其是久置未用的茶具，难免会沾上灰尘、污垢，更要细心地用清水洗刷一遍。在冲茶、倒茶之前，最好用开水烫一下茶壶与茶杯，这样既讲究卫生，又显得彬彬有礼。不管茶具干净与否，直接给客户倒茶都是不礼貌的表现。茶具除了要干净，还要注意上面不可有缺口或裂痕。现在许多公司都使用一次性纸杯，在倒茶前要注意给一次性纸杯套上杯托（如图3-2-8所示），以免水热烫手，使客户一时无法端杯喝茶。其实，从一家企业的茶杯就可以看出该企业的格调。

图3-2-8　一次性纸杯与杯托

2.泡茶要健康

　　茶是中国国饮，要泡出一壶好茶，必须掌握泡茶的三大基本要素：茶叶、茶具与水。上面我们介绍了茶具的选择，下面我们介绍一下茶与水的搭配。

　　俗话说："茶为父，水为母。"自古以来，茶和水就有着紧密的联系。水质的好坏会直接影响茶汤品质的好坏，水质不好则难以展现出茶叶的色、香、味等特性。根据水中钙镁含量的不同，水可分为软水与硬水两种。软水喝起来顺喉、爽口，硬水喝起来则滑动不良、刺激喉舌，硬水泡茶会改变茶的色、香、味，从而降低茶的饮用价值。根据来源的不同，水又可分为湖泊水、泉水、井水等。陆羽在《茶经》中说："山水上，江水中，井水下。"也就是说，山上的泉水是最适合泡茶的，江河湖水次

茶性必发于水，八分之茶，遇十分之水，茶亦十分矣；八分之水，试十分之茶，茶只八分耳。

之，井水更差一些。现在我们还有自来水、纯净水和矿泉水等，接待时泡茶用自来水最常见，在自来水的水质无法保证的情况下，用纯净水或矿泉水泡茶会使茶的口感更好。

除了茶具与水要洁净，茶叶罐、托盘等也应洁净。从茶叶罐里取茶叶要用专用的茶勺，不可用手抓取。泡茶时，茶叶不宜过多，也不宜太少，可以主动询问客户的饮茶习惯，如果客户表示自己喜欢喝浓茶或淡茶，则应该按照客户的喜好来冲泡。

俗话说："酒满敬人，茶满欺人。"无论使用大茶杯还是小茶杯，茶都不要装得太满，因为太满容易溢出，把桌子、椅子、地板弄湿，还可能会烫伤自己或客户，使宾、主都很尴尬。当然，也不宜倒得太少，否则会使人觉得这是在装模作样，没有诚意。一般情况下，茶倒七分满最合适。同时往好几个茶杯里倒茶时，为了将茶水倒得均匀，可以先用茶壶轮流给几个杯子同时倒茶，快要倒完时，把剩下的茶汤分别点入各杯中。有些企业会使用茶包泡茶，最好将茶包的细绳得体地缠在杯柄上，否则细绳长长地伸出杯外会很不雅观。此外，泡茶之人不要使用浓郁的香水或其他气味浓烈的化妆品，以免影响茶香。

知识广角镜
3-2-9

沏茶的水温

3.奉茶要客气

一般来说，双方寒暄完、交换名片后，是奉茶的最好时机。奉茶要用托盘承装茶杯，茶杯的杯把朝着客户右手的方向，另外要在托盘里放一块干净的小毛巾。准备奉茶时，用双手握住托盘，举在胸前高度，托盘不可靠在身体上，并稍偏向一侧，以免呼吸的气息正对茶杯。

进入客户等待的房间奉茶，先敲门说"对不起，打扰了"，然后微微躬身进入房间，在桌子的一端放下托盘后双手奉茶，左手托底，右手拿着茶杯的中部，杯耳朝向客户，双手将茶轻轻奉上，同时说"请您用茶"。奉茶时，动作要轻，要稳，不可使茶具发出响声，不可将茶具放在文件上。如果不小心将茶水溅了出来，应立刻用托盘里的小毛巾轻轻擦去。如果没有托盘，茶杯应放在小杯碟上，然后一手托着小杯碟底部，一手轻扶茶杯杯身，双手递上。如果茶杯很小，则一定要使用杯托，手指不要碰触杯沿儿。如果有点心，则应先将点心放在客人的右前方，再将茶杯摆在客人面前。

动感小课堂3-2-3　　　　　情景模拟

请同学们分别使用三种不同的茶具进行奉茶情景模拟，第一种是潮汕工夫茶的茶杯，第二种是有杯盖与杯托的茶杯（或茶碗），第三种是有杯盖与杯耳的茶杯，如图3-2-9所示。

图3-2-9　茶杯组图

奉茶顺序应遵循客户优先、尊者优先的原则，先为客户奉茶，再为本企业人员奉茶，对本企业人员奉茶应按职位高低的顺序完成；如果大家坐得分散，则从上座开始奉茶。看到客户的茶水将尽，应立刻为客户添加茶水，其顺序也是客户优先，再为本企业人员续茶。如果奉茶之人不需要参加接下来的商谈，则上完茶后应将托盘夹在腋下，说声"各位慢聊，我先失陪了"，然后退出会客室，接下来的添茶工作则由参加会谈的服务人员自行完成。

茶杯不同，续茶方法也不同。对于无杯盖的茶杯，可以直接续茶水；对于有杯盖的茶杯，需要用小手指和无名指夹住杯盖，掀开杯盖时尽量不要弄出声响，将茶倒七分满即可。给客户的茶杯续茶水之后，可将杯盖大半搭在杯上，留出一条缝隙，这样一方面是为了尽快散热，另一方面能够使客户从杯子与盖子的缝隙中看到杯中已盛有热水，避免不慎被烫，之后客户可根据自己的意愿将盖子完全盖上或打开。当然，把杯盖反过来放在桌面上倒茶也不能说是错误的，但应尽量避免这样做，因为这样做可能会发出声响，同时一定要避免将杯盖扣在桌面上。

4.品茶要谦恭

鲁迅先生曾说："有好茶喝，会喝好茶，是一种'清福'。"宾主双方拿到茶水后应细细品尝，如果时间充足，观色、闻香、品茶、谢茶理应循序渐进。首先，鉴赏汤色，观赏茶汤的颜色和清澈度；其次，闻茶叶的香气，天然馥郁的茶香会使人心旷神怡；再次，小口品啜茶叶的韵味，让茶汤在口中稍作停留，再慢慢咽下去，一苦二甘三回味。客人可以适当称赞主人茶好，以示对主人用心备茶的感谢。品茶时应用右手握住茶杯中部或杯耳，发现茶杯中有茶叶，既不可用手取出，更不可嚼食茶叶。

奉茶顺序：
先为客人，
后为主人；
先为主宾，
后为次宾；
先为女士，
后为男士；
先为长辈，
后为晚辈；
由近而远，
顺时针转；
先来后到，
自由取用。

知识广角镜
3-2-10

"叩指礼"的
来历

育德润心小课堂3-2-2

当山野春花烂漫时，属于中国人的心肝脾胃，无不渴望着来自茶的古老慰藉。唐代卢仝的《走笔谢孟谏议寄新茶》一诗，说的正是茶对人身与心的美妙滋养："……一碗喉吻润，二碗破孤闷。三碗搜枯肠，唯有文字五千卷。四碗发轻汗，平生不平事，尽向毛孔散。五碗肌骨清，六碗通仙灵。七碗吃不得也，唯觉两腋习习清风生……"

中国人与茶的渊源可谓刻在了基因里。陆羽在《茶经》中说，神农氏遍尝百草中了毒，吃了茶叶才解了毒，因此传给世人这个良方，人们就开始喝茶了。

中国人最早将野生茶树驯化，进行种植、栽培，由此开启了人类漫长的饮茶历史。在之后的两千年里，茶叶漂洋过海，出现在东亚、南亚乃至遥远的欧洲人的餐桌上，不断惊艳、塑造着他们的味蕾。难怪英国剑桥大学社会人类学教授艾伦·麦克法兰说："茶、咖啡和可可，只有茶征服了世界。"

在中国古代，民间将柴、米、油、盐、酱、醋、茶称为"开门七件事"，文人将琴、棋、书、画、诗、酒、花、茶列为"八大雅事"，从物质到精神生活，始终离不开一个"茶"字。看遍中国千年茶文化的前世今生，叩问"茶之道"，有五桩茶之韵事不得不表。第一，饮茶者的心情，"闲"是首要因素，只有得闲了，身体才能用嗅觉去敏锐捕捉香味，体会茶香给心灵带来的愉悦。第二，饮茶的佳境，是"明窗净几，佳客小姬，访友初归，风晴日和"。第三，饮茶者的气质，"为饮最宜精行俭德之人"。"茶性俭"可谓把饮茶提升到道德伦理的精神领域，赋予茶以简朴、清高、文雅、敬谨的品质，进入了"清风明月"的境界。第四，饮茶的器具，青瓷最佳。第五，择水与用火，必须用活水与活火。

资料来源　佚名. 中国人与茶的渊源刻在了基因里［EB/OL］.［2022-05-10］. https://new.qq.com/rain/a/20220510A0BVSB00.html.

德育基因：修身养性　文化自信

心有所悟："饮茶之乐，其乐无穷。"自古以来，人们视茶为养生的良药、生活的享受、修身的途径、友谊的纽带。虽然人们对茶的种类偏好不同，如绿茶、红茶、乌龙茶、黄茶、黑茶、白茶，主流的饮茶方式也在不断演变，从唐代的煎茶、宋代和元代的点茶，再到明代以来的泡茶，茶的古典派、浪漫派和自然派各有拥趸，但有一件事始终不变：茶已经成为东方人的一种社交饮料。

泡茶时，"酸甜苦涩调太和，掌握迟速量适中"；待客时，"奉茶为礼尊长者，备茶浓意表浓情"；饮茶时，"饮罢佳茗方知深，赞叹此乃草中英"。这一切无不渗透着"和"的思想，因此会谈时饮茶可以沟通想法，创造和谐的气氛，将客我双方的心拉得更近。

研学点三　送别馈赠礼仪

相互馈赠礼物是人类社会生活中不可缺少的交往内容，送别客户时赠送礼物既可以表达一份感谢之情，也是融洽和加深客我关系的感情联络方式。在人际交往中，礼物像桥梁和纽带一样，直接明了地传递着人们的情感和信息，无言地表达着人与人之间的真诚关爱。馈赠作为一种非语言的交际方式，是以物的形式出现的，以物表情、礼载于物，从而起到了寄情言意的"无声胜有声"的作用。

动感小课堂3-2-4　　　　　　　情景模拟

假设你要为表3-2-3所列的客户分别选择礼物，在客户前来办理业务时赠送给客户。那么，针对不同的客户，你应如何挑选礼物？

表3-2-3　　　　　　　　　　礼物搭配表

	客户特征	备选礼物
客户1	男性客户，企业重要客户，热爱网球、登山等户外运动	
客户2	男性客户，企业一般客户，年纪较长，视力欠佳	
客户3	女性客户，企业一般客户，送礼之时恰逢客户生日	
客户4	女性客户，企业重要客户，从事教育培训行业	

1.馈赠的特点

馈赠客户礼物一般是为了加深企业与客户的感情联系，因此馈赠具有以下特点：第一，赠送礼物的目的与交际目的一致。服务人员向客户赠送礼物，从某种程度上说是一种企业行为，其目的就是联络企业与客户之间的感情。第二，选择的礼物与企业形象一致。服务人员在选择礼物时，除了要考虑客户是否会喜欢外，还需要斟酌礼物本身所带来的印象和反映的形象是否与企业形象一致，多承载高尚、积极的寓意，减少私人化的情感。即使是为重要客户选择生日礼物，也要尽量使所选物品与企业形象一致，使礼物传达的情谊与企业本身有隐喻联系。

2.馈赠的目的

服务人员向客户馈赠礼物，具有明确的目的性，包括巩固情感、答谢客户或客户公关等。

（1）巩固情感

以巩固情感为目的的馈赠行为非常多，一份小小的礼物确实具有融洽彼此情感的作用，这也就是我们常说的"人情礼"。

（2）答谢客户

服务人员为了感谢某些客户长期的支持与信赖，会向客户赠送礼物；有时为了答谢客户在某些领域或某些方面给予的帮助，也会向客户赠送礼物。这类馈赠在礼物的种类、价值的轻重、礼物的寓意、包装的精美度等方面，都呈现多样性和复杂性，应视企业要传达的情感而定。

（3）客户公关

以客户公关为目的的馈赠行为，有时看上去没有任何目的性，但它是一种最具技巧和品质的公关行为。客户在接受了一些小礼物之后，自然很容易对企业产生好感，那么在此之后建立良好的服务关系也更加容易。所以，服务人员向客户馈赠礼物，很多时候是在进行客户公关，以小小的礼物作为情感的纽带，增进与客户的关系。礼物不在乎昂贵与否，有心即可。纪念手帕、鼠标垫、钥匙扣等礼物的价格并不昂贵，但由于礼物上印有企业的标志，因此客户也会非常喜欢。

3.馈赠的原则

（1）投其所好

在赠送礼物之前，必须了解客户的一些基本信息，以免好心办坏事。所谓投其所好，就是希望礼物本身所承载的信息能够打动客户，而要做到这一点，就必须对客户的民族、生活经历、职业特点等内容有所了解，避免因礼物触碰到客户的禁忌而引发不良的后果。禁忌是一种非理性的、作用极大的心理和精神倾向，会对客户产生强烈的影响，并且难以控制和弥补。

（2）轻重得当

礼品的贵贱厚薄往往是衡量赠礼者诚意和情感程度的重要标志。礼物的"价值"其实具有双重含义：一是礼物的金钱价值，也就是说，礼物值多少现金；二是礼物对赠礼者和受礼者的情感价值，一件礼物也许并不值很多钱，但是对赠礼者和受礼者来说可能具有独一无二的纪念意义。如果礼品的思想性、艺术性、趣味性、纪念性等能够引发受礼者诸多美好的情感体验，那么在这种情况下，这件礼品的情感价值就非常高，甚至可能是独一无二的，并且无法用金钱来衡量。

知识广角镜
3-2-11

送礼的风俗
禁忌

育德润心小课堂 3-2-3

"一部中国陶瓷史，半部在浙江；一部浙江陶瓷史，半部在龙泉。"说起瓷器，很多人都会想到景德镇陶瓷，其实浙江龙泉的青瓷作为全球第一个且唯一入选"人类非物质文化遗产"的陶瓷类项目，为中国陶瓷界赢得了世界级盛誉，也成为G20杭州峰会的国礼。

"G20双耳瓶"是胡兆雄先生率领团队设计制作的，高达60厘米。瓶身上"双耳"的设计有一层特殊的寓意，"双耳"其实是"G""2""0"形状的组合，也非常符合"G20峰会"的主题。"G20双耳瓶"胎体为纯正的梅子青釉，釉色青如玉、明如镜、声如磬，釉面明澈温润、苍翠剔透，造型优雅大气、端庄稳重，体现了大国风范。

资料来源 佚名. 入选G20峰会国礼的青瓷，就在崂山这家博物馆里！[EB/OL].[2020-04-12]. https://new.qq.com/rain/a/20200412A05U1Q00.

德育基因：文化自信 工匠精神 家国情怀

心有所悟：国际交往，讲究礼尚往来。国礼既是人民友谊的使者，也是国家间友好关系的见证。作为体现国家形象与政治语言的国礼，龙泉青瓷当之无愧。龙泉青瓷的烧制始于晋代，前后延续1700余年，其气脉始终未断。以"窑系"的概念来界定和考察，中国境内的各个历史名窑，没有一个名窑的延续烧造时间可与龙泉窑相比。龙泉青瓷从原料制作到最后入窑烧成，工艺保留完整，在原料选择、釉料配制、造型制作、窑温控制方面具有独特的技艺。

党的二十大报告指出："深化文明交流互鉴，推动中华文化更好走向世界。"以文化人，更能凝结心灵；以艺通心，更易沟通世界。中国的非物质文化遗产数不胜数，作为国礼出现在国际友人面前的，还有景泰蓝、湘绣、苏绣、文房四宝等。"中国有礼仪之大，故称夏；有服章之美，谓之华。"一份份国礼承载着中华民族源远流长的礼仪文化，彰显出新时代中国亲和敦厚的气度风范。它们是中国同世界各国友谊合作的缩影，更是中国特色大国外交壮阔征程的见证。

在商务送礼中，一定要控制礼物的金钱价值。礼物太便宜，很容易让对方误解为你"舍不得"为他花钱，瞧不起他；礼物太贵重，又会使接受礼物的人有受贿之嫌。"重礼于人，必有所求"，如果你的礼物价值过高，往往会使对方不敢接受，即使接受，也多半会"交公"，不"交公"的，也会付钱或回赠基本等值的礼品，这样反而会给对方增添很多麻烦。因此，过于贵重的礼物对客户来说是一种心理负担。

礼物是言情寄意表礼的，人情无价而物有价。我们提倡在交往中"君子之交淡如水"，提倡"礼轻情意重"，既要注意以轻礼寓重情，又要入乡随俗地根据馈赠目的及自己的经济实力选择不同的礼物。只有通过精心甄选的礼物、大方得体的送礼方式、恭敬尊重的送礼行为来赋予礼物深意，才能打动人心。例如，在情人节时，一家餐厅为每一对前来用餐的情侣都准备了一对刻有爱心形状的杯子，当服务人员将杯子双手送到情侣手中时，再送上"祝福爱情甜蜜，相伴一辈子"的话语，礼物就在这些寓意美好的语言中提升了情感价值。

（3）注重时机

馈赠礼物时，应注重及时、适宜。中国人很讲究"雨中送伞""雪中送炭"，因为只有在最需要时得到的，才是最珍贵的，才是最难忘的。馈赠时机包括时间的选择和机会的择定。一般说来，时间贵在及时，超前或滞后都达不到馈赠的目的；机会贵在适宜，即事由和情感及其他需要的程度。

知识广角镜
3-2-12

馈赠时机

（4）选择场合

服务人员在赠送礼物时，应注意选择场合。一般的、大众化的礼物可以在公开场合赠送，但应确保在场其他人不会因为自己没有收到礼物而产生不愉快。如果是生日礼物或者特别答谢的礼物，则应尽量不在公开场合赠送，以免增加受礼者的心理负担。总之，应尽量避免当众只给一群人中的某一个人送礼，对其他人却毫无表示；也不可以给某个人的礼物显然与同时送给其他人的礼物有很大区别。

4.馈赠的方式

赠送礼物时，服务人员还需要注意表情、语言、举止与方式。客户对礼物满意与否，还取决于送礼时送礼人的态度，以及送礼行为赋予礼物的含义。

（1）包装精致，去掉标签

选好礼品后，服务人员应注意礼品的包装。精美的包装不仅能够使礼品的外观更具有艺术性和高雅情调，表现出赠礼者的文化艺术品位，而且可以使礼品产生一种神秘感。这样既有利于交往，又能引起受礼者的探究兴趣及好奇心理，从而令双方都感到愉快。反之，好的礼品若不讲究包装，不仅会使礼品逊色，使其内在价值大打折扣，而且易使受礼者轻视礼品，从而无谓地贬损了礼品所寄托的情谊。需要注意的是，不管礼物是花多少钱买的，送给客户之前一定要撕掉价签。如果送给别人"明码标价"的礼物，给对方的感觉是在提醒对方："这份礼物值多少钱，你的回礼也要看着办哟。"这样就强调了礼物的金钱价值，削弱了礼物的情感价值，从而会影响双方和谐关系的建立。

（2）当面馈赠，双手递送

礼物最好当面赠送，比起委托他人转送，双方面对面交流更容易让受礼者知道赠礼者的美意，赠礼者也可以观察受礼者对礼品的感受。赠送礼物时，一定要站立起身以示郑重，递送礼物给客户时，应双手稳妥地将礼物递到对方手中，托拿礼物时应主动向前，以方便客户接拿，如图3-2-10所示。

图3-2-10　馈赠礼物

（3）恰当语言，彰显诚意

赠送礼物时，服务人员应保持平和友善的态度，配合落落大方的动作，同时礼貌地说"请笑纳"，这样才能令受礼者欣然接受。服务人员还可以对赠送礼物的原因、礼物的功能特性、礼物本身的寓意、选择礼物的考虑、赠送礼物的心情等进行重点描述，从而激发受礼者的感激和喜悦之情。这样，通过赠送礼物来传达心意、联络感情的目的才能更好地实现。

在客我交往中，得体的馈赠恰似无声的使者，能够使交际活动锦上添花，给企业与客户之间的感情注入新的活力。同时，只有注重馈赠中的每一个细节，才能更好地打动客户。

知识广角镜
3-2-13

受礼的礼仪

课后提升

知识掌握

◎核心概念：服务型企业接待的类型；接待规格；引导礼仪三要素；走廊引导礼仪；进门引导礼仪；电梯引导礼仪；楼梯引导礼仪；敬茶礼仪；茶具；馈赠礼仪

◎核心观点：

1. 日常接待工作看似简单，却会给客户留下不同的印象——对企业的印象、对部门工作的印象、对企业员工素质的印象等。

2. 服务型企业的接待分为两种类型：一种是常规的一线部门服务接待；另一种是办公室公务接待。

3. 迎宾除了能展示对客户的欢迎，更是突显本企业特色的时机。

4. 无论是在走廊引领还是在室内引领，无论是在楼梯引导还是在电梯指引，都应遵循"以客为尊"的原则。

5. 平时用茶招待客人时只需要掌握"净"与"敬"的原则，做到以下四点即可：一是茶具要讲究；二是泡茶要健康；三是奉茶要客气；四是品茶要谦恭。

6. 奉茶顺序应遵循客户优先、尊者优先的原则，先为客户奉茶，再为本企业人员奉茶，对本企业人员奉茶应按职位高低的顺序完成；如果大家坐得分散，则从上座开始奉茶。

7. 服务讲究的是有始有终，客户到来时享受到了迎接的礼遇，也希望在离开时能够享受到同样品质的送别服务。

8. 在客我交往中，得体的馈赠恰似无声的使者，能够使交际活动锦上添花，给企业与客户之间的感情注入新的活力。

技能应用

1. 请大家根据以下操作指导，练习用中国传统茶具盖碗饮茶的方式。

中国传统茶具盖碗由茶碗、茶盖和茶托三部分构成。一般来说，使用盖碗品茶时，茶盖朝下靠近茶托，表示要求续水、加汤；茶盖上放片茶叶，表示座位有人，很快会回来；茶盖朝上放进茶碗，表示打算结账离开。

女士饮盖碗茶的动作应体现端庄柔美，具体方法是：双手从桌上端起茶托，然后用左手拿住茶托，右手拿起茶盖（大拇指和中指夹住盖纽两侧，无名指和小指翘成兰花指，将盖子里面朝向鼻部）闻茶香；将茶盖略沉入水中，用茶盖的内侧将飘在茶汤表面的茶叶向外侧推，之后将茶盖大半搭在茶碗上，从茶盖与茶碗的夹缝中喝茶；最后将茶具归原位。

男士饮盖碗茶的动作应彰显沉稳大气，具体方法是：先用右手（大拇指和中指夹住盖纽两侧）拿起茶盖，使茶盖略沉入水中，用茶盖的内侧将飘在茶汤表面的茶叶向外侧推；然后将茶盖大半搭在茶碗上，同时用右手端起茶碗，从茶盖与茶碗的夹缝中喝茶；最后将茶具归原位。男士一般右手单手操作即可，如有必要可用左手轻扶茶托。茶托可始终置于桌上，不必拿起。在非严肃、非正式场合中，可以先闻茶盖上的茶香，再饮茶。

2.根据以下情景描述，寻找服务人员在客户引导时需要完善的地方。

服务人员小李在引导客户张先生上楼时，心想上楼时的位置是以前为尊、以右为尊，因此她让客户走在自己的右前方。待到二楼拐弯处，小李立刻说了句："张先生，继续上。"到了三楼时，小李又提醒说："张先生，停下来，往右走。"她的引导让张先生非常不舒服，因此也受到了部门经理的批评。一周后，在引导前来会谈的徐经理时，她吸取教训，无论是在大堂还是在上楼梯时，穿着职业套裙的她都特意走在徐经理的左前方，但是这次她还是受到了部门经理的批评。

知识提升

古人云："有朋自远方来，不亦乐乎？"接待工作是客我交往中的一件大事，接待工作的成败会直接影响企业在客户心中的形象。尤其是在接待远道而来的客户时，务必要做到严谨、周到、热情、细致，这样才能增强客户与企业合作的信心，从而促进双方业务的发展。接待远道而来的客户包括以下几个步骤：

1.制订接待方案

明白客户来访的目的、性质，提前将客户的详细情况了解清楚，如人数、姓名、性别、职位、爱好或饮食禁忌、到达航班、车次、返程时间、联系方式等，针对具体情况制订接待方案，选择的接待活动项目应当在一定程度上同自己的业务范围相关。由负责接待的人员安排接待日程，事先制定出各个项目陪同人员的名单，并提前通知整个接待过程中可能涉及的所有人员做好准备。

2.接待前期工作

安排接送人员及交通工具，安排食宿，准备会客区物品（包括鲜花、茶具等）。商务接待住宿应根据客户的身份、人数、性别、年龄、身体状况、生活习惯和工作需要酌情安排，酒店的选择应根据接待经费预算、酒店实际接待能力、服务质量、周边环境、交通状况、安全条件等因素综合考虑。如果客户要进行参观学习，则应根据客户的要求，事先安排好参观点，并通知有关部门或单位准备汇报材料，组织好有关情况介绍、现场操作和表演、产品或样品陈列等各项准备工作。除了为客户安排商务活动外，还应按照领导指示，根据客户的喜好安排客户游览风景区和名胜古迹。在条件许可的情况下，也可为客户安排一些必要的文化娱乐活动和体育活动，如观看电影、地方戏剧、晚会、体育比赛，以及参观展览、参加健身运动等。

3.到站迎接

根据客户的身份和抵达的日期、地点，安排有关领导或工作人员到车站、机场、码头迎接。前往迎接之前，接待人员应先准备好写有"欢迎某某（职位称呼）"或"欢迎某某公司一行"的接站牌（牌子应正规、整洁，字迹要大而清晰，如果条件允许，尽量不要用白纸写黑字），在迎接的时候由接待人员拿着，使客户容易在人群中找到接自己的人，这一点对于迎接初次见面的客户来说尤其重要。如果迎接大批客户，还可以使用横幅。接客户的人应提前到达，恭候客户的到来，千万不能迟到而让客户久等。客户到站后，如果迟迟不见来接之人，一定会对所拜访的公司产生不良印象。接到客户后，接待人员应首先问候"您旅途辛苦了""欢迎您到某某城市""欢迎您来到我们公司"等，然后向对方做自我介绍，如果有名片，可送予客户，以便客户联系之用。在走出迎接地点时，接待人员应主动为客户拎拿行李。但是，客户手中的外套、小的手提包或密码箱，则不可为之"代劳"。

4.安顿住宿

客户入住酒店时，接待人员应帮客户办理好一切手续并将客户领进房间，同时向客户介绍住处的服务、设施，并把准备好的地图或旅游图、名胜古迹的介绍材料等送给客户。考虑到客户旅途劳累，接待人员不宜久留，应当让客户早些休息。离开时，接待人员应将下次联系的时间、地点、方式等告诉客户，并与客户再次协商日程安排，询问客户的返程时间及所选择的交通工具，以便安排预订返程票。回到公司后，接待人员应当把重新确定的日程安排及时传达给所有相关人员。

5.其他安排

如果客户有重要身份，或活动具有重要意义，应通知有关新闻单位派人进行采访、报道，接待负责人应当向媒体介绍情况，安排采访对象谈话，并按照领导的要求对稿件进行把关。

6.送别客户

准确掌握外地客户离开本地的时间，以及所乘交通工具的意向，为其预订好车票、机票。尽早通知客户，使其做好返程准备。送客人员到达的时间要恰当，要给客户留出收拾东西、打点行装的时间。来得太早，不但会影响客户收拾行李，而且有催客户走的嫌疑；来得太晚，可能会错过飞机安检或火车检票的时间，使客户着急。为客户送行，应热情、恳切、有礼貌，也可赠送一些合适的礼物，还可询问一下客户是否有来不及办理需要帮助解决的事情，提醒客户不要遗忘自己携带的物品。另外，最好由接待人员将客户送至车站、码头、机场。如果接待人员由于特殊情况而不能送行，应该向客户解释清楚，并表示歉意。

7.后续联络

估计客户到达的时间，发信息或电话询问客户是否安全到达，确认客户一切安好后，表达再次接待与保持联系的愿望。

资料来源　根据相关资料整理。

课前自学

自学点一　中餐用餐礼仪有哪些？

1.餐具的使用规范

学习中餐用餐礼仪，应先学习餐具的使用方法。餐具是中国饮食文化中非常重要的组成部分，颇受广大美食家的重视。制作精良的餐具可以使用餐者身心愉悦，精心选配的餐具也能提高宴请的规格和品尝美食的情趣。中餐餐具有筷子、勺子、碗、盘碟、杯子、牙签等，在正式宴请时应配套使用。在正式宴会上，餐碟应对着座位正中，水杯应放在餐碟上方，筷子与汤匙应放在专用的托架上并摆在餐碟的右侧（如图3-3-1所示）。

图3-3-1　餐具的摆放

（1）筷子的使用

同一餐桌应使用相同长度、相同花色、相同材质的筷子。筷子的摆放应整齐，不能歪斜，不要一长一短或一正一反，注意大头与桌边齐平，筷尖朝里，平行对齐放在筷架上或者摆放在小碟上。餐桌上还应摆上一副公筷。

育德润心小课堂3-3-1

中国是筷子的发祥地，中国人使用筷子至少已有3 000多年的历史了。中国民间有很多关于筷子起源的传说，其中大禹治水时发明筷子一说甚为流行：在尧舜时期，洪水泛滥，舜命令禹去治理水患，大禹接到命令后发誓为人民解除烦忧，日夜与洪水搏斗。有一天，大禹实在饥饿难忍，于是架起陶锅煮肉。肉煮熟后，由于锅中的水非常烫，无法马上用手抓食。治水任务紧迫，大禹不愿浪费时间等肉冷却，便砍下两根树枝，把肉从热汤中夹出来吃了。此后，大禹练成了用细棍夹取食物的本领，这样既不烫手，又不会使手上沾染油腻。于是大家纷纷效仿，渐渐形成了筷子的雏形。

筷子是文明的产物，也是记忆的起点。婴儿时期，长辈用筷子给了我们味道的启迪。幼儿时，父母耐心教我们使用筷子，也常常会跟女儿说："筷子架得远，长大嫁得远。"那时我们还很懵懂，不知道这句话的深意，更不知道筷子在我们生活中占据着这么重要的地位。长大后，筷子连接起了亲情，串联起天南地北，连接着每一个同胞的味蕾，缠绕着指尖的家国思念。再后来，筷子教会我们礼仪，"多个人多双筷子""让长辈先吃"是一种美德、一种中国情。中国人都是要用筷子的，这是一种文化的传承。

筷子的背后是文化的积淀。见箸知史，筷子不但是中式餐桌上必备的餐具，而且是象征中华文明的一种独特符号。经过长期的发展，筷子逐渐形成头圆尾方的外观，暗合"天圆地方"之意。方象征着地，方形属坤卦，坤卦有柄象，柄即把手的意思；

圆象征着天，圆形为乾卦，乾卦有第一的意思，常言"民以食为天"，大概言由此出。手拿筷柄，用筷头夹菜，坤在上而乾在下，寓意和顺通达。筷子是两根，为何要称为一双？其实这是太极和阴阳的理念，太极是一，阴阳是二；一就是二，二就是一；一中有二，合二为一。使用过程中，两根筷子相互配合，一中有二，二者合一，突显一个"和"字，这是属于中国人的哲学。

自古以来，亲朋好友还有互送筷子祝贺的礼俗，两根筷子在一起，象征"双木成林，相伴永远"。在汉族婚礼中，红筷子寓意珠联璧合、早生贵子；在侗族、土家族、撒拉族等少数民族的婚礼中，筷子也具有喜庆和吉祥的寓意。

资料来源　黄祥贺．一双筷子　夹起千年文明［EB/OL］．［2018-12-04］．http://www.wenming.cn/wmcb/gcz/wh/201811/t20181127_4912568.shtml.

德育基因：家国情怀　文化自信　文明传承

心有所悟："莫道筷箸小，日日伴君餐；千年岁月史，尽在双筷间。"一双筷子，万种美味，拿在手里，烙在心上，拨、挑、扒、拌、戳、撕，每一次不经意间的使用，都是一次对生命和食物的敬意，包含了一种有滋有味的幸福生活。

筷子承载着中国人厚重的情感和记忆，一双简简单单的筷子，让我们分享到亲人的喜悦；让我们品尝到邻里之间的关心和友爱；让我们远在异国他乡，但只要看到那双筷子就感觉不再孤独……

中国的筷子，每一双都不简单，它夹起了天下美味，同时夹起了千年文化的智慧和理念，蕴含的是我们的亲情、友情、爱情以及深深的家国情怀。这双筷子赋予我们的情感、所代表的理念，以及所承载的文化，都是不可多得的民族瑰宝。我们应当为之感到无比自豪！

蔡元培先生曾说过，"一个在中餐场合优雅使用筷子的人，离开餐桌的时候，他成为君子的概率是极高的。"正确地使用筷子就是餐桌上的礼数之一，筷子的拿捏方式、摆放方向都成了家教的象征。使用筷子时，通常用右手执筷，五根手指都要用到，拇指和食指捏住筷子的中上端，中指垫在上方筷子的下面用于活动上方的筷子，无名指和小指用来固定下方的筷子，同时筷子的两端一定要对齐（如图3-3-2所示）。左手持筷者应向邻座说明，以免吃饭时与邻座手部相碰，筷子打架。如果餐桌为方形，左手持筷者靠左就座最佳。用餐时，筷子应轻拿轻放，不用时要整齐摆放在饭碗的右侧或放在筷架上。

知识广角镜
3-3-1

用筷禁忌

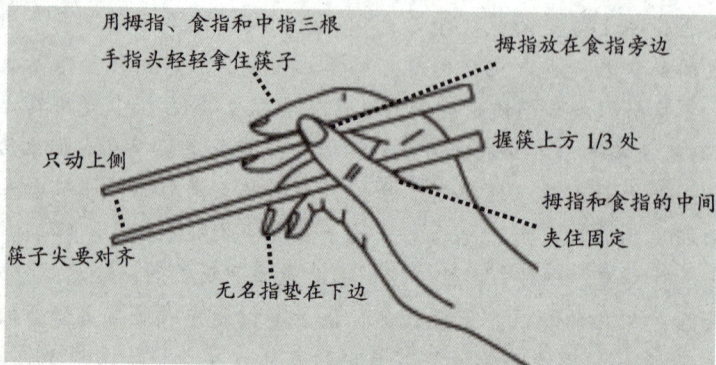

用拇指、食指和中指三根
手指头轻轻拿住筷子

拇指放在食指旁边

只动上侧

握筷上方1/3处

拇指和食指的中间
夹住固定

筷子尖要对齐

无名指垫在下边

图3-3-2　筷子拿法图解

（2）勺子的使用

勺子的主要作用是用筷子取食时辅助舀取菜肴和食物，尽量不要单用勺子去取菜。用勺子取食物时，不要过满，以免溢出来弄脏餐桌或自己的衣服。舀取食物后，可以在原处暂停片刻，等汤汁不再往下流时，再移回享用或放在自己的碗里，不要把食物倒回原处。如果取用的食物太烫，不要用嘴吹凉食物或用勺子舀来舀去，可以先放到自己的碗里等凉了再吃。不要把勺子塞到嘴里反复吮吸或舔，更不要把公用汤勺据为己有或不放回原位。暂时不用勺子时，应放在自己的碟子上，不要把勺子直接放在餐桌上或插在食物中。

（3）碟子的使用

碟子比盘子稍小，主要用于暂放从公共菜盘里取来享用的菜肴。用碟子盛菜肴时，不要放过多的菜肴，也不要把多种菜肴堆放在一起，以免使菜肴杂乱不堪并相互串味儿。吃多少取多少，随吃随取最佳。用餐过程中产生的骨头、刺等残渣不要吐在地上或桌上，应该用筷子夹取放在碟子前端，注意不能直接吐在碟子里。如果碟子放满了，可以让服务人员换一个。一般正式宴席中，服务人员会观察碟子中食物残渣的情况，当食物残渣达到1/3时，服务人员会询问是否需要更换碟子。

（4）碗的使用

碗主要用于盛放主食和汤羹。使用碗时，不要用双手端着碗进食，碗内的食物应用餐具取，不要用嘴吸，更不要把剩余的食物往嘴里倒，也不可用舌头舔。

（5）湿毛巾的使用

整个用餐过程中会上两次湿毛巾。入席后，服务人员会给客人一条用来擦手的湿毛巾，注意此时不能用它来擦脸、擦嘴、擦汗等。擦手后，应将湿毛巾放回盘子里由服务人员拿走。之后再上的湿毛巾是供客人在用餐过程中擦嘴、擦手的，不能用来擦脸和擦汗。有些餐厅只会在餐前上一次湿毛巾，宴席结束后再收拾，这时切忌一边用餐一边用湿毛巾擦手部或嘴巴的油污，使得整个毛巾污染严重。如果需要擦拭，使用纸巾较为妥当。现在许多餐厅也用一次性湿巾来代替湿毛巾供用餐者使用。

（6）餐巾的使用

中餐的餐巾被称为"席巾"更为恰当，因为中餐餐巾的作用是避免食物掉落后弄脏台面和用餐者的服饰，西餐餐巾则是用来擦手或擦嘴的。入席前，餐巾一般被折叠成杯花或盘花放置于水杯中或餐盘上，令餐台美观大方，主位的餐巾花通常比客人位置的餐巾花大且独特，便于客人辨识。开餐后，服务人员会将餐巾花拆开后放置于餐碟之下，餐巾的一角压在餐碟下面，对角线与客人对正，顺台面平铺下来。用餐者也可自行放置，将其平铺在自己并拢的大腿上，不能把它围在脖子上或披在衣领里、腰带上。

（7）牙签的使用

牙签主要用来剔牙。就餐时，尽量不要当众剔牙，非剔不可时，应以一只手拿住折叠的小纸巾掩住口部，注意剔出的食物应隐蔽地放在纸巾里面。剔牙之后，不要长时间用嘴叼着牙签。日常生活中，建议大家使用牙线清理牙缝污垢，因为过多使用牙签会使牙齿缝隙变大，使用不当还会造成牙龈出血，牙线则可以温和有效地去除污垢，在保护牙龈的同时不会改变牙齿缝隙的大小。在公共场合使用牙线不太雅观，所以大多数餐厅配备的都是牙签。

2.用餐细节规则

（1）入座离座均谦让

一旦全部人员就位，组织者便可以做开场白，邀请所有人入席。一般请尊者先入上座。客人应等主人邀请后方可坐下，从左侧安静入座，入座后姿势端正，双脚平放在地面上，不要将手臂放在邻座的椅背上，也不要将手肘放在桌面上或托着下巴。入座后，大家适当相互寒暄交谈，营造一个和谐融洽的氛围（如图3-3-3所示），避免自顾自低头看手机（如图3-3-4所示）。席间如果需要离席片刻，起立时向大家简单示意后即可离开。用餐后，主人还没有示意结束时，客人不能先离席。如果有急事需要先行离开，一定要向主人解释并取得谅解，离开时不要张扬。散席后，大家相互友好告别，组织者要将客人全部送走后再离开餐厅。

图3-3-3　和谐融洽的用餐氛围　　　　图3-3-4　餐桌上的"低头族"

（2）取食菜肴有礼貌

以茶待客是中国人常用的待客方式，餐前等待时先上茶与手碟（手碟常装有瓜子、蜜饯、花生之类小点），然后才开始上菜。因为中国人认为偶数是吉数，所以主菜的数量往往是4、6、8等偶数。中餐上菜顺序总的原则是先冷后热、先炒后烧、先咸后甜，先清淡后味浓。

入席后，客人不要立即动手取食，只有当主人示意开始时，客人才可以进食。用餐完毕，也要由主人先放下筷子，大家再落筷。进餐时，尽量用公筷与公勺取菜，使用后应及时放回原处，以便他人使用。夹菜时，应注意自己的仪态，不要探身去取菜。对于较远的菜肴，可将餐碟递给他人，请他人帮忙夹取。如果是转盘式餐桌，应等菜肴转到自己面前时再动筷子，不要抢在邻座前面，一次夹菜也不宜过多。自己夹完菜后，要将此菜转到下一位客人的正前面，如果桌上有其他人正在夹菜，一定要耐心等待其他人夹完后再转动转台。自己正在转动转台时，如果有人突然要夹菜，应当控制转台使之停下来，等此人夹好后再继续转动转台。如果他人正在转动转台，则要等转台停下来之后再夹菜，千万不要让"筷子追着转台跑"。

一旦夹上食物，应立即放入盘中，不要停留时间过长。夹菜时动作要稳，不要碰到邻座，不要把菜掉在盘外。若偶尔将一些菜掉在盘外，不可重新放回盘内，可用餐巾纸遮掩。遇到美味不可"独吞"，如不能只盯住自己喜欢的菜吃，或者先夹很多自己喜欢的菜堆在自己的盘子里。遇到能数出"个数"的食物，一定要考虑到用餐人数，自己吃到"人均数量"即可，不可多吃多占。

中国人有为他人夹菜以示关爱的习惯，此时最好用公筷来夹取。如果自己的筷子还未用，也可以为他人夹菜，但一定要提前告诉对方筷子是洁净的。在无法确认对方口味时，最好为客人简单介绍菜肴，再试探其是否愿意尝试，以免盲目夹菜导致客人不喜欢。

（3）进食菜肴需斯文

在进餐时，应适当表达对菜肴的赞美，否则主人会因为担心饭菜不合客人的口味而感到不安。食物太烫时应从容等待，咀嚼时不要发出响声，喝汤、吃粉丝或面条时也不要发出声音。口中有食物时应避免说话，小口进食比较便于谈话。即使很饿也要一口一口慢慢吃，不要狼吞虎咽。如果食用虾蟹类带壳海鲜，应先在漂浮着花瓣或柠檬片的水盂（洗指盅）里清洗手指，先洗右手拇指、食指、中指这些使用频率较高的手指，再清洗左手。

整个进餐过程中，要与同桌人相互交流，眼睛不要总是盯着菜肴。注意进餐速度，吃得过快，不仅不能很好地与人交流，也不能很好地品尝美食，且吃相不雅；当然，也不能吃得太慢，让一桌人等自己。

进餐时，如果咳嗽或打喷嚏，不可对着餐桌或别人，应扭过身体并以手遮掩，同时说"对不起"。进餐过程中不宜吸烟，在允许吸烟的餐厅如需吸烟，应先征得邻座同意。用餐后不要不加控制地打饱嗝。

3.敬奉酒水的礼仪

餐前等待时倒茶，如果有服务人员，则让服务人员倒茶；如果没有服务人员，通常由距茶壶最近的人为其他人倒茶。倒茶时，由尊者开始依次进行，最后为自己倒茶。当别人为自己倒茶时，应当对其表示感谢。需要注意的是，放置茶壶时，壶嘴不要正对他人。

俗话说："无酒不成宴。"如果说茶是中式宴席的点缀，酒就是整个餐桌上的指挥棒，整个宴席的起承转合都是用酒来指挥的。当组织者拿起酒杯祝酒时，宴席就拉开了序幕；随后大家互相敬酒，气氛渐入高潮；最后饮尽杯中酒，宴席结束。

（1）祝酒

祝酒是指在正式宴席上，由主人向来宾提议，提出因某个事由而饮酒。饮酒时，通常要讲一些祝福话语，如果是特别重要的宴席，主人与主宾还会发表一篇简洁凝练的祝酒词。祝酒词适合在宾主入座后、用餐前说，也可以在吃过主菜后、甜品上桌前说。主人祝酒时，应起身站立，右手端酒杯，或者右手拿起酒杯，左手托杯底，面带微笑，目视宾客，口述吉祥话语后，将酒杯举到眼睛高度，再说"干杯"，将酒一饮而尽或喝适量，最后手拿酒杯与宾客们对视一下，这个动作称为"亮杯"。这个祝酒的过程就非常完整了。当主人祝酒时，客人应停止进餐，认真倾听；当主人提议干杯时，客人应手拿酒杯，起身站立干杯。

（2）敬酒

在主人祝酒后，各位来宾和主人之间或者来宾之间应互相敬酒。敬酒时，可以说一两句简单的劝酒词。说劝酒词时应做到，声音响亮清晰，站姿挺拔端正，目光友好真诚。在古代，主人向客人敬酒叫酬，客人以酒回敬主人叫酢，客人间相互敬酒叫旅

知识广角镜
3-3-3

中餐用酒
常识

酬。正式宴席中，敬酒时不能灌酒、行酒令，应该助酒而不能劝酒。切忌不知客人的酒量和身体状况，一味劝客人多喝，这不是待客之道。

◎ 斟酒的方法

敬酒前需要斟酒，按照规范来说，除主人和服务人员外，其他宾客一般不要自行给别人斟酒。如果主人亲自斟酒，宾客要端起酒杯致谢，必要时应该起身站立。如果是大型宴会或商务宴请，则应该由服务人员来斟酒。斟酒时应注意面面俱到、一视同仁，切勿有挑有拣，只为个别人斟酒。斟酒一般从位高者或长者开始，或者从自己所坐的位置开始按顺时针斟酒。斟多少酒取决于酒的种类，白酒或啤酒需斟满，红酒斟四分满。如果不需要酒，可以用手挡在酒杯上，说声"不用了，谢谢"。这时候，斟酒者就没有必要非得一再要求斟酒。中餐宴请中，当别人斟酒时，可以回敬叩指礼。

◎ 敬酒的顺序

敬酒时一定要充分考虑到敬酒的顺序，做到主次分明。一般情况下，敬酒的顺序应根据年龄大小、职位高低、宾主身份来决定。如果不是主人，一般不能率先敬酒，一定要等主人完成必要的敬酒程序后，再开始向主人或其他宾客敬酒。即使向不熟悉的人敬酒，也要事先打听一下身份或留意别人怎么称呼，对于这一点一定要做到心中有数，以免尴尬或伤感情。

◎ 敬酒的举止

敬酒时应站立起身，如果用中式小酒杯，应当用右手拿杯，拇指和食指捏紧杯身一半的地方，将杯身卡在虎口的部位，其余三指自然放松，左手托着杯底以示敬意。如果用西式高脚酒杯，则可以采用西餐酒杯的拿法，单手举杯即可。敬酒时可以象征性地与对方碰下酒杯，碰杯时应该使自己的酒杯略低于对方的酒杯，以示自己对对方的尊敬。碰杯时应尽量用杯身相碰，不触及杯口。为了避免对方的酒杯低于自己的酒杯，可以一只手拿稳自己的酒杯，另一只手将对方的酒杯底向上托。敬酒要回敬，否则就失礼了。正式宴席回敬时，应避免一手拎着酒瓶，一手拿着酒杯敬酒。

自学点二　西餐宴请需要准备什么？

1.预约订餐

预约正式的西餐厅一般要求提前一个礼拜或者三天。预约时，应清楚告知预约人姓名、预约日期、具体时间、用餐人数、宴请目的、整体预算、特殊要求（如坐在靠窗户的位置、禁忌、食物过敏等）等内容，信息越详细，越便于餐厅做出相应的安排与准备。此外，在预约时间内到达是起码的礼貌，如果因事迟到，一定要提前打电话通知餐厅会延迟到达，使餐厅为自己保留座位，否则餐厅会在约定时间后的10～20分钟内将座位转让给别人。如果因故取消聚餐，应及时通知餐厅。

2.形象准备

在宴会上，女士通常应穿晚礼服或小礼服；男士应穿无尾晚礼服，以显示其绅士风度。"绅士"一词源于17世纪中叶的西欧，由充满侠气与英雄气概的"骑士"发展而来，后来在英国盛行并发展到极致。

女士晚礼服是晚上八点以后穿用的正式礼服，是女士礼服中最高档次、最具特色、最能充分展示个性的礼服样式，又被称为夜礼服、晚宴服、舞会服，晚礼服常与披肩、外套、斗篷之类的服饰相配。传统晚礼服强调女性窈窕的腰肢，夸张臀部以下裙子的重量感，肩、胸、臂充分展露，从而为华丽的首饰留下表现空间。为了迎合夜晚奢华、热烈的气氛，晚礼服的面料多是丝光、闪光缎等华丽、高贵的面料。饰品可以选择珍珠、蓝宝石、祖母绿、钻石等高品质的材料，也可以选择人造宝石。晚礼服多配高跟细襻的凉鞋或修饰性强、与礼服相宜的高跟鞋，如果脚趾外露，则应与面部、手部同步进行化妆修饰。手包大多精巧雅致，多选用漆皮、软革、丝绒、金银丝混纺材料，用镶嵌、绣、编等工艺制作而成。

女士小礼服是傍晚时分穿的礼服。在款式上，小礼服的裙长一般在膝盖上下，随流行而定，既可以是一件式连衣裙，也可以是两件式、三件式套装。当然，漂亮大方的小礼服也需要首饰来点缀，一般可选择珍珠项链、耳钉或垂吊式耳环。小礼服比较优雅含蓄，因此佩戴的首饰也应与小礼服本身所具有的气质相符。

男士礼服比西装更正式，更讲究细节及配饰。在西方，男士出席正式宴会时，必须穿着礼服；出席一般的商务会议或者宴请，适合穿西装。男士的晚间小礼服一般为塔士多礼服，经典的搭配是黑领结、低开口黑色马甲（英式）或黑色饰带（美式）、企领或翼领白色衬衫、侧边镶嵌单条缎带长裤、黑色漆皮鞋，这种搭配也被称为"Black-Tie/黑领结"。"White-Tie/白领结"则是所有着装规则中最正式、最古板的，即穿黑色燕尾服、白色领结、白色马甲及上浆的翼领衬衫等。若出席高规格的晚宴等，通常情况下，从邀请函上就能够看到"White-Tie/白领结"或者"Black-Tie/黑领结"的字样，这也就是参与本次活动的着装等级要求。

自学点三　西餐餐巾的使用规范是什么？

西餐进餐礼仪是从西餐餐巾的使用开始的，当主人打开餐巾时，就预示着宴会正式开始。请同学们自学"知礼·习礼系列礼仪微课3-3-1"，掌握西餐餐巾的渊源及使用方法等知识。

知礼·习礼
系列礼仪
微课3-3-1

餐巾使用
规范

自学点四　自助用餐礼仪有哪些？

自助餐是目前国际上通行的一种非正式的西式宴会，因其提供的食物以冷食为主，所以也被称为"冷餐会"，在大型商务活动中尤为多见。由于中国人吃饭离不开热菜，因此国内的自助餐多数并不以冷食为主。

1.自助餐的特点

一般来说，自助餐供应的菜肴种类包括冷菜、热菜、汤、点心、甜品、水果以及酒水等。与常规中、西式宴席相比，正规的自助餐往往有以下几个特点：

（1）免排座次

正规的自助餐往往不固定用餐者的座位，甚至不为其提供座椅。这样既可免除座次排列之劳，而且便于用餐者自由交流。

（2）节省费用

在大型商务活动中，由于自助餐免去了高档的酒水和昂贵的菜肴，因此可以大大减少主办方的经费支出。

（3）招待多人

每当需要为众多的人士提供饮食时，自助餐不失为一种首选。自助餐不仅可以招待数量较多的来宾，而且可以较好地处理众口难调的问题。

（4）各取所需，形式自由

用餐者可以随意取用自己喜爱的菜肴，不像在正式宴会中不喜欢的菜肴出于礼貌也要品尝一下。此外，自助餐的用餐形式比较随意，在整个用餐的时间范围内，大家可以随到随吃。只要觉得自己已经吃好了，在与主人打过招呼之后就可以马上退场。由于自助餐属于一种非正式的宴会，因此在正式的商务接待活动中，通常不单独选用这种形式，大部分自助餐都是穿插在正式活动（如会议）之中或之后，作为辅助的招待形式出现。

2.用餐礼仪

尽管自助餐是一种非正式的宴会，但是仍然应当注意以下用餐礼仪：

（1）讲究秩序

图3-3-5　排队选用食物

在享用自助餐时，尽管需要用餐者自己照顾自己，但这并不意味着可以随心所欲。实际上，在取餐时，由于用餐者往往成群结队而来，因此大家必须自觉维护公共秩序，讲究先来后到，排队选用食物（如图3-3-5所示）。在取菜之前，先准备好一个食盘，轮到自己取菜时，应使用公用餐具将食物装入自己的食盘之内，然后迅速离去。切勿在众多食物面前犹豫再三，让身后的人久等，更不应该在取菜时挑挑拣拣，甚至直接下手或以自己的餐具取菜。

（2）循序取餐

在自助餐上，如果想吃饱吃好，那么取用餐食时，应首先了解取餐顺序，然后循序渐进。按照常识，参加一般的自助餐时，取餐的顺序应当是冷菜、汤、热菜、点心、甜品和水果。取食物时，可用左手端杯子，右手拿叉、勺子或筷子等，把叉、勺子或筷子等放在盘上时，还可以和别人握手。盘子左上角1/4处要空着，这里可以放杯子或餐巾纸。女性朋友单独参加商务型自助餐时，可将平时用的包换成小型带链手拿包。因为单独前往时，席间没有同伴帮助看包，挎着硕大的包拿取食物和交际会谈十分不雅。

（3）少量多次

在自助餐上，拿取食物应遵循"少量多次"的原则。其具体含义是：用餐者在自助餐上选取某一种类的菜肴，每次应当只取一点，待品尝之后，如果觉得这种食物适合自己，可以再次去取，直到自己感到吃好了为止。也就是说，在自助餐上选取某种食物时，取多少次都无所谓，一添再添也是允许的。但如果为了省事而一次取用过量，装得太多，则是失礼之举。

（4）避免外带

不论是由主人亲自操办的自助餐，还是对外营业的正式餐馆里经营的自助餐，都有一条不成文的规定，即只允许在现场享用，不允许打包带回家。

（5）量力而行

不限数量，保证供应，这正是自助餐最受欢迎的地方。因此，在参加自助餐时，完全不必担心别人笑话自己，爱吃什么，只管吃就是了。需要注意的是，在选取食物时，必须量力而行，切勿为吃得过瘾而将食物狂取一通，结果力不从心，导致食物的浪费。

（6）送回餐具

一般情况下，自助餐要求用餐者在用餐完毕之后、离开用餐现场之前，自行将餐具整理到一起，然后一并将其送回指定的位置。在庭院、花园里享用自助餐时，尤其应当这么做。不允许将餐具随手乱丢，甚至任意毁损餐具。如果在餐厅里用餐，有时可以在离去时将餐具留在餐桌上，由服务人员负责收拾。即便如此，也应在离去前将餐具整理好，不要弄得餐桌上杯盘狼藉、不堪入目。自己取用的食物以吃完为宜，如果有少许食物剩了下来，不要私下乱丢、乱倒、乱藏，而应将其放在适当之处。

（7）积极交际

参加自助餐时，一定要主动寻找机会，积极进行交际活动。首先，应当找机会与主人攀谈一番；其次，应当与老朋友好好叙一叙旧；最后，应当争取多结识几位新朋友。

在自助餐上，交际的主要形式是几个人聚在一起进行交谈。为了扩大自己的交际面，在此期间不妨多换几个类似的交际圈。只是在每个交际圈都要待上一会儿，不能只待一两分钟马上就走，好似蜻蜓点水一般。建议随时在手中备好名片夹，这样在取餐时或坐下用餐时，都能够抓住机会与人结识、交流。因为"吃"只是形式，"交际"才是目的。

需要注意的是，虽然自己吃好后就可以离场了，但至少要待半小时才可以离开，刚刚进来马上就走也是不礼貌的。不要长时间与主人聊天，也不要仅仅和某些人聊天。退席时可以不打招呼悄悄离开，如果打招呼，则应尽量简短，不要因为你的离去影响宴会的气氛。

课中研学

研学点一 中式宴请礼仪

动感小课堂3-3-1　　　　　主题讨论

中西方文化历来是世界文化的两大派系，在两种不同的文化背景下，中西方餐饮礼仪也具有不同的特点，请同学们以"中餐与西餐用餐礼仪的区别"为主题进行小组讨论。

"民以食为天"，中西方饮食文化均源远流长，对饮食的观点、烹饪的方法、菜肴的特色等都有着不同的要求，在用餐礼仪方面也有着迥然不同的规则。虽然差异较多，但有一点是大家公认的——用餐从来不是一件简单的事情，我们吃的不仅是食物，更是在吃文化、吃情感、吃素质。可以说，聚餐是人们进行情感交流的重要方式，是体现个人素养的重要场合。

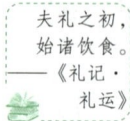

在中国，人们习惯把吃饭应酬称为"饭局"，一边交谈聊天，一边享受美食，在觥筹交错、推杯换盏之间情感得到升华。由此可见，用餐已经从单纯的满足生理需求升级为一种交际文化。对服务人员来说，陪同客户用餐非常有利于客我双方进行深度沟通，有助于建立和发展友好的合作关系，但是如何在用餐时给客户留下良好的印象，营造和谐友善的社交氛围，则需要服务人员掌握必要的宴请礼仪。

中国是礼仪之邦，中华礼仪的发端之一是祭祀礼仪，而祭祀礼仪是从饮食礼仪开始的。文献中记载，早在周代，我国的饮食礼仪就已具雏形，自成体系。《礼记》和《仪礼》中均详细记述了乡饮酒礼、燕礼、公食大夫礼、特牲馈食礼、少牢馈食礼等各种礼仪制度与规范。例如，《礼记·曲礼》中记载了吃饭时的详细规范："毋抟饭，毋放饭，毋流歠，毋咤食，毋啮骨，毋反鱼肉，毋投与狗骨，毋固获，毋扬饭。饭黍毋以箸，毋嚃羹，毋絮羹，毋刺齿，毋歠醢。客絮羹，主人辞不能亨。客歠醢，主人辞以窭。濡肉齿决，干肉不齿决，毋嘬炙。"由此可见，重视餐饮礼仪是中国人的传统。经过千百年的发展，古代饮食礼制被不断继承和发扬，现在已经形成了大家普遍接受的一套进餐礼仪。

1.宴请邀约

邀请客户时，态度一定要诚恳自信，并选准合适的时机发出邀请，如与客户商谈完事情又临近饭点时；同时，注意选择恰当的理由，因为请客吃饭本身是一个过程而不是目的，在吃饭的过程中增进交往和相互了解才是目的。宴请的目的有的是工作方面的，有的是私人情感方面的；有的是实际的物质需求，有的是无形的精神需要。只有理由充分，才能使对方应邀前来，为了吃而吃的宴请大多是失败的。

2.餐前准备

接待方可以派工作人员提前到达用餐地点安排相关事宜，如确定菜单、检查餐厅环境等。点菜前，要清楚客户是否有特殊饮食要求，尽量做到菜肴荤素搭配合理，菜肴口味有所区别，菜肴品种尽量丰富，菜肴色泽促人食欲。菜肴数量与用餐人数应协调，既要投客户所好，也要控制预算。中国人讲究好事成双，每张餐桌安排的用餐人数一般在10人以内，并且最好为双数。

3.席位确认

到达餐厅后，服务人员可引领宾客在沙发休息区小坐聊天，等宾客到齐后方能入席。不能在主陪与主宾没有入席时自顾自地坐在餐桌旁，因为此时尚未安排座次，贸然入席颇为不妥。

《鸿门宴》中曾记载，"项王、项伯东向坐，亚父南向坐……沛公北向坐，张良西向侍"，寥寥几笔就勾画出了席位安排的礼仪。中餐宴请中，席位排列关系到来宾的身份与主人给予对方的礼遇，是整个中华饮食礼仪中非常重要的部分。所以，用餐前一般事先安排好席位，以方便参加宴请的人能各就各位。中餐席位的排列，一般分为桌次排列与座次排列两种。

动感小课堂3-3-2　　　　　　　　　　**绘图定席位**

　　请同学们根据宴会类型的不同安排合适的桌次与座次，用数字代表席位的尊贵程度，"1"代表最重要的位置，依此类推，将数字填写在空白处（如图3-3-6、图3-3-7所示）。

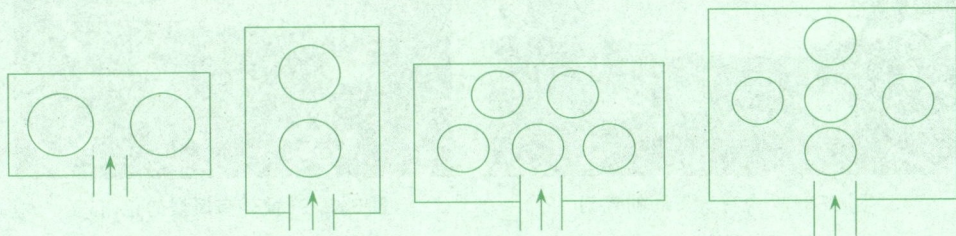

图3-3-6　中餐宴会桌次安排

图3-3-7　中餐宴会座次安排

　　通常，中餐宴请中桌次的确定依据有四个：一是离门最远为主桌，主人坐主桌，面门而坐；二是只有两桌时，面门右手边为主桌；三是居于中间为主桌；四是临近讲台为主桌，宴会厅内若有专用讲台，应该以靠讲台的餐桌为主桌，如果没有专用讲台，则以背临主要画幅的餐桌为主桌。其他桌次的尊贵程度根据距离主桌位置的远近而定，以主桌为基准，右高左低，近高远低。需要注意的是，这里的"左""右"以面对门的方位来确定。多桌宴请时，各桌均有一位主桌主人的代表就座，且所坐位置应与主桌主人同向。

桌次排列依据：面门定位，以远为上，以右为上，居中为上，临台为上。

　　中餐宴请时，每张餐桌的座次也有主次之别。首先，主人面门而坐，如果女主人也参加，则以主人和女主人为基准，近高远低，右上左下，依次排列。其次，应把主宾安排在最尊贵的位置上，即主人的右手位置；主宾夫人应安排在女主人的右手位置。最后，主人方面的陪客要尽可能与客人相互交叉，以便于交谈交流，避免自己人坐在一起，冷落客人。如果主宾的身份高于主人，为了表示对主宾的尊重，可以请主宾坐在主人的位子上，主人则坐在主宾的位子上。宴会上经常会出现大家让座的情况，比如几个职务差不多的客户一起就座时，难免会互相谦让，这时有眼力的陪同人员最好说："四方为上，大家都入座吧。"这时大家会相继入座，也就不分什么上座下座了。

动感小课堂3-3-3　　　　　　　　　　**看图定座1**

　　请同学们根据图3-3-8、图3-3-9显示的宴会桌确定主位。

图 3-3-8 内有背景画的包间

图 3-3-9 窗外有风景的包间

座次排列依据：
右高左低；
中座为尊；
面门为上；
观景为佳；
背后有画；
面对电视；
临墙为好，
尊重意愿。

根据上面的课堂练习我们发现，在实际生活中，中餐包间的具体情况存在差异。就座次而言，我们主要考虑以下几点：

一是右高左低。当两人并排就座时，通常以右为上座，以左为下座。这是因为中餐上菜时多以顺时针为上菜方向，居右者会比居左者优先受到照顾。

二是中座为尊。三人一同就餐时，居中坐者在位次上要高于在其两侧就座之人。

三是面门为上。用餐时，如果有人面对正门而坐，有人背对正门而坐，那么依照礼仪惯例，应以面对正门者为上座，以背对正门者为下座，一般临门处为上菜位。

四是观景为佳。在一些高档餐厅用餐时，其室内外往往有优美的景致或高雅的演出，可供用餐者观赏，此时应以观赏角度最佳处为上座。有的包间配有电视，则面对电视的位置为上座。

五是临墙为好。在某些中低档餐厅用餐时，为了防止过往侍者和食客的干扰，通常以靠墙之位为上座，靠过道之位为下座。

育德润心小课堂 3-3-2

按中国儒家伦理观念，尊卑有别，长幼有序，反映在座席上也是有规矩要讲究的。

古人席次尚右，右为宾师之位，居西而面东。家塾教师和官僚们的幕客，都称为"西宾"，又称"西席"，主人称为"东家"。所以古人尊称授业解惑之师为"西席"，古典文学作品里也常把老师称为"西席"。唐代柳宗元有诗曰："若道柳家无子弟，往年何事乞西宾。"民间还有一副对联赞美老师教育有方，得意门生遍布乡里："西席桃李满桑梓，东坦龙蛇尽楷模。"

那桌上的主位是哪个位置呢？按照中国古代的礼制，古人划分座位的长幼尊卑是按照古代建筑的结构划分的。大堂通常都是南北较长、东西较窄的风格，所以坐在大堂之上，以南为尊、北为卑，人的座位有南北面向之分，不能僭越。典型的例子就是一国君主的座位，必须坐北朝南，大臣则是面北背南，所以古人也把皇帝称为"面南"，而把大臣称为"面北"。

如果宴请人数较多，分为几桌，就一定要有主桌以突出宴会主题。安排座位时，通常主宾居中，主宾的左右是主陪和副陪。主陪和副陪一定是主方身份最高的人，以表达对主宾的尊重。如果餐桌上有老人，则需要以老人为中心，其他人分坐在老人左右，这体现了中华礼仪尊老的优良传统。

在古代，一般筵席用的是八仙桌。每桌八个人，桌朝大门。在坐北朝南的房间里，将"上座"设于北席东侧遵循了我国古代用方位来区分上下、主从的坐向礼俗。八仙桌的上席面门，左位为"上座"，右座为第二位，两旁按从左到右穿插论序。如果客多，可设两桌、三桌或更多桌。

资料来源　佚名.看鉴/座席上的老规矩：为什么贵客要坐西边？［EB/OL］.［2020-10-14］.https://baijiahao.baidu.com/s?id=1680490717484869107&wfr=spider&for=pc］.

德育基因： 家国情怀　文化自信　礼仪传承

心有所悟： 中国是礼仪之邦，人们在宴饮活动中所重视的礼节、礼貌已形成文化传统，其中表现伦理美、形式美的一些规律一直沿用到现在。在古代筵席的各种礼制中，座次礼节最能表现宴饮者的地位。人们根据各自的社会地位、身份及宗族关系等就座，宴饮进程因此井然有序。

研学点二　西餐用餐礼仪

与中餐宴请一样，西餐宴请同样注重礼仪。例如，某些外企会把面试的最后一关选在餐桌上。从一进餐厅开始，应聘者的一言一行、一举一动都将在面试官的仔细"品味"之中。如何着装，如何进门，如何就座，如何放置个人物品，如何对待侍者，如何按照自己的身份找到符合的座次，如何对待同时用餐的女士，如何点酒，点何种主菜，以何种酒搭配主菜……面试官会根据应聘者的表现对应聘者的修养、性格、爱好等进行判断。可见，餐桌上的举止是对一个人礼仪与修养的最佳、最综合的考验。

1.等候带位

到达西餐厅后，体面合适的做法是到接待区告知服务生预约人的名字，由服务生带领进入餐厅。如果临时来到西餐厅用餐，且暂时没有空位，则需要在入口处等待服务生带位，这是对餐厅、对自己的尊重。一定要避免直接冲进餐厅找位置坐下来，国外某些西餐厅会将莽莽撞撞、长驱直入的客人请出餐厅，餐厅有权不为这样的客人服务。

如果邀请的客户还未到达，有些餐厅会准备等候室或开辟休息区，我们可以在这些专门区域等候未到的客户；若附近有吧台，也可以在客户到来前边喝饮料边等待。

2.带位入座

带位时，应请年长者或最重要的客户、女性先行起步前往座位。一般来说，应由年长者或最重要的客户坐主位；若客户中有女性，一般应由女性坐主位。

如果是私人聚餐，法式礼仪是男性先进、女性后入，这是因为男士要先进入房间试探是否有敌人，以保护女性。不过在商务宴请时，与客户、上司同行，女士还是应该请客户或上司先进入。商务宴请入座之前应主动和认识的人打招呼，对于不认识的人，应主动做自我介绍、握手（这是一个留下良好第一印象的最佳机会，你现在正好可以温习一下前面所学的见面介绍礼仪）。进餐过程中不要交换名片，耐心一点儿，等到聚餐结束时再进行。

知识广角镜 3-3-8

西餐入离座的规范

西餐礼仪讲究女士优先，一般都是女士落座后男士再落座。服务生一般会按先女后男、先宾后主的顺序为客人拉椅让座，用餐者从椅子左侧入座，等客人全部坐下后，服务生会为客人铺餐巾，有的餐厅会在晚餐时点燃蜡烛以示欢迎。当就餐人数较多时，男士也可以帮自己右侧的女士拉出椅子，女士则应落落大方地接受并表示感谢（如图3-3-10所示）。

图3-3-10 男士帮女士拉椅子

如果携带有私人物品，则大件衣物或皮包可以寄存放置，小件私人物品可以随身携带。女士手包视大小可以放在脚边地板上、身边空位处、身后椅背与后背空隙间，但不可放在餐桌上或者挂在椅子上。手机应调整到静音状态并放在随身的小包里面，入座后手机不要放在桌面上，以免影响用餐气氛。

3.席位确认

无论是中式宴请还是西式宴请，每一个餐桌位置的安排都表达了来宾的身份与主人给予对方的礼遇。与中餐宴会餐台不同，西餐宴会餐台一般使用长台，形状有一字形、马蹄形、U形、T形、E形、正方形、鱼骨形、星形、梳子形等（如图3-3-11所示）。宴会采用何种样式的餐台，应根据参加宴会的人数、餐厅的形状以及组织方的要求来决定。西餐餐台一般由长桌拼合而成，椅子之间的距离不得少于20厘米，餐台两边的椅子应对称摆放。与中餐宴会的席位排列相同的是，西餐宴会的席位排列也是在用餐前事先安排好的。举办隆重的宴会时，服务生会将写有客人名字的名片放在餐桌上，以方便参加宴会的人能各就各位，这也体现了对客人的尊重。

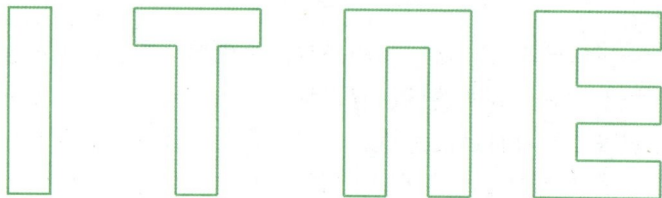
图3-3-11 西餐宴会餐台示意图

（1）桌次排列方法

安排多桌宴会的桌次时，应以面对门的方向为准（面门定位），遵循以远为上、以右为上、居中为上、临台为上的原则。以主桌位置为基准，与主桌距离相等的两张桌子，右高左低；与主桌在同一方向的两张桌子，近高远低。两桌横排时，右高左低；两桌竖排时，远门为上。西餐宴会三桌次与四桌次排列如图3-3-12所示。

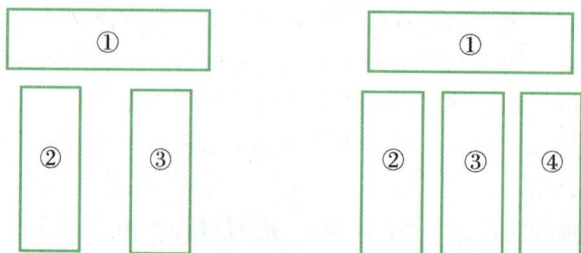
图3-3-12 西餐宴会三桌次与四桌次排列图

（2）座次排列方法

西餐座位也分尊贵等次，一般背对门的位子是最低等的，由主人自己来坐，面对门的位子是上位，由主客来坐。长形桌排列时，男女主人通常分坐于长桌的两端，或在长桌横面的中央面对面坐。西方人遵循"女士优先"的原则，通常女士的席位要比男士高，整个宴席都以女主人为第一主人。西餐座次排列还遵循"主宾为尊，以右为尊"的原则，主宾分别坐在男女主人身旁，男女主人右边的座次高于左边的座次；桌子呈T形排列时，横排中央位置是男女主人座位，身旁两边分别为男女主宾座位，其他座位依次排列；桌子呈正方形排列时，坐在餐桌四面的人数应相等，通常一桌共坐八人，每侧各坐两人。无论采用哪种桌形，西餐排座位时，通常男女间隔而坐，用意是男士可以随时为身边的女士服务。此外，能够清楚看到全店布局的座位、能见度最佳的座位、较少人通过且较为安静的座位、最舒适安心的座位、离入口与厕所远的座位等都可以判断为主位。

动感小课堂3-3-4　　　看图定座2

请同学们根据西餐宴会类型的不同安排合适的座次，将座位尊贵程度用"性别+数字"来代表，如"男1"表示最重要的男宾，依此类推，填写在相应的方框里（如图3-3-13所示）。

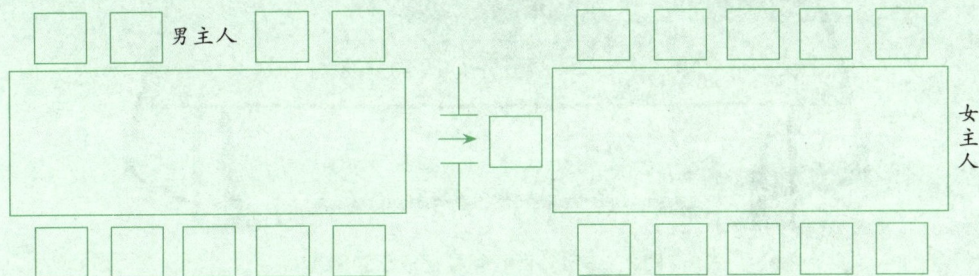

图3-3-13　西餐宴会座次排列图

4.餐具的使用规范

不同国家、不同地区的西餐上菜顺序会有少许差异，但流程大致相同：开胃菜（头盘，可冷可热，如鹅肝酱、熏鲑鱼等）→汤（清汤或浓汤，如奶油汤、罗宋汤等）→前菜（副菜，如鱼虾海鲜或蛋类、酥盒菜肴等）→主菜（肉、禽类菜肴或高级海鲜，如牛排或牛肉等）→蔬菜沙拉（配菜，可在肉类菜肴后，也可为主菜配菜）→甜品（如点心、冰激凌、水果等）→咖啡（或为餐后酒、茶）。西餐餐具精致而多样，西餐正式宴席上，每上一道菜都会换一套餐具。

西式宴会摆台的基本原则是：垫盘居中，叉左刀右，刀尖向上，刀口向内，各种刀、叉各司其职，不容混淆，其余用餐酌情摆放。酒杯的数量与酒的种类应相等。餐巾放在盘子里，如果在宾客落座前需要往盘子里放某些物品，餐巾就放在盘子旁边。

日常宴请活动中，西餐餐具严格按照出菜顺序排列，所以虽然餐具较多，但使用原则很简单：从外侧向内侧取用。例如，第一道菜肴是开胃菜，那么吃开胃菜用的叉子会放在最左边，吃开胃菜用的刀子会放在最右边，即使你分辨不出哪个是吃开胃菜用的刀、叉，但只要拿最左边的叉和最右边的刀就不会错。吃完开胃菜后，服务生会将装开胃菜的盘子和开胃菜所用刀、叉一并收走。又如，第二道菜是汤，那么你应当使用右边外侧的勺子。等汤碟和勺子收走后，最外侧的刀、叉应当为第三道菜所用刀、叉。所以，从餐具的排列顺序即可大致了解用餐过程。万一用错餐具也不要大惊小怪，应安静地继续使用，需用在下一道菜时请服务生帮忙再拿一套餐具就可以了。如果看到别人用错了餐具也不要去提醒，应牢记"社交场合小错不纠"，以免使人尴尬。用餐时，不小心将餐具掉落到地上，最好请服务生过来替你捡起。一般高级餐厅的服务生会随时注意客人的情况，所以会很快再拿新的餐具过来。万一服务生没有注意到，可以面向服务生稍微将手抬高一下。

动感小课堂3-3-5　　　　　　　一起来翻译

请同学们根据图3-3-14中的英文标示翻译出该餐具的中文名称。

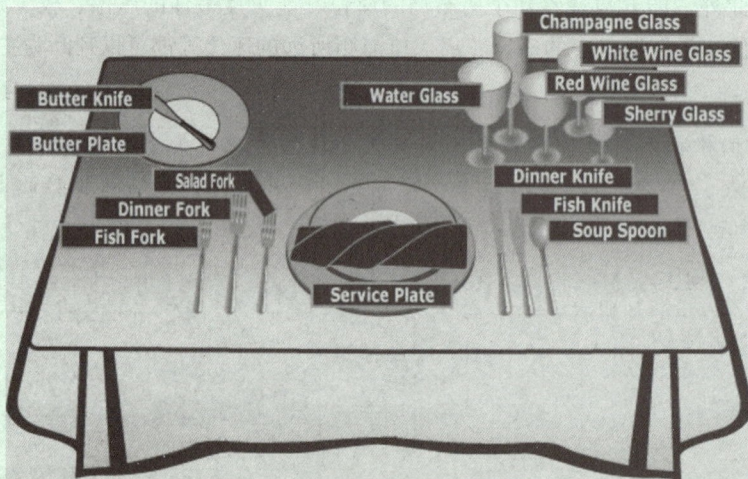

图3-3-14　西餐餐具摆放示意图

动感小课堂3-3-6　　　　　　　餐巾使用练习

根据课前自学的"西餐餐巾的使用规范"，请同学们练习拿取餐巾的过程，将餐巾折叠成图3-3-15、图3-3-16所示的三角形（改良版）或者长方形。

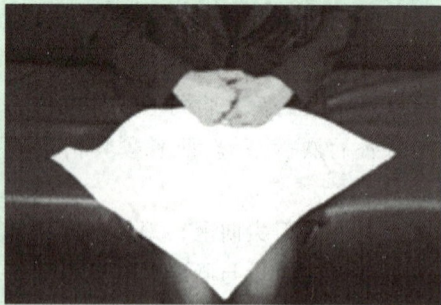

图3-3-15　餐巾三角形（改良版）折叠示意图

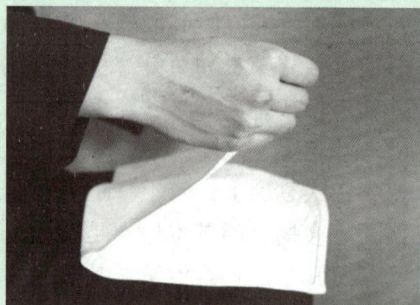

图3-3-16　餐巾长方形折叠示意图

（1）刀、叉的使用规则

刀、叉是最重要的西餐餐具，因取食的食物不同，又可细分为肉类用、鱼类用、前菜用、甜点用等。刀、叉的拿法很简单，一般是右手拿刀，左手拿叉，刀的锋利一面需要转向自己这一边。刀、叉的使用可分为英式和美式两种，在用餐过程中应始终采用一种方式。

◎英式用法

进餐时，始终是右手持刀，左手持叉，一边切割食物，一边用刀子将切好的食物推到叉子齿上，左手往嘴里送切好的食物时，叉齿朝下（如图3-3-17所示）。如果食用豌豆或其他软质食品，叉齿可以朝上（如图3-3-18所示）。停下来的时候，手要落在餐桌上面。人们认为这种方式比较绅士文雅，适合在正式宴会时使用。

图3-3-17 刀、叉用法1

图3-3-18 刀、叉用法2

◎美式用法

进餐时，也应右手持刀，左手持叉，但美国人习惯把要吃的东西一下子全部切好，再将右手的餐刀横放在餐盘前方（刀刃向里），把左手的餐叉换到右手，叉齿向上将食物送到嘴里。停下来的时候，双手要放在大腿上。美式进餐较英式进餐简便省事，适合便宴场合。

在使用刀、叉时还需要注意以下细节：第一，将食指伸直按住刀、叉的背部，也可用拇指与食指夹住刀柄与刀刃的连接处，同时双肘下沉，这样切割食物更加容易；第二，切割食物时，不要弄得餐碟叮当作响；第三，切割食物时要注意食物分量，应刚好适合一次入口，不要叉起来后再一口一口咬着吃；第四，进食时应当用叉子叉着吃，不能用刀扎着吃；第五，注意刀、叉的朝向，放下餐刀时，刀刃始终向里，不可朝外，叉齿向下，放于餐盘边沿；第六，如果要与他人交流，首先应放下餐具，避免边聊天边挥舞刀、叉（如图3-3-19所示）。

图3-3-19 避免挥舞刀、叉

动感小课堂3-3-7 **看图识意**

请同学们根据图3-3-20、图3-3-21中西餐刀、叉的位置判断其代表的含义。

图3-3-20 刀、叉摆放1

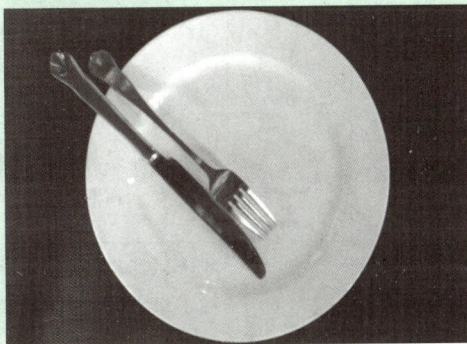

图3-3-21 刀、叉摆放2

知识广角镜
3-3-10
餐具背后的文化

将刀、叉用不同的形状摆放在餐盘中，具有不同的暗示意义（见表3-3-1）。

表3-3-1 刀、叉的服务提示语及摆放形态

服务提示语	刀、叉的摆放形态
“我尚未用完餐”	盘子盛装食物时，将刀、叉分开放呈八字形
“我已经用完餐”	盘里仍有食物时，将刀刃向内、叉背向下，并排斜放于餐盘的时针四点钟或六点钟方向（汤勺横放在汤盘内，勺心向上，也表示用汤餐具可以拿走）
“请再给我添加饭菜”	盘子已空时，将刀、叉分开放呈八字形，那么服务生会再给你添加饭菜，这只有在允许添加饭菜的宴会上或在食用有可能添加的那道菜时才适用

（2）勺子的使用规则

西餐用餐时，除了需要注意餐巾与刀、叉的使用外，勺子的使用也有一定之规。用右手拿勺，握住勺柄中间偏上部位，手指的姿势像拿钢笔一样。喝汤时，英国人习惯从勺子的侧面喝，不会从勺尖处往嘴里倒。喝汤时不能出声，如果汤太热，可以等一会儿再喝。喝到最后可以将汤碟朝外倾斜，使勺子舀起最后一点儿汤，注意不要使汤碟倾斜过大或使汤勺碰碟发出声响。

（3）酒杯的选用常识

要欣赏酒的芳香魅力，合适的酒杯不可或缺。酒杯除了用于盛酒外，最重要的作用就是向人展示美酒的颜色，使酒得到最佳的呼吸并聚拢香气，从而体现酒的品质。

常见西餐酒杯介绍见表3-3-2。

表3-3-2 常见西餐酒杯介绍

酒杯名称	酒杯图片	酒杯特点
笛形香槟杯		笛形香槟杯比较细长，适合盛装香槟酒，因为狭长的笛形杯身能帮助香槟的气泡优雅稳定地缓慢上升，源源不断的气泡不轻易散掉，形成美丽的“珍珠项链”，同时也让香槟的香气有效集中，令香槟更可口
波尔多酒杯		波尔多酒杯的特征在于它的杯口锥度比较小，杯壁接近直上直下，是标准的葡萄酒杯，在饮用葡萄酒时可以留住大部分酒香，适合用来品酒。所以，当晃动酒杯释放出香气的时候，葡萄酒有充足的表面积接触到氧气
勃艮第酒杯		勃艮第酒杯呈圆胖形，杯壁逐渐收缩，以凝聚香气。与波尔多酒杯相比，勃艮第酒杯要浅一些，杯子的直径会更大一些，更易于散发葡萄酒的香气
白葡萄酒杯		与红葡萄酒杯相比，白葡萄酒杯的杯肚和杯口都偏小，这样容易聚集酒的香气，不会使香气消散得太快
白兰地杯		白兰地杯是杯口小、腹部宽大的矮脚酒杯。白兰地杯天生就有一种贵族的气息，圆润的身材可以让百年琼浆的香味很好地留存于杯中
威士忌杯		威士忌杯呈矮矮的圆桶形，杯底很厚。因为喝威士忌都要加冰，冰块在杯子里来回碰击杯壁所发出的声音仿佛酒的交响乐，只有杯壁足够厚才能承受住冰块的晃动

在法国，每个葡萄酒产区都用有当地特色的酒杯来饮用葡萄酒。一般情况下，应根据酒的特点来选择酒杯的形状、容量与材质。其实，酒杯并不会改变酒的本质，但酒杯的造型决定了酒入口时的最先接触点，而酒杯的形状决定了酒的流向以及酒香的散发强度。通过酒杯的引导，酒可以精确流进舌头适当的味觉区，使品酒者获得最佳的味觉享受。人的舌头有4个味觉区：舌尖对甜味敏感，舌头两侧前半部对咸味敏感，舌头两侧后半部对酸味敏感，舌根部对苦味敏感。因此，酒杯的设计是有科学依据的。如果酒杯开口处是向外扩张的，则品酒时应保持头颈直立，让美妙的滋味在舌尖绽放，品酒者更多感受到的是酒的甜味；如果酒杯开口处是向内收拢的，则品酒时应将头稍稍后仰，让酒直入舌根，品酒者更多感受到的是酒的酸涩滋味。酒杯的材质应是无色透明的、光滑的、无花纹的。厚重的彩色雕花玻璃杯虽美，但会干扰葡萄酒本身的颜色，从而影响葡萄酒的视觉观感。因此，最理想的酒杯是具有较佳透光度的水晶杯。

动感小课堂3-3-8　　　　　　　　**看图辨识**

请同学们判断图3-3-22中哪种酒杯的拿法是错误的，并说明理由。

图3-3-22　酒杯拿法组图

拿葡萄酒杯时，有两种常用持杯姿势：一是用拇指、食指和中指夹住高脚杯杯柱。夹住杯柱便于透过杯壁欣赏葡萄酒的色泽，无论是向外倾斜45度去观察酒色，还是向内倾斜45度来探询酒香，都能控制自如，随心所欲。如果握住杯壁，手指就会挡住视线，从而影响观看。二是用手拿着杯子的底座部分，用拇指和食指夹住杯座，拇指压在上面，食指垫在下面，其余手指以握拳形式支撑在食指下面。这样拿酒杯适合站着喝酒的时候，或者宴会中拿杯走动与别人交谈时，有暂停、期待和聆听的意思，是一种非常专业优雅的持杯方法。另外，由于红酒的适饮温度在12～18℃，因此拿红酒杯时应特别注意不要碰触酒杯上端盛放酒的部分。白兰地适合加温饮用，所以正确的持杯方法是用中指和无名指的指根夹住杯柱，手掌由下往上包住杯身，手的温度传导到杯内使酒略暖，从而增加酒意和芳香。

5.进食的细节规则

西餐上菜程序严格，服务生会从左边上菜或撤盘子。整个用餐过程中，用餐者均应姿势优雅大方，双手手腕尽量靠在桌边。传说这种将手放在桌上的要求与古代谈判打仗有关，手放在对方能看到的地方，表示诚信，不会暗算对方。进餐过程中，食用的食物不同，具体方法也存在区别（见表3-3-3）。

表3-3-3 常见食物的进食方法

种类	食物名称	使用餐具	进食方法	其他
汤	奶油海鲜汤、蔬菜汤等	汤匙	右手持匙，由近而远（桌心）将汤舀起	汤见底时，可用左手将汤碟向桌心倾斜后舀起
主菜	鱼	刀、叉	用刀、叉将骨刺剔出，切成小块，以叉食之	可加上一些柠檬汁，去除鱼腥味
主菜	肉	刀、叉	切成大小可一次入口的块状，以叉食之	一般应从左向右取食
主菜	鸡	刀、叉	从鸡胸部剖成两块，再切成小块，以叉食之	勿将鸡翻身，要力求完整
点心	三明治		可用双手捧着进食	块较小时，可用右手捏着食用
点心	烤土豆	刀、叉	切成适当的块状，以叉食之	可浇上一些专用肉汁
点心	通心粉（意大利面条）	匙、叉	左手握匙，协助右手用叉将面条卷好食之	不能一根根地挑着食用
点心	饼干		用右手捏着食用	
甜点	冰激凌	匙	用匙取食	
甜点	布丁	匙	用匙取食	布丁一般为流质
甜点	蛋糕、派、饼	刀、叉	切成适当的块状，以叉食之	较软蛋糕等用叉直接分割食之
面包		黄油涂抹刀	用手一片片撕着食用，可左手拿面包，右手持涂抹刀将黄油抹到面包上再吃	碎屑不能掉到餐桌上；刀用完后要横放在面包盘上（刀刃朝里）
水果	苹果	刀、叉	切成四块，削皮后以刀、叉食用	可用手直接拿去皮的苹果食用
水果	西瓜、柚子	匙	以餐匙取食	
水果	香蕉	刀、叉	用刀从中间剖开，切成小块，以叉食之	应切一块吃一口
水果	葡萄	匙或叉	用匙或叉取食，也可用手一粒粒取食	皮、核要轻吐手中，再放入盘中
水果	草莓	匙或叉	用匙或叉取食，也可以用手直接取食	可蘸些糖等
水果	菠萝	刀、叉	切成块状，以叉取食	

6.佐餐酒的选用礼仪

西餐佐餐酒根据配餐方式可分为餐前酒、餐中酒和餐后酒三大类（见表3-3-4）。其中，作为餐中酒使用的葡萄酒被西方人称为"上帝的蜂蜜"，尤其受法国人喜爱，葡萄酒文化已经渗透进法国人的政治、文化、艺术及生活的各个层面，与人民的生活息息相关。广义的葡萄酒分为静态葡萄酒和起泡葡萄酒两大类。静态葡萄酒是口味最经典、使用最广泛的葡萄酒；起泡葡萄酒如香槟酒。如果在发酵过程中或发酵后加入其他高浓度酒导致酒精含量较前两类高，就成为加烈葡萄酒，如添加白兰地的雪利酒。如果加入草根、树皮等，采用传统药酒酿造法，就可以制成加味葡萄酒，如苦艾酒。下面我们重点介绍葡萄酒斟倒与品尝规范。

表3-3-4　　　　　　　　　　西餐佐餐酒的分类介绍

西餐佐餐酒的分类	特点	酒品及其搭配
餐前酒	餐前酒又称开胃酒，是在餐前半小时左右饮用的酒，能够起到唤醒味觉、增加食欲的作用	餐前酒如味美思酒、苦艾酒、茴香酒、雪利酒、香槟酒、低度调配酒等，不喝酒的人可以喝果汁、矿泉水或其他饮料
餐中酒	餐中酒又称席上酒，是正式西餐中搭配食物的酒，仅限于静态葡萄酒。饮葡萄酒时，只能纯饮，不能调饮。也就是说，不能在葡萄酒中加入冰块或其他酒及饮料等。从健康的角度讲，葡萄酒中的酸和涩可以去除口中过多的脂肪，让口感更加清爽干净，还可以开胃健脾	静态葡萄酒根据色泽的不同可以分为白葡萄酒、红葡萄酒与玫瑰红葡萄酒。白葡萄酒适宜搭配海鲜、鱼类、家禽等较为清淡的菜肴；红葡萄酒适宜搭配牛肉、猪肉、羊肉、乳酪等口感较重的食物；玫瑰红葡萄酒适宜搭配口感适中的食物
餐后酒	餐后酒又叫消食酒，是餐后伴随甜品一起饮用的酒，能够帮助消化、解腻	餐后酒包括白兰地、威士忌、金酒、利口酒、伏特加酒、波特酒、马德拉酒等

（1）斟酒的规范

西餐斟酒一般由服务生操作。在为客人斟葡萄酒时，服务生必须先征得客人的同意，讲究操作程序。

第一步，在开瓶前，服务生应左手托瓶底，右手扶瓶颈，商标向主人，请主人辨认（如图3-3-23（a）所示）。这主要包含三层意思：一是表示对客人的尊重；二是核对选酒有无差错；三是证明商品质量可靠。

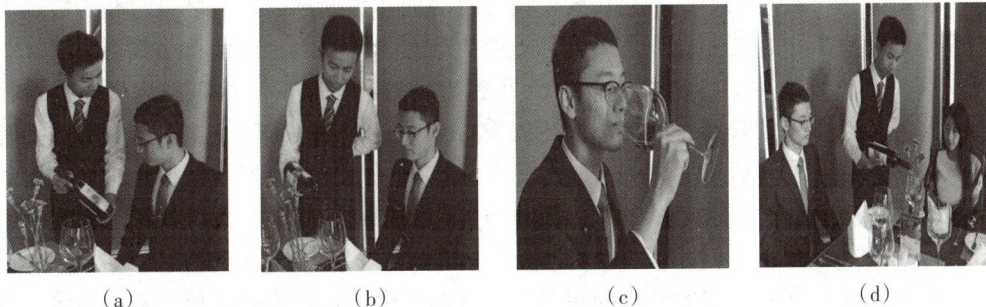

（a）　　　　　　　（b）　　　　　　　（c）　　　　　　　（d）

图3-3-23　斟酒组图

第二步，主人首肯后开酒。用刀子沿瓶口盖子的上缘或下缘，把瓶口的封套割开，将开瓶器的螺旋形探针呈顺时针方向慢慢旋转插入软木塞中，尽量保持探针竖直下伸，不要碰到瓶颈。轻压开瓶器侧翼，软木塞被提升。左手握紧酒瓶上部，右手握住开瓶器，用瞬间力量拔出。

第三步，把木塞放在托盘里请主人过目，因为从木塞上就能看出红酒的浓稠度和年份。

第四步，醒酒后，服务生先给主人斟倒少量试饮（如图3-3-23（b）和图3-3-23（c）所示），待主人表示对色泽、味道满意后，再开始依次为主宾、主人斟酒，接着按顺时针方向依次绕台斟酒（如图3-3-23（d）所示）。如果是两名服务生服务，则一个服务生从主宾开始，另一个服务生从副主宾开始，依次绕台斟酒。当服务生从右边倒酒时，客人原则上不需要用手捧着酒杯，只要将手放在桌面上或放在膝盖上即可。服务生斟酒时，如果客人不喝酒，则客人可以将手轻轻放在杯子上方，同时说"我不要了，谢谢"，但不要把杯子倒过来。服务生斟完酒移开瓶口时，应略转一下瓶身以免滴酒，这个动作会使斟酒更加专业。需要注意的是，斟酒时，手指不要触摸酒杯杯口或将酒滴落到宾客身上。

斟多少酒，应根据酒的类别和要求进行。香槟酒斟入杯中时，应先斟入1/3，待酒中泡沫消退后，再往杯中续斟至七分满即可；红葡萄酒入杯为1/3，白葡萄酒入杯为2/3；白兰地杯子的实际容量虽然很大（240～300毫升），但因白兰地度数高，所以倒入酒量不宜过多；软饮料、啤酒应斟八分满，且斟啤酒时泡沫不能溢出；另外，冰水入杯一般为半杯水加入适量的冰块，不加冰块时应斟满水杯的3/4。

（2）敬酒的礼仪

西餐宴会伊始，主人会先向客人祝酒，特别隆重的场合一般只采用香槟酒来祝酒，并且香槟酒是唯一可以用来干杯的西餐佐餐酒。主人祝酒结束提议干杯后，客人均要起身，右手端起酒杯，或用右手拿起酒杯后，以左手托扶杯底，面含微笑。饮香槟干杯时，以饮去杯中一半酒为宜，当然，不胜酒力者也要量力而行，滴酒不沾者也需要拿起酒杯以示对主人的尊敬。在西餐宴会干杯时，只敬酒而不真正碰杯。使用玻璃杯时，尤其不能碰杯。国内西餐宴会往往会适度碰杯，这也是风俗融合的一种体现。需要碰杯时，双方可交错略倾斜杯身，以杯肚轻轻碰撞即可（如图3-3-24所示）。这样碰杯不易碰碎杯子且声音清脆悦耳。

图3-3-24　碰杯

西餐宴会进行过程中，不允许随便离开自己的座位并越过他人之身与相距较远者祝酒干杯，交叉干杯更不允许。另外，不能拒绝对方的敬酒，即使自己不会喝酒，也应端起酒杯回敬对方，否则就是一种不礼貌的行为。吃西餐时饮酒忌讳举杯一饮而尽，文雅的饮酒方式是懂得品评酒的色、香、味。有重要嘉宾时，主人会在上甜品时建议向该嘉宾敬酒。值得提醒的是，女士参加西餐宴会往往会盛装打扮，所以在饮酒前，宜用纸巾在嘴唇上按一按口红，以免酒杯印上唇印。

（3）品酒的艺术

品酒应建立在对葡萄酒基础知识充分了解的基础上，如葡萄品种、采摘年份、酒庄、酿造工艺等。在品尝葡萄酒时，如果能借助这些已知信息，你会更轻松地品尝出葡萄酒的味道。此外，温度也是非常重要的一环（见表3-3-5）。在最适合的温度饮用葡萄酒，不仅可以使葡萄酒的香气完全散发出来，而且在口感的均衡度上，也可以达到最完美的境界。

表3-3-5　　　　　　　　　　　各种酒的最佳饮用温度

西餐酒分类	餐前酒	餐中酒			餐后酒
	香槟酒	白葡萄酒	红葡萄酒	玫瑰红葡萄酒	白兰地
最佳饮用温度	6～8℃	8～10℃	12～18℃	9～12℃	18～20℃

品酒前，不宜吃辛辣刺激性食物，还应保证口腔清洁湿润，尽量不要刷牙，否则葡萄酒的味道有可能被牙膏的味道掩盖。为了不影响嗅觉，最好避免使用太浓的香水。一般品酒的时候，服务生会把酒斟至杯身最宽的部分。这是因为表面积越大，越能充分享受葡萄酒的香醇。

品酒一般包括三个方面，即观色、闻香、品味。首先，观看酒的颜色。对着灯光或以白桌布为背景，观察酒的颜色（如图3-3-25所示）。酒浆沿着杯壁缓缓淌下，品质越好的酒淌得越慢，这被称为"挂杯"。同时，酒液应澄清透明，不应有明显的悬浮物。其次，在没有摇动酒杯的情况下闻一闻酒香（如图3-3-26所示），感知酒的原始气味，这是葡萄酒的"第一气味"。品评了酒的颜色、纯净度与"第一气味"后，可以拿着酒杯向内缓缓回旋摇动（如图3-3-27所示），也可以用食指与中指夹住杯脚，整个手掌平贴在杯底上，将杯底压在桌面上静静地旋转杯子（如图3-3-28所示）。这样可以使酒与空气相接触，从而使葡萄酒的味道愈加醇厚，接着拿起酒杯放在鼻部深闻酒的气味，这是葡萄酒的"第二气味"。最后，品尝酒的味道。先喝一点，在舌尖部分多停留几秒，或者含在嘴里，使酒香遍布整个口腔后再慢慢咽下去，品出酒的余味（如图3-3-29所示）。

图3-3-25　观色

图3-3-26　闻香

图3-3-27　摇杯1

图3-3-28　摇杯2

图3-3-29　品味

7.咖啡的饮用礼仪

中国古代有神农尝百草，日遇七十二毒，得茶而解之的传说，从而使茶成为中国人日常生活中不可缺少的一部分。那么，西方的咖啡又是怎样被发现的呢？关于咖啡的起源，有许多不同的传说。其中，最普遍且为大众津津乐道的是牧羊人的传说。传说有一位牧羊人在放羊的时候，偶尔发现他的羊蹦蹦跳跳，异常兴奋。仔细一看，原来他的羊吃了一种红色的果子，所以才会举止滑稽怪异。牧羊人试着采了一些这种红果子回去熬煮，没想到满室芳香，熬成的汁液喝下以后令人精神振奋，神清气爽。从此，这种果实就成为一种提神醒脑的饮料，且颇受好评。

（1）品鉴咖啡

"咖啡"一词源自希腊语"Kaweh"，意思是力量与热情，所以咖啡如人生，苦涩之后是更为醇厚的甘甜。因此，品鉴咖啡需要眼到、鼻到与舌到。首先，要观看咖啡的色泽，咖啡最好呈现深棕色，而不是一片漆黑。其次，一杯浓香扑鼻的咖啡端到你的面前，先用手罩住咖啡杯或试饮杯，深吸一口气，让香味自然扑进鼻腔中，这将直接影响品尝咖啡的感受。将咖啡喝得越干净越好，这样才能闻到杯底的咖啡香，而且每次都会有不一样的惊喜，有时是果香，有时是花香，还有可能是混合香味，不一而足。最后要注意，刚煮好的咖啡（95～98℃）倒进咖啡杯后，温度会下降到85℃左右，如果加糖及奶精后，温度会迅速下降到60～70℃，此时用手接触杯子虽然感到很热，但已经没有咖啡刚倒进杯子时那种烫手的感觉了，这时喝咖啡口感最好，我们的舌头可以充分感知黏稠的汁液、馥郁的芬芳气息。

（2）咖啡礼仪

西餐待客强调使用现磨现煮的咖啡，特别讲究咖啡豆的选取。饮用咖啡时可加方糖、牛奶，甚至可以用白兰地来调配。据说，拿破仑远征俄国时，在寒冷的冬夜中发

图 3-3-30　白兰地燃烧时的火焰

明了皇家咖啡。在这种咖啡中，白兰地的用法非常奇特。先在一个耐热的小碗中放入一块方糖，倒入白兰地，等待几分钟，让方糖的孔隙中浸满白兰地；当白兰地基本被方糖吸尽后，把方糖点燃，上好的白兰地燃烧时的火焰是蓝白相间的（如图3-3-30所示），在比较暗的光线下基本看不到火焰；燃烧1分钟左右，白色的方糖就会融化为棕色的糖稀；当火焰熄灭后，趁热把有酒味的糖稀调入咖啡，同时在咖啡表面装饰一点奶油，一杯皇家咖啡就做好了。

用餐即将结束，服务生可以送上咖啡，这时应将咖啡杯的杯把朝向客人左手，咖啡匙置于托盘上靠近客人的内侧，匙柄朝向客人右手，便于客人使用。在餐后饮用的咖啡一般用袖珍型的杯子盛出。这种杯子的杯耳较小，手指无法穿过去。即使用较大的杯子，也不要将手指穿过杯耳再端杯子。咖啡杯的正确拿法是用拇指和食指捏住杯把儿，再将杯子端起（如图3-3-31所示）。如果坐着喝咖啡，将杯子拿起饮用即可。如果站立喝咖啡，一定要将咖啡碟一同拿起，左手拿碟，右手拿杯（如图3-3-32所示）。给咖啡加糖时，砂糖可用咖啡匙舀取，直接加入杯内；也可先用方糖夹夹取方糖，将方糖放在咖啡碟的近身一侧，再用咖啡匙把方糖放到杯子里。不能用手来放方糖，这样既不文雅，也可能会使咖啡溅出弄脏衣服或台布。咖啡匙是用来搅拌咖啡的，搅拌均匀后将咖啡匙放在咖啡碟中。需要注意的是，不要用咖啡匙舀咖啡喝，也不可以端起杯子用嘴吹凉咖啡。如果咖啡太烫，可以用咖啡匙轻轻搅拌，或者等咖啡的温度降下来再喝。

图3-3-31 咖啡杯的拿法

图3-3-32 庭院内喝咖啡

喝咖啡时通常会搭配一些精致的小点心，我们可以一边享受咖啡的香醇，一边品尝小点心的细腻口感。需要注意的是，不要一只手端着咖啡杯，另一只手拿着点心，饮咖啡时应当放下点心，吃点心时则应放下咖啡杯。正如聊天时也应放下手中的咖啡杯一样，边聊边喝既不尊重对方，也无法真正体会咖啡的美味。

课后提升

知识掌握

◎核心概念：中餐桌次排列依据；中餐座次排列依据；筷子的用法；中餐上菜程序；中餐用酒常识；祝酒；斟酒方法；敬酒顺序；西餐桌次排列依据；西餐座次排列依据；两餐餐巾使用规范；刀、叉提示语；酒杯的常识；佐餐酒；西餐斟酒规范；品酒的艺术；咖啡的品鉴；自助餐

◎核心观点：

1.点菜前，要清楚客户是否有特殊饮食要求，尽量做到菜肴荤素搭配合理，菜肴口味有所区别，菜肴品种尽量丰富，菜肴色泽促人食欲。

2.中餐宴请中桌次的确定依据有四个：一是离门最远为主桌；二是只有两桌时，面门右手边为主桌；三是居于中间为主桌；四是临近讲台为主桌。

3.中餐宴请中座次的确定依据有以下几点：一是右高左低；二是中座为尊；三是面门为上；四是观景为佳；五是临墙为好。

4.见箸知史，筷子不但是中式餐桌上必备的餐具，而且是象征中华文明的一种独特符号。

5.俗话说："无酒不成宴。"如果说茶是中式宴席的点缀，酒就是整个餐桌上的指挥棒，整个宴席的起承转合全都是用酒来指挥的。

6.在古代，主人向客人敬酒叫酬，客人以酒回敬主人叫酢，客人间相互敬酒叫旅酬。正式宴席中，敬酒时不能灌酒、行酒令，应该助酒而不能劝酒。

8.敬酒时可以象征性地与对方碰下酒杯，碰杯时应该使自己的酒杯略低于对方的酒杯，以示自己对对方的尊敬。碰杯时应尽量用杯身相碰，不触及杯口。

9.到达西餐厅后，体面合适的做法是到接待区告知服务生预约人的名字，由服务

生带领进入餐厅。如果临时来到西餐厅用餐，且暂时没有空位，则需要在入口处等待服务生带位，这是对餐厅、对自己的尊重。

10.西餐礼仪讲究女士优先，一般都是女士落座后男士再落座。服务生一般会按先女后男、先宾后主的顺序为客人拉椅让座。

11.西餐宴请桌次的确定遵循以远为上、以右为上、居中为上、临台为上的原则。

12.西餐宴请座次的确定遵循女士为尊、主宾为尊、以右为尊、以近为尊、交叉落座的原则。

13.日常宴请活动中，西餐餐具严格按照出菜顺序排列，所以虽然餐具较多，但使用原则很简单：从外侧向内侧取用。

14.拿葡萄酒杯时，有两种常用持杯姿势：一是用拇指、食指和中指夹住高脚杯杯柱。二是用手拿着杯子的底座部分，用拇指和食指夹住杯座，拇指压在上面，食指垫在下面，其余手指以握拳形式支撑在食指下面。

15.吃西餐时饮酒忌讳举杯一饮而尽，文雅的饮酒方式是懂得品评酒的色、香、味。

知识应用

1.请您设计中式与西式宴会邀请函，要求：格式规范，文字美观，语言精练，信息准确，措辞谦恭，设计大方。

2.请您撰写一段关于葡萄酒功效与储存要求的介绍，并解释干红与干白的含义。

3.请指出图3-3-33中不同的酒杯用来盛装何种酒品。

图3-3-33 不同酒杯展示

知识提升

举办大型国际活动的欢迎宴会，各方入席前，还有一个程序是"迎宾"，领导人一般会在专门的大厅内迎客，和到访贵宾握手、寒暄。有时候可能会合影，然后入席。

接待多国领导人的大型欢迎宴会，与平时一个国家领导人来访时一对一的国宴不同，排座位、菜品等都很有讲究。主办方必须制定一个符合各方需求的安排，同时注意不要让任何关系不好的客人相邻。例如，2008年北京奥运会的宴请，9张桌子上都没有写数字桌号，而是为每张桌冠以一个花名，这样就回避了数字显得有高低的问题。每桌的主人由一位政治局常委担任，遵循了礼宾上对等和平衡的原则。

国宴菜肴应突出中国特色，基本上以各方都可以接受的中餐为主。在国际会议上，为照顾各方宾客，一般不会使用猪肉。在餐具上，国宴常为嘉宾们准备银质刀、叉和筷子。为了节约时间，祝酒词均提前翻译好，将纸质文本放在与会领导人的座位上，当国家领导人致祝酒词结束后，就开始演奏乐曲。在国宴上，演奏乐曲也是一个中国特色。若在北京举行国宴，一般会请中国人民解放军军乐团演奏中国和来访国家的民歌。在一对一的国事访问中，一般要演奏十二三首席间乐。这可以说是一个中国特色，充满了热情洋溢的友好气氛。

资料来源 储信艳. 如何招呼各国政要"大聚餐"？［EB/OL］.［2014-05-20］. http://world. people.com.cn/n/2014/0520/c1002-25040360.html.

思考：请结合案例总结国宴的宴请程序。

项目四
客户通联礼仪

课前自学

自学点一　电子邮件礼仪包括哪些？

　　据统计，如今互联网每天传送的电子邮件（简称电邮）已达数百亿封，但这数百亿封电邮中有一半是垃圾电邮或无效电邮。而电邮礼仪的一个重要方面就是节省他人时间，只把有价值的信息提供给需要的人。

　　电邮礼仪不仅体现了一个人的专业能力、沟通能力，而且显示了一个人为人处世的态度。一封措辞规范、内容清晰的电邮，是促进双方交流的有效途径。因此，职场人士必须熟练掌握书写电邮的各种技巧与礼仪。

1.电邮主题

　　主题是收件人了解电邮的第一信息，提纲挈领、表意明确的主题词可以让收件人迅速了解电邮内容并判断其重要性。电邮主题的撰写有以下要求：第一，主题不能空白，空白主题是最失礼的表现，不利于收件人判断电邮内容。第二，主题要简短，要让收件人在收件箱页面里完整地看完主题，并能真正反映电邮的内容和重要性，切忌使用含义不清的主题。第三，一封电邮尽可能只针对一个主题，不要在一封电邮内谈及多件事情，否则不便于日后整理。第四，可适当使用大写字母或特殊字符（如"*""!"等）来突出主题，从而引起收件人的注意，但使用时应适度，不要随便使用"紧急"之类的字眼。第五，回复电邮时，可以根据回复内容的需要更改主题，不要使用一大串"Re"。需要注意的是，应避免发带有情绪的电邮，如解雇或者训斥别人，或者终止合同，这些情况最好当面解决。千万不要在发火的时候发送电邮，花些时间冷静下来，在电邮发出之时再读一遍，可以避免出现让你后悔的内容。

2.电邮称呼与问候语

（1）恰当称呼

　　电邮的开头要称呼收件人，这样既显得礼貌，也可以明确提醒收件人，此电邮是面向他的，要求其给出必要的回应；在多个收件人的情况下可以称呼"大家"。如果对方有职务，则应按职务尊称对方，如"××经理"；如果不清楚职务，通常应称呼"××先生""××小姐"，但要确定性别。

（2）问候语

　　英文电邮最简单的开头问候语是"Hi"，中文电邮是"您好"。

3.电邮正文

（1）简明扼要，行文通顺

　　正文应简明扼要地说清楚事情，如果具体内容确实很多，则正文应只进行简要介绍，然后单独写个文件作为附件进行详细描述。如果事情复杂，最好多列几个段落进行清晰明确的说明，每个段落都应简短不冗长。正文行文应通顺，要多用简单词语和短句，准确清晰地表达，不要出现让人晦涩难懂的语句。请在一次电邮中把相关信息全部说清楚，避免反复发"补充"或者"更正"之类的电邮。

（2）用语妥当，格式规范

应根据收件人与自己的熟悉程度、等级关系以及电邮是对内还是对外性质的不同，选择恰当的语气进行表述，以免引起对方不快。要想用电邮表达对人的尊重，"请""谢谢"之类的词语应经常出现。另外，电邮可能会被转给他人，因此对别人的评论必须谨慎客观。中文电邮一般用宋体或楷体，英文电邮常用 Verdana 或 Arial 字体，字号用小四号或五号即可。这是经研究证明最适合在线阅读的字体和字号。避免使用稀奇古怪的字体，商务电邮最好不用背景信纸。在电邮发送之前，务必仔细阅读一遍，检查用语是否妥当，拼写是否有误。

（3）合理提示，符号正式

如果有重要信息，请合理提示，避免全篇均用大写字母、粗体斜体、带颜色字体、加大字号等手段对信息进行提示。合理的提示是必要的，但过多的提示会让人抓不住重点，进而影响阅读。工作电邮为了体现专业感，应避免使用网络笑脸符号。很多带有技术介绍或讨论性质的电邮，单纯以文字形式很难描述清楚，可配合图表加以阐述。

知识广角镜
3-4-1

电邮发送
小常识

4.电邮附件

关于电邮附件，有以下几点需要注意：第一，如果电邮带有附件，应在正文中提示收件人查看附件；第二，附件文件应使用有意义的名字命名；第三，正文中应对附件内容进行简要说明，特别是带有多个附件时；第四，附件数目不宜过多，数目较多时应打包压缩成一个文件；第五，如果附件是特殊格式文件，应在正文中说明打开方式，以免影响使用；第六，如果附件过大，应分割成几个小文件分别发送，或者以云附件、超大附件等形式进行发送。

5.电邮祝福语与署名

（1）祝福语

英文电邮结尾常见的祝福语是"Best Regards"，中文电邮结尾写"祝您顺利"之类的祝福语就可以了。俗话说，"礼多人不怪"，礼貌一些，即便电邮中有些地方不妥，对方也能平静看待。

（2）署名

每封电邮的结尾都应署名，这样对方可以清楚地知道发件人信息。虽然可能从发件人中认出，但不要为对方设计这样的工作。署名信息不宜过多，一般不应超过4行，只需将一些必要信息放在上面即可，如姓名、职务、公司、电话、传真、地址等。署名文字应与正文文字匹配，以免出现乱码。

6.回复技巧

（1）及时回复

收到他人的重要电邮后，及时回复对方是必不可少的，理想的回复时间是在2小时内。为了节省时间，对于那些优先级的电邮，可集中在一段时间处理，但一般不要超过 24 小时。如果事情复杂，无法马上准确回复，则应及时回复："邮件收悉，我们正在处理，一有结果会立刻回复。"一定要及时做出响应，哪怕只是确认收到了对方的电邮。出差或休假时应该设定自动回复功能，以免影响工作。

（2）针对性回复

回件答复问题的时候，最好把相关问题抄到回件中，然后附上答案。回复不要太简单，应该对难理解的问题进行必要的阐述，让对方一次性理解，避免反复交流。

（3）回复字数适当

如果对方发来的电邮是一大段文字，你却只回复"是的""对""谢谢""已知道"等字眼，这是非常不礼貌的。回复的字数不能太少，起码应该全面表达你的意思，但也应避免长篇大论。

（4）其他注意事项

小心使用"回复全部"功能，如果你收到的电邮是发给多个人的，这时你只需要回复需要回复的那个人。此外，不要就同一问题多次回复讨论。如果收发双方就同一问题的交流回复超过三次，这只能说明交流不畅，说不清楚，此时应采用电话沟通等其他方式进行交流。为避免收到无用的回复，造成时间的浪费，可在文中指定部分收件人给出回复，或在文末注明"仅供参考"等。

7.转发邮件

在转发邮件之前，首先应确保收件人需要此邮件。在接到别人的邮件后，未经发件人同意，不可随便将此邮件转发给其他人，这与不可随便将别人寄给你的信公之于众是一个道理。除此之外，转发敏感或者机密信息应小心谨慎，不要把内部信息转发给外部人员或者未经授权的人。如果有需要，还可以对转发邮件的内容进行修改和整理，以突出关键信息。不要将回复了几十次的邮件转发给他人，否则会使人摸不着头脑。

8.邮件提醒与整理

重要或紧急的邮件在发送之后，可以用手机短信提醒对方查收。短信内容应简明扼要、阐明重点、措辞礼貌。电子邮箱应定期查看并清理，收到重要邮件应及时拷贝保存，垃圾邮件应及时清除。如果收到的邮件没有主题，同时发件人也很可疑（或者主题和发件人看上去都很可疑），那么最好不要打开这封邮件，应将它"彻底删除"，也可以先使用防毒软件扫描之后再打开，以确保计算机安全。

自学点二　拜访客户礼仪有哪些？

服务人员在日常工作中需要广泛开展业务联系，除了商务接待以外，也免不了要经常进行商务拜访。商务拜访是服务人员洽谈业务、沟通感情的重要方式之一。拜访工作要想取得好的效果，应当注意以下几点：

1.拜访预约

事先预约既可以使拜访对象有所准备，不会措手不及，也可以提高拜访的成功率，避免空跑或久等。如果因事情紧急或无法预约而做了"不速之客"，应在相见时详细说出事情的原委，并表示歉意。

我们可以使用电话、短信、电子邮件或其他方式进行预约。使用电话进行预约时应自报家门。由于是我们提出拜访愿望的，因此拜访时间应该由对方来定，在说出"不好意思，不知能否请您抽出一些时间"后，再加上"您什么时间比较方便"的询问。公务性拜访的预约时间最好错过周一上午、周五下午和每天上下班前后1小时。约定拜访时间后，不能随意更改。如果有特殊原因需要推迟或取消拜访，应尽快打电话通知对方并说明原因。

2.拜访前的准备

依据拜访目标，打理职业形象，准备相应的资料，选择合适的礼品，熟悉交通路径。

（1）形象准备

出门拜访之前，应根据访问的对象、目的等，对自己的衣物、容貌进行适当的修饰，以形象反映出你对被拜访者的尊重。如果拜访地点设在对方的办公区域，应着正装或本单位制服，这样既代表了单位的形象，又传递出了"我很重视这次拜访"的友好信息，从而使对方愿意与你合作。入室之前，最好找到一面大镜子仔细检查自己的形象是否适合拜访，头发、指甲等是否整洁、卫生，纽扣、拉链是否处置妥当。检查完服装后，不要忘记检查自己的表情。如果感到有些紧张，对着镜子里的自己扮个笑脸不失为一个好办法。此外，雨雪天气时，进门前应在踏垫上擦净鞋底。

（2）资料准备

进行工作拜访时，要尽量带齐资料。人们在做决定时，往往以收集到的信息及信息的出处作为判断依据。例如，销售员在向客户介绍商品时，如果能够把自己的产品和竞争对手的同类产品的说明书作为"眼见为实"的信息摆在客户面前，则能够大大提高说话的可信度。另外，备齐资料，随时翻阅，还可以缓解谈话中断时的尴尬。可准备的资料主要包括：第一，公司宣传品目录、宣传杂志；第二，产品价目表、产品说明书、其他公司同类产品说明书及数据对比资料；第三，单位介绍信、本人证件、客户名录及客户意见记录本、照片集；第四，样品、赠品、小礼品；第五，订货单。

3.拜访举止与交谈

（1）拜访的举止与要求

拜访时，拜访者应当按照约定时间准时到达会面地点，原则上应提前5分钟到达。如果由于特殊情况不能准时到达，应当至少提前15分钟告知对方不能准时的原因，并对到达时间做出预测。实在无法提前通知而迟到时，应当诚心诚意地道歉，并询问自己的过失是否会影响对方的计划，以及如何进行补救等。不要急于摆出一大堆理由为自己辩解，这样很容易引起对方的反感。预约好的拜访也不可到达太早，否则很可能会干扰对方的安排，这同样也是失礼的。拜访外国人时，切勿未经约定便前来，同时应尽量避免前往外国人的私人居所进行拜访。

拜访过程要有礼貌，如进出大门时，如果服务员或接待员向你问候，你也应当有所回应。遵守对方的各项制度，如不在禁烟处吸烟等。如果约见地点设有前台接待，那么到达后应该主动告诉接待员你的名字、拜访对象的名字和约见的时间，并递上你的名片，以便接待员通知对方。

如果拜访对象因故不能马上接待，则可以在接待员的安排下，在会客厅、会议室或前台安静等候。不要通过谈话来消磨时间，这样会打扰别人工作。如果接待员没有说"请随便参观"之类的话，就不要随便东张西望，也不要伸着脖子好奇地向各个房间"窥探"。

进入会客室之前要先敲门或按门铃。敲门以三下为宜，声音有节奏但不要过重。敲过三下之后，静待回音。等待大约10秒钟之后如无应声，可稍加力度再敲三下，如有应声，则侧身立于右门框一侧，待门开时再向左前方迈半步，与主人相对。即使对方办公室的门虚掩着或开着，只要对方没有看见你站在门口，就应当先敲门，得到主人的允许后才能进入。敲门的意思是询问主人"我可以进来吗"，也可以表示敲门者正在礼貌地通知对方"我要进来了"。如果对方的门外安装了门铃，则应该礼貌地按门铃。先轻轻地按一下，隔一会儿再按一下。千万别性急，乱按一气会让室内的人产生烦躁的感觉。

（2）交谈内容及时间

进入办公室后，如果与被拜访者是第一次见面，应主动递上名片，或进行自我介绍，对熟人可握手问候。谈话时要开门见山，不能浪费他人时间。注意称呼、遣词用字、语速、语气和语调。在会谈过程中不打电话或接电话。注意观察被拜访者的举止表情，当被拜访者有不耐烦或有为难的表情时，应转移话题或口气。同时，不管讨论的事情多严肃，双方分歧多么大，交谈时都要保持微笑。

4.礼貌告辞

工作拜访一般都是业务性拜访，应当掌握时机，适时告辞，不要因为自己停留的时间过长而打乱对方既定的其他日程，从而影响对方的工作。拜访者还应注意谈话的内容、情绪和环境的变化。如果主人谈话兴致正浓，则交谈时间可以适当延长，反之则要短一些。交谈时如果对方频频看表，则表示对方想终止这次会谈，应当主动起身告辞，这样能够给对方留下良好的印象。

有些重要的拜访，往往需要宾主双方提前议定拜访的时间和长度。在这种情况下，务必要严守约定，不可单方面延长拜访时间。适时提出告辞，同时向主人道谢，并请主人留步，不必远送。在拜访期间，若遇到其他重要的客人来访，也应知趣地告退。如果需要再次拜访，可以在结束此次拜访时，约定下次拜访的内容和时间。拜访结束后，对于拜访过程中发现的问题，应当尽早向领导汇报，以便及时解决；同时，对于对方的热情接待，应在适当的时间以适当的方式向对方表示感谢。

自学点三　乘坐轿车位次礼仪有哪些？

根据座位数的不同，轿车可分为双排五座小轿车、三排七座商务车等。无论是乘坐小轿车还是乘坐商务车，都应当特别注意座次的安排。请同学们观看"知礼·习礼系列礼仪微课3-4-1"，掌握基本的乘车位次礼仪规范。

育德润心小课堂3-4-1

2016年4月12日，《国家旅游局　交通运输部关于进一步规范导游专座等有关事宜的通知》（以下简称《通知》）发布。《通知》中明确规定，自2016年8月1日起，新进入道路运输市场的营运客车不得在车厢内任何位置设置折叠座椅，在用营运客车的折叠座椅不得使用。《通知》指出，"导游专座"是指旅游客运车辆在提供旅游服务时，为导游人员设置的专用座位。"导游专座"应设置在旅游客运车辆前乘客门侧第一排乘客座椅靠通道侧位置；旅游客运企业在旅游服务过程中，应配备印有"导游专座"字样的座套；旅行社制订团队旅游计划时，应根据车辆座位数和团队人数，统筹考虑，游客与导游总人数不得超过车辆核定乘员数。《通知》强调，各级交通运输部门在开展客车等级评定时，不再对客车折叠座椅进行核定。

　　资料来源　伍策，明德. 旅游大巴将限期撤销折叠座椅　未整改者不得租用 [EB/OL].
[2016-04-13]. http://news.cntgol.com/dyzd/2016/0413/56654.shtml.

　　德育基因：生命至上　安全执业　职业归属

　　心有所悟：《国家旅游局　交通运输部关于进一步规范导游专座等有关事宜的通知》是我国首个对"导游专座"进行规范的全国性规定，象征着导游安全专座时代到来。设置"导游专座"，是保障导游安全执业、体面执业的具体措施，有利于进一步提升广大导游的职业认同感、荣誉感，有利于激发导游人员爱岗敬业、服务游客的热情。

◉◉ 课中研学

研学点一　固定电话与手机联络礼仪

动感小课堂3-4-1　　　　　　　　头脑风暴
请同学们列举与客户通信联络的各种方法。

　　在信息技术突飞猛进、交通工具日新月异的时代，我们与客户的通信联络方式越来越丰富。无论是有声的语言交际，还是无声的文字沟通，都是双方思想的交流和感情的表达，都会直接影响客我关系的建立与发展。因此，我们必须重视与客户通信联络的方法与礼仪要点，以求交际的成功。

一、电话礼仪

　　打电话是一种间接的、空间的、不见其形只闻其声的有声语言交际。正因为遥距两方，隔影隔形，所以在电话机旁手执听筒的双方表达的内容是否清晰、方法是否得当、用词是否准确、语气是否温和，不仅反映了打电话者语言表达水平的高低，而且会直接影响到人际关系状况。手执电话听筒的双方可以凭借电流传过来的声音、词语、语气，判断对方的神态、感情和心理活动，分析对方的性格、气质和教养，评估对方的交际水平，由此决定是否与对方继续通话，是认真对待还是勉强应付。

1.接打电话的仪态要点

（1）上身挺直，双脚平放

　　接打电话时，上身要挺直，这样有利于保持视野开阔、呼吸顺畅；双脚平放在地上，不可跷二郎腿，不可身体歪斜，否则会影响发声。懒散的姿势会让你的声音听上去也很"懒散"。如果你在打电话的时候，弯腰驼背趴在桌子上，对方听到的声音就是有气无力、无精打采的。只有姿势端正，身体挺直，发出的声音才会亲切悦耳，充满活力。

（2）左手持听筒，右手记录

图 3-4-1　接打电话仪态

接打电话时，左手持电话听筒，必要时右手可持笔记录谈话内容的要点（如图 3-4-1 所示）。如果平时习惯用左手写字，就用右手持电话听筒。避免用肩膀与头部夹住听筒说话，这样做对自身的颈椎健康不利，也容易出现听筒突然掉落产生噪声的情况。

（3）口腔洁净，声音有礼

接打电话时，应避免进食，否则说话会含糊不清，这样是对他人的不敬。通话时，由于对方无法看到我们的表情，因此语音语调比平时更为重要。口与话筒间应保持适当的距离，适度控制音量，以免听不清楚而产生误会。只有用清晰、规范、礼貌的语言，适中的音量和语速，平稳、柔和、愉快的音调接打电话，对方才能感受到你拥有良好的职业素养和热情的态度。电话敬语举例见表 3-4-1。

表 3-4-1　　　　　　　　　　　　电话敬语举例

电话敬语	接线方	拨打方
通话开始	1．"您好/上午好/下午好，××公司，有什么可以帮助您？" 2．"您好/上午好/下午好，××公司××部门，××（姓名）为您服务，有什么可以帮助您？"	1．"您好/上午好/下午好，我是××公司××（姓名）。有件事情想请教您。" 2．"您好/上午好/下午好，我是××公司××（姓名）。请问××（姓名）在吗？"
通话过程	1．"好的，您请说。" 2．"好的，请您稍等，我马上……" 3．"不好意思，让您久等了。" 4．"很抱歉，他现在不在，估计××（时间）能回来。您是再打电话，还是留言呢？" 5．（对方留言后）"我再确认一下，您的电话号码（或其他要点）是……对吗？" 6．"好的，一定为您转达。"	1．"我需要……（说明事由）" 2．"麻烦您帮我转接……" 3．"好的，谢谢。" 4．"麻烦您留言给他，请他……（说明事情）" 5．"是的，正确的。辛苦了。"
通话结束	1．"请问，还有什么需要我为您做的吗？" 2．"您交代的事情，我们会办妥的。请放心，祝您一切顺利。" 3．"感谢您的来电，再见。"	1．"打搅您了，谢谢您的支持。" 2．"期待进展顺利，保持联系，下次再聊，再见。" 3．"非常高兴能够与您通电话！谢谢您！再见！"

（4）正式着装，强化职业心态

服装也会影响通话声音的状态，如果穿着休闲、居家服装，人会自然放松，声音也会变得慵懒、"非职业化"；穿着简洁、整齐、庄重的职业服装，人会保持工作的精神状态，声音也会更加精神、"职业化"。

2.接听电话的礼仪

（1）接电话要迅速，问候要及时

接电话要迅速，铃响三声内接听，先问好，如果接电话稍迟，则应该致歉，说声"让您久等了"。如果对方没有主动报姓名，则可以先说出自己的单位，然后礼貌地询问对方的姓名。接听外线电话要报公司名称，接听转来的电话应报部门名称与自己的姓名。即便电话离自己很远，听到电话铃声后，如果附近没有其他人，也应该用最快的速度拿起听筒，这样的习惯是每个服务人员都应该养成的。交谈时，如果有电话需要接听，应先向客人表示歉意，再接电话，以体现对客人的礼貌；通话时应尽量节约时间或另约时间通话。

（2）通话多倾听，来人需致意

接电话时，确认对方身份、了解来电事由后，应及时处理自己能做到的事情。如果自己无法处理，也应认真记录下来，然后转交他人办理。通话中应避免厌烦神情与语调，对方提出的问题应耐心倾听，对方表达意见时，应让其能够畅所欲言。如果实在有必要打断，应说"对不起，打断一下"。通话时，可以通过提问的方式来探究对方的需求与问题。注重倾听与理解、抱有同理心、建立亲和力是有效电话沟通的关键。接到责难或批评性的电话时，应委婉解说，并向其表示歉意或谢意，不可与对方争辩。

如果遇到需要查询数据或另行联系的事情，应先估计可能耗用的时间。若需要耗用较长时间，最好不要让对方等候，应采用另行回话的方式，并尽早回话。通话时，如果有他人过来，可以点头致意，若需要与来人讲话，应对电话交流方说"请您稍等"，得到对方许可后捂住话筒，与来者小声交流。

（3）通话要灵活，结束表谦恭

通话时，对于自己不了解的人或事不能轻易表态；对于上司不方便接听的电话，应设法圆场，不让双方难堪。结束通话后，应轻放电话，并应在对方挂断后再放下话筒。如果有留言或转告事项，应立即执行，将来电所托事项填写在电话留言记录本或便条上，以口头形式传达，或以便条形式传递。可以把留言记录本放在桌上最显眼的地方，以免自己忘记转告当事人；如果使用的是便条，则应用胶带粘在最显眼的位置，以免遗失。如果对方要找的人刚好出差，而对方又有紧急的事情，那么在不泄密的前提下，可以把出差人的电话号码告诉对方，也可以直接和出差人联系，由出差人和对方联系。

电话应对基本要诀：听到铃声，快接电话；先要问好，再报名称；音调稍高，吐字清楚；听话认真，礼貌应答；礼告结束，后挂轻放。

3.拨打电话的礼仪

（1）通话时间的选择应得当

选择合适的时间打电话反映了一个人的素养与礼仪。在不合适的时间打电话，比较容易受到排斥。因此，选择打电话的时间时，应注意以下几个方面：第一，避开一天中禁止打电话的时间。不要在他人休息的时间内打电话，每天上午7点之前、晚上10点之后、午休与用餐时间都不宜打电话。第二，掌握一周内打电话的时间规律。大多数人在周一都很忙碌，尤其是上午半天，周五尤其是下午办事效率较低，周二到周四是打电话的最合适时机。第三，考虑对方所在地区的时差以及各国工作时间的差异，不要在休息日打电话，以免影响他人休息。如果有紧急事情，则无须考虑这些因素。

（2）拨打电话前的准备工作应充分

图 3-4-2　核对信息

在拨打电话之前，应做好以下准备工作：第一，资料准备。电话机旁备好记录簿、记录笔、电话号码簿等。第二，核对信息。准确核对对方的电话号码、联系地址与姓名（如图3-4-2所示）。第三，思路清晰。在拨号前一定要想清楚打电话的理由、交流的重点，如时间、地点、事实与结果等。如果担心交流逻辑不清晰，则可以在拨打电话之前用笔写出交流提纲、重要内容等。

（3）通话内容应言简意赅

接通电话后，对于相识的人，可以简单问候就直入主题；对于不相识的人，先讲明自己的身份、目的，再谈实质内容。如果需要谈论机密或敏感话题，则电话接通后要先问对方谈话是否方便。现代生活节奏加快，人们的时间观念加强，因此电话内容应尽量明确、具体、简练。电话礼仪有一个"3分钟原则"，就是通话时间尽量控制在3分钟之内，最长也不要超过5分钟。当实质性事务已经谈好后，若对方说话啰唆，则可以有礼貌地结束通话："非常抱歉，我这里有客人，下午我再打电话给您。"交谈中若有事情需要马上处理，应礼貌告知对方，以免误解，未讲清的事情应再约时间沟通并履行诺言。如果一次沟通没有完全表达出你的意思，最好约定下次通话的时间或者约定面谈的时间，以免占用电话的时间过长。

动感小课堂3-4-2　　　　　　电话沟通模拟

请同学们两人一组，设定不同主题（如产品咨询、电话报修、会议通知等）与不同场景（如拨打电话、接听电话、转接电话、电话留言等），进行电话沟通模拟练习，每组模拟时间控制在5分钟以内。

4.接打电话的其他细节

（1）心情喜悦

图 3-4-3　微笑应答电话

接打电话时，应保持良好的心情（如图3-4-3所示），这样即使对方看不到你，也会被你欢快的语调所感染，从而给对方留下极佳的印象。由于面部表情会影响声音，因此即使在通电话过程中，也要抱着"对方在看着我"的心态去应对。尽管对方看不见你在微笑，却可以"听见"你在微笑。许多接线员为了保持通话的微笑表情，会在面前放一面镜子以提醒自己。

（2）认真记录

电话记录应遵循"5W1H"原则。所谓"5W1H"原则，是指"When"（何时），"Who"（何人），"Where"（何地），"What"（何事），"Why"（为什么），"How"（如何进行）。在工作中，"5W1H"原则能够使转达的电话内容不遗漏、不出错。需要注意的是，留言内容应从留言者的角度来记录，完成记录后应当向留言者复述留言要点，请对方确认（如图3-4-4所示）。

知识广角镜
3-4-2

电话应对
小贴士

图 3-4-4　认真记录信息

二、手机礼仪

随着我国电信事业的发展，手机已经成为人们必须随身携带的、不可缺少的通信工具，手机为我们的工作和生活带来了极大的便利。但是，使用手机时一定要考虑周围的人，不能干扰他人。

1.手机通话礼仪

（1）铃声调整

由于手机随时随地都可能响铃，因此在公众集会场合以及重要公务场合，必须关闭手机或将手机调整为"静音"状态。在影剧院、博物馆、会议室内不要打手机，在音乐会、课堂上也不要打手机。会见重要客户之前，一定要"安置"好自己的手机，不要让谈话因为铃声而中断。

（2）放置地方

工作活动时，应当把手机放在公文包或手提包内，不要挂在脖子上或挂在腰带上。

（3）接听规则

与他人会面（用餐）时，如果实在有重要电话要接听，在铃声响起之后应当向会面（用餐）的人说声"对不起"，然后到洗手间或方便的地方接听，注意通话时间不要太长。当着别人的面旁若无人地打手机是不礼貌的行为。

（4）通话音量

在公众场合通话时，要尽量找人少的地方并控制自己的音量。要知道，除了和你通话的人以外，其他人并不想听你大声喧哗。

2.即时通信工具礼仪

在使用QQ、微信等即时通信工具时，一定要遵守礼仪，从而给沟通对象留下良好的印象。

（1）塑造符合自己职业身份的形象

利用即时通信工具进行商务沟通时，一定要注意在网络中塑造符合自己职业身份的形象。商务人士的用户名（或昵称）应具有正式感，最好使用真实姓名或固定网名，给客户一个"真实可信"的印象。不要随意变更用户名（或昵称）和头像；不要使用"臭虫""狗尾草""白骨精"等有碍职业形象塑造的用户名（或昵称），上传的头像也应给对方留下美好的印象。

（2）语言优美

使用文字"谈话"时要注意，在发送之前应检查一下，看看语法、用词是否正确，不要引起对方的误解。不要发强迫性的连锁消息，不要发违反法律法规及不道德的消息。在正式会谈中，应慎重使用表情图片，也不要使用让对方感觉不舒服的功能。遇到别人不愿意回答的问题，不要刨根问底。

（3）注意保密

涉及单位秘密（如秘密文件、机密文件、绝密文件等）或个人隐私（如身份证号码、银行卡密码等）的消息，严禁通过即时通信工具发送。应使用先进的杀毒软件，避免病毒入侵窃密。不要随意使用视频通信。

（4）礼貌沟通

沟通时应使用礼貌用语问候对方，不要使用"在吗""Hi"等不正式的语言。中途离开要提前通知对方，并告知大约多久能回来，不要让对方"苦苦等待"。上线时相互问候过的人，下线时也要礼貌道别，不要让对话"无疾而终"。

知识广角镜
3-4-3

微信礼仪

（5）保存聊天记录

保存聊天记录有利于商务人士事后查阅、妥善处理，可以为日后的工作留下档案和凭据。

研学点二　交通出行礼仪

服务人员在工作及参加各项活动的过程中，经常会遇到与同事或客户一起乘坐各种交通工具的情况，所以掌握交通出行礼仪非常有必要。

一、轿车乘坐礼仪

1.小轿车的座次安排

按照国际惯例，小轿车的座次安排分为两种情况（以双排五座小轿车为例）：一种是专职司机驾车；另一种是主人或领导（如总经理）亲自驾车。

动感小课堂3-4-3　　　　　　　　画图定座次

结合课前自学的乘车位次礼仪，请同学们根据驾车情况的不同安排合适的座次，用数字来表示座次的尊贵程度，"1"表示最重要的位置，依此类推，将数字填写在方框里（如图3-4-5所示）。

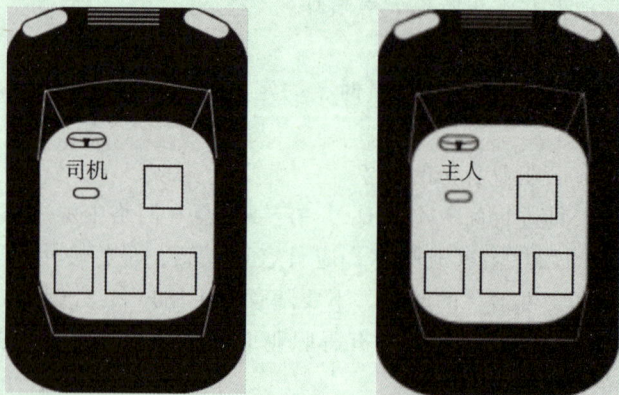

图3-4-5　两种驾车情况图

2.商务车的座次安排

商务车的座次安排与小轿车的座次安排原则上一致，也分为专职司机驾车与主人或领导（如总经理）亲自驾车两种情况。

（1）专职司机驾车（如乘坐出租车）时

按照礼仪规范，排位自高至低依次为：第三排右座、第三排左座、第三排中座、第二排右座、第二排左座、副驾驶。但在实际操作中，考虑到乘坐的安全系数、方便程度与舒适程度，一般会让领导坐在第二排。

（2）主人或领导（如总经理）亲自驾车时

按照礼仪规范，排位自高至低依次为：副驾驶、第三排右座、第三排左座、第三排中座、第二排右座、第二排左座。

3.乘车的礼仪要求

（1）上下车顺序

上下车顺序也有礼可循，基本要求是：倘若条件允许，应请尊长、上司、女士、来宾先上车、后下车，男性、晚辈、下级、主人后上车、先下车。具体而言，上下车的顺序可分为多种情况：第一，主人驾驶轿车时，如有可能，主人应后上车、先下车，以便照顾客人上下车。第二，乘坐由专职司机驾驶的轿车时，坐在前排者大都应后上车、先下车，以便照顾坐在后排者。第三，乘坐由专职司机驾驶的轿车并与其他人同坐在后一排时，应请尊长、女士、来宾从右侧车门先上车，自己再从车后绕到左侧车门后上车；下车时，自己先从左侧下车，再从车后绕过来帮助其他人开车门。第四，如果车中有折叠座位，坐在折叠座位上的人应当最后上车，最先下车。第五，乘坐多排座轿车时，通常以距离车门的远近为序上下车。上车时，距车门最远者先上，其他人随后由远及近依次而上；下车时，距车门最近者先下，其他人由近及远依次而下。

（2）辅助乘车

在迎送客人时，如果客人职位很高或年纪较大，则可以礼貌地辅助其上下轿车，具体动作是：一只手握住开门的把手将门打开，同时另一只手放在轿车顶部的下缘，这样的护顶动作可以保护客人，避免客人上下轿车时碰到头部。需要注意的是，如果客人对他人碰触自己头部比较反感，则不要采用这种方式，只要用右手为客人开关车门就可以了。

（3）上下车仪态

男士和女士上下轿车的动作略有区别。男士入座的时候要面向前方，保持上身挺直，先将一只脚迈进车内，随后向下侧移身体坐到座位上，等上身坐稳之后，再把另一只脚收进车内。不要低头弯腰撅着臀部"往车里钻"，这种姿势特别不雅。

女士穿裤装时的入座方法可与男士相同，但更为优雅的方式是：上车时不要先迈腿，而是先将身体背向车厢入座。坐定后，双手扶稳，保持双腿双脚并拢状态，然后将双腿双脚移至车内，继而调整体位至标准坐姿之后关上车门。下车时先打开车门，略调整体位，移近车门。保持双腿双脚并拢状态，然后将双脚同时移出车外在地面上踩稳，双手助力将整个身体移出，继而调整体位至标准站姿。女士穿裙装时，只能采取这样的方式出入轿车。

（4）乘车礼貌

乘坐轿车时，要礼让尊者，对司机有礼，并严于律己。不要带危险品乘车；不要抢占座位；不要将自己的物品放在别人的座位上；不要在车上脱鞋、更衣、吸烟、吐痰、乱扔杂物、吃气味强烈的食物、使用浓烈的香水等。上下车时，如果碰撞或踩了他人，要立刻道歉；别人将尊位让给自己或帮助开关车门时应当立刻道谢。如果需要挪动他人物品，务必首先征得他人的同意。

二、飞机乘坐礼仪

乘坐飞机时，在礼仪上应考虑以下几个方面：

1.候机

由于飞机场一般都设在城市的郊区，因此一定要提前出发前往机场，避免遇到塞车等特殊情况造成迟到。到达机场，办理登机牌、行李托运手续后，就可以等候安全检查。通过安全检查门时，应先将有效证件（如身份证、军官证、护照等）、登机牌等交给安检人员查验。放行后通过安全检查门时，应将手机、电脑、雨伞等物品放入指定位置，将手提行李放入传送带。通过安全检查后，注意将有效证件等收好，持登机牌进入候机室等待。

乘飞机外出时，最好穿一双轻便并且容易穿脱的鞋，这样不但自己在旅途中更舒适，也更加方便安全检查。出入境或过安检时要遵守秩序，在黄线外耐心排队等候。乘机时，不要携带易燃易爆的危险物品，小刀等物品应当事先放在托运的行李中，不要随身携带，否则这些物品可能无法通过安全检查。

通过安全检查后候机时，请保持安静，如果需要接听手机，应尽量低声通话。在广播宣布开始登机前，不要站在登机口，应该找位置坐下，避免走来走去。不要把自己的物品放在椅子上，尤其是人多的时候，不能让行李占据乘客休息的椅子。

2.登机

进入机舱后，应将登机牌交给航空乘务员过目，以便其指引你的座位方向，或让航空乘务员带领入座。把随身携带的手提箱等整齐地放入座位上方的行李舱中，要小心，不要让行李掉下来砸到下面坐着的乘客。通常，航空乘务员会在飞机起飞之前检查行李是否放好。入座后，要查看自己的手机是否关机或调整到飞行模式，以免干扰飞机的航空信号。飞机起飞和降落时，要拉开遮阳板，座椅靠背务必放直，收起小桌板，并将安全带扣紧。

3.乘机

（1）与乘客交往

入座时可以向旁边的乘客点头示意，如果对方没有想和你聊天的意思，就不要去打扰。对于很多工作繁忙的人来说，飞机上的时间是非常宝贵的休息放松、办公做事的时间。反之，如果受到了陌生人的干扰，你也可以礼貌地说："对不起，我想休息一下（或者我必须在飞机落地之前做完这些工作）。"但在用餐时如果可以与邻座的人进行5～10分钟的交谈，反而会显得你很有人情味。

如果你坐在三个人一排的座位上，不要占用两旁的座椅扶手，应该留一边给另一位乘客使用。看报时不要完全展开，翻页时不可大力大声，可以把报纸折成小方块儿来读，这样拿在手上也很方便。在飞机上应尽量保持安静，同时要看管好同行的小孩，避免小孩蹦跳嬉戏。

不要把座椅靠背放得过低。飞机上两排座椅之间的距离通常比较狭窄，如果座椅靠背放得很低，那么后面乘客的腿便很难伸开，也无法看报纸了。在旅途中，如果想把座椅靠背向后放下，应当先和后面的人打声招呼，看看后面的人是否方便。不要突然操作，以免碰到后面的人。进餐时，应将座椅靠背放直。白天飞行时，如果旁边的乘客在看电影或休息，则不要拉开遮阳板。夜间长途飞行时，注意关闭阅读灯，以免影响其他乘客休息。

育德润心小课堂3-4-2

《民航旅客不文明行为记录管理办法（试行）》自2016年2月1日起施行后有了第一批上榜者。2016年4月初，中国航空运输协会发布了首批民航旅客不文明行为记录，3名旅客被列入记录，记录期限分别为1年和2年。

《民航旅客不文明行为记录管理办法（试行）》指出，民航旅客有下列行为的，应被列入民航旅客不文明行为记录：堵塞、强占、冲击值机柜台、安检通道及登机口（通道）的；违反规定进入机坪、跑道和滑行道的；强行登（占）、拦截航空器的；对民航工作人员实施人身攻击或威胁实施此类攻击的；强行冲击驾驶舱、擅自打开应急舱门的；故意损坏机场、航空器内设施设备的；妨碍民航工作人员履行职责或者煽动旅客妨碍民航工作人员履行职责的；违反客舱安全规定，拒不执行机组人员指令的；在机场、航空器内打架斗殴、寻衅滋事的；编造、故意传播虚假恐怖信息的；其他扰乱航空运输秩序、已造成严重社会不良影响或依据相关法律、法规、民航规章应予以处罚的行为。

《民航旅客不文明行为记录管理办法（试行）》明确规定，中国航空运输协会每月从民航局获取不文明行为旅客信息，记录期限自信息核实之日起计算。中国航空运输协会对民航旅客不文明行为记录实施动态管理。旅客对列入不文明行为记录有异议的，可向中国航空运输协会提交异议申诉，中国航空运输协会自收到旅客异议申诉之日起15个工作日内向申请人做出答复。异议处理期间，民航旅客不文明行为记录的管理不受影响。

资料来源　佚名. 民航公布首批旅客黑名单 10种行为可能被拒载 [EB/OL]. [2016-04-11]. http://news.bandao.cn/news_html/201604/20160411/news_20160411_2623813.shtml.

德育基因：法治社会　诚信守法　道德意识　文明出行

心有所悟：《民航旅客不文明行为记录管理办法（试行）》自实施以来，得到了社会各界的认可。该办法的出台不但能规范市场秩序，维护航空运输安全，而且能起到很好的预防和震慑作用。

（2）与航空乘务员交往

飞机起飞前，航空乘务员会很忙，请尽量不要按服务灯。在飞机播放安全注意事项时，一定要保持安静，仔细聆听。即使你已经对安全注意事项非常熟悉，也不要和旁边的人说话。你旁边的人也许是第一次乘坐飞机，假如对方出于礼貌与你交谈，就会错过某些与生命安全密切相关的重要内容。要求航空乘务员为你服务时，语气和态度都要客气有礼。航空乘务员承担着保护乘客安全的重要职责，如果你对航空乘务员有意见，可以向航空公司或有关部门投诉，不要在飞机上大吵大闹，以免影响旅行安全。按照国际惯例，所有航空乘务员都不接受小费。

（3）其他注意事项

在乘坐飞机的过程中，应严格遵守飞机上的规定，不要吸烟，也不要吃带壳的食物。不要损坏、弄脏桌板、座套及飞行中的阅读物，更不能把它们当成"纪念品"带走。飞机机舱内通风不良，因此不要过量使用香水，也不要使用味道浓烈的化妆品，更不要把鞋子脱下来，把脚伸到前座的椅背或跨到前座的扶手上，一定要谨慎处理自己的气味。

如果你必须经常离开座位去洗手间或到处走动，应当在上飞机之前申请一个靠过道的座位，否则进进出出会给别人带来很多麻烦。如果事先没有得到靠过道的座位，上飞机后可以请航空乘务员帮助调换座位。

在头等舱点餐时，不要点过多的食品，能吃多少就点多少，遵循优雅的餐桌礼节。不能要求航空乘务员提供奇特的食品。尽管头等舱酒水免费，也不要多喝酒，因为酒精会使人的心率和呼吸频率加快，并消耗大量的氧气，高空中空气比较干燥，氧气较少，极易造成头痛等诸多不适。提前打开座位前的小桌板，以方便航空乘务员将菜盘放下。如果在饮食上有特殊要求，如吃素，或因个人疾病等原因必须吃特殊餐时，应当在预订座位时向航空公司事先说明。

在飞机上使用卫生间的规则与在其他交通工具上的使用规则相同。要注意按次序进入，并保持卫生间内的清洁。不要在供应饮食时离开座位，因为有餐车放在通道中，出入很不方便。如果晕机，应想办法分散注意力；若呕吐，则要吐在清洁袋内；如果有问题，可按服务灯，以寻求航空乘务员的帮助。

4.离机

下机前，应归还飞机书报架上的杂志；在飞机没有完全停稳之前不要急于站起来，这样很不安全，要等信号灯熄灭后再解开安全带。在国际航班上，经常会出现这样一种情况：当飞机起飞、飞行、降落都安全且平稳时，在降落后，全体乘客会集体鼓掌，以示对机组人员特别是机长的感谢。这样一来，全机宾主都非常愉快。

下飞机时不要拥挤，应当有秩序地依次走出机舱。这时，航空乘务员会站立在机舱门口送别乘客，他们会向每一位通过舱门的乘客热情地告别。此时，乘客应有礼貌地点头致意或问好。

三、火车乘坐礼仪

乘坐火车时，在礼仪上应考虑以下几个方面：

1.服饰准备

在旅途中，穿着舒适、耐脏、不容易出皱褶的衣服比较合适，如运动装和休闲装。如果一下火车就要会见客户或重要人物，则可以考虑在下车前换上职业服装。如果有不易出皱褶的职业服装，在上车前就可穿上。女士在旅途中最好穿长裤，尤其是乘坐卧铺出行时，但可以带上裙装备用。旅途中穿高跟鞋太辛苦，可以穿一双舒适的平跟鞋，下车之前再把高跟鞋换上。旅途中难免脱鞋，因此要注意袜子的整洁和卫生。

2.候车

提前半小时到达火车站，在指定的候车室排队等候进站上车。在火车候车大厅内，要注意行李的摆放，不能妨碍其他旅客通行。一个人只能占一个位置，不要躺在椅子上。在候车大厅内吃东西时，不要把垃圾随便扔在地上，最好自己带一个小塑料袋装垃圾。不要随地吐痰，也不要将水倒在地上。

3.检票

检票时应自觉排队，不要拥挤、插队。进入站台时，要站在安全线后面等候。要等火车停稳后，方可在指定车厢排队上车。上车时，不要拥挤、插队。

4.乘车

进入车厢以后，应当把大件行李放在行李架上或座位下面，不要横在过道上。往行李架上放行李时，如果需要踩踏座位，应当脱掉鞋或垫一张废报纸，不要把座位弄脏。

不要在车厢内吸烟，不要随地吐痰，不要乱扔果皮纸屑，不要长时间占用洗手池和卫生间，不可随意乱碰紧急断电按钮。在座位上休息时，不要东倒西歪，不要卧倒于座位上、茶几上或过道上。如果买的是中铺、上铺的车票，需要坐在下铺位时，应征得对方同意并致谢。上下床时要脱鞋，以免弄脏下铺床位。其他旅客休息时，不要大声喧哗，如果需要打电话或与别人攀谈，可以到走廊上或洗手池旁。

在餐车用餐时，如果人数过多，应耐心排队等候。用餐应节省时间，不要大吃大喝，猜拳行令。用餐完毕，应即刻离开。在旅途中，对火车上的服务人员要以礼相待，讲究礼仪、尊重他人，才会赢得他人的尊重。下车时，应自觉排队等候，不要拥挤。

四、客轮乘坐礼仪

乘坐客轮时，在礼仪上要考虑以下几个方面：

1.安全第一

安全第一对任何乘客来说都没有例外。乘坐客轮时，应有安全意识，遵守乘船规定，确保旅途平安。登船之前会进行安全检查，乘客应积极配合，不应加以非议或拒绝。上下客轮时要注意安全，按先后次序排队，不要为了争时间、抢速度，而做出有碍自己或他人安全的行为。有长者、女士、孩子一起上下船时，应请其走到前面，或者以手相扶，不要加塞、乱挤，以免造成拥堵。上下船时，切勿乱蹦乱跳，应小心翼翼，以免落水或影响到其他人。

在轮船上进行室外活动时，应处处以安全为重，切勿存在侥幸心理。不要去不宜去的地方，如轮机舱，一些没有扶手的甲板也最好避而远之。风浪大作或者夜深人静时，尽量不要一人在甲板上徘徊，以免被风浪卷入水中。未经允许，不论自己水性多么好，都不要擅自下水游泳。船行于深水区、鲨鱼出没处时，更不可自找麻烦。

2.举止文明

在一般情况下，乘船是要对号入座的。不要争抢、占据不属于自己的席位，也不要随便同不相识者调换座位号或铺号。客舱的空间较为狭小，因此要注意及时漱口、洗澡，以消除体味。与他人同住一个客舱时，不要随意吸烟，尤其与不吸烟者同住时，更不能自得其乐地吞云吐雾。吃剩的食物、废弃的物品、果皮、纸屑等，不可随手丢在甲板上或扔入水中，这是不道德的。如果因晕船而发生呕吐，千万不要直接吐在地上，应当去洗手间进行处理，或吐在呕吐袋内。万一不小心吐在地上，应及时打扫干净。在铺位上睡觉时，要注意睡姿、睡相，不要衣衫不整。除家人之外，不要注视、打量其他酣睡的人，对异性尤其不宜如此。

在船上观看电影、电视，收听广播，下棋或打扑克牌时，不要打扰别人休息或给别人带来不便。需要他人参与你组织的娱乐活动时，一定要征得他人同意，不要勉强；对要求参与活动的人或者旁观者，应表示欢迎。

长时间乘船往往会使人产生疲乏与不适，在这种情况下，有经验的乘客通常会进行一些适度的健身运动。从某种意义上说，这种健身运动其实也是一种特殊形式的休息。去健身房运动，或者去泳池游泳时，要爱惜公物、遵守公德、遵守秩序。在甲板上晒日光浴时，着装应保持在绝大多数人能接受的范围内，不要过分裸露身体，把客轮当成"天然浴场"。

课后提升

知识掌握

◎核心概念：电话敬语；接听电话礼仪；拨打电话礼仪；手机通话礼仪；短信礼仪；电子邮件礼仪；拜访客户礼仪；交通出行礼仪

◎核心观点：

1.打电话是一种间接的、空间的、不见其形只闻其声的有声语言交际。

2.只有用清晰、规范、礼貌的语言，适中的音量和语速，平稳、柔和、愉快的音调接打电话，对方才能感受到你拥有良好的职业素养和热情的态度。

3.注重倾听与理解、抱有同理心、建立亲和力是有效电话沟通的关键。

4."3分钟原则"是指通话时间应尽量控制在3分钟之内，最长也不要超过5分钟。

5.祝福短信应避免群发，有针对性地编辑才能体现诚意。

6.电邮礼仪不仅体现了一个人的专业能力、沟通能力，而且显示了一个人为人处世的态度。

7.拜访前的准备工作要充分，依据拜访目标，打理职业形象，准备相应的资料，选择合适的礼品，熟悉交通路径。

8.乘车座次的安排依据如下：以右为尊，安全第一，视情况定，尊重意愿。

9.上下车的顺序也有礼可循，基本要求是：倘若条件允许，应请尊长、上司、女士、来宾先上车、后下车，男性、晚辈、下级、主人后上车、先下车。

10.乘坐飞机途中，如果想把座椅靠背向后放下，应当先和后面的人打声招呼，看看后面的人是否方便。

知识应用

1.请你撰写一篇格式规范、语言礼貌、表达清晰的电邮。

2.假设有客户来电寻找的同事不在座位上，请判断以下工作电话的回应方式是否正确（见表3-4-2）。

表3-4-2 对客户来电的回应方式

情况	回应方式
1.同事正在招待客户	"他正在招待某客户，谈一个重要的项目，你待会儿打过来吧！"
2.同事短暂外出办事	"对不起，他出去了，大概下午2点能回来，回来后请他给你回电话，好吗？"
3.同事正在出差	"对不起，他出差了，大概后天能回来，我会转告他，可以吗？"
4.同事迟到	"今天他临时有点事，大概10点能回到办公室，等他到了之后，我告诉他，请他跟你联系好吗？"
5.同事休假	"对不起，今天他休息，下周三正常上班，如果你着急找他，你就拨打这个号码，13745678900。"

知识提升

"让声音微笑起来"不仅是一首歌的名字，更是95598供电服务热线的服务理念。对服务行业的员工来说，与客户面对面交谈时，微笑是以表情来展现的；与客户电话沟通时，微笑是用声音来传递的。下面是一位员工自述的真实案例：

"一次，在做宽带用户提前一个月到期预热时，有这样一个小插曲。我拨通了某用户的电话，谦虚地自报家门，并通过对话了解该用户的使用状态、满意程度，然后告诉该用户宽带下个月到期，请及时续费。该用户听后十分气愤地说：'还续费呢？你们的网速太慢、太差劲儿了，经常掉线，到期我就不用了，直接拆吧！'我笑着'哦'了一声，接着说：'您报过故障，有人处理过吗？'该用户说：'报了几次了，也没修好。'我又微笑着说：'我们的外线人员都是业务能手，只要您吱声，他们肯定手到病除呀。我马上给您记录一下，如果您方便，外线人员可能一会儿就会到您家。'该用户一听转变了态度，笑呵呵地说：'其实也没什么大毛病，那好吧，到期之前我一定去交费。'这就是我与用户的一次电话沟通，而且是带有微笑的一次沟通，我想当时我的嘴角一定是上扬的，眼睛一定是笑眯眯的，所以我的声音才会真诚、热情、和蔼可亲，所以用户才会认可我。我们应该珍惜每一次与用户接触的机会，用微笑换取用户的满意，让微笑成为明亮的阳光，暖暖地照进用户的心房，时刻提醒自己：今天，你微笑了吗？你的声音微笑了吗？"

资料来源 根据网络资料整理。

思考：请站在客户的角度分析，什么样的声音才是微笑的声音。

模块四

美丽体态的塑造

礼者，人道之极也。
——《荀子·礼论》

学习目标

◎了解形体的组成、形体美的标准与形体训练体系；

◎理解脊柱的重要性，熟悉身姿梳理三要点；

◎理解热身与放松运动的重要性，掌握形体训练前后热身与放松运动的步骤；

◎理解头部、颈部、肩部、背部、腰部、腹部、臀部、手足四肢等身体训练的目的与要领，掌握所有身体训练的步骤；

◎理解办公室形体训练的目的与要领，掌握办公室形体训练的动作。

育德润心

◎通过课内外的系统练习，塑造学生的挺拔身姿，锻炼学生的健康体魄，培养学生的顽强毅力以及团队合作的能力。

◎从中医学角度了解脊柱的重要性，帮助学生树立健康养生的理念，塑造强健的体魄，引导学生认知传统中医文化，坚定文化自信。

礼仪故事汇

在2022年北京冬季奥运会开幕式上，有一群头戴虎头帽的可爱"小雪花"，她们就是引领运动员入场的引导员。

这群美丽的引导员姑娘都是来自北京高校的女大学生。初步入选为冬奥会引导员后，姑娘们需要在首都体育馆进行基础的体能和动作训练。要成为一个合格的引导员，不仅要有优雅的体态，而且要有过硬的体能。体能训练强度很大，对于这些瘦高的女孩子来说是一个不小的挑战。长跑训练，三圈，五圈，十圈；腹背运动，三十组，四十组，五十组。体能训练虽然特别痛苦，但是姑娘们相互鼓励，相互坚持，每个动作都能够高标准完成。体能训练完成后，就是步伐训练。姑娘们穿着平常并不常穿的高跟鞋，走路的节奏不能有丝毫紊乱。步伐训练的同时还要进行举牌训练。举起牌子确实毫不费力，但是如果要保持一个姿势坚持几十分钟不晃动却非常难。随着训练的不断加码，姑娘们的举牌训练从10分钟到30分钟，再到50分钟，举牌的角度从最简单的180°到倾斜170°和160°。每次训练，她们的大臂与肩膀都如针扎般酸痛，穿着8厘米的高跟鞋长时间站立的疼痛，让眼泪已经在眼眶打转，但是没有一个人放下手中的牌子，她们的目光依旧坚定，依旧保持着标准的微笑。突破自己，挑战极限，才能真正成长！最终，姑娘们已经可以穿着高跟鞋，高举引导牌50分钟并保持微笑，而手中的引导牌却一动不动。

开幕式正式到来，高举雪花造型引导牌引导运动员入场的姑娘们吸引了观众的目光，她们就像美丽的雪精灵，向世界展示着大国青年风采。

资料来源 佚名. 冬奥开幕式引导员火了！背后默默奉献的她也一样优秀！[EB/OL]. [2022-03-01]. https://baijiahao.baidu.com/s?id=1726093936185591077&wfr=spider&for=pc.

项目一
脊柱解构与身姿梳理

课前自学

自学点一　形体的组成包括哪些方面？

　　形体即身体的形态，它由体格、体型、姿态三个方面构成。

1.体格

　　体格是指身高、体重、围度等。其中，身高主要反映骨骼的综合情况；体重主要反映骨骼、肌肉、脂肪等重量的综合情况；围度包括胸围、腰围、臀围、臂围、腿围、颈围等，胸围主要反映胸廓的大小及胸部肌肉的生长发育状况。因此，身高、体重和胸围是反映人体形态的三项基本指标。

2.体型

　　体型是指身体各部分的比例，如上身与下身的比例、肩宽与身高的比例、各种围度之间的比例等。体型主要反映骨骼的组成与肌肉的状况。身体的形态是否美，主要取决于身体各部分发展的均衡度与整体的和谐度。古希腊人对标准人体比例的规定是面长的10倍或头长的7到8倍等于标准身长；埃及人则把中指的19倍或鼻高的32倍视为标准身长。达·芬奇在《芬奇论绘画》一书中，对人体的和谐比例做过精辟的描述：头应是全身高度的1/7，肩宽应是身长的1/4。中国古代绘画理论中也提出了"立七坐五盘三半"的人体比例关系。目前，人们公认的标准身长是头长的8倍等于身高，如果破坏了一定的比例，人体就会显得不协调。

> 美感完全建立在各部分之间神圣的比例上。
> ——达·芬奇

3.姿态

　　姿态是指人坐、立、行、走等各种基本活动的姿势。姿态主要通过脊柱弯曲的程度、四肢、手足以及头等部位来体现。姿势能够反映出一个人的气质与精神风貌。可以说，姿势是展示人的"内在美"的一个窗口。

　　在现实生活中，高矮、胖瘦不是美的主要方面，关键要看身高与体重的比例是否恰当。比例失调则不能产生美感，比例适中会给人以和谐匀称的美感，"环肥燕瘦"就是典型的例证。此外，一个人尽管身材匀称，却站无站相，坐无坐相，走起路来弯腰弓背，摇摇晃晃，又怎能产生美感呢？因此，姿态美对于充分表现形体美、烘托形体美起着重要的作用。在塑造自身的形体美时，应根据自身的条件，从整体美的角度出发进行形体训练，这样才能实现美化形体的愿望和目的。

自学点二　形体训练包括哪些方面？

　　形体训练是一套完整、系统的锻炼体系，其内容根据练习部位的不同可分为以下几个方面：

1.感知觉练习

正确的感知觉是形成和保持优美形体的必要条件之一，包括头颈、躯干、上肢、下肢感知觉和站立基本姿态。感知觉练习可以使受训者体会保持正确身体姿态的肌肉感觉，提高身体的自控能力，因此它是形体训练中不可缺少的内容。

2.形态练习

形态是指先天形态和后天塑造的最基本的身体姿态。形态练习的内容包括基本方向和基本部位练习、扶把姿态练习、离把徒手姿态练习、表现力练习。基本方向和基本部位练习对方向、脚与手的基本位置提出了规范性的要求；扶把姿态练习的内容是根据普通大学生的身体条件编排的；离把徒手姿态练习包括各种基本步法和手臂动作，强调了举手投足的优美性，内容丰富；表现力练习着重培养受训者的优美体态和以肢体动作及面部表情表现情绪的能力，它是形体训练中最主要的内容之一。

3.素质练习

素质是控制和保持形体姿态的必要条件。素质练习的重点包括柔韧性、力量、协调性三项。

自学点三　身姿梳理的基础是什么？

形体训练中的所有动作都有一个基本要求：始终保持昂首、挺胸、展肩、立腰、收腹、提臀、收紧腿部肌肉等。我们可以通过脊柱解剖图与模特图的对比找到几个关键点，帮助大家逐步做到这个要求。

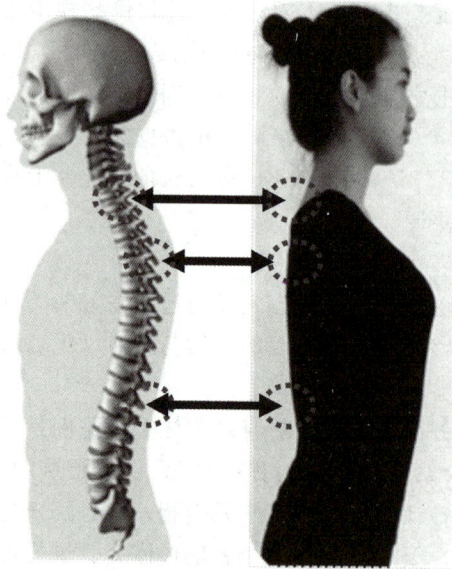

图 4-1-1　身姿梳理的三个关键点

身姿梳理前要找到脊柱上的三个关键点（如图 4-1-1 所示）。第一个关键点在第一节胸椎处，低头时这个椎体会高高凸起。站立时，在这个关键点处找到尽量向后向上立起来的感觉，感受到后颈部与背部衔接处向上与向下的同步舒展。第二个关键点在第四、五、六节胸椎处，是靠近脊柱侧面曲线的最高区域，也是两个肩胛骨的中间区域。挺胸时，在这个关键点处找到向上向前抬高的感觉，但是肩胛骨应避免过度夹紧，力线应该是从中间脊柱向两侧肩胛骨舒展的。第三个关键点在第一节与第二节腰椎处。立腰时，将该区域上侧肌肉向上舒展，下侧肌肉向臀部舒展，避免后腰部挤压，这个动作会带动前侧腰腹部自然收紧向上提。具体操作时，先保持基本站姿，然后在刚才所描述的三个关键点处找到对应的感觉，同时仿佛头顶有一根绳子拉住自己向上伸展，下巴对准锁骨窝，锁骨延展，脊柱无限地向两端延伸舒展，收紧腰、腹、臀、腿部等核心肌肉群来稳定骨盆。请同学们在课前自学"知礼·习礼系列礼仪微课 4-1-1"，尝试基础的日常形体练习动作。

课中研学

研学点一　形体美的标准

动感小课堂4-1-1　　　　　　　　　　**形体自测**

形体自测记录见表4-1-1。

表4-1-1　　　　　　　　　　　　　　形体自测记录

测试人姓名：　　　　　　　　　　测试日期：

测试内容	测试结果
目光平视前方时，头部端正	
两手臂体侧自然垂放时，双肩水平	
腰两侧的肌肉线条弧度一致	
臀部紧实不下垂	
三围（胸、腰、臀）	
大臂围（先左后右）	
大腿围（先左后右）	

1.黄金分割

绝对的美的标准是不存在的，并且也不可能存在。这是因为在人类历史发展过程中，形体美的标准是不断变化的，即使是同一时代的人，由于民族、种族、地理环境、审美习惯、受教育程度等方面的不同，人们对形体美的认知也不尽相同，所以只能根据现代人对人体美的研究，提出相对稳定的评价标准。下面我们来了解一下专家学者根据黄金分割，从生物学、心理学角度提出的见解。

意大利著名画家达·芬奇通过对无数尸体的解剖证实，人体中有许多部分符合黄金分割。19世纪德国美学家又做了进一步计算，发现一个长方形的短边（b）和长边（a）的比例，若同长边（a）与两边之和（a+b）的比例相等，即 b∶a=a∶（a+b），这个长方形就被称为"黄金矩形"，就会给人带来美感。许多美学实验表明，多数人喜欢这个比例，认为这个比例最具有美感。这个比例是一个无理数，取其前三位数字的近似值是0.618。总之，均衡的比例与整体的和谐更符合人们的审美标准。

我国体育美学研究人员结合古今中外美学专家对人体健美的理解，以及中国人的体质和形体现状，提出了人体健美的十条基本标准：

①骨骼发育正常，关节灵活自然，不显得粗大凸出。

②肌肉发达匀称，皮下脂肪适当，体态丰满而不显肥胖臃肿。

③头顶隆起，五官端正，与头部比例配合协调。

④双肩平正对称，肩部不沉积脂肪，略外展，下沉。

⑤脊柱正位垂直，侧视弯曲度正常。

⑥男性胸廓隆起厚实，从正面和背面看略呈 V 字形；女性胸部丰满而不下垂，侧视有明显曲线，挺胸立背。

⑦男性有腹肌，垒块分明；女性腰略细而结实，微呈圆柱形，腹部扁平，腰部比胸部略细 1/3。

⑧臀部圆满适度，略上翘，有弹性。

⑨两腿修长，腿部线条柔和，小腿腓肠肌稍突出，跟腱长；从正面、侧面看均有曲线感，体现敏捷活力。

⑩踝细，足弓较高。

2.具体评价指标

①标准身高（厘米）。男性身高指数为 109，女性身高指数为 104。

身高指数=身高（厘米）-体重（千克）

高于此指数者，说明发育良好；低于此指数者，说明发育较差。

②标准体重。

北方人=［身高（厘米）-150］×0.6+50

南方人=［身高（厘米）-150］×0.6+48

③上下身比例。男性以股骨大转子为中心，上下身长相等；女性以肚脐为界，上下身比例为 5：8。

④男女两臂侧平举时的长度约等于身高。

⑤男女两肩的宽度约等于 1/4 身高。

⑥男女大腿长约等于 1/4 身高。

⑦男性胸围约等于 1/2 身高+5 厘米；女性胸围不小于 1/2 身高。

⑧男性腰围约小于胸围 18 厘米；女性腰围不大于 1/2 身高。

⑨男性臀围约等于胸围；女性臀围大于胸围 1~2 厘米。

⑩男性大腿围约小于胸围 22 厘米；女性大腿围小于腰围 8~10 厘米。

⑪男性小腿围约小于大腿围 18 厘米；女性小腿围小于大腿围 18~20 厘米。

各围度测量方法见表 4-1-2。

表 4-1-2　　　　　　　　　　　　各围度测量方法

名称	测量方法
胸围	由腋下沿胸部的上方最丰满处测量
腰围	测量腰最细的部位
髋围	测量体前耻骨平行于臀部最大的部位
大腿围	测量大腿的最上部、臀折线下
小腿围	测量小腿最丰满处
上臂围	分紧张围和放松围。测量紧张围时，一臂握拳最大限度屈肘，量隆起最高部位；测量放松围时，臂自然下垂，测量部位相同
颈围	臂自然下垂，均匀呼吸，男士测喉结处颈部周长

实际测得的数据与标准指数相差±3厘米均属标准。小于5厘米，说明过于苗条（偏瘦）；大于5厘米，说明过于丰满（偏胖）。

研学点二　脊柱的解构

动感小课堂4-1-2　　　　　　图片分析与讨论

请同学们分析图4-1-2中不良身体形态形成的根本原因。

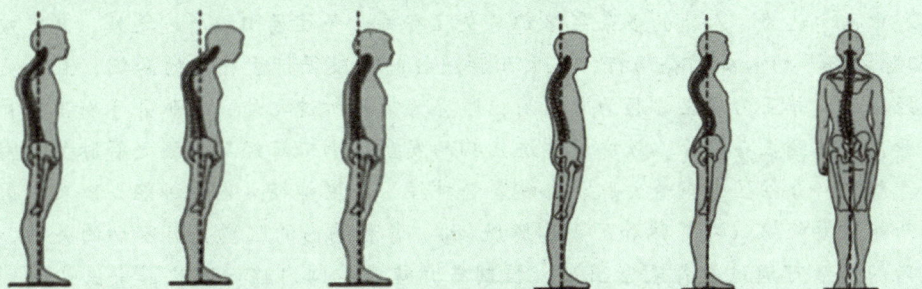

（1）驼背　　（2）头部前倾　　（3）平背　　　（4）摇摆背　（5）脊柱前凸　（6）脊柱侧弯

图4-1-2　不良身体形态组图

若想形体美，脊柱是关键。然而，很多青少年不是趴在书桌上读书，就是躺在沙发上看电视，或者走路弯腰驼背、跷二郎腿等。专家指出，由于青少年的骨骼尚未发育完全，一旦长期姿势不良，很容易导致骨盆倾斜或者脊柱侧弯等，既不利于身体健康，也不美观。调查显示，我国儿童脊柱侧弯的发病率高达20%，且女童发病率高于男童。在我国6～15岁的学生中，脊柱Cobb角10度以上侧弯的占2.4%。脊柱侧弯对儿童的生长发育具有严重的危害，排除遗传原因，造成这一疾病的主要原因就是不良的姿势。

一、脊柱的重要性

在现实生活中，人们常常称一个组织或集体的重要力量为"中流砥柱"。在人体中，脊柱就是中流砥柱，脊柱承担了来自方方面面的压力。如果把人体比作房子，脊柱就是房子的承重柱，负责支撑人体的所有重量，人的坐、卧、跑、跳等各种姿势、活动都需要依靠脊柱的支撑。因此，脊柱是身体的支柱，具有负重、减震、传递信息、保护和运动等功能。脊柱上端借枕骨承托头颅，在胸部与肋骨结成胸廓，保护胸腔内的脏器；上肢借助肱骨、锁骨、胸骨及肌肉与脊柱相连，下肢借助骨盆与脊柱相连，下段脊柱及骨盆与其前面相连的腹壁肌肉共同构成腹腔及盆腔，容纳并保护其中的内脏器官。上下肢的各种活动均通过脊柱调节，保持身体平衡。

从解剖学上讲，由脊髓发出的31对脊神经分别从不同的椎间孔穿出，支配着人体的正常生理活动。如果脊柱和骨盆错位，本来间隙就很小的椎间孔首先就会变形，然后周围的肌肉、韧带张力会发生改变，脊柱的三维运动会发生障碍，进一步压迫血管、神经，阻塞经络，最后造成内分泌功能紊乱，引发多种疾病。我们把人体的骨盆比作高楼大厦的基础，脊柱就是高楼的墙体，一旦地基塌陷，墙体就会发生歪斜，甚至使楼房倒塌。因此，我们应重视对脊柱的保健。

育德润心小课堂 4-1-1

《说文解字》中曰："脊，背吕也。"脊柱由椎骨、椎间盘、脊髓、脊神经、自主神经系统组成，上端承托颅骨、下联髋骨、中附肋骨，并作为胸廓、腹腔和盆腔的后壁，其内部有椎管容纳脊髓，具有支持躯干、保护内脏、保护脊髓和进行运动的功能。各脏器之间以及脏器与大脑之间的通信联系，必须通过脊柱区的信息网络结构来完成。

中医学认为，人体的多条经络都与脊柱有关。脊柱属阳经所过之处，其中被称为"阳脉之海"的督脉循脊而行，足太阳膀胱经的主段循行于脊柱的两侧，且与足少阴肾经相连，并互为表里。腰为肾之府，腰脊为督脉所过之处，督脉并于脊里，肾附其两旁，膀胱经挟脊络肾，故脊柱系统疾病的发生与十二正经及奇经之督脉关系密切。

总之，脊柱区分布着大脑、脊髓、脊神经、自主神经（内脏神经）以及中医所说的两组主要经络（即督脉和足太阳膀胱经）。背和胸内的脏器具有密切的关系，胸内脏器的盛衰可通过脊背表露出来，控制脊背就能控制内脏。因此，中医认为，松脊（左右）、摆脊、拱脊、旋脊、蛹脊等不同形式的脊柱运动，能够对椎骨、椎间盘、韧带及与脊柱相关的肌肉起到呵护作用，并能疏通督脉、膀胱经等人体的重要经络，从而起到防治颈肩痛、颈椎病、腰突症、腰肌劳损等疾病的作用，再结合手足三阴、三阳经的四肢运动，全面"呼应"脊柱气血的正常运行，可以促使周身气血平衡。

资料来源　佚名. 人体健康的顶梁柱：脊柱［EB/OL］.［2019-05-13］. https://weibo.com/ttarticle/p/show?id=2309404371546784313737#_loginLayer_1674958905665.

德育基因：民族自信　文化自信　珍爱生命

心有所悟：古老的中医学认为，脊柱是人体的中脉，脊柱前后两侧有八条经脉运行，脊柱的生理曲度犹如一个S形，人体头部在上，足部在下，形成顶天立地之势，使人能够直立而成万物之灵。人体的胸、腹两腔形成椭圆形体，心脏在上属阳，肾脏在下属阴，一阳一阴成为人体阴阳两极，形成人体阴阳八卦图。脊柱为人体时空隧道，沟通了人体与天地的联系，实现了天人合一的最佳状态。人体十二经脉的气血在任督二脉的统率下周而复始，循环无端，维系着人体阴阳气血的正常运转。

中医学博大精深，承载着中国古代人民同疾病斗争的经验和理论知识，是在古代朴素的唯物论和自发的辩证法思想指导下，通过长期医疗实践逐步形成并发展成的医学理论体系。从神农尝百草到现在的药食同源，中国人的生活中均有着中医的影子。正如习近平总书记所说："中医药学凝聚着深邃的哲学智慧和中华民族几千年的健康养生理念及其实践经验，是中国古代科学的瑰宝，也是打开中华文明宝库的钥匙。"因此，通过中医养生操八段锦、中医推拿理疗等方式保养脊柱，不仅可以让强健的脊柱带给我们更加有滋有味的生活，而且增强了我们传承创新发展中医药学的底气和信心。

动感小课堂 4-1-3　　　　脊柱健康小测试

请同学们两人一组完成脊柱健康小测试。一位同学保持平时的姿势站立，调整全身到放松状态，然后请另一位同学分别从你的左侧面和右侧面各拍一张侧面照。从照片上来看，你的头部应该与肩部在一条直线上，而不应该向前或向后倾斜。

二、脊柱的保健

　　脊柱受损或受累引发的疾病不仅包括大家所熟悉的落枕、颈椎病、腰椎间盘突出症、腰肌劳损、脊椎骨质增生等，还涉及循环、呼吸、消化、神经、内分泌、免疫等系统的多种疾病。从图4-1-3中我们可以发现，生活中的各种身姿都会给脊柱带来一定的影响，如果姿势不正确，脊柱遭受的疼痛就更多了。因此，日常的脊柱保健非常重要。

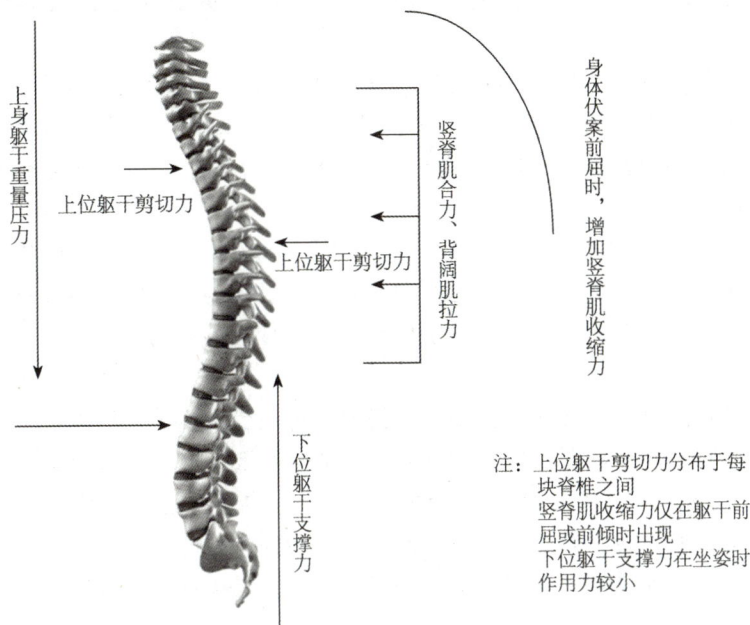

图4-1-3　人体脊柱受力图

1.避免长期伏案——保护颈椎

　　对于从事文案工作与长期使用电脑的人来说，埋头书写与使用电脑占据了其大部分时间。由于长时间保持着低头的姿势，很容易导致颈椎过度弯曲、颈部肌肉劳损，因此工作一段时间后，应转动一下脖子，同时头部向后仰一会儿，并用手按摩一下紧张的肌肉。

2.避免持续久坐——保护腰椎和骶椎

　　出租车司机的工作性质决定了他们坐的时间大于站的时间，也使得他们患有腰椎间盘突出症的风险较大。因为人坐着的时候，身体的大部分重量都交给了腰椎和骶椎来承受，当然最主要的还是腰椎。腰椎间盘长时间受到一定程度的挤压、变形、劳损，人慢慢就会出现腰腿痛、腰酸胀甚至脚发麻的情况。所以，一定要坐着办公与站着活动相结合，大约坐45分钟就起来活动一下，如做做伸展运动。

　　此外，坐姿必须端正，如果需要长时间端坐，所坐的椅子必须有靠背，臀部与椅背必须紧靠，若能在腰部加一个护腰垫（如图4-1-4所示），则更能保持腰椎的正常弧度。

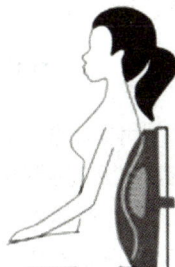

图4-1-4　使用护腰垫

3.避免跷二郎腿——保护胸椎和腰椎

　　有的人一坐下来就会习惯性地跷起二郎腿，觉得这样随性、舒服。其实，跷二郎腿不仅不雅观，而且对身体有很大危害。如果双脚平放在地面上，那么从背部看，人的左右肩膀几乎是一样高的，也就是处于水平状态；相反，如果跷二郎腿，那么从背部看，人的左右肩膀势必会一边高一边低，并且在这种情况下想要保持挺胸收腹的上身几乎是不可能的，多半是含着胸，这样一来，胸椎和腰椎所受到的压力就会不均衡，就容易出现移位、偏位的现象，并且还有压迫脊神经的可能。跷二郎腿不是一个好习惯，但是如果无法马上改掉，那么每跷10分钟左右就应换一种坐姿，并且应经常站起来走动一下。

4.保持良好睡姿——保护脊柱

为了较好保持脊柱的生理曲度，应选择卧硬板床。硬板床的支撑面大，人在睡觉的时候可以有效放松紧张了一个白天的肌肉和脊柱；太软的床则无力承担人体的压力，只能靠肌肉和脊柱独立支撑，这样就加重了脊柱的负担。所以长期睡软床会导致脊柱的生理曲度改变。

此外，为了保持颈椎的正常弧度，应使用符合人体工学设计（符合颈部正常弧度）的健康枕头，避免睡高枕，避免使用脸朝下的趴睡姿势，以免造成颈椎侧弯。婴幼儿睡觉时，宜将整个肩背部一起置于枕头上，以减轻颈部的屈力。

5.保持良好步态——保护脊柱与骨盆

挺着肚子走路时，腰椎向前突出，会使腰椎神经受到压迫，所以许多怀孕后的女性更容易产生腰部疼痛问题。鞋子大小合适也非常重要，过大或过小的鞋子都会让下肢行走起来很不协调，从而加重脊柱的工作压力。也不要选择过分硬底、厚底的鞋子，这样会使脚底不能很好地感触到地面，从而增加脊柱的承重力。女孩穿着限制足踝活动的长靴，高跟或尖跟皮鞋，也会加重脊柱尤其是腰部的负担。在日常生活中，还应尽量避免赤足行走，足部受凉会加重下肢及腰部的疼痛感。

6.不要经常使用腰力——保护腰椎

以扫地、拖地等劳作为主的清洁工人尤其耗费腰力，我们可以对打扫工具进行改良，如在扫帚柄上再系一根杆子，这样不用过度弯腰就能够扫地了。

另外还有一些生活习惯需要注意，如少用单肩背包，单肩背包会使身体受力不平衡，容易出现肩膀一高一低的症状；避免弯腰抬重物，宜蹲下取物；防止体重过重，否则会增加腰椎负担。在饮食上，应摄取足够的钙质，多食用含钙食物，如乳酪、牛乳、豆腐等，防止骨质疏松症提早发生。适当与适量运动可以强化肌肉，保持关节的良好功能，帮助达到及保持适宜的体重。如果脊柱已经出现倾斜的情况，坚持静止吊单杠与垂直向上牵引都能有效帮助脊柱逐渐恢复自然生理状态。

研学点三　身姿的梳理

形体训练多为静力性训练和控制能力的训练。形体基本素质包括力量、柔韧性、控制能力、协调性、灵活性与耐力，其中最重要的是力量与柔韧性，力量与柔韧性直接影响着形体的控制力与表现力。所以，每次形体训练之前的身体准备活动与训练结束后的身体放松活动都是必不可少的，它们被统称为身姿的梳理。

在训练之前，一定要让身体的各个部位活动开，以免拉伤肌肉；在训练之后，放松可以提高训练质量，保证训练计划的实施。需要注意的是，无论是身姿梳理还是形体练习，都要控制在自己的承受能力范围内，根据自己的实际情况循序渐进地加强，切不可操之过急。

一、身体准备活动

1.热身运动的作用

热身运动的目的是使练习者从生理上和心理上做好充分准备，使肌肉从平静的抑制状态逐步过渡到活动的兴奋状态，使心脏功能逐渐加强，使血液循环和气体交换得到改善，新陈代谢旺盛，从而更好地适应锻炼时的生理要求；同时，使肌肉、韧带、关节得到活动，使整个肌体从安静状态逐步进入工作状态，为将要进行的较为剧烈的身体活动做好各种准备，从而提高肌体的工作效率，预防运动损伤，达到预期练习效果。

形体训练前的热身运动时间一般为10分钟，也可根据具体情况进行调整。例如，当气温较低时，血液循环比较缓慢，肌肉、韧带和关节均比较僵硬，不够灵活，热身运动时间可适当长一些，运动量可稍大一些；当气温较高时，新陈代谢旺盛，身体容易活动开，热身运动时间可短一些，运动量也可小一些。

热身运动后一般应休息1～3分钟，再进行正式的形体训练，也可以热身后直接进行形体训练。需要注意的是，热身运动与形体训练的间隙不能过长，否则会失去热身运动的意义。

2.热身运动的具体内容

形体训练前的热身运动包括头部、肩部、胸部、腰部与腿部等主要肌肉群的拉伸活动。头部热身运动的方法与"项目二　形体素质的修炼"中"头颈灵活度练习"的方法一致，因此这里仅介绍肩部、胸部、腰部与腿部热身运动的方法。

（1）肩部与胸部的热身运动

◎屈臂扩胸运动

准备：运动中始终保持站立的基本姿态——昂首、挺胸、展肩、立腰、收腹、提臀、收紧腿部肌肉，双脚打开与肩同宽，双手握拳相对，肩部与大、小臂在同一水平面上（如图4-1-5所示）。

动作1：屈臂平拉，胸廓无限打开，仍然保持肩部与大、小臂在同一水平面上（如图4-1-6所示）。

动作2：屈臂回收，胸廓向内挤压，仍然保持肩部与大、小臂在同一水平面上（如图4-1-7所示）。

动作3：屈臂平拉（如图4-1-8所示），结束后依旧重复动作2。

图4-1-5　准备　　　　图4-1-6　动作1　　　图4-1-7　动作2　　　图4-1-8　动作3

动作关键：

第一，始终保持正确的站立基本姿态。

第二，始终保持肩部与大、小臂在同一水平面上。

注意事项：该组热身运动可做4×8拍。前2个8拍可以动作缓慢，2个拍1个动作；后2个8拍可加快动作，1个拍1个动作。

◎直臂扩胸运动

准备：运动中始终保持站立的基本姿态——昂首、挺胸、展肩、立腰、收腹、提臀、收紧腿部肌肉，双脚打开与肩同宽，双手握拳相对，肩部与大、小臂在同一水平面上（如图4-1-9所示）。

动作1：直臂平拉，胸廓无限打开，仍然保持肩部与大、小臂在同一水平面上。此时，肩胛骨有向内挤压的感觉（如图4-1-10所示）。

动作2：直臂回收后，右臂在斜上方45度处拉伸，左臂在斜下方45度处拉伸，双臂在一条直线上（如图4-1-11所示）。

动作3：直臂回收后，左臂在斜上方45度处拉伸，右臂在斜下方45度处拉伸，双臂在一条直线上（如图4-1-12所示）。

图4-1-9　准备　　　　图4-1-10　动作1　　　图4-1-11　动作2　　　图4-1-12　动作3

动作关键：

第一，始终保持正确的站立基本姿态。

第二，水平与斜向拉伸时尽力向后延展，背部有挤压感。

注意事项：该组热身运动可做4×8拍。前2个8拍可以动作缓慢，2个拍1个动作；后2个8拍可加快动作，1个拍1个动作。

（2）腰部的热身运动

准备：运动中始终保持站立的基本姿态——昂首、挺胸、展肩、立腰、收腹、提臀、收紧腿部肌肉，双脚打开与肩同宽，双手握拳相对，肩部与大、小臂在同一水平面上（如图4-1-13所示）。

动作1：肩部与手臂保持在同一水平面上不动，上半身向右后方旋转，转到极限处停顿（如图4-1-14所示）。

动作2：肩部与手臂保持在同一水平面上不动，上半身向左后方旋转，转到极限处停顿（如图4-1-15所示）。

动作3：回到正中，保持准备时的姿态（如图4-1-16所示）。

图 4-1-13　准备　　　图 4-1-14　动作 1　　　图 4-1-15　动作 2　　　图 4-1-16　动作 3

动作关键：

第一，始终保持正确的站立基本姿态。

第二，上半身左右旋转时，以转到自身最大限度为止，动作舒缓，避免拉伤。

注意事项：该组热身运动可做 4×8 拍。前 2 个 8 拍可以动作缓慢，2 个拍 1 个动作；后 2 个 8 拍可加快动作，1 个拍 1 个动作。

（3）腿部的热身运动

◎吸腿与踢腿运动

准备：运动中始终保持站立基本姿态——昂首、挺胸、展肩、立腰、收腹、提臀、收紧腿部肌肉，双脚并拢，双手叉腰（如图 4-1-17 所示）。

动作 1：左腿支撑身体，右腿抬高，大腿面与地面平行，小腿向大腿靠近，脚背与脚尖绷直（如图 4-1-18 所示）。

动作 2：左腿支撑身体，右腿向前踢，踢出的瞬间小腿用力，大腿不动（如图 4-1-19 所示）。此动作应避免膝盖用力。

动作 3：左腿重复上述吸腿与踢腿动作（如图 4-1-20 所示）。

图 4-1-17　准备　　　图 4-1-18　动作 1　　　图 4-1-19　动作 2　　　图 4-1-20　动作 3

动作关键：

第一，始终保持正确的站立基本姿态。

第二，注意身体重心的稳定。

第三，吸腿与踢腿时，脚尖均绷直。

注意事项：该组热身运动可做4×8拍。前2个8拍可以动作缓慢，2个拍1个动作；后2个8拍可加快动作，1个拍1个动作。

◎弹跳运动

准备：运动中始终保持站立基本姿态——昂首、挺胸、展肩、立腰、收腹、提臀、收紧腿部肌肉，双脚并拢，双手叉腰（如图4-1-21所示）。

动作1：上半身保持不动，双腿屈膝下蹲（如图4-1-22所示）。

动作2：身体向上腾跃，小腿尽量向大腿靠近（如图4-1-23所示）。

动作3：双腿屈膝，双脚着地，上身保持不动（如图4-1-24所示）。重心稳定后继续弹跳练习。

图4-1-21　准备　　　图4-1-22　动作1　　　图4-1-23　动作2　　　图4-1-24　动作3

动作关键：

第一，始终保持正确的站立基本姿态。

第二，落地时，避免直腿触地，屈膝触地可保护膝盖不受伤害。

注意事项：该组热身运动可做4×8拍。前2个8拍可以动作缓慢，2个拍1个动作；后2个8拍可加快动作，1个拍1个动作。

二、身体放松活动

1.身体放松活动的作用与内容

锻炼身体后认真放松，能使人从运动到停止运动之间有一个缓冲、整理的过程。舒展的慢动作和正确的气息运用可以使紧张的肌肉逐渐放松，过速的脉搏逐渐减慢至恢复正常，升高的血压逐渐降至正常，兴奋的情绪逐渐恢复平静。本书介绍的形体训练动作以肢体拉伸为主，运动强度不高，所以身体放松活动可以从以下四个方面来完成：

（1）上肢放松活动

站立，上肢前倾，双肩双臂反复抖动到发热为止。

（2）下肢放松运动

仰卧后举腿进行拍打、按摩等动作，颤抖大腿内、前、后侧和小腿后侧，以及臀、腹、侧腰部，帮助血液回流和下肢肌肉放松。

（3）团身抱膝放松运动

双手抱膝，下蹲，低头，反复上下颤动到腰椎发热为止。

（4）全身休整运动

站立，双膝屈，双手体前扶地，充分运用气息，深吸气于胸，然后屏息（即不呼也不吸，但不是憋气）慢吐气于腹（即丹田）。反复几次，同时上肢慢慢抬起、直立，直至恢复为运动前的正常脉搏。

需要说明的是，选择正确的放松方式，保证充分的放松时间，将会使训练获得事半功倍的效果。保证10分钟以上的放松运动，体内多余脂肪的供能可达65%～90%，甚至90%以上，从而产生辅助塑身的效果。

2.其他放松活动

在形体训练中，当腰部练习较多时，我们可以利用把杆做松腰与回腰的放松动作。在没有把杆的情况下，也可以采用团身抱膝的方式，用背部在地面来回滚动，从而达到放松腰背的效果。

◎把杆放松

准备：背对把杆站立，保持站立基本姿态，双脚并拢，双手臂后拉并搭在把杆上（如图4-1-25所示）。

动作1：上半身保持不动，双腿屈膝下蹲，膝盖点地（如图4-1-26所示）。

动作2：膝盖抬起，臀部向下，大腿与小腿紧贴，拱背回腰，腰背得到放松，手臂拉伸舒展（如图4-1-27所示）。

图4-1-25　准备　　　　图4-1-26　动作1　　　　图4-1-27　动作2

◎提臂夹肩

准备：保持基本站立姿态，双脚打开与肩同宽（如图4-1-28所示）。

动作：双手臂在体后伸直握好，后抬臂至最大限度，上身保持直立，肩胛骨与腋下的肌肉群均有挤压感（如图4-1-29所示）。

图4-1-28　准备　　　　　　图4-1-29　动作

该动作也可以增加节拍，作为柔韧性练习。以1×8拍为例，1至4拍，匀速后抬双臂至最大限度；5至8拍，双臂匀速回落至准备姿态。这个动作对肩关节的保护非常有益。

课后提升

知识掌握

◎核心概念：形体；体格；体型；姿态；黄金分割；男性形体美评价指标；女性形体美评价指标；脊柱；脊柱保健方法；身姿梳理的三个关键点；热身运动；放松运动

◎核心观点：

1.在现实生活中，高矮、胖瘦不是美的主要方面，关键要看身高与体重的比例是否恰当。比例失调则不能产生美感，比例适中会给人以和谐匀称的美感。

2.在人类历史发展过程中，形体美的标准是不断变化的，即使是同一时代的人，由于民族、种族、地理环境、审美习惯、受教育程度等方面的不同，人们对形体美的认知也不尽相同，所以只能根据现代人对人体美的研究，提出相对稳定的评价标准。

3.若想形体美，脊柱是关键。

4.我们把人体的骨盆比作高楼大厦的基础，脊柱就是高楼的墙体，一旦地基塌陷，墙体就会发生歪斜，甚至使楼房倒塌。因此，我们应重视对脊柱的保健。

5.无论是身姿梳理还是形体练习，都要控制在自己的承受能力范围内，根据自己的实际情况循序渐进地加强，切不可操之过急。

知识应用

1.请根据男性与女性的形体测量方法，整理出自身形体的各类数据，并与标准评价指标进行对比，对自身形体美的状态进行定位。

2.请依据脊柱的日常保健方法，给自己制订一个脊柱保健方案。

技能提升

请分析图4-1-30至图4-1-35垫上运动的训练目的与实施要领，并进行实际练习。

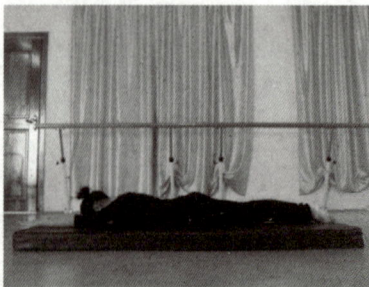

图4-1-30 小燕飞飞准备动作

图4-1-31 小燕飞飞实施动作

图 4-1-32　正面腿部运动准备动作

图 4-1-33　正面腿部运动实施动作

图 4-1-34　侧面腿部运动准备动作

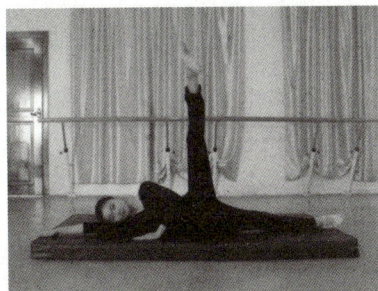

图 4-1-35　侧面腿部运动实施动作

项目二
形体素质的修炼

课前自学

自学点一　如何进行头颈灵活度练习？

1.训练目的与要领

头颈灵活度练习有保护颈椎、锻炼头颈肌肉的作用。在头颈灵活度练习中，一定要最大限度地将动作打开。

2.具体练习过程

该组运动为4×8拍，可根据实际需要增加到8×8拍，即将全套4×8拍重复练习两遍。

准备：运动中始终保持站立的基本姿态——昂首、挺胸、展肩、立腰、收腹、提臀、收紧腿部肌肉，双脚打开与肩同宽，双臂自然下垂，双手放于身体两侧（如图4-2-1所示）。

第1个8拍动作如下：

1至2拍，低头，用下巴找锁骨（如图4-2-2所示），回正。

3至4拍，仰头，用后脑勺找背部（如图4-2-3所示），回正。

5至6拍，右倾头，用右耳朵找右肩膀（如图4-2-4所示），回正。

7至8拍，左倾头，用左耳朵找左肩膀（如图4-2-5所示），回正。

图4-2-1　准备

图4-2-2　动作1

图4-2-3　动作2

图4-2-4　动作3

图4-2-5　动作4

第2个8拍动作如下：

1至2拍，右拧头，用下巴找右肩膀（如图4-2-6所示），回正。

3至4拍，左拧头，用下巴找左肩膀（如图4-2-7所示），回正。

5至6拍，右拧头，用下巴找右肩膀（如图4-2-6所示），回正。

7至8拍，左拧头，用下巴找左肩膀（如图4-2-7所示），回正。

第3个8拍动作是将第1个8拍动作涉及的4个点——锁骨、右肩膀、后背、左肩膀用弧线转动的方式连接起来，最后回正（如图4-2-8所示）。

第4个8拍动作是将第1个8拍动作涉及的4个点——锁骨、左肩膀、后背、右肩膀用弧线转动的方式连接起来，最后回正（如图4-2-8所示）。

图4-2-6 动作1　　　　图4-2-7 动作2　　　　图4-2-8 回正

动作关键：

第一，始终保持正确的站立基本姿态。

第二，前、后、左、右四个方向拉伸颈部韧带，做到自身能做的极限。

第三，左右拧头，动作轻柔，感觉颈部肌肉带动肩部肌肉轻拉伸。

第四，弧线旋转的动作必须缓慢，每个方位都有稍许停顿。

自学点二　如何进行肩部舒展练习？

1.训练目的与要领

肩部舒展练习主要用于锻炼斜方肌上部、肩胛提肌和菱形肌，目的是使肩背部肌肉群协调发展，提升肩胛骨的灵活度，打造更完美的肩部。在肩部舒展练习中，一定要最大限度地将动作打开。

2.具体练习过程

该组身体运动为4×8拍，可根据实际需要增加到8×8拍，即将全套4×8拍重复练习两遍。

准备：运动中始终保持站立的基本姿态——昂首、挺胸、展肩、立腰、收腹、提臀、收紧腿部肌肉，双脚打开与肩同宽，双臂自然下垂，双手放于身体两侧（如图4-2-9）。

第1个8拍动作如下：

1至2拍，右边单肩向上耸动（如图4-2-10所示），回正。

3至4拍，左边单肩向上耸动（如图4-2-11所示），回正。

5至8拍，双肩耸动2次，2拍1次（如图4-2-12所示），回正。

图 4-2-9　准备　　　图 4-2-10　动作 1　　　图 4-2-11　动作 2　　　图 4-2-12　动作 3

第 2 个 8 拍动作如下：

1 至 2 拍，右边肩膀向前环绕后还原。

3 至 4 拍，右边肩膀向后环绕后还原。

5 至 6 拍，左边肩膀向前环绕后还原。

7 至 8 拍，左边肩膀向后环绕后还原。

第 3 个 8 拍动作如下：

1 至 4 拍，双肩向前绕肩 2 次。

5 至 8 拍，双肩向后绕肩 2 次。

第 4 个 8 拍动作重复第 3 个 8 拍动作。

动作关键：

第一，始终保持正确的站立基本姿态。

第二，肩部环绕时，注意动作的协调性，做到自身能做的极限。

自学点三　办公室实用形体训练有哪些？

一、训练目的与要领

从服务人员的工作特点来看，在椅子上与小空间内进行的形体训练格外实用。下面介绍的办公室实用形体训练，可以起到缓解身体疲劳、矫正不良姿态、塑造良好体态的作用。由于办公室空间和环境条件的限制，我们在训练过程中不要求动作的幅度性，而要求把重点放在每个动作针对的身体部位上，充分利用有限资源，循序渐进，坚持训练，从而达到训练目的。

二、具体练习过程

1.头部、肩部、胸部的练习

（1）头部练习

该组身体运动为 4×8 拍，可根据实际需要增加到 8×8 拍，将全套 4×8 拍重复练习两遍。椅上头部练习与站立头部练习大体一致。

准备：在办公椅 1/2 或 2/3 的位置端坐，上身保持挺直，立腰、立背、头向上顶，双脚正步位平放，双手自然垂直于身体两侧（如图 4-2-13 所示）。

第 1 个 8 拍动作如下：

1 至 2 拍，低头，用下巴找锁骨（如图 4-2-14 所示），回正（如图 4-2-15

所示）。

　　3至4拍，仰头，用后脑勺找背部（如图4-2-16所示），回正（如图4-2-15所示）。

图4-2-13　准备　　　图4-2-14　动作1　　　图4-2-15　回正　　　图4-2-16　动作2

　　5至6拍，右倾头，用右耳朵找右肩膀（如图4-2-17所示），回正（如图4-2-15所示）。

　　7至8拍，左倾头，用左耳朵找左肩膀（如图4-2-18所示），回正（如图4-2-15所示）。

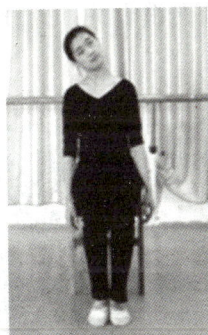 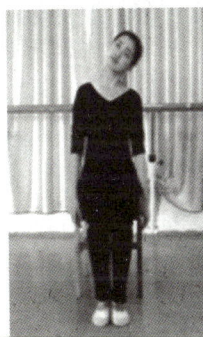

图4-2-17　动作3　　　　　　　　　　　图4-2-18　动作4

第2个8拍动作如下：

1至2拍，右拧头，用下巴找右肩头（如图4-2-19所示），回正。

3至4拍，左拧头，用下巴找左肩头（如图4-2-20所示），回正。

5至6拍，右拧头，用下巴找右肩头（如图4-2-19所示），回正。

7至8拍，左拧头，用下巴找左肩头（如图4-2-20所示），回正。

图4-2-19　动作5　　　　　　　　　　　图4-2-20　动作6

第3个8拍动作是将第1个8拍动作涉及的4个点——锁骨、右肩膀、背部、左肩膀用弧线转动的方式连接起来，最后回到正中。

第4个8拍动作是将第1个8拍动作涉及的4个点——锁骨、左肩膀、背部、右肩膀用弧线转动的方式连接起来，最后回到正中。

动作关键：

第一，始终保持正确的上身直立姿态。

第二，前、后、左、右四个方向拉伸颈部韧带，尽量做到自身能做的极限。

（2）肩、胸部练习

◎耸肩练习

该组身体运动为4×8拍，后3个8拍与第1个8拍动作一致。

准备：在办公椅1/2或2/3的位置端坐，上身保持挺直，立腰、立背、头向上顶，双脚正步位平放，双手自然垂直于身体两侧（如图4-2-21所示）。

第1个8拍动作如下：

1至2拍，双肩同时向上提起到最高点（如图4-2-22所示）。

3至4拍，双肩同时向下自然沉下（如图4-2-23所示）。

5至6拍，双肩同时向上提起到最高点（如图4-2-22所示）。

7至8拍，双肩同时向下自然沉下（如图4-2-23所示）。

图4-2-21　准备　　　　图4-2-22　动作1　　　　图4-2-23　动作2

动作关键：

始终保持正确的上身直立姿态。

◎抱头展肩练习

该组身体运动为4×8拍，后3个8拍与第1个8拍动作一致。

准备：在办公椅1/2或2/3的位置端坐，上身保持挺直，立腰、立背、头向上顶，双脚正步位平放，双手抱头，双手臂与头在同一个平面上（如图4-2-24所示）。

第1个8拍动作如下：

1至2拍，低头含胸，同时双手肘部向前合拢（如图4-2-25所示）。

3至4拍，打开双肘，同时抬头挺胸（如图4-2-26所示）。

5至6拍，低头含胸，同时双手肘部向前合拢（如图4-2-25所示）。

7至8拍，打开双肘，同时抬头挺胸（如图4-2-26所示）。

图4-2-24 准备　　　　图4-2-25 动作1　　　　图4-2-26 动作2

动作关键：

第一，始终保持正确的上身直立姿态。

第二，手肘打开时，尽量扩胸展背，尽量做到自身能做的极限。

◎双臂后拉练习

该组身体运动为2×8拍，2个8拍动作一致。

准备：在办公椅1/2或2/3的位置端坐，上身保持挺直，立腰、立背、头向上顶，双脚正步位平放，双手自然垂直于身体两侧（如图4-2-27所示）。

第1个8拍动作如下：

1至4拍，双手直臂向后背抓住椅背上端，保持姿态4拍（如图4-2-28所示）。

5至8拍，胸腰向前顶同时仰头，保持姿态4拍（如图4-2-29所示）。

图4-2-27 准备　　　　图4-2-28 动作1　　　　图4-2-29 动作2

动作关键：

第一，始终保持正确的上身直立姿态。

第二，胸腰前顶时，双臂夹紧，上背部肌肉收紧。

2.腰部与背部的练习

（1）腰部练习

该组身体运动为4×8拍，前2个8拍动作一致，后2个8拍动作一致。

准备：在办公椅1/2或2/3的位置端坐，上身保持挺直，立腰、立背、头向上顶，双脚正步位平放，双手自然垂直于身体两侧（如图4-2-30所示）。

第1个8拍动作如下：

1至4拍，在准备动作的基础上保持胯部以下部分不动，上身向右转动，左手放于右大腿外侧，右手向后伸展抓住椅背上端，保持姿态4拍（如图4-2-31所示）。

5至8拍，在准备动作的基础上保持胯部以下部分不动，上身向左转动，右手放于左大腿外侧，左手向后伸展抓住椅背上端，保持姿态4拍（如图4-2-32所示）。

图4-2-30　准备

图4-2-31　动作1

图4-2-32　动作2

第3个8拍动作如下：

1至2拍，在准备动作的基础上保持胯部以下部分不动，身体向右侧弯曲，同时左手臂在耳侧向上伸展，拉伸左旁腰（如图4-2-33所示）。

3至4拍，还原准备姿态（如图4-2-30所示）。

5至6拍，在准备动作的基础上保持胯部以下部分不动，身体向左侧弯曲，同时右手臂在耳侧向上伸展，拉伸右旁腰（如图4-2-34所示）。

7至8拍，还原准备姿态（如图4-2-30所示）。

图4-2-33　动作3

图4-2-34　动作4

动作关键：

第一，始终保持正确的上身直立姿态。

第二，胸腰前顶时，双臂夹紧，上背部肌肉收紧。

（2）背部练习

该组身体运动为2×8拍，2个8拍动作一致。

准备：在办公椅1/2或2/3的位置端坐，上身保持挺直，立腰、立背、头向上顶，双脚正步位平放，双手自然平放在双腿上，指尖相对（如图4-2-35所示）。

第1个8拍动作如下：

1至4拍，在准备动作的基础上，上身向前倾斜至水平位置，拉长背部，伸展脊柱（如图4-2-36所示）。

5至8拍，以头部为点，带动上身向远、向上伸展，同时慢慢抬起上身（如图4-2-37所示），回正（如图4-2-38所示）。

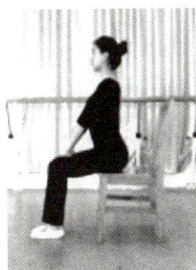

图4-2-35　准备　　　图4-2-36　动作1　　　图4-2-37　动作2　　　图4-2-38　回正

动作关键：

第一，始终保持正确的上身直立姿态。

第二，上身倾斜时，仍然保持头、颈、背在一条直线上。

3.腿部的练习

该组身体运动为4×8拍，前2个8拍动作一致，后2个8拍动作一致。

准备：在办公椅1/2或2/3的位置端坐，上身保持挺直，立腰、立背、头向上顶，双腿屈膝，绷脚背以脚尖点地，双手自然扶椅边（如图4-2-39所示）。

第1个8拍动作如下：

1至8拍，在准备姿态的基础上，双腿分别做直腿上抬，2拍一动，做4次（如图4-2-40所示）。

第3个8拍动作如下：

1至8拍，双手扶住椅垫两侧，双腿向前伸直同时向上抬起90度（如图4-2-41所示），然后回正（如图4-2-42所示）。注意腿部和脚背绷直，4拍一动，做2次。

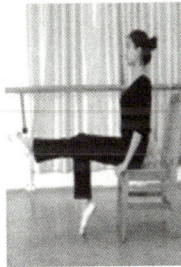

图4-2-39　准备　　　图4-2-40　动作1　　　图4-2-41　动作2　　　图4-2-42　回正

动作关键：

第一，抬腿时，仍然要保持正确的上身直立姿态。

第二，单腿或双腿练习时，尽量保持脚面与膝盖绷直。

4.全身练习

（1）滚动步练习

准备：单手扶住椅背作为支撑，另一手自然垂直于身体同侧（如图4-2-43所示）。

动作：先以单脚推脚背至立半脚尖状态，然后另一脚推脚背至立半脚尖状态，同时压前一脚还原到全脚着地状态，依次轮换进行，形成滚动步（如图4-2-44、图4-2-45所示）。

  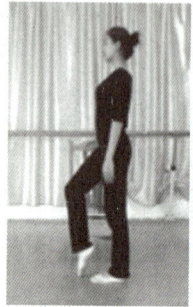

图4-2-43　准备　　　　图4-2-44　动作（1）　　　图4-2-45　动作（2）

动作关键：

第一，始终保持正确的上身直立姿态。

第二，做滚动步时，注意收紧腹部和腿部肌肉，用好腿部肌肉的力量。

（2）半脚尖蹲起练习

准备：单手扶住椅背作为支撑，另一只手自然叉腰准备（如图4-2-46所示）。

动作1：保持上身直立状态向下做全蹲动作，蹲时双脚仅脚尖着地（如图4-2-47、图4-2-48所示）。

动作2：起立时，在半脚尖状态下站直身体，然后重复进行（如图4-2-49、图4-2-50所示）。

图4-2-46　准备　　　　图4-2-47　动作1（1）　　　图4-2-48　动作1（2）

图4-2-49　动作2（1）　　　　　　图4-2-50　动作2（2）

课中研学

研学点一　美化肩背线条的练习

动感小课堂4-2-1　　　　　　　　　课前热身

请同学们伴随着音乐进行系统热身运动，并展示课前自学的头颈、肩部舒展运动。

1.训练目的与要领

背部舒展练习包括单人把杆展背练习、双人把杆展背练习、双人配合肩背舒展练习等。背部舒展练习可以锻炼脊柱的弹性与柔韧性。在做单人动作时，尽量做到自身能做的极限；双人配合动作则强调双方配合的默契度，以提高练习的乐趣。需要注意的是，帮助他人进行开肩展背练习时，保证对方身体安全是最重要的。

2.具体练习过程

（1）单人把杆展背练习

准备：面对把杆站立，保持基本站姿，上体微微前倾，双脚开立与肩同宽，双手轻轻搭在把杆上（如图4-2-51所示）。

动作：手臂搭在把杆上，调整腿部与把杆的距离，上体用力向下压，将肩关节拉开。如按1×8拍来计，刚才的动作为第1拍，1拍1压，反复练习4×8个拍，压至最大限度时，控制4×8个拍（如图4-2-52所示）。

图4-2-51　准备　　　　　　　　　图4-2-52　动作

动作关键：展背过程中，双手臂伸直，压肩时要保持塌腰、挺胸的形态，头与身体形成一条水平线，注意保持呼吸正常。

（2）双人把杆展背练习

准备：一人面对把杆站立，双脚开立与肩同宽，手臂搭在把杆上，调整腿部与把杆的距离（如图4-2-53所示）；另一人站在左侧面。

动作：帮助者将双手交叠放在对方两个肩胛骨中间的脊柱点上向下按压，帮助练习者开肩。如按1×8拍来计，前4拍按压与回力可轻柔舒缓，后3拍可适当加强力度，最后1拍按压迅速果断（如图4-2-54所示）。练习者可能会听到"啪"的响声，这是有效开肩的表现。

图4-2-53 准备

图4-2-54 动作

动作关键：

第一，双人配合一定要默契，练习者随着帮助者的按压与放松动作来压肩与回位。

第二，帮助者的动作应准确，力度适中；循序渐进地实施动作，从而保护好对方。

（3）双人配合肩背舒展练习

准备1：双人面对面站立，保持基本站姿（如图4-2-55所示）。

准备2：两人双手伸直，互搭在对方肩上，双脚开立与肩同宽（如图4-2-56）。

动作：如按1×8拍来计，第1拍前半拍，上体下压双肩伸直振动1次（如图4-2-57所示），后半拍上体稍抬起回位（如图4-2-56所示），连续练习4×8个拍。

图4-2-55 准备1

图4-2-56 准备2（或回位）

图4-2-57 动作

动作关键：

第一，练习过程中，双臂伸直、塌腰、挺胸，将肩关节韧带拉开。

第二，应考虑对方的柔韧度，互相配合，双手全程不可松开，以免给对方造成伤害。

研学点二　腰部柔韧性与腹臀收紧练习

动感小课堂4-2-2　　　　　　训练回顾

请同学们伴随着音乐进行肩颈背训练动作回顾。

一、腰部柔韧性练习

1.训练目的与要领

腰是身体运动的轴心，是掌握一切形体训练技术的基础。腰部训练能够增强学生腰部的柔韧性和灵活性，提高学生腰腹肌、背肌的力量与控制能力，拉伸肌纤维使其纵向发展，减少腰腹部脂肪，改善学生易出现的驼背等不良体姿，使人体躯干线条更挺拔、更优美。

2.具体练习过程

（1）趴地卷后腰练习

准备：双手屈臂俯卧，胸贴地面，额头点地，双脚打开（如图4-2-58所示）。

动作1：实施地面推腰。抬头，双手直臂撑地，上体抬起向后弯腰90度，头部后仰，双腿脚绷直（如图4-2-59所示）。

动作2：实施双吸腿后弯腰。抬头，双手直臂撑地，上体向后弯腰，双腿后吸，头部后仰，头与脚尖之间尽量缩短距离（如图4-2-60所示）。

图4-2-58　准备　　　　图4-2-59　动作1　　　　图4-2-60　动作2

动作关键：

第一，准备动作中，双腿伸直，膝盖与脚背贴地。

第二，头部后仰动作，感受到颈部前侧充分拉伸。

第三，两个卷后腰动作都需要依据自身条件循序渐进地进行，避免拉伤。

（2）双人配合扯腰练习

准备：练习者双手后抱头俯卧，胸贴地面，额头点地。帮助者站在练习者身体一侧（如图4-2-61所示）。

动作1：帮助者立于练习者膝关节两侧，双手拉紧练习者双侧肘关节，练习者双手互扣在手臂外侧，帮助者用力并缓慢地拉起练习者（如图4-2-62所示）。

动作2：帮助者用力拉起练习者，使其上体离开地面成最大反背弓，练习者的双手可抓住帮助者的手臂以固定身体（如图4-2-63所示）。

图4-2-61　准备　　　　图4-2-62　动作1　　　　图4-2-63　动作2

动作3：帮助者将练习者轻轻放回地面（如图4-2-64所示），回到准备姿态（如图4-2-65所示）。

图4-2-64 动作3

图4-2-65 回位

第一次进行双人配合扯腰练习，或者腰部柔韧性一般的练习者在进行训练时，如按1×8拍来计，1至4拍，帮助者一边把练习者拉起，一边询问练习者是否可以承受；5至8拍，帮助者将练习者轻轻放回地面。如按4×8拍来计，第2个8拍重复1×8拍的动作，如果练习者适应，3×8拍、4×8拍把练习者拉成反背弓后，控制2个8拍。

动作关键：

练习者在做动作的过程中应挺胸抬头，身体不可过于紧绷，同时尽量使髋部不离开地面，腿部贴紧地面。帮助者应用力抓紧练习者的手肘，身体向前倾，姿势慢慢变成后倾。帮助者的动作一定要轻缓。

（3）跪地下腰练习

准备：双腿跪立并打开与肩同宽，双手臂前伸，手臂与地面保持平行状态（如图4-2-66所示）。

动作1：双臂带动身体向后下腰，双手伸直抓住脚腕，头部后仰，颈部拉伸，头部尽量靠近脚部（如图4-2-67所示）。

动作2：双手臂顺着脚部方向慢慢移动，移至脚后，头部尽量贴近脚部，腰部向上顶出（如图4-2-68所示）。

图4-2-66 准备

图4-2-67 动作1

图4-2-68 动作2

动作关键：

第一，下腰与起身时双手臂应夹住两侧耳朵。

第二，始终保持抬挺胸姿态，下腰时头先向后下，腰再下，起腰时要用腰带动上体挑起。

（4）腰部把杆练习

◎胸腰与旁腰练习

准备1：运动中始终保持站立的基本姿态——昂首、挺胸、展肩、立腰、收腹、提臀、收紧腿部肌肉，左侧对把杆小八字步站立，左手扶把杆（如图4-2-69所示）。

准备2：右手臂高举至头顶，下巴微抬（如图4-2-70所示）。

动作1：向后下腰，胸部上挑，头部后仰，手心向上转动，胸以下的部分直立（如图4-2-71所示）。停顿几秒后回到准备姿态。

动作2：吸气，以腰椎为折点向旁做侧屈动作（如图4-2-72所示）。停顿几秒后回到准备姿态。

图4-2-69　准备1　　　图4-2-70　准备2　　　图4-2-71　动作1　　　图4-2-72　动作2

动作关键：

第一，下腰与起身时抬起的手臂应始终保持向上伸展。

第二，始终保持挺胸姿态，下腰时头向后，起腰时要用腰带动上体挑起。

第三，侧屈时感受到握把杆的手臂拉伸与靠近把杆的腰部挤压，另一侧腰部有无限拉伸感。

注意事项：该组运动可做4×8拍。第1个8拍为胸腰练习，1至2拍下腰，3至4拍回腰，5至6拍下腰，7至8拍回腰；第2个8拍为旁腰练习，1至2拍侧屈，3至4拍回位，5至6拍侧屈，7至8拍回位；第3、4个8拍换另一侧进行胸腰、旁腰练习，节奏一致。

◎后腰练习

准备：运动中始终保持站立的基本姿态——昂首、挺胸、展肩、立腰、收腹、提臀、收紧腿部肌肉，背对把杆站立，双脚打开与肩同宽，脚尖半开，双手臂高举至头顶，手臂伸直，下巴微抬（如图4-2-73所示）。

动作：向后下腰，胸部上挑，头部后仰，背部贴近把杆，向后弯腰时头、颈、肩、胸、腰依次往下弯（如图4-2-74、图4-2-75所示）。停顿几秒后，吸气并回到准备姿态。

图4-2-73　准备　　　图4-2-74　动作（1）　　　图4-2-75　动作（2）

动作关键：

第一，下腰与起身时双手臂应夹住两侧耳朵。

第二，始终保持抬挺胸姿态，下腰时头向后，起腰时要用腰带动上体挑起。

第三，首次练习者可请他人扶住后腰背慢慢下腰，避免拉伤腰部。

二、腹臀收紧练习

1.训练目的与要领

知识广角镜
4-2-1

腹部收紧
技巧汇总

紧实的腹部与臀部肌肉既是形成健美身体曲线的关键，也是保证腰椎、骨盆健康的基础。腹臀收紧练习包括仰卧起坐练习、把杆踢后腿练习与模拟骑单车练习。仰卧起坐练习是最常用的腹部收紧练习方式之一，把杆踢后腿练习与模拟骑单车练习均可同时锻炼腹部、臀部与腿部肌肉。把杆踢后腿练习的重点在于拉伸前腹部与大腿前侧肌肉，收紧臀部肌肉；模拟骑单车练习能够促进腿部的血液循环，增强腿部关节和肌肉的力量，减少大腿和臀部多余的脂肪，增强腹部力量。

2.具体练习过程

（1）仰卧起坐练习

准备：仰卧于垫上，两腿自然弯曲，双手交叉抱住后脑勺，双手肘与头部在同一平面上（如图4-2-76所示）。

动作：双肘抬到与身体呈60度至80度之间，下颌微收，颈部放松，然后用胸部慢慢地向上方抬起，一直抬到感觉自己的腹部已收缩挤压到极限（如图4-2-77所示），之后慢慢地向下落回。

为了达到最好的效果，可以使腰部不必完全离开地面，而是在向上抬起的过程中，当腹部感觉到挤压强度最大时，略微停顿一下，然后慢慢下落（如图4-2-78所示）。

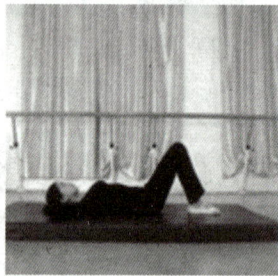  

图4-2-76　准备　　　　图4-2-77　动作　　　　图4-2-78　慢动作演示

注意事项：一组做15次，完成4到5组就可以达到训练效果。

（2）把杆踢后腿练习

准备：运动中始终保持站立的基本姿态——昂首、挺胸、展肩、立腰、收腹、提臀、收紧腿部肌肉，面对把杆八字步站立，双手搭在把杆上（如图4-2-79所示）。

动作1：右脚沿地面前擦地，脚背绷直，脚尖点地（如图4-2-80所示）。

动作2：用脚尖带动腿部，向后踢到最高点，整条腿要绷紧伸直，尽最大努力向后上方踢。后踢的同时，头部后仰（如图4-2-81所示）。

动作完成后，右脚回到动作1的状态（如图4-2-80所示）。

图4-2-79 准备　　　　　　图4-2-80 动作1　　　　　　图4-2-81 动作2

动作关键：向后踢腿的过程中，整条腿都要伸直，落地时点地收回。踢腿时注意身体直立，胯稳定外开。

注意事项：该组运动可做4×8拍。第1个8拍，1至2拍为动作1，3至4拍完成动作2，5至6拍为动作1，7至8拍完成动作2；第2个8拍保持第1个8拍的节奏；第3、4个8拍换左腿进行练习，节奏一致。

（3）模拟骑单车练习

准备：脸朝上平躺在地上，双膝分开并屈膝，双脚尖点踩在地上，双臂放于身体两侧（如图4-2-82所示）。

动作：呼气，同时将左膝抬向胸部，将右脚离地向上伸（如图4-2-83所示）；吸气，同时将左膝降向地面，将右膝抬向胸部，双脚交替模仿骑自行车。

图4-2-82 准备　　　　　　　　　　　　图4-2-83 动作

动作关键：

第一，始终保持收腹状态。

第二，双脚运动流畅。

第三，腰有伤病的人（如腰椎间盘突出症、腰肌劳损等）避免此运动。

研学点三　手足四肢的拉伸练习

动感小课堂4-2-3　　　　　　　　　训练回顾
请同学们伴随着音乐进行腰腹部把杆训练动作回顾。

一、上肢灵活性练习

1.训练目的与要领

柔软的手臂和灵活的手腕与手指，能给人的形体美增添韵味，能使人的动作产生动态美，因此上肢是不可缺少的练习部位。上肢灵活性练习包括手指屈伸练习、手腕环绕练习与手臂环绕练习，这三个练习分别锻炼了手指、手腕与手臂的灵活性与控制能力。

2.具体练习过程

（1）手指屈伸练习

准备：运动中始终保持站立的基本姿态——昂首、挺胸、展肩、立腰、收腹、提臀、收紧腿部肌肉，丁字步站立，双臂弯曲于胸前，五指张开（如图4-2-84所示）。

动作：由小拇指依次屈指握拳，拳心向后，双拳外转，拳心向前，向上抬时肘至胸前平屈，由小拇指依次伸至五指张开（如图4-2-85至图4-2-87所示）。动作完成后，循环屈伸。

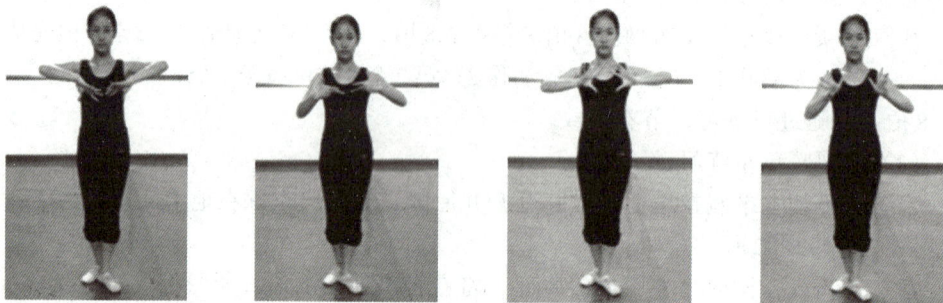

图4-2-84　准备　　图4-2-85　动作（1）　　图4-2-86　动作（2）　　图4-2-87　动作（3）

动作关键：

第一，手指屈伸节奏清楚、动作连贯，感觉用力在指尖上，握拳要紧，五指张开要充分。

第二，先进行慢动作练习，动作熟练后再进行快动作练习。

（2）手腕环绕练习

◎手腕翻转练习

准备：运动中始终保持站立的基本姿态——昂首、挺胸、展肩、立腰、收腹、提臀、收紧腿部肌肉，丁字步站立，双臂弯曲于体前，小臂与地面平行，手腕伸展，指尖向下，掌心向前，手型保持兰花掌或虎口掌。

动作：手腕屈，向上挑手指，指尖向上内转，掌心向后。指尖经下向侧绕翻手腕至指尖向上，掌心向前。指尖向外绕手腕至开始姿态，该动作可循环练习。

动作关键：

连续动作应注意绕环圆润、节奏准确，并保持兰花掌手型。

◎五花手练习

准备：运动中始终保持站立的基本姿态——昂首、挺胸、展肩、立腰、收腹、提臀、收紧腿部肌肉，丁字步站立，双臂伸直于体前，双手保持兰花掌，手腕背对并拢（如图4-2-88所示）。

动作：双手腕以平圆轨道旋转，左手在上，左手自内向左向外向右平圆转为左小五花（如图4-2-89至图4-2-92所示）。也可换右手在上面，右手自内向右向外向左平圆转为右小五花。两种方式可交替练习。

知识广角镜
4-2-2

兰花掌与
虎口掌

　　图 4-2-88　准备　　　　　图 4-2-89　动作（1）　　　　图 4-2-90　动作（2）

　　　图 4-2-91　动作（3）　　　　　　　图 4-2-92　动作（4）

动作关键：

第一，连续动作应注意保持兰花掌手型。

第二，旋转过程中，尽量使手心向上平摊，拉大平圆直径，转到转不过时再翻手腕。

（3）手臂环绕练习

准备：运动中始终保持站立的基本姿态——昂首、挺胸、展肩、立腰、收腹、提臀、收紧腿部肌肉，八字步侧面45度站立，双手后背于腰际，双手保持兰花掌（如图4-2-93所示）。

动作1：右手腕带动右手臂自体前伸展上扬至头顶，翻掌向上，压腕（如图4-2-94所示），右手臂自右后侧回到腰际（如图4-2-95、图4-2-93所示）。

动作2：左手腕带动左手臂自体前伸展上扬至头顶，翻掌向上，压腕（如图4-2-96所示），左手臂自左后侧回到腰际（如图4-2-97、图4-2-98所示）。

图 4-2-93　准备　　图 4-2-94　动作1（1）图 4-2-95　动作1（2）图 4-2-96　动作2（1）

图 4-2-97　动作 2（2）

图 4-2-98　回位

动作关键：

连续动作应注意环绕顺畅、节奏准确，并保持兰花掌手型。

育德润心小课堂 4-2-1

　　在 2022 年北京冬季奥运会开幕式上，除了炫目的舞台布景和精彩的表演之外，带领各国运动员入场的引导员们也是一道亮丽的风景线。虽然看不见口罩下的面容，但能从她们自信、坚毅的眼神中看到新时代中国青年的精神风貌。冬奥会引导员们都说："牌子就是一个国家的象征，我们举的牌子，就代表了一个国家，所以我们坚决不能放下。"她们忍着浑身上下的酸痛，把笑容绽放得再灿烂些，双腿收得更紧一些，姿态做得更挺拔些，甚至于在最后的几分钟，克制不住身体的颤动，分辨不清脸颊上究竟是泪水还是汗水，但始终如一的是那最灿烂的笑容、最饱满的热情和最坚定的信念。

　　除了引导员们，冬奥礼仪志愿者们的一颦一笑、一步一动也都是经过严格训练的。由于奖牌和花都是有重量的，礼仪志愿者们在训练时，盘子里要放置 6 千克的沙袋，老师还会随机增加重量。为了圆满完成任务，礼仪志愿者的手势、眼神、笑容、站位、点位、提示手语、交接物品的姿态、致意礼节等方面都要反复练习。每一天结束培训后，师生们都累得瘫倒，可是第二天大家照样精神抖擞进行培训。在每一个荣耀的背后，都有成百上千个时长的积累，都有无数挥洒的汗水。

　　资料来源　刘雪莲. 又美又飒！北京冬奥会开幕式 1 号引导员，是咱青岛嫚儿！[EB/OL].[2022-02-05]. https://m.thepaper.cn/baijiahao_16587653；佚名.冬奥会颁奖礼仪志愿者　展现中国青年的风采 [EB/OL]. [2022-02-16]. https://baijiahao.baidu.com/s?id=1724911233845481996&wfr=spider&for=pc.

　　德育基因：爱国情怀　不忘初心　砥砺前行

　　心有所悟："台上一分钟，台下十年功"，每一个人要在岗位上呈现出最佳的状态，都需要经过千锤百炼。对冬奥会引导员及礼仪志愿者来说，举好牌子、做好引领、端稳奖牌就是对自己、对冬奥、对国家负责，她们要用最美的姿态展现中国青年的形象和风采。不畏难、不惧苦，在奋斗中释放青春激情、追逐青春理想，这就是新时代大国青年的风范。

二、腿脚部柔韧性练习

1.训练目的与要领

腿脚部柔韧性练习包括把杆压腿练习与地面压腿练习。两者均能实现全身关节活动的目的，可以有效拉长踝关节、膝关节等处的韧带，训练腿与脚的初步平衡感、力量的延伸感，塑造美好的腿脚部线条，形成挺拔的姿态。

2.具体练习过程

（1）把杆压腿练习

◎前压腿

准备1：保持站立的基本姿态——昂首、挺胸、展肩、立腰、收腹、提臀、收紧腿部肌肉，侧对把杆八字步站立，左脚脚尖朝向右侧45度方向（如图4-2-99所示）。

准备2：左腿支撑，右腿脚腕放在把杆上，脚尖、脚背绷直，全腿伸直，左手轻扶把杆，右手臂举至头顶（如图4-2-100所示）。

动作：右手尖带动头，上体前倾压腿，右手臂随身体向下，右手抱住右脚踝，尽量做到自己的极限（如图4-2-101所示）。

图4-2-99　准备1　　　　图4-2-100　准备2　　　　图4-2-101　动作

动作关键：

第一，压腿时，上体保持抬头、挺胸、立腰、立背形态，腿部膝盖绷直，双腿伸直，收腹部，尽量贴近大腿。

第二，扶把杆的手只起到平衡作用，尽量不用力，高扬的手保持美好的弧线。

注意事项：该组运动可做8×8拍。第1个8拍，1至2拍为前倾压腿，3至4拍回到准备2，5至6拍为前倾压腿，7至8拍回到准备2；第1、2个8拍后，前倾压腿控制2×8个拍；后4个8拍换另一条腿进行练习，节奏一致。

◎旁压腿

准备：保持站立的基本姿态——昂首、挺胸、展肩、立腰、收腹、提臀、收紧腿部肌肉，面对把杆站立，左腿支撑，右腿绷脚面放在杆上，右手扶杆，左手臂举至头顶（如图4-2-102、图4-2-103所示）。

动作：左手尖带动头，上体向右侧倾压腿，左手臂随身体向下，左手抱住右脚踝（如图4-2-104所示）。

图 4-2-102　准备（1）　　　图 4-2-103　准备（2）　　　图 4-2-104　动作

动作关键：

第一，压腿时，上体保持抬头、挺胸、立腰、立背形态，腿部膝盖绷直，双腿伸直。

第二，侧压腿时，上体侧屈，不要前倾后仰。

注意事项：该组运动可做8×8拍。第1个8拍，1至2拍为侧倾压腿，3至4拍回到准备动作，5至6拍为侧倾压腿，7至8拍回到准备动作；第1、2个8拍后，侧倾压腿控制2×8个拍；后4个8拍换另一条腿进行练习，节奏一致。

◎压后腿

准备：保持站立的基本姿态——昂首、挺胸、展肩、立腰、收腹、提臀、收紧腿部肌肉，右侧对把杆，右腿支撑，左腿向后伸直，左脚腕放在杆上，右手轻扶杆，左手臂举至头顶（如图4-2-105所示）。

动作：左手尖带动头，上体后倒压左腿，右腿向下蹲，头后仰，左手臂保持贴左耳上扬的状态（如图4-2-106所示）。

图 4-2-105　准备　　　　　　　　图 4-2-106　动作

动作关键：

上体保持抬头、挺胸、立腰、立背形态，动作舒展，支撑腿屈膝上体不前倾，后压腿时上体后倒至最大限度压腿。

注意事项：该组运动可做8×8拍。第1个8拍，1至2拍为后倒压腿，3至4拍回到准备动作，5至6拍为后倒压腿，7至8拍回到准备动作；第1、2个8拍后，后倒压腿控制2×8个拍；后4个8拍换另一条腿进行练习，节奏一致。

（2）地面压腿练习

◎前压腿

准备：直角坐在地毯上，立腰、立背，头向上顶，脚背绷紧，双手放在大腿两侧，指尖点地（如图4-2-107所示）。

动作：胸部带动上体前压，脚背绷紧外旋，双手抓住两脚脚心处，充分锻炼前腿韧带、大腿外侧肌肉（如图4-2-108所示）。

图4-2-107 准备

图4-2-108 动作

动作关键：

第一，做动作时，应将双腿伸直控制好，呈绷脚面的形态。

第二，上体前压时，胸腹应贴近大腿面，带动上体完成前压动作。

注意事项：该组运动可做4×8拍。第1个8拍，1至2拍为前倾压腿，3至4拍回到准备动作，5至6拍为前倾压腿，7至8拍回到准备动作；第1、2个8拍后，前倾压腿控制2×8个拍。

◎旁压腿

准备：左腿伸直，右腿盘腿而坐，双脚脚面绷直，上体直立，立腰、立背，头向上顶，双手体前指尖扶地（如图4-2-109所示）。

动作：右手高举至头顶后，上身向左侧压，右手臂拉开，左手臂扶地，身体向下运动，拉伸右侧韧带及旁腰，脚背绷紧且外旋（如图4-2-110所示）。

图4-2-109 准备

图4-2-110 动作

动作关键：

第一，做动作时，应保持一侧腿伸直，呈绷脚面的形态。

第二，上体侧压时，双肩水平侧倒，带动上体完成动作，避免耸肩、双肩内扣等情况。

注意事项：该组运动可做8×8拍。第1个8拍，1至2拍为侧倾压腿，3至4拍回到准备动作，5至6拍为侧倾压腿，7至8拍回到准备动作；第1、2个8拍后，侧倾压腿控制2×8个拍；后4个8拍换另一条腿进行练习，节奏一致。

◎后压腿

准备：左腿向后伸直，右腿大小腿折叠跪坐，双脚脚面绷直，上体直立，立腰、立背、头向上顶，双手放于体侧，指尖点地（如图4-2-111所示）。

动作：仰头带动上身向后推挤，训练后胯（如图4-2-112所示）。

图4-2-111　准备

图4-2-112　动作

动作关键：

第一，做动作时，应控制好练习腿向后伸直，呈绷脚面的形态。

第二，后压腿时，上体后倒至最大限度压腿。

注意事项：该组运动可做8×8拍。第1个8拍，1至2拍为后倾压腿，3至4拍回到准备动作，5至6拍为后倾压腿，7至8拍回到准备动作；第1、2个8拍后，后倾压腿控制2×8个拍；后4个8拍换另一条腿进行练习，节奏一致。

课后提升

知识掌握

◎核心概念：头、颈、肩、背部的训练目的与要领；腰、腹、臀部的训练目的与要领；手足四肢的训练目的与要领；办公室形体训练的目的与要领

◎核心观点：

1.形体训练中始终保持身体的基本姿态——昂首、挺胸、展肩、立腰、收腹、提臀、收紧腿部肌肉，这样才能保证训练的效果。

2.每个人身体的柔韧性不同，任何训练只需要做到自己的身体极限就好，不需要与他人比较。

3.双人配合练习一定要默契，帮助者应根据练习者的身体状况，循序渐进地实施动作，从而保护好练习者。

技能应用

1.总结各部位形体训练的目的与要领。

2.课后训练督查。将学生按成绩"优、良、中、差"合理搭配成小组，遵循"一帮一"原则，实行小组长负责制，每天坚持伴随音乐完成形体训练的内容。

要求：掌握正确的训练方法，动作规范，节奏准确，动作中强调姿态的保持。在训练中逐渐养成良好的体态习惯及团队协作能力。小组长做好训练记录（见表4-2-1），将课后训练落到实处。

表4-2-1　　　　　　　　　　课后训练记录表

训练内容	星期一	星期二	星期三	星期四	星期五	小组长评价	老师评价

技能提升

请自选4/4、3/4节拍的中速抒情类乐曲作为训练背景音乐，以小组为单位将图4-2-113至图4-2-117中的形体动作与课程教学中的形体训练组合成一套形体舞蹈操。

图4-2-113　动作1　　　　图4-2-114　动作2　　　　图4-2-115　动作3

图4-2-116　动作4　　　　图4-2-117　动作5

小组展示结束后，依据小组观摩情况，实行小组内互评、小组间互评与教师评价，并提出提高建议，最后进行综合评价（见表4-2-2）。

表4-2-2　　　　　　　　　　　成果评价表

学习目标		评价内容	小组内互评	小组间互评	教师评价
知识	掌握身体各部位的训练方法，动作规范，肢体准确	肩颈背训练	○优○良○中○差	○优○良○中○差	○优○良○中○差
		腰腹臀训练	○优○良○中○差	○优○良○中○差	○优○良○中○差
		手足四肢训练	○优○良○中○差	○优○良○中○差	○优○良○中○差
技能	上体始终保持直立挺拔，肩膀舒展，强调下肢的延伸感，拉伸各部位韧带，手眼配合，形神合一	柔韧度	○优○良○中○差	○优○良○中○差	○优○良○中○差
		力度	○优○良○中○差	○优○良○中○差	○优○良○中○差
		动作中姿态的保持	○优○良○中○差	○优○良○中○差	○优○良○中○差
		组合表现力	○优○良○中○差	○优○良○中○差	○优○良○中○差
态度	课后练习自觉，积极主动		○优○良○中○差	○优○良○中○差	○优○良○中○差
	练习认真，具有团队协作精神		○优○良○中○差	○优○良○中○差	○优○良○中○差
提高建议：			综合评价：　　○优　　　○良　　　○中　　　○差		

主要参考文献

[1] 张建国. 服务礼仪 [M]. 3版. 北京：高等教育出版社，2021.

[2] 王雪梅. 服务礼仪 [M]. 2版. 重庆：重庆大学出版社，2021.

[3] 金正昆. 服务礼仪 [M]. 北京：北京联合出版公司，2019.

[4] 吕艳芝，林莉. 中华礼仪 [M]. 北京：北京师范大学出版社，2019.

[5] 徐克茹. 商务礼仪标准培训 [M]. 4版. 北京：中国纺织出版社，2019.

[6] 彭林. 彭林说礼：重建当代日常礼仪（增补本）[M]. 北京：清华大学出版社，2018.

[7] 李泽厚. 由巫到礼　释礼归仁 [M]. 北京：生活·读书·新知三联书店，2015.

[8] 舒伯阳. 旅游实用礼貌礼仪 [M]. 3版. 天津：南开大学出版社，2014.

[9] 黄文静. 服务礼仪 [M]. 北京：中国财富出版社，2014.

[10] 吕艳芝，纪亚飞. 银行服务礼仪及标准培训 [M]. 北京：中国纺织出版社，2014.

[11] 纪亚飞. 优雅得体中西餐礼仪 [M]. 北京：中国纺织出版社，2014.

[12] 刘筱筱，李兵. 旅游服务礼仪 [M]. 大连：大连理工大学出版社，2013.

[13] 于西蔓. 西蔓美育观点 [M]. 北京：中信出版社，2013.

[14] 杨静. 形体礼仪实用教程 [M]. 北京：中国戏剧出版社，2013.

[15] 于西蔓. 测出你的最美形象 [M]. 长春：北方妇女儿童出版社，2013.

[16] 吕艳芝. 公务礼仪标准培训 [M]. 北京：中国纺织出版社，2012.

[17] 纪亚飞. 服务礼仪标准培训 [M]. 北京：中国纺织出版社，2012.

[18] 许湘岳，蒋璟萍，费秋萍. 礼仪训练教程 [M]. 北京：人民出版社，2012.

[19] 张霞. 形体训练 [M]. 北京：科学出版社，2012.

[20] 王月. 形体礼仪与瑜伽塑身训练 [M]. 北京：清华大学出版社，2012.

[21] 佟景渝. 现代礼仪实务 [M]. 广州：世界图书出版广东有限公司，2012.

[22] 周思敏. 你的礼仪价值百万（精华版）[M]. 北京：中国纺织出版社，2012.

[23] 徐谦. 微表情心理学 [M]. 北京：北京理工大学出版社，2012.

[24] 王静. 识对体形穿对衣 [M]. 桂林：漓江出版社，2011.

[25] 王静. 选对色彩穿对衣 [M]. 桂林：漓江出版社，2011.

[26] 肖燕，徐家华，刘健芳. 风格与服饰搭配 [M]. 上海：人民美术出版社，2010.

［27］周思敏. 你的礼仪价值百万：商务社交篇［M］. 北京：中国纺织出版社，2010.

［28］孙海芳. 社交礼仪中的心理学［M］. 北京：机械工业出版社，2010.

［29］谷玉芬. 旅游服务礼仪实训教程［M］. 北京：旅游教育出版社，2009.

［30］钱利安，王华. 金融职业形体礼仪［M］. 北京：中国金融出版社，2009.

［31］关少云. 旅游商务礼仪［M］. 广州：广东旅游出版社，2009.

［32］周裕新，陶晓平. 礼仪心理学［M］. 上海：同济大学出版社，2009.

［33］舒伯阳. 现代旅游礼仪与沟通艺术［M］. 天津：南开大学出版社，2009.

［34］周思敏. 你的礼仪价值百万：职场修炼篇［M］. 北京：中国纺织出版社，2009.

［35］洪丽敏. 旅游服务形体训练［M］. 杭州：浙江大学出版社，2008.

［36］彭澎. 礼仪与文化［M］. 北京：清华大学出版社，2007.

［37］鄢向荣. 旅游服务礼仪［M］. 北京：清华大学出版社，2006.

［38］史艳. 礼仪与形体训练［M］. 济南：山东人民出版社，2005.

［39］金正昆. 商务礼仪［M］. 北京：北京大学出版社，2004.

［40］林凌一. 青年魅力塑身［M］. 北京：中国纺织出版社，2004.

作者简介

伍新蕾

    管理学副教授，广东河源职业技术学院教学名师、课程思政名师，"新蕾名师工作室"主持人，现为广东省教育系统百姓宣讲团成员。主要研究方向为旅游服务质量管理、旅游职业教育。曾获得"中国旅游教育杰出青年教师""南粤优秀教师""广东省职工经济技术创新能手"等荣誉称号，入选文化和旅游部"万名旅游英才计划"——"双师型"教师项目、广东省高等学校"千百十"人才培养工程、河源市青年社科专家等，并获得教育部高职高专旅游管理类专业教学指导委员会第二届教学成果优秀奖、广东省教育教学成果奖二等奖、广东省第二届高校青年教师教学大赛第三名（高职与本科合赛）等奖项；建设1门国家在线精品课程、3门省级高职教育精品在线开放课程、1门省级高职院校课程思政示范课程、1门省级继续教育网络课程、6门校级课程思政示范课程、5门线上线下混合式教学改革课程；编写教材5部，其中《旅行社计调业务》入选首批"十四五"职业教育国家规划教材，《服务礼仪与形体训练》《旅游市场营销》入选首批广东省"十四五"职业教育规划教材；主持文化和旅游部"万名旅游英才计划"项目2项，省级高职院校课程思政教育案例1项，省级教育科学规划课题、教育教学改革项目多项，主持及参与广东省哲学社会科学"十三五"规划课题多项；指导学生获国家级职业技能大赛一等奖、省"挑战杯"竞赛特等奖等奖项近30项。拥有中级导游、中级旅行策划职业技能教学培训师、研学旅行策划与管理职业技能培训教师与考评员、教育部教育管理信息中心全国职业核心能力高级礼仪培训师与服务礼仪指导师、茶艺师考评员、西蔓色彩认证形象管理顾问、AACTP国际注册培训师、国际注册色彩心理咨询师与绘画色彩疗愈师等能力资质认证，为多家企事业单位提供专题讲座和培训，深受好评。

富媒体智能型教材出版说明

"财经高等职业教育富媒体智能型教材开发系统工程"入选国家新闻出版广电总局新闻出版改革发展项目库，并获得文化产业专项资金支持，是"国家文化产业资金支持媒体融合重大项目"。项目以"融通""融合""共建""共享"为特色，是东北财经大学出版社积极落实国家推动传统媒体与新媒体融合发展的重要举措之一。

"财济书院"智能教学互动平台是该工程项目建设成果之一。该平台通过系统、合理的架构设计，将教学资源与教学应用集成于一体，具有教学内容多元呈现、课堂教学实时交互、测试考评个性设置、用户学情高效分析等核心功能，是高校开展信息化教学的有力支撑和应用保障。

富媒体智能型教材是该工程项目建设成果之二。该类教材是我社供给侧结构性改革探索性策划的创新型产品，是一种新形态立体化教材。富媒体智能型教材秉持严谨的教学设计思想和先进的教材设计理念，为财经职业教育教与学、课程与教材的融通奠定了基础，较好地避免了传统教学模式和单一纸质教材容易出现的"两层皮"现象，有助于教学质量的提高和教学效果的提升。

从教材资源的呈现形式来说，富媒体智能型教材实现了传统纸质教材与数字技术的融合，通过二维码建立链接，将VR、微课、视频、动画、音频、图文和试题库等富媒体资源丰富呈现给用户；从教材内容的选取整合来说，其实现了职业教育与产业发展的融合，不仅注重专业教学内容与职业能力培养的有效对接，而且很好地解决了部分专业课程学与训、训与评的难题；从教材的教学使用过程来说，其实现了线下自主与线上互动的融合，学生可以在有网络支持的任何地方自主完成预习、巩固、复习等，教师可以在教学中灵活使用随堂点名、作业布置及批改、自测及组卷考试、成绩统计分析等平台辅助教学工具。

富媒体智能型教材设计新颖，使用便捷。使用富媒体智能型教材的师生首先进入"财济书院"（www.idufep.com）平台完成注册，然后登录"财济书院"建立或找到班级，进入教材对应课程，就可以开启个性化教与学之旅。

"重塑教学空间，回归教学本源！""财济书院"平台不仅仅是出版社提供教学资源和服务的平台，更是出版社为作者和广大院校创设的一个自主选择和自主探究的教与学的空间，作者和广大院校师生既是这个空间的使用者和消费者，也是这个空间的创造者和建设者，在这里，出版社、作者、院校共建资源，共享回报，共创未来。

最后，感谢各位作者为支持项目建设所付出的辛劳和智慧，也欢迎广大院校在教学中积极使用富媒体智能型教材和"财济书院"平台，东北财经大学出版社愿意也必将陪伴广大职业教育工作者走向更加光明而美好的职教发展新阶段。

东北财经大学出版社